gel. 9122 10 €

Homo erectus

Biografía

Juan Eslava Galán es doctor en Letras. Entre sus ensayos destacan *Una historia de la guerra civil que no va a gustar a nadie* (2005), *Los años del miedo* (2008), *El catolicismo explicado a las ovejas* (2009), *De la alpargata al seiscientos* (2010), *Historia de España contada para escépticos* (2010), *Homo erectus* (2011), *La década que nos dejó sin aliento* (2011), *Historia del mundo contada para escépticos* (2012), *La primera guerra mundial contada para escépticos* (2014), *La segunda guerra mundial contada para escépticos* (2015), *Lujuria* (2015), *Avaricia* (2015) y *La madre del cordero* (2016) y, junto con su hija Diana, el recetario comentado *Cocina sin tonterías* (2013, Premio Gourmand). Es autor de las novelas *En busca del unicornio* (Premio Planeta 1987), *El comedido hidalgo* (Premio Ateneo de Sevilla 1991), *Señorita* (Premio de Novela Fernando Lara 1998), *La mula* (2003), *Rey lobo* (2009), *Últimas pasiones del caballero Almafiera* (2011), *Misterioso asesinato en casa de Cervantes* (Premio Primavera de Novela 2015) y *El amor en el Jardín de las Fieras* (2016).

Más información en su página web: www.juaneslavagalan.com

Juan Eslava Galán

Homo erectus

*El manual para hombres que **no** deben leer las mujeres (aunque allá ellas...)*

Planeta

El papel utilizado para la impresión de este libro es cien por cien libre de cloro y está calificado como **papel ecológico**.

El editor quiere agradecer las autorizaciones recibidas para reproducir imágenes protegidas en este libro. Se han realizado todos los esfuerzos para conectar con los propietarios de los *copyrights*. Con todo, si no se ha conseguido la autorización o el crédito correcto, el editor ruega que le sea comunicado.

Avinguda Diagonal, 662, 6.ª planta. 08034 Barcelona (España)
www.planetadelibros.com

Diseño de la colección: Booket / Área Editorial Grupo Planeta
Ilustración de la cubierta: © Elliott Erwitt / Magnum / Contacto
Ilustraciones del interior: AESA, AP, archivo del autor, © David Hume, *El Mundo*, *El País*, *El Periódico*, © Federico Patellani, *Granada Hoy*, © Icastro, © J. L. Pérez Fernández/EFE, © Javier Trueba/PHES, © John Huehnergarth, © Kristina Dell, Lon Tweteen, *Nature*, *Quo*, © Rafael Trobat, *Tiempo*, Juan Sol y Ana Miralles
Primera edición en esta presentación en Colección Booket: enero de 2017

Depósito legal: B. 23.501-2016
ISBN: 978-84-08-16640-5
Impresión y encuadernación: Liberdúplex, S. L.
Printed in Spain - Impreso en España

Índice

Libro primero: Evolución

CAPÍTULO 1

El terapeuta aficionado

Permítanme que me presente: Romualdo Holgado Cariño. Me hice terapeuta aficionado por pura chiripa. Una noche, al regreso de la Adoración Nocturna, sucumbí a la tentación de tomar una copa en La Inmaculada Concepción de María's.[1]

—Un gin-tonic —solicité a Mohamed, el taciturno barman magrebí que ejerce sus habilidades entre anaqueles de cristal abarrotados de bebidas abominables (según el Corán).

Saboreaba mi trago meditando sobre los insondables misterios de la naturaleza humana cuando un tipo con aspecto de empleado de banca (luego resultó que lo era) entró en el bar, se acomodó en el taburete contiguo y solicitó un whisky doble que bebió de dos tragos.

—¡Vaya sed que traía, amigo! —comenté por socializar un poco (en las reuniones de terapia nos tienen dicho que hay que socializar, que ningún hombre es una isla).

—No es sed —respondió—: bebo para olvidar.

—A una mujer —adiviné.

Asintió, ceñudo.

1. Debo aclarar que el bar se llama así porque antes era comercio de artículos religiosos, rosarios, estampas, velas, santos y vírgenes de termoplástico o resina celulósica. La nueva gerencia respetó el nombre y sólo le añadió el genitivo sajón de «María's» para expresar su nueva orientación. Me encantan las notas a pie de página. Le dan seriedad y solvencia al trabajo.

—¿Qué otra cosa tenemos que olvidar los hombres, sino a las mujeres y los quebrantos tanto emocionales como económicos que nos causan? —razonó ahondando en su tristeza.

—Es que son dificilillas de entender —comenté para solidarizarme con aquel congénere atribulado.

Nunca lo hiciera, porque hundió aún más los hombros y corroboró, con voz cavernosa:

—Pídele a Dios que no te toque una venenosa, porque serpientes son todas.

Bogart parecía asentir desde el cartel de la película *Casablanca* que adornaba la pared.

Como terapeuta experimentado, además de hombre de mundo, debo aclarar que no creo que las mujeres sean malas, sino distintas. Distintas a todo lo demás, hombres incluidos. Lo que es malo es la vida, la misma vida propiamente dicha, la biología programada que llevamos dentro. Ellas, las mujeres, son como tienen que ser: mujeres. Es un asunto mental, cerebral más bien, como enseguida veremos.

Socializando, socializando, el desconocido me hizo objeto de sus confidencias. Tancredo García Vílchez fue mi primer paciente, allí, en la barra de La Inmaculada Concepción de María's.

—Hace un mes que Elena me abandonó —suspiró—. Aprovechó que yo estaba de viaje, contrató un camión de mudanza y se llevó lo suyo y lo nuestro. Sobre el espejo del vestíbulo dejó escrito, con barra de labios: «Me largo, capullo. No me busques.»

—Por lo menos te dejó el espejo —observé.

—Es que no le gustaba —aclaró—. Era un regalo de boda de una tía mía algo hortera.

O sea, su enamorada había volado del nido. La mía, mi Teresa, me despidió por Internet, simplemente porque le había confesado que había otra mujer en mi vida. Iba a explicarle que la que ocupaba el centro de mi corazón y de mi pensamiento era ella, pero cortó secamente.

«Olvídame. Adiós.»

—¡Qué jodidas son! —murmuré apurando mi vaso de un golpe, virilmente, como hace John Wayne en los *westerns*—. Para estos casos los franceses han acuñado una expresión: *découcher*, o sea, largarse de la cama.

Mis palabras, ese toque erudito y mundano que les doy (y que tanto aprecian mis pacientes), debieron de obrar como un bálsamo en su alma dolorida. Se sinceró conmigo:

—Sin ella, el techo se me cae encima. ¿Por qué las necesitamos tanto? Estas noches, en lugar de regresar al nido desierto, helado, glacial, a enfrentarme con la soledad, me meto en La Inmaculada Concepción de María's y ahogo mis penas en alcohol. Este bar fue el refugio de mi época noctámbula y existencialista. Porque yo ahora trabajo en un banco, de traje y corbata, sicario del sistema, pero hubo un tiempo en que era libre y llevaba el pelo por los hombros y una camisa floreada.

—La típica regresión a la edad dorada —comenté—. De eso entendemos los psicólogos.

Suspiré pensando en los viejos tiempos. También yo fui joven, tuve erecciones consistentes, casi pétreas me atrevería a decir, y navegué en un submarino amarillo.

—Hacía años que no volvía por aquí —prosiguió mi compañero de barra—, realmente desde que Elena me redimió de los hábitos nocturnos y del tabaco. «La mala vida», como la llamaba ella. Han cambiado de barman y han puesto a este moro que se come los recortes de jamón a escondidas, pero el local sigue igual, con esa pátina cochambrosa que la penumbra de sus lámparas de escasos vatios disimula. Suelo cenar aquí: un vermú y una tapa de patatas chips y boquerones en vinagre, como en los viejos tiempos. A veces brindo con ese Humphrey Bogart del póster: «*Play it again, Sam.*» Yo traje aquí a Elena al principio de lo nuestro, ¿sabes?, y pareció que le gustaba, pero luego, cuando profundizamos en nuestra relación, resultó que no le gustaba tanto humo y tanto borrachuzo. Le parecía cutre.

—No nos comprenden —dije.

Solicité otro gin-tonic, esta vez no por sed sino por solidaridad de género (él había pedido otro whisky). Nos volvimos hacia el local, con simultaneidad coreográfica, con los codos apoyados en la barra, como dos viejos camaradas.

No había mucha gente. Dos o tres cuarentones aburridos,

separados seguramente, perros sin dueño, seguían las incidencias de «Gran Hermano» en la tele. Otro insertaba compulsivamente monedas de euro en la rendija de la máquina tragaperras. Pensé: «¿Hay algo más patético que un hombre maduro, solo, sin pareja, a la hora violeta, crepuscular?»

«La hora violeta.» Así denomina al atardecer T. S. Eliot, en *The waste land*. El yermo son nuestras vidas, la dolorosa paradoja de no poder vivir con ellas ni sin ellas. Las *donne angelicate*, nuestro infierno y nuestro consuelo, las mujeres.

El de la tragaperras continuaba insertando monedas de euro.

—Esa rendija es como un coño —me susurró el ex de Elena—, pero una máquina tragaperras a veces te devuelve el dinero que inviertes en ella y te da una alegría. El coño no te lo devuelve nunca. ¿Por qué no nos podemos entender con las mujeres?

Me encogí de hombros como si no supiera la respuesta. Desde la pared, Bogart me miraba entre la complicidad y la displicencia, con el cigarrillo cancerígeno en los labios.

—Siempre nos quedará el Barrio Rojo de Ámsterdam o la Casa de Campo sin ir más lejos —parecía decirme.

En la tele, una manada de cenutrios, cuidadosamente seleccionados entre la juventud más descerebrada e impresentable de la tribu, se esforzaba en personificar, desde su esquematismo mental, la complejidad de la vida, o sea, la eterna disputa por alzarte con el ejemplar más deseable del catálogo. Porque todo se reduce a eso: buscar una tía o un tío, alguien que te redima de la vida. Los psicólogos terapeutas hemos desarrollado la teoría del apego: necesitamos vincularnos emocionalmente a otras personas, formar parejas en las que seamos recíprocamente el cuidador y el cuidado.[2] Y, caso de reproducirnos, estamos programados para aupar en la cucaña de la vida a los hijos que nos perpetúan, aunque sea a costa de nuestra felicidad.

El maldito instinto de la especie. La trampa de la naturaleza.

En la pantalla de plasma, media docena de jóvenes en chán-

2. Gómez Zapiain, 2009, p. 23. Véase el estudio «Los estilos afectivos en la población española: un cuestionario de evaluación del apego adulto», de Remedios Melero y María José Cantero.

dal tirados en sofás discutían en asamblea a cuál de ellos le tocaba cerrar la puerta del jardín.

Espoleado por el experimento sociológico de Mercedes Milá, me sumí en profundas reflexiones.

—Ahora un whisky, *paisa* —indiqué a Mohamed levantando el vaso. El moro dejó el cuchillo jamonero y acudió solícito con la botella de Johnny Walker rellena de garrafón.

Últimamente leo mucho. Desde que me prejubilaron por lo de los nervios no tengo otra cosa que hacer. Leo y pienso. Saco de la biblioteca del barrio libros de antropología, de primatología, de psicología, de sexología, de orientación para parejas, de zoología, el ratón que se comió un queso, el monje que vendió su Ferrari, la hiena que se lo hacía con un buzón, ese tipo de lecturas. De autoayuda.

Y observo.

Observo la vida y tomo nota. A mi alrededor veo discurrir el amor en sus diferentes fases, desde la hoguera crepitante de los gloriosos comienzos hasta las yertas cenizas de los finales: parejas locamente enamoradas con un amor que vencerá la muerte como en la película *Ghost*, parejas eventuales que se aman como tigres hasta que el amanecer los separe, parejas que se quieren reposadamente y sin alharacas («pásame la sal, amor»; «aquí la tienes, cariño»), parejas invadidas por el tedio, parejas ya indiferentes, sin nada que decirse, parejas que se soportan, parejas que se detestan, parejas que se descalabran con la plancha, parejas que se agreden con la báscula del baño, parejas que se degüellan con el cuchillo de cortar el pan..., todo ese complejo asunto de los sentimientos y de las relaciones entre hombres y mujeres. Medito sobre lo que acaece a mis pacientes y a vecinos, amigos y conocidos. Tomo notas en el reverso de las facturas.

También yo he naufragado en la vida después de perseguir cuanto ellas puedan tener de hospitalario. Y el que esté libre de paja que lance la primera viga al ojo ajeno. El hecho es que, cada tarde, cuando, terminada mi jornada de terapeuta aficionado, regreso al hogar, ¿qué es lo que me encuentro?: las sábanas frías de una cama deshecha (menos los jueves que viene la asistenta). De ahí que me haya refugiado en lo de la Adoración Nocturna.

Al principio me apunté para ligar, pero resultó que sólo van viejas: las jóvenes andan de botellón. Después me he ido aficionando. Eso de la espiritualidad me va. Ya me lo decía el capellán cuando estuve internado en la casa de reposo:

—Don Romualdo, usted tiene madera de psicólogo.

Lo decía con pe, bien pronunciada, porque si lo dices sin pe te queda sicólogo, «especialista en higos», y eso podría tener una connotación sexual inadvertida, y luego vienen los tocólogos y te denuncian por intrusismo.

Nunca he pensado en inscribirme en una asociación de separados o divorciados ni nada de eso, ni mucho menos en uno de esos clubes de solteros que se anuncian en los papeles pegados a las farolas, con el número de teléfono repetido en un fleco para que lo arranques y llames.

A mí eso no me va.

Quiero soportar la tormenta de la existencia solo y sin ayuda. Con un par de huevos. Mirando la vida con lucidez. Sin paños calientes. Saber lo que pasa y por qué pasa. Por eso me he hecho terapeuta aficionado, para ayudarme y ayudar a otros.

Fuera Valium, fuera beber para olvidar. Echarle dos cojones a la vida.

Les diré lo que pienso. Estamos metidos hasta las trancas en una revolución social y sexual, como no se conoce otra en la historia. Se ha trastocado el mundo que conocíamos o creíamos conocer. Mujeres y hombres lo ignoramos todo del otro sexo, de ahí la necesidad de un libro de autoayuda que acabe, de una vez, con todas las dudas, un libro definitivo (modestia aparte): éste.

En pocos años, hemos puesto el mundo bocabajo. O boca arriba, según se mire. Si pienso cómo vivían mis padres, ¿qué encuentro? Mi padre madrugaba y se iba a la oficina a ganarse la vida para mantener a la familia. Mi madre se quedaba en casa cuidando del hogar y criando a los hijos. Cada uno acataba su papel sin rechistar. Eso era lo natural, lo mismo que habían hecho sus padres y sus abuelos y los abuelos de sus abuelos. La autoridad la detentaba el marido, aunque, de puertas adentro, cada pareja era un mundo y, si el marido era débil, inútil o un calzonazos (como a menudo acaece), a poco listo quc fuera le cedía el mando a la mujer, aunque fuera guardando las apariencias, él dominante, ella sumisa, cuando había gente delante.

Cuando el marido resultaba mandón, lo normal y consuetudinario, la mujer se le sometía aparentemente sin rechistar y aprendía a conseguir sus propósitos mediante la astucia y la persuasión, o sea, «las órdenes disfrazadas de súplicas o sugerencias»[3] y, en casos extremos, el envenenamiento.

Ése era el mundo sexista en el que nacimos los de mi generación. Un mundo que diferenciaba tajantemente los roles de los hombres y de las mujeres. Si eras niña, al nacer te vestían de rosa; si niño, de azul. Los Reyes Magos les traían a ellas muñecas; a nosotros, pistolas de juguete o un mecano. Ellas aprendían a hacer vainica y a coser. «La carrera de la mujer es casarse», decían.[4] Sus hermanos aprendían un oficio o estudiaban. Se hacían hombres de provecho que algún día pudieran mantener una familia.[5]

Eso duró hasta ayer como quien dice. Hoy sólo perdura en esos países lastrados por la religión o por el subdesarrollo al que la religión los condena.

¿Qué ha ocurrido? Las mujeres occidentales se han rebelado, las feministas al frente, y reclaman la igualdad respecto al varón y la abolición de los roles tradicionales. Antes casi todas eran

3. Mediano, 2009, p. 35.

4. Prueba de ello es que se publicaban, y aún se publican, manuales y libros de autoayuda sobre cómo cazar a un hombre (y uso «cazar» porque es la palabra que emplean). El más útil que conozco es el de Zsa Zsa Gabor (1970), una experta en la materia.

5. En los años sesenta el sexólogo John Money defendía la idea de que el bebé nace neutro y después se decanta sexualmente gracias a la educación recibida. Hoy sabemos que no es así, que el sexo radica en el cerebro. Véase Ariza, 2010, p. 38. Las novedosas técnicas que nos permiten estudiar la actividad cerebral son la tomografía de emisión de positrones (PET) y la imagen por resonancia magnética funcional (IRMf). Ambas se basan en el mismo principio: cuando una zona del cerebro se vuelve más activa, aumenta el flujo local de sangre en esa zona. El escáner PET requiere que se inyecte al sujeto una pequeña dosis de trazador de oxígeno radiactivo de vida corta. Véase Paul Martin, 2009, p. 316.

amas de casa. «Profesión: sus labores», ponían en el DNI. Sin permiso del padre o del marido, una mujer no podía abrirse una cuenta corriente en un banco, ni sacarse el pasaporte, ni firmar un contrato. Pasaba directamente de la tutela del progenitor a la del cónyuge y, cuando enviudaba —lo natural es que ellas nos sobrevivan—, a la de los hijos varones. Era una perpetua menor de edad.

Los únicos oficios que se le consentían a la mujer, aparte del de ama de casa, eran los de criada, enfermera, maestra de escuela, comadrona o secretaria. Si se descantillaba lo más mínimo, la tildaban de «perdida»,[6] cuando no de puta.[7]

Eso fue antes de la revolución que digo. Hoy las mujeres se han sacudido ese yugo y han invadido el espacio antes reservado al hombre. Hasta antes de ayer se entendía que la jueza y la magistrada eran la mujer del juez y la del magistrado. A Ana Ozores la llamaban «La Regenta» porque era la mujer del regente. Hoy ellas mismas son juezas, magistradas, médicas, pilotas, ingenieras, choferesas, toreras y albañilas. Sensatas y voluntariosas, han demostrado que cuando se les dan estudios y medios pueden equipararse a sus hermanos y, en muchos casos, superarlos.

6. Se llamaban así porque eran las más buscadas.

7. El propio lenguaje era, y todavía es, machista. «Zorro» aplicado a un hombre evoca a un espadachín justiciero; «zorra», aplicado a una mujer, es una puta. «Perro»: el mejor amigo del hombre; «perra»: puta. «Aventurero»: osado, valiente, arriesgado, hombre de mundo; «aventurera»: puta. «Cualquier»: fulano, mengano, zutano; «cualquiera»: puta. «Callejero»: de la calle, urbano; «callejera»: puta. «Hombrezuelo»: hombrecillo, varón pequeñito; «mujerzuela»: puta. «Hombre público»: personaje prominente; «mujer pública»: puta. «Golfo»: masa de agua marina parcialmente rodeada de tierra; «golfa»: puta. «Lobo»: mamífero predador, hombre experimentado y agresivo; «loba»: puta. «Ligero»: hombre débil y/o sencillo; «mujer ligera»: puta. «Adúltero»: infiel; «adúltera»: puta. «Perdido»: hombre que no encuentra su camino; «perdida»: puta. «Qué hijoputa»: menuda suerte; «Qué hijaputa»: menuda zorra. «Hombre que vende sus servicios»: consultor; «mujer que vende sus servicios»: puta (según Cayetano Gea Martín).

El cambio ha sido tan rápido y radical que es natural que se hayan producido errores y abusos. Uno de los más extendidos es el de considerar que el hombre y la mujer somos mentalmente iguales.

No somos iguales. Del mismo modo que físicamente somos distintos, mentalmente también lo somos, como enseguida se verá.

Bogart parecía asentir desde el cartel
de la película *Casablanca* que adornaba la pared.

CAPÍTULO 2

La princesita Alba Aurora sufre un pinchazo

El otro día una treintañera robusta irrumpió en La Inmaculada Concepción de María's, echó un vistazo en derredor, como Lee van Cleef cuando penetra en la cantina del poblado del Oeste, y, tras cerciorarse de que era un antro de clientela machuna y revenida, se dirigió a la barra con potentes zancadas, depositó un taco de folletos sobre el expositor de los boquerones en vinagre, el queso en aceite y las banderillas picantes, y le espetó a Mohamed:

—Aquí te dejo lectura, *pa* los borrachuzos estos, a ver si os enteráis de una vez.

Miró desafiante a la clientela y fuese. Repuestos de la sorpresa, nos precipitamos sobre los folletos. Ni fútbol, ni deportes, ni tías: era uno de esos cuentos políticamente correctos en cuya elaboración y difusión invertía sabiamente el añorado Ministerio de Igualdad parte del dinero que la Agencia Tributaria nos extirpa a los contribuyentes.

Leo:

> Hace no mucho tiempo, y en un lugar no tan lejano, vivía una princesa que se llamaba Alba Aurora, la cual tenía una hermosa cabellera negra a media melena, lo suficientemente larga como para que no se le enredara en las ramas de los árboles a los que le gustaba subir por las mañanas para ver el amanecer antes que nadie. Alba Aurora era muy delicada y amable, pero también muy ágil y deportista, y le encantaba ir todos los sábados a escalar montañas o a acampar en la playa.

Un día escuchó un ruido en su ventana. «¿Quién será?», se preguntó. Era nada más y nada menos que el Príncipe Azul, que venía a rescatarla, según le explicó. «¿Pero a rescatarme de qué?», preguntó Alba Aurora. «No sé —dijo desorientado el Príncipe Azul—, ¿quizá de un brujo malvado o de un dragón malhumorado o de un ogro enorme?»

«¡Pero si no conozco a ningún brujo malvado, a ningún ogro enorme y, peor aún, a ningún dragón malhumorado! Además, si fuera así, seguro que ya hubiera encontrado yo misma la forma de liberarme.»

El Príncipe, muy triste al darse cuenta de que no tenía nada que hacer, se dispuso a bajar por la ventana por donde había subido, pero Alba Aurora le preguntó: «¿Conoces la muralla china?» «¿La muralla china?, ¡pues no!», exclamó él. Y ni bien terminó de decir no, ella lo cogió del brazo, bajaron juntos por la ventana, se subieron en la moto y se fueron juntos a conocerla.

Así fue como la princesa diferente y el Príncipe Azul se fueron a recorrer el mundo y se hicieron amigos. Y colorín colorado este cuento sólo ha comenzado.[1]

Hasta aquí, el inspirado texto-reclamo del antiguo Ministerio de Igualdad.

—Es cursi como un guante sobre un piano[2] —opinó Tancredo, mi amigo bancario.

Ahora imaginemos a Alba Aurora junto a un utilitario morado, el color de las feministas, arrimado a la cuneta de una carretera comarcal, el capó abierto, la rueda de recambio a su vera y sin las fuerzas necesarias para aflojar los tornillos.

Llega el Príncipe Azul a bordo de un Toyota Land Cruiser azul cromado, a juego con su indumentaria, y le dice:

1. Folleto «Educando en Igualdad. Guía para la educación infantil», Madrid, 2010. Realizado por FETE-UGT en colaboración con el Instituto de la Mujer y el ya extinto, o más bien degradado, Ministerio de Igualdad. Autores: Alicia Herranz Gómez, maestra de educación infantil; M.ª Belén San Martín Horcajo, maestra de educación infantil; Nona Seijo Cabrera, maestra de educación infantil, y Mauricio Maggiorini Tecco.

2. Se refería al texto-reclamo, no al extinto ministerio.

—Puedo echarle una mano, señorita. Lo digo sin segundas, ¿eh? Pertenezco a Samaritanos Sin Fronteras.

¿Qué hará Alba Aurora, la princesita liberada que se dirigía al Ministerio de Sanidad y Política Social a tomar té con pastas con la secretaria de Estado doña Bibiana Aído y sus colaboradoras, las cuentistas en nómina?[3] ¿Despedirá al Príncipe Azul con el argumento de que «ya hubiera encontrado yo misma la forma de liberarme» o aceptará su ayuda?[4]

Sin duda, como tonta no es, aceptará su ayuda. El Príncipe Azul le cambiará la rueda y le pedirá el número de teléfono con el pretexto de llamarla otro día para interesarse por la recuperación del neumático accidentado.

Para eso estamos hombres y mujeres en el mundo: para ayudarnos, para complementarnos, para, ¿por qué no decirlo?, amarnos (el apego, la pareja en la que somos, recíprocamente, cuidador y cuidado, ¿recuerdan?).

En el mismo texto del antiguo Ministerio de Igualdad encontramos otra perla: «Los datos muestran que en muchas carreras y estudios tradicionalmente ocupados por mujeres o por hombres van equiparándose las tendencias, de manera que tienden a ser ocupados por ambos sexos; sin embargo, todavía hay áreas que siguen dominadas de forma mayoritaria por chicas o por chicos. Así, por ejemplo, los estudios relacionados con la imagen personal, la salud, la atención social o la educación los siguen cursando preferentemente las chicas, mientras que los chicos se decantan por la electricidad, la mecánica de automóviles o las telecomunicaciones. Estos datos nos llevan a cuestionarnos si escogemos libremente. Tenemos que intentar que desde las primeras edades comprendan que no existen profesiones para chicas o

3. Me refiero a las autoras del cuento, que están en nómina del ministerio, impulsando una importante labor social no suficientemente conocida ni, por supuesto, reconocida.

4. Esperemos que de esa censura de los cuentos de hadas, por su contenido machista, no pasemos a prohibir o censurar *La Iliada*, la *Odisea*, *El Quijote* y *La insoportable levedad del ser*, obras de contenido machista si se leen con lo que Blake llamaba *bad intent*, o mala intención.

para chicos, sino que tienen todo un abanico de opciones que se adecuan a sus capacidades, preferencias y expectativas.»[5]

Queremos ser iguales porque el ideal de la justicia nos impele a ello: que todos los seres humanos gocen de los mismos derechos y obligaciones independientemente de que sean hombres o mujeres. De acuerdo: igualdad de oportunidades.

Pero eso no significa que seamos iguales.

—Señora, cambie usted la rueda.

—¡Ay, mire usted, es que no tengo fuerza para aflojar estos tornillos!

—¿No somos iguales, Alba Aurora?

—Sí, pero no tengo fuerza.

¿Qué ha ocurrido?

La biología. Queremos ser iguales pero la biología nos recuerda tercamente que no lo somos.[6] El hombre tiene unas características, entre ellas la fuerza física necesaria para aflojar esos tornillos, y la mujer tiene otras que complementan las carencias del hombre. Ninguno es superior al otro, ojo. Somos, simplemente, distintos. Del mismo modo que diferimos físicamente, pensamos y sentimos de manera distinta. Sólo asumiendo esas diferencias podremos ser felices en pareja.

Nuestra inteligencia, nuestro noble deseo de reformar la sociedad, de hacerla igualitaria, de suprimir distancias entre el

5. La escritora Elvira Lindo se pregunta a propósito de la censura ministerial de los cuentos tradicionales: «¿Qué tendrá que ver eso con la violencia de género o la perpetuación de los roles? [...] Ya esto de querer meter cuchara en los cuentos clásicos me parece, sobre todo, trasnochado. Añadiría algo más: tengan un poco más de respeto por los juegos de niñas. Que jugar a las casitas, a mamás o a leer historias de amor no nos hace ni tontas, ni putas, ni sumisas. ¡Sumisa yo!» («Mi vida, en dos patadas», *El País Domingo*, 18 de abril de 2010, p. 17).

6. De ahí que a veces se critique que en las pruebas físicas de algunas profesiones se exija a las mujeres un esfuerzo menor que a los varones. Un caso concreto: un incendio, una persona atrapada por una viga desprendida que requiere una fuerza de setenta kilos para moverla; llega una bombera a la que sólo exigieron mover cincuenta kilos en las pruebas físicas. Mala suerte, ese día saldrás en el telediario.

hombre y la mujer, no pueden luchar contra la biología. Deben, más bien, colaborar con ella.

En los capítulos que siguen intentaremos explicar por qué somos tan distintos y por qué nos conviene asumir esas diferencias en lugar de intentar abolirlas.

Una mujer, embarazada además, puede llegar a ministra de Defensa.

CAPÍTULO 3

El mono desciende del árbol

Acodado en la barra, frente a un vaso diseñado por Nacho Vidal, contemplo la mirada de Humphrey Bogart congelada en el tiempo, vencedora de la muerte, su sempiterno cigarrillo cancerígeno y fálico en los labios.

—¿Qué te cuentas, Rick? —lo saludo.

—Aquí, viendo pasar la vida —responde—. Esperando a Ilsa, aunque sé que no acudirá.

—Siempre esperamos a una mujer que jamás vendrá —le digo pensando en Teresa, en mi Teresa, la que me dijo: «Olvídame. Adiós.»

En noches como ésta, devastado por los recuerdos, la echo de menos. Bebo para recordar.

—¿Por qué aguardamos a una mujer que no vendrá, terapeuta? —me pregunta Rick, adivinando el objeto de mi melancolía—. ¿Quizá porque es lo único que da sentido a nuestras vidas?

—Es largo de explicar, Rick.

—Tengo todo el tiempo del mundo. Bogie ya murió y yo sólo soy su imagen en un póster, ¿recuerdas?

Como en Neruda, en mí la noche entraba, entra, su invasión poderosa. Nadie me aguarda en casa.

—Comencemos por el principio —me anima Rick.

Hace como tres mil millones de años, quizá más, nació la vida sobre la Tierra. Al principio era una vida elemental: unas simples células que se reproducían dividiéndose. Hace unos ochocientos millones de años, algunas de estas células intercambiaron genes por accidente.

—¿Por accidente? —dice Rick-Bogie frunciendo el ceño.

—Llámalo «casualidad», «evolución» o «designio de la Providencia», ¿qué más da? El caso es que las células resultantes eran más fuertes, más grandes y más complejas que las anteriores. «¡Coño! —dijo la Naturaleza—, esto es mejor que la división simple.» Y siguió por ese camino. Así se inventó el sexo. Chico conoce a chica, la corteja, le transfiere su esperma, la fecunda y del intercambio celular resultante sale un nuevo individuo mejorado. Intercambiando genes y ganando en complejidad, las células se diferenciaron y evolucionaron hasta constituir gusanos, medusas y otras formas simples de vida animal que, a su vez, hace unos seiscientos millones de años, produjeron animales más complejos, provistos de huesos o caparazones. Continuando con los intercambios genéticos, hace unos trescientos millones de años, un sarcopterigio,[1] escamado por la brutal competencia que existía en el agua, donde el pez grande se come al chico, se aficionó a salir de vez en cuando a las riberas fangosas donde se sentía más a salvo, y, evolucionando, transformó las aletas en patitas y desarrolló unos pulmones que le permitieran respirar fuera del agua. Adaptado al nuevo medio, se sintió feliz y pobló la Tierra.[2]

Bogart había borrado la sombra de escepticismo que el comienzo de mi explicación había dibujado en su rostro. Asintió animándome a proseguir.

Al principio, en su vida de pez, o en el estadio posterior de anfibio, aquel bichejo se reproducía de una manera la mar de aburrida: la hembra soltaba sus huevos en el agua, el macho los

1. Los sarcopterigios son peces de aletas lobuladas, o sea con una base carnosa sostenida por un esqueleto interno formado por varios huesos. Además, sus fosas olfatorias se comunican con la cavidad bucal. Actualmente son muy escasos.

2. Las cuatro fases de evolución están muy marcadas. La primera se produjo hace entre doscientos cuarenta y trescientos veinte millones de años, cuando los antepasados de los mamíferos se separaron de los pájaros. La última ocurrió hace unos treinta millones de años, cuando los antepasados del mono humano se distanciaron de los antepasados de los lémures.

regaba con su esperma y de ahí salían los pececillos. Ni orgasmo ni nada parecido.

—Chungo —dijo Bogart.

Las nuevas criaturas evolucionaban en complejidad: cada generación era más fuerte que la anterior gracias al intercambio de genes. El paso más decisivo de la evolución fue introducir dos sexos diferenciados para optimizar ese intercambio de genes. El sexo se probó la herramienta de supervivencia más eficaz.[3] Y a eficaz no le gana nadie a la Naturaleza. O sea, entiéndase, nos dotó de sexo por una cuestión de eficacia, no por vicio.

Así fue como el sexo se adueñó de la Tierra mucho antes de que la especie, el *homo salidus*, señoreara el planeta.

—¿Y ese mono salido, o sea nosotros, de dónde salió? —preguntó Bogart.

Bueno, los humanos descendemos de primates cuadrumanos que vivían en árboles y se alimentaban de frutas, nueces e insectos. Después abandonamos los árboles y nos atrevimos a explorar la pradera. Ése fue el acontecimiento principal de la evolución humana.

—¿Por qué abandonamos los árboles? —se interesó Bogart.

Los antropólogos han enunciado diversas teorías.

Hace unos quince millones de años los bosques se redujeron notablemente debido a cambios climáticos.[4] La ruina del bosque

3. Aparte de que da un gusto espantoso y es saludable en multitud de aspectos, la práctica regular del sexo cura la depresión (las endorfinas que segrega), es antihistamínico natural (bueno para combatir el asma y la fiebre del heno), adelgaza (quema calorías), tonifica los músculos, mejora la piel y el pelo (aumento de estrógenos), tranquiliza, alivia el dolor de cabeza (afloja la tensión de los vasos sanguíneos del cerebro), etc. Por el contrario, la represión sexual estropea la piel (lo que padecía san Pablo) y acarrea histerias (éxtasis místicos), alucinaciones (apariciones marianas) y trastornos de la conducta (pederastia clerical).

4. Esta vez los cambios climáticos eran achacables exclusivamente a los pedos de las vacas porque aquel antepasado nuestro, aún monillo, poco podía polucionar. Cagaba en cualquier parte y meaba contra un árbol con esa autenticidad y regreso a los antiguos valores que hoy reivindica la juventud del botellón.

acarreó la consiguiente escasez de fruta y nueces, los alimentos cotidianos del monillo ancestral.

Con la despensa trasteada, la Naturaleza le planteó una disyuntiva: «O te alimentas de hierba y te haces herbívoro, o te alimentas de carne y te haces carnívoro: eso es lo que hay. Lo de ser frugívoro [comedor de fruta] pertenece al pasado.»

El hambriento monillo tuvo que apearse del árbol y rebuscar en la inhóspita pradera en busca de alimento.

Una segunda teoría se relaciona con el crecimiento de las mamas femeninas. No sé si te has fijado en que las tetas son una característica única de nuestra especie. Ningún otro mono las tiene.

—Cierto —dijo Rick-Bogie—. Cuando rodamos *La reina de África* tuve la oportunidad de observar muchas monas y, en efecto, todas estaban lisas como una tabla.

—Me alegro de que coincidamos.

La segunda teoría que explica el descenso del hombre del árbol es de mi cosecha. He enviado un artículo exponiéndola a la revista *Science*, pero todavía no la han publicado. Al desarrollarse esas tetas tan estupendas que tienen las monas de nuestra especie, el mono salido intentaba sobarlas durante el coito, para lo cual obviamente se desasía de la rama del árbol y, llegado el orgasmo, se desequilibraba, perdía pie y se precipitaba contra el suelo desde la copa. Después de unas cuantas costaladas, el escarmentado mono decidió bajar del árbol y se hizo de pie a tierra. ¿Qué te parece?

Bogie lo encontró de lo más sensato.

Ése es el origen, cabe pensar, de la leyenda bíblica de la creación de la mujer. El mono que decidió quedarse en tierra se había roto una costilla en la costalada coital. Todo encaja.

Fuera por un motivo, fuera por otro, lo cierto es que las circunstancias obligaron a nuestro antepasado a descender de los árboles. En la infancia de la Humanidad, aquel pacífico simio arborícola que habitaba los bosques sin meterse con nadie, alimentándose únicamente de frutas y nueces, ni envidioso ni envidiado, se vio precisado a descender del edénico árbol al nivel del suelo. Él descendió del árbol, pero la fruta seguía estando arriba, en las ramas. A ras de tierra la vida estaba muy achuchada, escaseaba la fruta y el cuitado pasaba más hambre que un caracol en un espejo. Empezó a comer de todo: unas majoletas, un puñado de moras, una lechuga mustia, la carroña abandonada por los carnívoros...

De frugívoro pasó a omnívoro.

Cuando comenzó a consumir carne advirtió lo alimenticia que era, proteínas puras, y se aficionó a ella. Lo malo es que era difícil de conseguir. Al principio tuvo que contentarse con la carroña que dejaban los depredadores carnívoros: algún pingajo adherido a un omóplato, la médula de un fémur..., poca cosa.

Además, tenía que disputarles aquellas magras ganancias a otros carroñeros naturales: hienas, buitres, ratas, etc.

La nueva dieta era mejor que la anterior, dónde va a parar, pero arriesgaba la vida para conseguirla. En la pradera comes o te comen, es decir que los animales se dividían en herbívoros (los que comen hierba) y carnívoros (los que devoran a los que comen hierba). El monillo humano, recién llegado y sin referencia alguna, tuvo que jugar en la segunda división, los herbívoros.

—Mal asunto —comentó Bogart.

—Malísimo —corroboré.

A un lado del ring, leones, tigres, leopardos, panteras, lobos, los grandes carnívoros de la pradera, las fieras colmilludas, acechantes entre la hierba alta. Del otro, los herbívoros, las gacelas, los ciervos, los antílopes..., y el hombre.

Los herbívoros habían desarrollado mecanismos de huida: eran velocistas natos, tan rápidos que, en caso de peligro, dejaban al monillo arborícola muy atrás. ¿Sabes el chiste de los excursionistas que se metieron en una dehesa de toros bravos? ¿A quién empitonará antes el miura? Respuesta correcta: al más lento, al cojo. En la pradera primigenia ¿a quién devoraban primero el tigre, el león o el lobo?

—A nosotros —aventuró Bogart—, al indefenso y torpe monillo que se había atrevido a descender del árbol.

—Natural. Éramos una presa fácil. Caíamos como moscas.

El duelo no podía ser más desigual: los carnívoros puros, que tenían fuerza, garras y colmillos, frente a aquel monillo débil, torpe de vista y de olfato, lento de reflejos, lentísimo en la carrera y provisto de unas uñas y unos dientes menuditos, inofensivos, que daban risa.

Eso éramos: el último de la fila en el aula de la evolución, el más lerdo del pelotón de los torpes, el hazmerreír de la Creación.

El homínido tuvo que espabilar. Lo primero que hizo fue adoptar la postura erguida, sostenido sobre los pies, que le permitía otear por encima del yerbazal y percatarse de cualquier movimiento sospechoso que delatara la proximidad de un depredador.

¿Con qué nos íbamos a defender frente a las fieras feroces que sólo veían en nosotros un bocado suculento y fácil? ¿Con qué les íbamos a disputar sus dominios a aquellos monstruos que en todo nos superaban?

No era el único problema. Si el monillo quería sobrevivir, tenía que cazar, pero ¿cazar qué? Si todos los bichos excepto la tortuga y el caracol corrían más que él, ¿qué hacer? Podemos imaginarlo en su callado diálogo con la Naturaleza:

—Si no tienes fuerza, usa el cerebro —le diría la Naturaleza.

—Pero es que tampoco tengo cerebro —argüiría él.

—¡Pues desarróllalo, coño, que una no puede estar en todo! —replicaría, un punto airada, la Naturaleza—. Tú ya has visto lo que ha ocurrido con los dinosaurios. Si no despabilas, llevas el mismo camino: combustible fósil y materia para los museos de Ciencias Naturales.

Renovarse o morir, o sea, la extinción de la especie. Ése era el reto.

—Yo no me puedo responsabilizar de que Dios creara esta chapuza del mundo en siete días, improvisadamente, que así le salió —se excusaba la Naturaleza—. Bastante hace una con pasarse todo el santo día ideando mutaciones evolutivas para las criaturas inadaptadas.[5] No creas que eres el único que tiene pro-

5. En efecto, repito que la Naturaleza desarrolló la reproducción sexual no por vicio sino por pura filantropía, porque contribuye a la difusión de los caracteres ventajosos y a la eliminación de los perjudiciales, o sea, para asegurarnos una selección a más largo plazo que en las especies asexuadas.

blemas. Ahí tienes al ornitorrinco con unos problemas de identidad tremendos y pensando en suicidarse.

—¿Y yo qué hago? —suplicó el mono prehumano.

—Por lo pronto, desarrolla el cerebro a ver si así compensas tu poquedad física. Ahora no te salva vivir en los árboles: tendrás que competir con las fieras. Lo siento, chico. Tendrás que desarrollar la inteligencia.

La desarrolló. ¡Vaya si la desarrolló!

—Hasta inventar el fusil de caza 458 Winchester magnum, cuya bala de alta precisión, calibre 45, deja seco a un elefante —apuntó Bogart recordando sus experiencias africanas—. Y si usas un cartucho de postas, la piel del fiero tigre queda de tal guisa que no sirve ni para fabricar fundas de mando a distancia.

¿Quién les iba a decir a nuestros remotos ancestros que algún día exterminaríamos a las fieras feroces o las reduciríamos a la humillante cautividad de los zoológicos?

Tomemos ahora a cualquier constructor enriquecido por la especulación, a cualquier banquero que se nutre de nuestra sangre hipotecaria o a cualquier rey que parasita los impuestos de sus súbditos (tres subclases de *homo rapazus* unánimemente cazadoras). Los tres se visten de verde con artículos de la sección especializada de El Corte Inglés o de las tiendas Coronel Tapioca, los tres tienen en su mansión un salón prolijamente decorado con trofeos: cuernos y cabezas de todo bicho viviente; los tres tienen profusamente repartidas por sus despachos fotos enmarcadas en plata o carey en las que posan con un león muerto a los pies o encima de un rinoceronte difunto.

Sigamos por la senda que dos subsaharianos le despejan a machetazos a un director general que, con el pretexto de un viaje oficial a África acompañando a la ex vicepresidenta De la Vega, se ha apuntado a un safari en un parque nacional de Kenia. El individuo se ha uniformado a conciencia: pantalón corto caqui del que brotan unas canillas descarnadas y peluditas, sahariana de veinte bolsillos y, en la cabeza, un salacot que le baila porque no se fabrican de su talla. Además anda raro debido a los padecimientos hemorroidales.

Ese alfeñique que no tiene media hostia se ha convertido en

el más peligroso depredador. Un depredador que depreda por igual a los otros depredadores y a los herbívoros. Ni corre más que sus eventuales presas, ni tiene fuerza para detenerlas, ni garras para agarrarlas, ni colmillos para degollarlas, pero está acabando con el reino animal.

El tipo será un desperdicio de la especie humana, sí, pero en tres días de safari ha despachado a un león, un gorila, un elefante, un rinoceronte blanco y un oso polar.[6]

¿Qué ha ocurrido? El tímido carroñero se ha convertido, en eso consiste la Evolución, en un peligroso depredador. Es más, en el más peligroso depredador, porque no caza a los de otras especies para su subsistencia sino por mero placer.

¿Un monillo depredador?

Sí, ésa ha sido la penosa consecuencia de una infancia difícil. Confrontado con un entorno hostil para el que no estaba equipado, forzado por la necesidad y sacando fuerzas de flaqueza, aquel tatarabuelo nuestro desarrolló un notable cerebro para compensar las cualidades físicas que le faltaban. Lo desarrolló lo suficiente para aprender que las garras y los colmillos se podían suplir con palos y piedras. La casi continua posición bípeda que se veía obligado a adoptar en medio del yerbazal para vigilar el entorno le permitía servirse de las extremidades delanteras. La mano, con la que antes se agarraba a las ramas de los árboles, le servía, ya en tierra, para agarrar piedras y palos y golpear con ellos.

Piedras y palos: las primeras herramientas.

Gracias a ellas, y a su cerebro que desarrollaba nuevas tácticas, el homínido se atrevió a cazar en manada (la horda primitiva) e ideó sus propias estrategias de acoso y derribo. Pronto pudo

6. Ya sé que en Kenia no hay osos polares. Era sólo una trampa para comprobar si el lector se había saltado estas primeras páginas de intenso contenido científico para buscar más adelante las de sexo explícito. En cualquier caso, sepa que intento poner ejemplos válidos, no aprobar un examen. Si el lector va a empezar con desconfianzas y suspicacias hacia mi persona, le ruego que deje el libro aquí mismo y se busque otro más científico y documentado, aunque dudo que lo encuentre.

abatir presas de gran tamaño. Se acabó el pordiosear la carroña que despreciaban los grandes felinos. Incluso pudo defenderse de ellos, en cuanto perfeccionó las herramientas.

Comenzaba la Evolución que, andando el tiempo, desembocaría en progreso y en complejas formas culturales.

¿Complejas formas culturales? Sí, eso he dicho. Contemplemos, por ejemplo, a los peregrinos rocieros reunidos de mañana, tras el entonador carajillo, el sol despuntando por el pinar y las marismas de Doñana, en la misa de coheteros, tamborileros y carreteros que el satisfecho capellán oficia junto a la ermita-basílica del Rocío, hogar y santuario de la Reina de las Marismas. Emoción eucarística. Hombres curtidos con zahones y traje corto, mujeres rollizas con botas de media caña, falda rociera y clavel enhiesto en el moño. En los aparcamientos, vehículos con tracción a las cuatro ruedas rebosantes de víveres y vino fino. Un cedé desgrana la salve rociera en la voz de Isabel Pantoja. Alegría y señorío en una experiencia íntima que no se puede explicar porque el Rocío hay que sentirlo. Devoción y camino.

Sí, ha sido un largo camino el de la Humanidad. Y aquí estamos. ¿Quién iba a decir que procedemos de aquel monillo indefenso e indigente que pordioseaba los pingajos de carne despreciados por los otros carroñeros?

Ya tenemos a nuestro mono más o menos adaptado al medio. Comida no le falta. Vayamos ahora al sexo y a sus carencias emocionales.

CAPÍTULO 4

El mono copulador

Yo, que he conocido la juventud de Marujita Díaz y de Arturo Fernández; yo, que he padecido la represión franquista en la galería cuarta de Carabanchel; yo, que me he empastillado en las abiertas playas de California; yo, que he corrido delante de la gendarmería en mayo del 68; yo, que he visto naves en llamas más allá de las puertas de Tannhäuser, a veces me planteo si tenemos solución.

Los hombres, digo. La Humanidad. ¿Tenemos solución?

O sea, como diría mi admirada Bibiana Aído, los hombres y las mujeres o, mejor aún, las mujeres y los hombres, los miembros y las «miembras», ¿tenemos solución?

Desde que me anuncio en el blog, en los periódicos gratuitos, en las farolas y en los retretes públicos, tengo la consulta repleta y me faltan horas para atender a tanto paciente. Prestigiosas clínicas multinacionales se me disputan y me proponen la apertura de franquicias de mi gabinete de asistencia terapéutica aficionada. Las ofertas son tentadoras, pero las rechazo: mi pundonor profesional me inclina a ofrecer una asistencia personalizada.

La gente común, usted o yo, vive agobiada por sus conflictos emocionales, necesita consejo terapéutico, necesita que la escuchen, que la guíen. Antes tenían a los curas, pero ahora, con los avances de la sociedad laica, los adultos frecuentamos menos la iglesia y los curas están mano sobre mano, prácticamente centrados en los niños y temerosos de que crezcan y los denuncien.

Hemos cambiado la Santísima Trinidad y los dogmas por el complejo de Edipo mal superado y la encubierta fase anal.

El mundo moderno, las prisas, las tensiones, la ciega competitividad nos incomunican. «Alexitimia», llamo a eso cuando estoy de servicio terapéutico, pero aquí, en la barra del bar de copas La Inmaculada Concepción de María's, prefiero olvidarme de mi jerga psicológica.

Aquel mono ancestro, como buen primate, era promiscuo y no se emparejaba. La hembra sólo entraba en celo cuando estaba ovulando, pero eso sí, entonces se apareaba con cuantos machos lo solicitaran. Los machos, por su parte, al acabar la faena, se desentendían de ella de la forma más egoísta.

—Tonterías, las precisas[1] —pensaban.

Tras la preñez, la hembra se hacía cargo del bebé durante los meses que éste tardaba en despabilarse y buscarse la vida por sí mismo. No era una maternidad demasiado sacrificada, admitámoslo. Sólo lo justo. Por eso, la madre sobrellevaba en solitario la carga familiar sin muchos agobios.

Pero cuando el mono humano descendió del árbol y tuvo que enfrentarse a un medio hostil, la nueva situación alteró su vida sexual.

El desarrollo de la inteligencia, para compensar su debilidad física, recordemos, aumentó considerablemente el tamaño del cerebro.[2] Al mismo tiempo, la adopción de la postura erecta, sobre las patas traseras, estrechó las caderas de las monas.

1. De hecho, el orgasmo más retardado de la hembra pudiera deberse a que está diseñada para obtenerlo tras varios coitos sucesivos de distintos monos. No por vicio, Dios me libre de pensar tal cosa, sino porque la Naturaleza se asegura así de la preñez.

2. Los adelantos técnicos de la especie (armas) requerían un aprendizaje cada vez más largo. El cerebro del mono al nacer alcanza un 70 por ciento de su desarrollo; el 30 por ciento restante se alcanza a los pocos meses. El del hombre sólo tiene al nacer un 23 por ciento y el pleno desarrollo no se alcanza hasta los veintidós años. Véase Desmond Morris, 1968, p. 44. Las hembras no podían cazar porque tenían que cuidar a una prole cada vez más débil y expuesta a los peligros de la naturaleza, una prole que tardaba años en valerse por sí misma.

Mal asunto: bebés cada vez más cabezones y canales del parto cada vez más estrechos dificultaban los paritorios.

La Naturaleza se hizo cargo del problema.

—¡Ay, hija! —le dijo a la mona humana—. Esto del desarrollo del cerebro es una lata. Necesitas un embarazo de lo menos veintiún meses para parir al monillo con la mínima cantidad de cerebro que le permita valerse al poco de nacer, como acaece en todos los mamíferos.

—¿Y por qué no lo tengo? —inquirió la mona.

—Porque entonces la criatura tendría una cabeza de tal tamaño que al parirla seguro que te escoña, literalmente. Tu canal del parto no está diseñado para dilatarse tanto. Lo que voy a hacer es que te voy a programar un embarazo de nueve meses, tú pares a tu bebé con el cerebro a medio desarrollar, y que se termine de desarrollar fuera de ti. Lo malo es que entonces requerirá cuidados intensivos y larga lactancia.[3]

Resultado: la evolución de la especie humana acarreó el sacrificio de la abnegada madre, que no podía apartarse de su retoño.

Meditemos sobre este hecho porque aquí reside la clave de todo el asunto: el hombre es el animal de más lento crecimiento. Comparémoslo con la oveja o la vaca: paren y tanto el cordero como el becerro nacen casi de pie, los lamen un poco las madres y a las pocas horas ya corretean detrás del rebaño. Cuando tienen hambre se acercan a la madre y maman. El resto del tiempo andan triscando por ahí, tan ricamente. En pocos meses alcanzan la madurez y la madre se los quita de encima, excepto cuando la montan.

El bebé humano, no. El bebé humano tarda años en madurar y no digamos ya en independizarse.[4]

Con el desarrollo del cerebro, la infancia brevísima del primate se fue alargando bajo la tutela de la madre. El crecimiento

3. La típica chapuza de la Naturaleza. Ya dijo Alfonso X que si él hubiera diseñado el mundo le habría salido algo mejor.

4. Entre dieciocho y veinte en Europa; entre treinta y cuarenta en España (con tendencia a aumentar, me temo, tras la reciente aparición de la generación «ni, ni»: ni estudia, ni trabaja).

cada vez más lento del monillo-hombre se convirtió en una pesada carga imposible de llevar por la madre sola. Ella misma lo advirtió enseguida:

—¿No es mucha lata para una madre? —protestó—. Si estoy pendiente de un bebé mentalmente prematuro, ¿cuándo cazo para alimentarnos a los dos?

—Tienes razón —reconoció la Naturaleza—. Necesitarías que el mono macho colaborara, que para eso te empreña.

Confrontada con la prolongación de la crianza de su prole, que la imposibilitaba para buscarse la vida, la hembra tuvo que despabilar y pararle los pies al macho.

—¡Un momento, picha brava! —le espetó, los brazos en jarras—: Ya está bien de aquí te pillo, aquí te mato. Me empreñas y luego me dejas a mí sola la responsabilidad familiar. Esta criatura necesita un padre y esta madre necesita un cazador que la alimente y la proteja. Si tú quieres sexo, yo quiero compromiso. Piénsatelo.

La situación era peliaguda. El macho quería sexo y la hembra, en vista de que no podía criar por sí misma a su bebé, exigía compromiso y manutención.

Quien quiera sexo, que se moje el culo (en sentido figurado también).

Una vez más, la Naturaleza buscó una solución práctica, una estratagema para que el *homo salidus* ayudara a la hembra que había preñado. El instinto del macho lo inclinaba a copular con cuantas hembras en celo se le pusieran a tiro, no por vicio, sino con el fin de asegurarse la pervivencia de su ADN. Como primera providencia, la Naturaleza ocultó el periodo de celo de la monilla de modo que aparentemente siempre pareciera fértil.

—Te voy a prolongar la etapa de celo —le advirtió.

—¿Y eso? —dijo la monilla, a la que no entusiasmaba el sexo (todavía no experimentaba orgasmos).

—Porque el celo limita la sexualidad a unos pocos días de cada mes y la suprime durante el embarazo.[5] Si el mono preña-

5. La primata sólo está receptiva cuando puede concebir, o sea unos días al mes, y si ya está preñada o amamantando al bebé, tampoco quiere

dor advierte que no estás en suerte, se irá a buscar a otras (su obsesión es preñar a cuantas más mejor). ¿Sabes lo que haré? Te voy a reprogramar el semáforo.

—¿Qué semáforo?

—El semáforo vital, criatura. Los machos advierten cuándo estás receptiva y fértil porque caminas a cuatro patas dejando ver los labios mayores abultados y, en medio, una apetitosa raja roja y húmeda que exhala un intenso aroma a feromonas alborotadas.[6] Eso es el color verde del semáforo y en cuanto lo ven los machos, acá que vienen a visitarte, en ordenada fila, con las credenciales enhiestas. Te montan, te preñan, se largan en busca de otra que tenga el semáforo en verde y si te he visto, no me acuerdo. A partir de ahora cambiamos el sistema de señales y ponemos el semáforo permanentemente en verde. A partir de ahora la atracción sexual será permanente mientras seas joven. De este modo lograremos que un mono se te arrime permanentemente y te proteja y alimente.

—¿Y cuando no sea joven? —preguntó la mona.

—Cuando no seas joven no necesitarás su ayuda. Tus hijos se habrán emancipado y podrás valerte por ti misma.

No quedó muy convencida la monilla, pero firmó el contrato sin advertir que con ello se condenaba a la esclavitud de tener que aparentar una juventud permanente (teñidos de pelo, postizos, estiramientos, maquillajes y siliconas).

Después la Naturaleza se encaró con el mono salido y le dijo:

---

macho. Sólo la especie humana disfruta de una hembra permanentemente receptiva (excepto, claro está, cuando le duele la cabeza o está demasiado cansada, o no está de humor o «ahora no que nos pueden oír los niños»).

6. A sus primas, las otras monas, se les inflama la vulva y se les pone de un color cereza intenso para avisar a los machos de que están disponibles. La mona humana, con el tiempo, desarrolló un coño falso en la boca: el abultamiento de los labios, que es notoriamente antinatural: «La especie humana es la única que tiene labios. Sacar al exterior una delicada mucosa para que la reseque el sol y la cuartee el viento es una estupidez que ningún otro ser vivo ha cometido» (Mediano, 2009, p. 48). Desmond Morris señala que el vello de axilas y pubis femeninos está diseñado como reclamo odorífero para el macho (Morris, 2005).

—No sabes cómo te entiendo, hijo mío. Esa obsesión tuya por fecundar a toda mona en celo no se debe a que seas un vicioso disoluto sino al instinto que te fuerza a difundir tus genes como un infatigable y esforzado misionero de ti mismo. Ahora le he suprimido las señales de celo a la mona y le he instalado un celo continuo.

—Entonces ¿cuándo sabré que está ovulando para empreñarla y difundir mis genes?

—Me temo que no conocerás sus días fértiles. Si quieres asegurarte la transmisión de tus genes, más vale que no te apartes de ella y la cubras en exclusiva. Así, cuando se quede preñada, sabrás que el monillo resultante lleva tus genes.[7]

—¿Y las otras monas? —objetó el salido—. Es que a uno le gusta la variedad: el instinto de poner los huevos en cuantas más cestas mejor, y no lo digo con segundas.

—Eso se acabó. Si quieres asegurarte la pervivencia de tus genes, cíñete a una: más vale pájaro en mano que ciento volando.

—O sea, que por lo menos la mona que escoja va a estar en celo continuo —se consoló el mono prometiéndoselas muy felices.

—Más o menos. Según te portes —le advirtió la Naturaleza.

La frecuentación de la mona por el mono creó el apego del que hablábamos páginas atrás, el vínculo afectivo de la pareja en el que cada miembro es cuidador y cuidado. De ahí nació el amor.[8]

El macho tuvo que convertirse en monógamo y se resignó a cazar para la hembra, una condición que, más o menos a regañadientes, respeta hasta hoy. La hembra que disfrutaba de su protección, de su techo y de su caza le ofrecía a cambio sexo y la (supuesta) seguridad de que transmitía sus genes.

7. Domínguez-Rodrigo, 2004.

8. Sobre la historia del amor se han gastado océanos de tinta, pero al que esté interesado en ella le recomiendo que no pierda el tiempo y vaya directo al libro colectivo *La historia más bella del amor* (Anagrama, Barcelona, 2004) y al de Julián Marías *La educación sentimental* (Alianza, Madrid, 1992).

—¿Monógamo, dices?

Bueno, monógamo hasta cierto punto, porque el instinto lo arrastra a copular con toda la que se pone a tiro, aunque, de puertas adentro, en la intimidad de la cueva, sea monógamo. O sea, guarda a su mujer y va a por las mujeres de los demás.

Cuando algunos monos más fuertes o más despabilados destacaron claramente sobre los otros y pudieron acaparar recursos, surgieron las primeras sociedades complejas y con ellas la poligamia como expresión de poder y prestigio. Algunos faraones tuvieron más de mil esposas; Salomón, seiscientas; los harenes de los califas, docenas de ellas; el serrallo turco, una buena colección.[9]

En cierto modo, la poligamia asociada al poder perdura en nuestros días. El pobre presidente Kennedy, sin ir más lejos, se vio abocado a repartir sus atenciones entre Jacqueline, la legítima, Marilyn Monroe, Angie Dickinson y algunas otras beldades, a pesar de sus dolencias de espalda. Los millonarios y los artistas famosos se ven igualmente en la obligación de contentar a una variedad de amantes, por la misma cuestión de prestigio.[10] Hugh

9. En el serrallo gobernaba la sultana madre (*validé*), la seguían en categoría hasta ocho esposas (*kadín efendi*) y un número indeterminado de favoritas (*gozdeler*) y concubinas. Y todavía le quedaban arrestos al sultán para gobernar el imperio de la Sublime Puerta.

10. En la España de principios del siglo XX la querida del industrial próspero era un signo de estatus, como poseer un coche de alta gama, una mansión en un barrio exclusivo o un mayordomo filipino. Eso lo entendía la esposa legítima. Recuerden aquella que observaba desde un palco del Liceo a la querida del competidor de su marido: «¿Pues sabes lo que te digo, Jordi? Que la nuestra me gusta más.» Esta conformidad se puede dar en la clase altísima, la sobrada de recursos financieros. Es, por ello, una excepción y corresponde a una mentalidad femenina que tarda varias generaciones en consolidarse. Prueba de ello es que las esposas de los millonarios almerienses del cultivo extratemprano bajo plásticos se ponen frenéticas cuando el marido le pone un piso a una amante rubia procedente de los países del Este. Y no digamos en los casos en que abandonan a la legítima para casarse con la rubia. «Las bodas de este tipo han generado hostigamiento social, hasta el punto de suscitar la creación de una asociación de mujeres autóctonas que se manifiestan contra estas inmigrantes y las acusan de "robamaridos"» (Martín y Sabuco, 2006).

Hefner, el fundador de la revista *Playboy*, ha llegado a convivir hasta con siete novias formales y no sé cuántas conejitas en su famosa y envidiada mansión. El presidente de la República Sudafricana, el zulú don Jacob Zuma, mantiene tres esposas oficiales en el palacio presidencial y además ejercita sus gónadas con un número indeterminado de compañeras de cama más o menos fijas de las que lleva concebidos veinte hijos.[11]

Decíamos, antes de irnos por las ramas, que paulatinamente surgió un vínculo social entre el mono que preñaba y la mona que se quedaba preñada. Si la madre se quedaba cuidando al bebé, el padre tenía que alimentarlos a los dos.

Bebés de crecimiento lento e infancia prolongada limitaron la movilidad de la mujer. Media humanidad, la femenina, tuvo que replegarse a la vida doméstica, al cuidado de la prole y a recolectar, mientras la otra media, la masculina, salía a cazar para procurar el sustento de la familia.

Cambios tan profundos en el modo de vida aparejaron inéditos problemas.

11. Eso es política natalista responsable y no lo de esta triste España cuyos ministros y ministras y diputados y diputadas, hombres tenaces y mujeres tenazas, nos sermonean con la necesidad de tener hijos para la Patria pero luego no se aplican el cuento y se aparean con artimañas anticonceptivas para eludir la reproducción. Deberían predicar con el ejemplo. Desde aquí propongo una modificación de la ley electoral: que el ciudadano o ciudadana que no procree un mínimo de cinco hijos no sea elegible. ¡A trincar a otra parte!

CAPÍTULO 5

La invención de la teta

La adopción de la posición erguida inclinó hacia adelante el canal vaginal de la mona humana, facilitando la cópula en la postura del misionero, o penetración frontal.

—¿Tú cómo lo haces? —le pregunta un cromañón a otro en un descanso de la montería del mamut.

—Yo, de frente.[1]

—¿Y no te gusta por detrás, a cuatro patas?

—Bueno, alguna vez lo hago, por variar —reconoce el otro—, pero mi parienta dice que eso es muy antiguo y, además, una horterada, que así sólo lo hacen ya los neandertales.

—¿Y cómo sabe ella que los neandertales lo hacen así?

—Buena pregunta. Comprometida, pero buena.[2]

1. El coito frontal todavía no se denominaba «postura del misionero» dado que la Iglesia aún no iluminaba al mundo con las verdades de la Revelación.

2. Hoy sabemos que las damas cromañonas no le hacían ascos a un buen revolcón con el rudo, fornido y sudoroso neandertal. Como consecuencia de ello ha resultado que el hombre moderno tiene casi un cuatro por ciento de genes neandertales. Parece que el desliz con resultado de preñez ocurrió en Oriente Medio hace unos ochenta mil años, cuando los *sapiens* salían de África dispuestos a extenderse por Eurasia. Los que quedaron en África, hoy negros subsaharianos, están limpios de herencia neandertal. El equipo científico español que ha estudiado el genoma del neandertal está compuesto por Antonio Rosas, paleoantropólogo; Carles Lalueza-Fox, biólogo, y Marcos de la

La reiteración de la postura del misionero personalizaba el coito y creaba afectos entre el monillo y la monilla, quienes, al hacerlo de frente, reconocían sus rasgos faciales y se excitaban con el enardecimiento del otro, una retroalimentación de la libido.[3] Además, estimulaba el clítoris mejor que la monta dorsal y predisponía a la hembra a repetir los acoplamientos.

La única contrariedad fue que el mono añoraba la excitante visión de los glúteos durante la cópula fornicatoria tradicional, la de la monilla a cuatro patas, a la neandertala.

—¿Qué tal? —le preguntaba la mona después de terminar y antes de que se durmiera, como hacemos todos.

—¡Psch...! —respondía el mono un punto displicente—. No ha estado mal, pero echo de menos verte el culo, esos dos hemisferios tan estupendos y tan golosos.

La homínida, que no era tonta, se puso manos a la obra y evolucionó para complacer al proveedor de la despensa familiar: desarrolló en su zona mamaria un trasero supletorio que devolviera al macho el placer de meterla frontalmente sin per-

---

Rasilla, arqueólogo (*El Mundo, Eureka. Revista de la ciencia*, 9 de mayo de 2010, pp. 1-5).

3. El antropólogo Bronislaw Malinowski, en su documentado libro *The Sexual Life of Savages in North-Western Melanesia* (1929), menciona por vez primera la postura del misionero (*misinari si bubunela*, en melanesio) porque así la denominaban los nativos melanesios cuando se burlaban de la torpeza de los blancos al montar a la hembra, ya que ellos, aunque menos avanzados tecnológicamente, daban sopas con honda al hombre blanco en la obtención de orgasmos. La postura del misionero, antes la única que consentía una mujer española y decente ya en la cama, ya sobre la mesa de la sacristía, está hoy bastante desprestigiada y sólo la practican un 7,66 por ciento de los españoles. Desde el fin del nacionalcatolicismo ha cedido terreno a la postura a tergo (también conocida como del perrito o *levrette*, 40,37 por ciento). La variante del misionero con el hombre debajo, o postura de Andrómaca (que, en tiempos de Cervantes, se decía «meter la iglesia sobre el campanario»), la practican un 21,34 por ciento de los españoles. A otros les gusta hacerlo de lado, «la cuchara» (7,25 por ciento); y no faltan los que lo hacen de pie, precariamente (3,51 por ciento), por falta de mejores apaños. Mediando buena intención, cualquier postura es válida.

derse la contemplación de unos hermosos glúteos.[4] Lamento exponerlo tan crudamente, pero las tetas o mamas son un culo vicario, un truco evolucionista que la hembra humana lleva colgado delante para que no nos distraigamos del cumplimiento sabatino.[5]

En puridad, esas tetas que tanto admiramos los buenos aficionados sólo son dos acumulaciones de grasa, como las jorobas del camello, del dromedario o del búfalo.

No fue el desarrollo pectoral el único cambio que la monilla humana introdujo en su anatomía con tal de complacer y fidelizar al mono.[6] También desarrolló unos labios prominentes y frescos que reproducen la vulva carnosa y roja que la posición erecta y el coito misional escamoteaban. «Aún hoy las mujeres se pintan los labios de rojo, el color de una vagina excitada, y tratan de que tengan un seductor brillo húmedo. Y si son delgados o poco carnosos, los agrandan con maquillaje o los rellenan con silicona.»[7] El eterno femenino se manifiesta en el hecho de que incluso feministas tan militantes como Shere Hite y Lidia Falcón luzcan habitualmente una boca de rabioso carmín.

La aparición de la teta obedece también a otra razón que podríamos calificar de freudiana.

El monillo, debido a su inmadurez congénita, prolongaba durante meses y años su periodo de lactancia, y quedaba enma-

4. Los experimentos han demostrado que los hombres no somos capaces de distinguir un primer plano del canalillo de los glúteos del de las tetas: los confundimos. Pease, 2009, p. 206. Hoy, debido a la moda del talle bajo combinada con la del tanga, el canalillo glúteo comienza a competir con el pectoral.

5. Algunos científicos opinan que las mamas femeninas se desarrollaron cuando la bipedestación ocultó la vulva de la mona humana, para que el mono no se confundiera intentando aparearse con otro macho, lo que daría lugar a situaciones comprometidas: «Perdona, no me había dado cuenta de que eres macho», a lo que el otro replicaría: «Y qué más da. ¿Me vas a dejar así, a mitad de la faena?»

6. Horrible palabro este de «fidelizar», pero los que estamos uncidos a una hipoteca sabemos cuánto nos fideliza.

7. Mediano, 2009, p. 50.

drado de por vida. Cuando alcanzaba, por fin, su madurez física (la afectiva no la alcanza jamás), el destete le producía un gran vacío afectivo. ¿Cómo llenarlo? Arrimándose a otra mona que hiciera de madre, además de esposa, compañera y amante. De ahí que nos resulte tan desabrido ese hiato de la vida que es el paso de la infancia a la adolescencia. Acostumbrados a la teta materna, se nos antoja eterno el periodo que nos separa de la teta siguiente, la de la pareja copulatoria (más detalles, en Freud y en las teorías del apego).

Ésa es la causa de la fijación por las tetas que los homínidos machos arrastramos a lo largo de nuestra miserable existencia. No hay más que ver que para vendernos un coche, una máquina cortacésped, una corbata, unos cigarrillos, lo que sea, los publicitarios tiran de tetas al diseñar el anuncio. No falla: una chica joven con un par de glándulas mamarias bien desarrolladas basta para engatusarnos. De ahí también que la astuta monilla haya ido evolucionando y desarrollando cada vez tetas más abultadas y más tempranamente (competentes anatomistas señalan, alarmados, que, al paso que vamos, ya mismo les van a salir las tetas antes que los dientes).

El desarrollo de la teta en la mona humana, ese prodigio de la evolución, testimonia maravillosamente nuestra adaptación al medio. Reparen ustedes en que las demás primatas amamantan perfectamente a sus crías sin necesidad de desarrollar tamañas tetas. La mujer es la única mona que presenta esos hemisferios duros, protuberantes, saledizos, suculentos y, en los ejemplares más jóvenes, así como caídos para arriba. El resto de sus primas simiescas las tienen poco pronunciadas, caídas y terminadas en pezones largos, similares a la tetina del biberón, mucho más prácticos y ergonómicos que la teta de la hembra humana, dónde va a parar.

Si las mamas de la hembra humana sirvieran verdaderamente a la lactancia de la criatura y no al encalabrinamiento del macho, se parecerían a las del resto de las monas, y no obstruirían, con su prominencia de globo, las naricillas del lactante (lo que a menudo ocurre en la especie humana).

—¡Ay, doctor —se queja la madre alarmada—, que parece

que el niño no se agarra al pecho, que es ponerlo y enseguida se aparta y luego llora porque tiene hambre!

—¡¿No se va a apartar, señora?! ¿No ve usted que con esas tetazas le tapa las naricillas y se asfixia el pobre?

El bienestar del bebé humano se sacrifica a la concupiscencia del macho adulto. Me avergüenza reconocerlo, como representante de la especie, pero es así. Esa teta esférica y ese pezón retraído, todo areola, contribuyen a la incomodidad del crío, le taponan la nariz, lo asfixian, le impiden mamar como Dios manda. Y todo porque la mona tiene que atraer a los machos para que se le arrimen: «En caso de duda, la más tetuda.» Vergüenza debería darnos.

El prestigio de la teta es tan antiguo que se pierde en la noche de los tiempos.[8] En la remota China de la dinastía Ming (la de los jarrones, casi todos falsos), el esteta Su Ching consagró un tercio de su tratado *El camino sublime a la hendidura rosada* al estudio y clasificación de las mamas femeninas, entre las cuales distingue tres clases de pezón: el Granito de Arroz, la Semilla de Cerezo Fragante y la Luna Luciente que Anuncia Tormenta. Los dos primeros no están bien identificados hoy, pero el último parece casi seguro que sea el que por estos pagos denominamos «de castaña», grande, duro y turgente en la refriega, con amplia areola morena y un pelo o dos, que algunas damas poco avisadas suprimen (pero en Portugal respetan intonso, como el bigote). El Granito de Arroz, pezoncito de novicia adolescente, tiene, en cambio, la areola rosada y lampiña.[9]

8. Este ideal de belleza queda patente en la Celestina cuando alaba: «Los labrios colorados é grosezuelos; el torno del rostro poco más luengo que redondo; el pecho alto; la redondez é forma de las pequeñas tetas, ¿quién te la podría figurar?» En el tiempo de Fernando de Rojas gustaban las tetas pequeñas, pero ello fue una moda pasajera impulsada por poetas menoreros.

9. Viene en el libro de Albert von Le Coq *Chotscho* (Dietrich Reimer, Berlín, 1913) que un prefecto de la provincia de Szechuan impuso el uso del chal o mantón a las damas que visitaban los mercadillos mongoles para evitar que los astutos comerciantes, con el pretexto de mostrarles cintas bordadas o zapatitos incrustados de nácar, se dieran un banquete

La teta se ha realzado a lo largo de la historia de muy distintas maneras, desde la *fascia pectoralis*, una especie de banda con la que las damas romanas levantaban las suyas, hasta el moderno *wonderbra*, que «favorece la figura, luce mejor las blusas y descubre el encanto y la fascinación física de la mujer convirtiendo cualquier busto en el de una *top model*».[10]

Las turgentes tetas femeninas no son el único regalo con el que la Naturaleza ha distinguido a la especie humana. Otros órganos que sólo sirven para el placer son el lóbulo de la oreja y la nariz, tan excitante cuando es larga (Silvana Mangano, Julia Roberts, Bibiana Aído, la misma Cleopatra...), rasgos de los que carecen nuestros primos los primates.[11] Añadiremos a la lista el

---

visual, y en algunos casos táctil, a través de los suculentos escotes. En España, en distintas épocas, también se ha querido limitar la magnitud del escote femenino, casi siempre sin éxito. El viajero alemán Münzer observaba que «las mujeres con excesiva bizarría van descotadas de tal modo que se les pueden ver los pezones». El cronista Alonso de Palencia, hablando de la sensación producida en la corte castellana por las damas portuguesas del séquito de la reina doña Juana, anota: «Descubren el seno hasta más allá del ombligo y cuidan de pintarse de blanco afeite desde los pies hasta la parte más alta del muslo para que, al caer de sus hacaneas, como con frecuencia ocurre, brille en todos sus miembros uniforme blancura.» ¿Cabe mayor coquetería? Las damiselas lusas, con la primavera en la sangre, propensas a caer de espaldas, llevaban permanentemente maquilladas sus más íntimas regiones como quien siempre anda aparejado para el amor.

10. Moreno, 1994, p. 13. El *wonderbra* se comercializó en España en 1994 y vendió más de medio millón de unidades en seis meses. Debido a un artificio ingenieril, aprieta, junta y levanta los pechos hasta fingir dos tallas más. Antiguamente se conseguía lo mismo, con menor gasto, apretando un poco el corpiño.

11. Morris, 1969, p. 82. Este autor subraya además el papel erótico del rubor de labios y orejas cuando el mono salido se excita. El color como indicativo sexual se da en muchos animales. Incluidos algunos monos de nuestra lejana parentela, como el mandril que colorea la nariz de rojo chillón y las mejillas azules para cortejar a la hembra (y después de hacer el ridículo con ese disfraz de payaso a menudo no se estrena). Morris explica, también, que cuando la piel se oscurece, caso de la raza negra,

trasero prominente y duro, que duela en la mano la palmada.[12] Sumemos la depilación (el mono desnudo), que aumentó considerablemente nuestra sensibilidad cutánea, especialmente en las manos, lo que acrecienta nuestros goces sensuales con caricias y tocamientos. A refinamiento de la Naturaleza debemos atribuir que nuestros cuerpos lampiños conserven, sin embargo, el vello púbico, lo que nos permite diversas manipulaciones que lo hacen más atractivo: rasurado completo (lo que los franceses llaman *l'oiseau sans plume*, el pájaro desplumado), línea de biquini, biquini completo, rasurado asiático, corte europeo, triángulo, bigote de Hitler, ingle brasileña, felpudo francés, corazón, rizo zíngaro, la esfinge, tijera torrelodona, etc.[13]

Sí, querido lector, la Naturaleza se aplicó con todo su ingenio a la reelaboración de esta nueva especie, el *homo salidus*, cuya sexualidad se basa en la apariencia. Ésa es la clave. Una hembra hermosa, de pechos grávidos y grandes y trasero prominente y firme, reinó en los altares griegos bajo la advocación de *Afrodita kalípige*, «la de las bellas nalgas», y reina en las playas brasileñas bajo la advocación de *popozuda* o, en sus casos más extremos, *melancia*; o sea, con dos sandías por trasero.

¡El trasero femenino! El erotómano Federico Fellini lo denominaba «banquete de delicias» y «epopeya molecular de la femi-

---

los labios aumentan de tamaño, para compensar. El abultamiento excitante puede añadirse artificialmente hoy gracias a las inyecciones de botox y otras marranadas. Recuerden los labios de la modelo Esther Cañadas o los de la actriz Angelina Jolie. Constato, no critico, que conste.

12. ¡Cuidado con las palmadas! Si el ayuntamiento venéreo sucediera con una feminista radical, conviene asegurarse, antes de iniciar la coyunda, de que sea de las que admiten palmadas placenteras en los glúteos o si, por el contrario, al día siguiente las considerará malos tratos y violencia de género. Algunas militantes son aficionadas a lo étnico y están dispuestas a justificar cuanto provenga del Tercer Mundo, en el que ven la autenticidad y honradez que hemos perdido en el corrupto Occidente. Si es de éstas, quizá pueda usted favorecer su propia causa aludiendo al tratado sexual del moro Al-Tifasi, *Esparcimiento de Corazones*, del siglo XII, en el que se alaban las virtudes de «la guantada placentera» o *safa'*.

13. Morris, 2004, p. 236, explica algunos.

El vello como señal

Sofia Loren anuncia sardinas.

Sean Connery, galán de los años setenta.

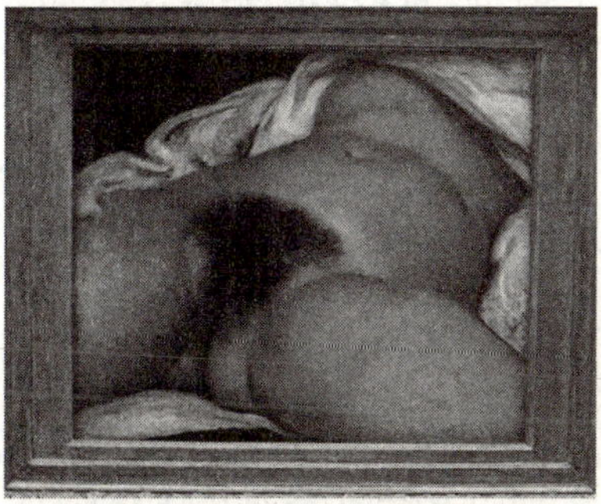

El origen del mundo (óleo de Gustave Courbert, 1866).

Mujer de larga melena.

neidad»; Dalí, por su parte, señaló: «En el culo se desentrañan los mayores misterios de la vida»; los sexólogos más avanzados lo denominan «factor C». En el trasero, y en el juego de las caderas, reside el casi olvidado arte del contoneo, hoy casi restringido a los escenarios. Pienso en las voces de Jennifer López y Queen Latifa y en nuestras Soraya Arnelas y Elsa Pataki (si cantara).[14]

Ese tipo de mujer abundosa, con silueta de reloj de arena, certifica, para el monillo humano que la contempla, fecundidad y abundosa lactancia, amén de una óptima herencia genética.[15]

La hembra también tiene su canon definido y procura aparearse con un macho alto, de anchas espaldas, abultados bíceps, robustos hombros, el trasero chico y prieto y la tableta de chocolate señalada en el vientre. Un macho así garantiza abundante provisión de caza para alimentar a la camada y buenos genes para perpetuarla.

Entre Stallone y Woody Allen, la hembra del *homo salidus* preferirá siempre al primero, aunque le reconozca al segundo una conversación más amena y coherente. Decía cierta duquesa, cuando sus cultas amistades se sorprendían de su relación con un pollancón iletrado: «Para lo que yo lo quiero, más sabe que Aristóteles.»[16] De ahí que la despampanante Ava Gardner prefiriera

14. También se contonea, dentro y fuera del escenario, la folclórica y mujer de negocios Isabel Pantoja, sobreponiéndose a su talla bisontona (ancha de busto, escurrida de culo y caderas, diferente talla en las dos piezas del biquini), lo que tiene más mérito. El traje de faralaes está inteligentemente diseñado para ocultar esta desproporción congénita de las bisontonas, tan abundantes en la ciudad de la Gracia.

15. A las mujeres, según estudios, les gustan los hombres con frente ancha y fuertes mandíbulas, que tengan mucha fibra en el pecho y los glúteos (indicio de buena salud) y las nalgas bien desarrolladas que indican la distribución muscular del resto del cuerpo.

16. El caso es antiguo y muy divulgado. Cervantes alude a él en la primera parte del *Quijote*, capítulo XXV: «Has de saber que una viuda hermosa, moza, libre y rica, y sobre todo desenfadada, se enamoró de un mozo motilón, rollizo y de buen tomo; alcanzolo a saber su mayor, y un día dijo a la buena viuda, por vía de fraternal reprehensión: "Maravillado estoy, señora, y no sin mucha causa, de que una mujer tan principal, tan hermosa y tan rica como vuestra merced se haya enamorado de un hom-

Curvas atractivas

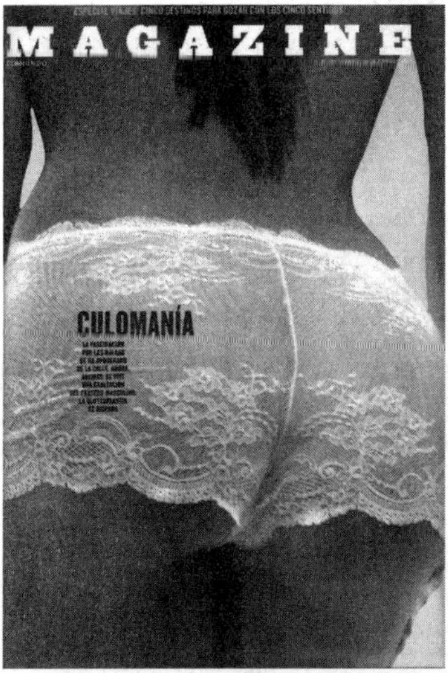

«Magazine» de *El Mundo*, 20 de junio de 2010.

Postal de principios del siglo XX.

Sofía Loren observa de reojo las de Jayne Mansfield.

Willendorfa.

Publicidad

El hombre ideal

Rodolfo Valentino.

Paul Newman.

Rock Hudson.

Brad Pitt.

acostarse con camareros y palmeros flamencos cuando, de haberlo pretendido, sin duda hubiera seducido al presidente de la Real Academia de la Lengua, al ministro López Rodó o a cualquier otro español que se preciara. A mí mismo, y que me disculpen mis hermanos de la Adoración Nocturna: uno no es de piedra.[17]

El desarrollo de la teta en
la mona humana, ese
prodigio de la evolución...

---

bre tan soez, tan bajo y tan idiota como fulano, habiendo en esta casa tantos maestros, tantos presentados y tantos teólogos, en quien vuestra merced pudiera escoger como entre peras, y decir: Este quiero, aqueste no quiero." Mas ella le respondió con mucho donaire y desenvoltura: "Vuestra merced, señor mío, está muy engañado y piensa muy a lo antiguo, si piensa que yo he escogido mal en fulano por idiota que le parece; pues para lo que yo lo quiero, tanta filosofía sabe y más que Aristóteles."»

17. De hecho, todos los españoles de mi generación se la tiraron, con la única excepción de un servidor y del cantante El Fary, como ya expliqué por extenso, sin que me dolieran prendas, en mi libro *Coitus interruptus* (Planeta, Barcelona, 1997).

CAPÍTULO 6

La invención de la familia

Hemos visto que, forzado por las circunstancias, aquel simpático homínido, nuestro remoto antepasado, se resignó a cazar para la homínida y su camada. Pero, como el desarrollo del cerebro debía servirle para algo, paralelamente lo asaltó una duda:

—¿No estaré haciendo el primo? ¿Quién me asegura a mí que los monillos que pare la mona son míos, hijos de mi sangre, perpetuadores de mis genes?

Algo de razón llevaba. A él, un invencible instinto lo inclinaba a aparearse con cuantas más hembras mejor, ergo lo mismo le ocurriría al resto de los monos de su especie (*homo salidus*, recordemos). Si salía de caza y desamparaba la cueva domiciliaria, la hembra quedaba a merced de otros machos. ¿Y si otro mono aprovechaba su ausencia para montarla y preñarla? ¿Tendría que resignarse a alimentar, con su trabajo, a las crías de otro?[1]

1. Los peligros de que otro te preñara a la mona en tu ausencia habían aumentado a causa de la evolución. Debido al cada vez más prolongado desarrollo del cerebro, los monillos alcanzaban la plenitud sexual mucho antes de que su cerebro madurara por completo. O sea, el monillo se convertía en un zangolotino de rabo inquieto, sin dos dedos de frente (el incompleto desarrollo cerebral) que le permitieran refrenar sus instintos. En estas condiciones, ¿cómo iba el mono emparejado a marchar de caza dejando atrás a su mona a merced de aquellos salidos demasiado jóvenes para cazar como hombres, pero suficientemente desarrollados para montar a las hembras?

El mono cazador, mosqueado, procuraba alejarse lo menos posible de la cueva para no perder de vista a la hembra. La sobreexplotación de los cotos cercanos al poblado, los cazadores con un ojo en la pieza y otro en la hembra, redundaban en una caza cada vez más escasa e insatisfactoria.

La mona, lista y sensata como era, cuando vio peligrar la despensa, desarrolló el instinto de la fidelidad, rarísimo entre las hembras primates. Un buen día avisó a la comunidad: «De aquí en adelante me comprometo a copular solamente con el mono que me ha preñado la primera vez, y le soy fiel, a ver si se centra de una vez en la caza y me trae buenos solomillos.»

La fidelidad de la pareja. Ése fue el precio que impuso la Naturaleza a la supervivencia del *homo salidus* como especie.[2]

Más tranquilo, el mono consintió en alejarse de la cueva en pos de las presas más apetitosas, de los entrecots más tiernos y jugosos.

La mona supuestamente fiel al mono, que la alimenta y preña. Meditemos brevemente sobre este hecho. ¡Había nacido la familia, la célula de la sociedad! La familia, una institución natural, sin papeles ni curas (los curas vinieron después a administrarla, deseosos, ellos también, de participar de las ganancias del cazador sin dar golpe).

También había nacido el parentesco: los tíos, los cuñados, los suegros... Sólo faltaban las comidas de Nochebuena con o sin reyerta familiar.

Así fue como la mutación de frugívoros arborícolas a carnívoros de la pradera acarreó a nuestros antepasados una revolución social que todavía nos afecta. De la promiscuidad natural de los inicios, fuimos a la exclusividad sexual de la pareja: el macho cazando para alimentar a la hembra y a su prole mientras la hembra cuida de la descendencia, trabaja la huerta y se encarga

2. Apena reconocerlo: el hombre es una víctima de la evolución, una mera maquinaria cerebral calculada para perpetuar la especie humana. De esa servidumbre no se escapan ni Brad Pitt, ni George Clooney, ni todos los guaperas de Hollywood. Ni siquiera El Fary logró sustraerse a esa ley fatal.

de toda clase de tareas sedentarias. Una inteligente, aunque antinatural, división del trabajo.

Obligados a emparejarse, resultó natural que el mono más fuerte escogiera a la mona más mona y que sus virtuales rivales respetaran la elección y se conformaran con las monas de segunda y así sucesivamente hasta que el más enclenque cargaba con la más fea: la selección natural, cada oveja con su pareja.

Ahí brilla la inteligencia emergente del homínido. La energía que malgastaba antes en la estéril disputa por las hembras se encauzaba hacia la caza y la tecnología. Todos salían ganando.[3]

Una conquista social, ésta de la familia, desconocida entre nuestros otros primos, los primates.

La familia, la corresponsabilidad, la fidelidad entre un macho y una hembra. Un gran paso adelante para la humanidad, sin duda. Lo malo es que el antiguo impulso del primate sigue latente en lo más profundo de nuestro ser: el de inseminar con su ADN a toda mona que se ponga a tiro, sin respetar convenciones, prohibiciones ni barreras sociales.[4]

El hombre es promiscuo por naturaleza (o infiel, desde el punto de vista ético o moral). Ningún naturalista ni, mucho menos, ninguna feminista me discutirá este aserto.

El instinto que tiraniza al *homo salidus* arrastra al desgraciado a copular con todas las hembras disponibles para que sus genes se propaguen como las estrellas del cielo y las arenas del mar, según la inspirada fraseología bíblica. Podemos llamarlo vicio,

3. Aunque a menudo lo hicieran a costa de trastornos bipolares mal resueltos: ¿qué hacer si al mono le gustaba la suegra o la vecina de cueva más que su propia mona? ¿Y qué hacer si le gustaban tres (trastorno tripolar) o todas (trastorno multipolar)?

4. Esa tiranía de someternos a una hembra y alimentarla junto con su prole para perpetuar nuestros genes les parece a muchos un abuso de la Naturaleza. Dense con un canto en los dientes porque, aunque no lo parezca, figuramos entre las especies más beneficiadas. Otros lo tienen peor. El macho de la mantis religiosa se deja devorar por la hembra mientras copula para alimentarla no ya con su trabajo sino con sus propias carnes. La araña de lomo rojo australiana (*Latrodectus hasselti*) y la araña viuda negra practican el mismo casquete kamikaze.

podemos descalificarlo moralmente, podemos reprocharle las desgracias y la inestabilidad familiar y social que acarrea, podemos aherrojarlo con trabas éticas, religiosas y sociales, pero no por ello ahogaremos un instinto natural. Reconozcámoslo: en lo tocante al desordenado afán por copular con cuantas le hagan tilín, el hombre no es responsable de sus actos.

La promiscuidad del mono humano (humano, pero mono al fin) es una tendencia natural. No hay más que un mandato genético: la eficacia reproductiva. Esa esclavitud llega hasta el punto de que en presencia de una mujer hermosa segrega apreciables cantidades de cortisol, la hormona del estrés, que puede provocar diabetes o hipertensión (aunque en pequeñas dosis posee propiedades antiinflamatorias e hipoalergénicas). La experiencia corrobora que el *homo salidus* actúa de esa manera: ve una mujer bien conformada y se le dispara el cortisol y el deseo de profundizar en su conocimiento (la legendaria sociabilidad masculina).[5]

Sentado que el mono humano es infiel por naturaleza, vayamos a la mona. Ella no es tan simple e impulsiva, pero es igualmente presa de un impulso que la inclina a aparearse con machos genéticamente potentes.

Se calcula que hasta un 20 por ciento de los hijos no descienden del supuesto padre sino de un amante o ligue ocasional de la madre.[6] Esta circunstancia explica que en las sociedades tradicionales, el honor del hombre resida entre los muslos de su mujer. Por absurdo que pueda parecer, es así... De ahí los celos, la desconfianza, los encierros, los velos, la ablación del clítoris y todas esas barbaridades que los más brutos ingenian para asegurarse de

5. Lo prueba un reciente estudio conjunto de las universidades de Groningen y Valencia publicado el 5 de mayo de 2010. El caso es que ya lo había señalado, con intuición fulminante, un alumno de la ESO que en un examen de biología señaló como estimulantes del sistema nervioso el café, el tabaco y las mujeres.

6. «El cambio de las relaciones sentimentales ha sido tan notable que en un 40 por ciento de las parejas francesas con tres hijos o más, el último de ellos podría no ser del marido según un estudio del Institut National de la Statistique et des Études Économiques (INSEE)» (Mesquida, 2000, p. 157).

que la mujer está siempre vigilada o es invisible, que el marido es el único que accede y engendra en ella, que es el padre genético de sus hijos.[7]

Aquí detectamos el inicio de una relación asimétrica. Al mono le importa mucho que su mona le ponga los cuernos,[8] pero a la mona le importa menos que su mono se encame con otra.[9] Total, ella siempre está segura de su maternidad sea quien sea el padre.

—¡Pero las esposas son celosas, *paisa*, incluso más que nosotros! —se quejaba no hace mucho Mohamed, que padece el problema por partida triple.

—Maticemos —le repliqué—: los celos son producto de la posesión, no del amor. Lo que la mona teme es que su mono se encapriche de una lagartona y desvíe hacia ella parte de la caza (en términos actuales, dinero, protección, regalos, etc.), o sea, parte de «sus» recursos, quiero decir de los recursos de ella (puesto que considera que los del mono le pertenecen, son gananciales). Lo que teme es que sus hijos tengan que compartir alimentos con los que el marido infiel pudiera engendrar en la otra. Es instintivo, es un miedo ancestral, genético, que arrastran las monas humanas.[10]

7. Por eso, en las sociedades tradicionales se ha concedido gran importancia al cornudo, mientras que el hecho de que una mujer fuera cornuda carecía de importancia. De hecho, el término «cornuda» sólo se usa desde que la mujer se equiparó en derechos al hombre (o reivindica esa equiparación).

8. Comprensible: ¡menuda estafa hacerte criar a unos hijos que en realidad no transmiten tus genes!

9. Si acaso, podía importarle el qué dirán. Recuerden el chiste: «Pepita, soy tu amiga y considero mi deber decírtelo: ¿sabes que tu marido se acuesta con la vecina del quinto?» Y la mujer traicionada se sonroja: «¡Ay, qué vergüenza, ahora se va a enterar toda la comunidad de lo mal que lo hace!»

10. Algo parecido acaece a la hembra del escarabajo enterrador, que se enfurece con el macho cuando lo ve tontear con otras hembras. ¿Por qué? La doctora Judson lo explica: «La presencia de otra hembra con sus crías haría más difícil para la primera sacar adelante todas las suyas. Y no

Dicho esto, hay que introducir una salvedad importante: las mujeres modernas, liberadas, que trabajan fuera de casa y son económicamente independientes, no dependen ya de los recursos del macho y sólo buscan en él compañía, ternura y protección física.

Familia feliz (postal del decenio de 1950).

---

sólo porque las dos familias tendrían que compartir el cadáver de la ardilla que el escarabajo ha enterrado en su despensa y tal vez la comida no alcanzaría a todos. No. Lo peor es que la amante mataría a algunas de las crías de la esposa.» En la especie humana sucede lo mismo: la segunda esposa suele ser crudelísima madrastra para los hijos de la primera y hará todo lo posible por indisponer al padre con ellos (hablo naturalmente de las malas personas, que son rarísima excepción entre las mujeres).

CAPÍTULO 7

Do ut des (toma y daca, la esencia del compromiso)

—¿Liberadas? ¿Qué coño liberadas?: cazadoras de nóminas, eso es lo que son —me replicó Paco Estero Escañuela, el pagador de clases pasivas, mientras aplastaba la colilla del cigarrillo en el plato del café—. ¿Tú ves a aquella tan hermosa?

—La veo —dije.

Era junio. Sentados en una terraza de la Rambla de Cataluña, bebíamos cerveza y mirábamos pasar al personal.

—Pues ésa no te mira siquiera como no le presentes una nómina con cinco cifras. Mira lo que dice un estudio científico. —Me puso una revista delante. Leí lo que había subrayado: «Pese a la revolución sexual femenina, las mujeres se sienten atraídas por hombres que pueden asegurar un buen sustento. Cuanto más atractivas son, más exigentes se vuelven en lo tocante a los ingresos del marido. Las preferencias de los hombres también se mantienen en su pauta ancestral: buscan mujeres atractivas para engendrar el mayor número de crías que les asegure una ventaja evolutiva.»[1]

—Como dicen en Argentina: «En acabándose la plata, el amor se desbarata» —remachó—. «Por el interés te quiero, Andrés.»

1. Un estudio publicado en la revista *Proceedings of the National Academy of Sciences* (Estados Unidos, agosto de 2007) a partir de encuestas realizadas en Múnich, en personas de edades comprendidas entre 26 y 40 años que habían participado en un programa de citas.

—No reprochemos a la mujer lo que forma parte de su instinto porque se lo ha impuesto la evolución —dije.

—¿Qué le ha impuesto?

—Hacerse querer.

No resulta fácil explicar a mis pacientes las razones de la mujer. Llegan a mi consulta maleados por una tradición misógina que se remonta, en sus formas más virulentas y actuales, al siglo XIX.

Aquella pareja prolongada que inauguramos los homínidos cuando descendimos de los árboles requería, para su consolidación, unos lazos afectivos, y ello nos conduce, fatal o venturosamente, al sexo. Los dos monillos en la cueva: cuando él regresa de la caza y asan la carne ensartada en un palitroque sobre las vivas brasas que despiden un estimulante olor a grasa curruscada. Con la barriga llena, la prole dormida, la oscuridad peligrosa fuera, ¿qué iban a hacer?

Copular, naturalmente.

El sexo ganó importancia, otra consecuencia del emparejamiento prolongado. El mono descubrió que cuanta más caza traía a la cueva, más se esmeraba su mona en complacerlo. La mona hablaba del asunto con las vecinas: «pues al mío le gusta esto»; «pues el mío me lo hace así». Progresaba la humanidad.[2]

El sexo ganó en complejidad. En su adánica inocencia, todos aprendían de todos. Cuanto más se practicaba, más se aprendía

2. Leo en la prensa de hoy que según los investigadores del Instituto Max Planck de Antropología Evolutiva de Alemania, basándose en investigaciones de los antropólogos Cristina Gomes y Christophe Boesch en el Parque Taï, en Costa de Marfil, las hembras de los chimpancés copulan con mayor frecuencia con los machos que les entregan carne fresca. El estudio sugiere que los chimpancés intercambian carne por sexo. «Existe una clara correlación entre compartir la comida y la frecuencia del acto sexual, independientemente de cuándo el chimpancé regala la carne», asegura Gomes, quien explica el fenómeno por la selección natural y por la necesidad de la hembra de asegurar la supervivencia de su prole. La antropóloga Gomes se abstuvo de establecer paralelismo alguno con la especie humana, aunque haberlo *haylo*, como comprobaremos en páginas venideras.

y los orgasmos resultaban más intensos y placenteros. Nacía el sexo recreativo, el practicado por el mero placer, quizá la mayor conquista cultural del homínido.[3] Todavía no había curas que predicaran «esto es pecado» ni «por un instante de concupiscencia te condenas al infierno eterno».

Sexo por alimentos y protección.[4] Ése es el misterio de la gran copulación de la especie humana. La hembra, relegada a la cueva, incapaz de cazar por sí sola porque el cuidado de la prole la mantiene pierna quebrada y en casa, recompensa con sexo al macho laborioso.

Sustituyan alimentos, en la distancia de la civilización, por su equivalente de la avanzada sociedad actual: compromiso, dinero, promoción... La cultura y la Secretaría de Estado de Igualdad no pueden alterar lo que traemos inscrito, de serie, en el código genético: intercambiamos protección y alimentos por sexo y calidad genética para nuestra descendencia.

Lo admito con tristeza. Hemos evolucionado lo indecible en tecnología, hasta el punto de enviar a un hombre a la Luna e inventar la fregona y el reloj de cuco suizo, pero bajo ese elegante barniz del hombre moderno que vive en una ciudad con todos

3. Si hubiera más sexo libre sin interferencias de curas ni ayatolás, imanes o directores espirituales, otro gallo cantaría a la Humanidad. Incluso es posible que nos libráramos de las guerras. Entre nuestros primos los bonobos del Congo, famosos por su libertad sexual (en su amplio repertorio figuran: chico con chica, chico con chico, chica con chica, trío, grupo, masturbación, sexo oral, besos con lengua, todo), las hembras socializan a los machos y los amansan hasta el punto de que, cuando se encuentran dos bandas, en lugar de disputarse el territorio, organizan lo que el presbítero Góngora denomina «combates de amor en campos de pluma». Por el contrario, los chimpancés rasos, entre los que dominan los machos, cada vez que se encuentran dos bandas opuestas organizan una marimorena de mordiscos y repelones de la que a menudo resultan muertes y mutilaciones. Véase Paul Martin, 2009, pp. 34-35.

4. La protección es más importante de lo que parece. Por eso muchas mujeres se fingen desvalidas e impostan una voz de niña (deficitaria en testosterona), para incitar los sentimientos protectores del macho, para explotar la generosidad del que se presenta sobrado de testosterona.

los adelantos, que se conduce educadamente con sus semejantes, late el primate elemental con sus instintos primigenios intactos.

O sea, que la tendencia a la promiscuidad del primate que llevamos en la sangre colisiona con la forzada monogamia del carnívoro cazador en que nos hemos convertido.

Según Desmond Morris, no es que la civilización haya modificado el sexo: es el sexo el que ha modificado la civilización.[5] Hemos evolucionado de un primitivo socialismo sexual (la promiscuidad) al neoliberalismo sexual (sexo para el más fuerte).[6] El Arcipreste de Hita expresó de otro modo esa profunda filosofía de la humanidad: «Como dice Aristóteles, cosa es verdadera, / el hombre por dos cosas trabaja: la primera / por haber mantenencia; la otra cosa era / por haber juntamiento con hembra placentera.»

O sea, el hombre, el cazador, trabaja para comer y para ayuntarse a una mujer hermosa (se entiende que lo más hermosa que se pueda costear con el producto de su caza).

Postal chistosa sin pizca de gracia (decenio de 1940).

5. Desmond Morris, 1968, p. 65.
6. Mediano, 2009, p. 24.

CAPÍTULO 8

Cerebro-macho versus cerebro-hembra

Era un día gris de otoño y La Inmaculada Concepción de María's estaba casi desierta. El moro Mohamed había terminado de rellenar las botellas con garrafón y pasaba la fregona por el mostrador. El gato *Matusalén* dormitaba junto a la estufa. En la mesa del reservado, bajo el azulejo de Anís del Mono, el filósofo Schopenhauer, el droguero Vallecillo y yo tertuliábamos en torno a sendos carajillos.

—Maestro —dijo Vallecillo—, ¿cómo es posible que un talento como Platón sostenga que las mujeres son la reencarnación de almas masculinas que se portaron indignamente en su vida anterior?[1]

Schopenhauer dirigió una mirada melancólica a su taza medio vacía.

—Lleva razón el griego —dijo—: las mujeres sólo sirven para cuidarnos y educarnos de niños. Son pueriles, tontas y miopes; en pocas palabras, se comportan toda la vida como niñas grandes: se hallan en un estadio intermedio entre el niño y el hombre, que es el verdadero ser humano.[2]

De regreso a casa, bajo la lluvia mansa, por las callejas desiertas del barrio viejo, medité sobre lo injusto del juicio de Schopenhauer. ¿Por qué entendemos tan mal a las mujeres? Freud, cuya fotografía preside mi consultorio junto a otra de Marx

1. Eso es lo que dice en el *Timeo.*
2. Schopenhauer, 2005, p. 32.

(Groucho), escribió a una discípula: «La gran pregunta que nunca se ha podido resolver, y a la que yo, pese a mis treinta años de investigación en el alma femenina, tampoco he sido capaz de responder, es: ¿qué quiere una mujer?»

Otros pensadores posteriores a Freud han reconocido la misma incompetencia: «Cuanto más tiempo estás con una mujer, menos la entiendes» (Nancho Novo, actor); «No entiendo a las mujeres, pero no lo digo» (Francisco Umbral, escritor); «Lo ideal sería que vinieran con un manual de instrucciones» (Juanjo de la Iglesia, reportero); «De la mujer que no entiendo, me desentiendo» (Antonio Carmona, cantante); «A las mujeres no hay dios que las entienda» (Makinavaja, macarra).[3]

¿Pecaré de arrogancia si afirmo que yo, Romualdo Holgado Cariño, terapeuta sin título, creo entenderlas? ¿Pareceré un fatuo faldero si testimonio que cuanto más las entiendo más las adoro? No por las tetas, que conste, no por los culos, no por los muslámenes, no por el gusto que nos procuran cuando las cabalgamos: las adoro por su cerebro, esa parte esencial de la mujer que tan a menudo desprecian los ignorantes.

A mi diván de terapeuta aficionado me llegan pacientes angustiados porque no entienden a sus mujeres.

—Querido amigo —les digo—, no la entiendes porque la juzgas con tus parámetros mentales, sin tener en cuenta que su cerebro funciona de manera distinta.

—¿Y eso cómo va a ser? —replican.

—Hombres y mujeres tenemos circuitos cerebrales distintos, con diferentes programaciones. Nosotros obedecemos a unos patrones de conducta; ellas, a otros. La conducta es innata (no impuesta por la educación como creíamos).[4]

3. Dubkovsky, 1998, p. 51.

4. Pensábamos que hombres y mujeres diferíamos en carácter e inclinaciones porque nos educaban de forma diferente: primero nos vestían de azul y a ellas, de rosa; después nos regalaban pistolas y a ellas, muñecas; más tarde leíamos tebeos del Capitán Trueno y ellas, historias románticas de príncipes y hadas. De jovencitos nos ponían pantalones largos y fumábamos a escondidas; mientras que nuestras hermanas se vestían de largo

—¿Y eso es científico? —objetan.

—Científico e irrefutable: el estudio del cerebro, la última frontera del conocimiento humano, así lo prueba.

Hemos visto, aguas arriba, que cuando descendimos de los árboles las circunstancias nos forzaron a dividir el trabajo por sexos. El monillo salió a cazar y la monilla quedó en casa criando bebés y atendiendo las múltiples labores de la intendencia familiar.[5] Esa especialización por sexos, mantenida durante cientos de miles de años, ha modelado de manera distinta no sólo los cuerpos (eso salta a la vista) sino los cerebros.[6]

Los cerebros del hombre y de la mujer difieren incluso físicamente. El de la mujer es algo menos voluminoso que el del hombre,[7] pero sus dos hemisferios presentan un 30 por ciento más de interconexiones nerviosas,[8] lo que determina mayor ope-

---

y se maquillaban. Más tarde, nosotros leíamos el *Marca* y ellas, el *¡Hola!*; nosotros, las novelas del Oeste de Marcial Lafuente Estefanía y ellas, las de amor de Corín Tellado; ellas competían en contoneos y tacones; nosotros, en pedos y en longitud de pene... Y así sucesivamente.

5. El sentido de la orientación del monillo le permitía explorar el territorio de caza y encontrar el camino de vuelta al poblado; la monilla, por el contrario, se orientaba mal porque no necesitaba esa habilidad. En su cometido de paridora de los hijos y cuidadora de la prole y del hogar, no se alejaba mucho de la cueva, sólo lo suficiente para recolectar frutos o hierbas en los alrededores o, después de la invención de la agricultura, para trabajar en los campos cercanos.

6. En ello coinciden genetistas, bioquímicos, antropólogos, psicólogos, sociobiólogos y médicos. No hay más vueltas que darle.

7. El biólogo y anatomista Theodor Ludwig Wilhelm Bischoff (1807-1882) determinó que el peso medio del cerebro de los hombres era de 1.350 g, y el de las mujeres, de 1.250 g, de lo que dedujo que la capacidad intelectual de los hombres es mayor que la de las mujeres. Después cometió el error de donar su cuerpo a la ciencia y cuando murió resultó que su cerebro sólo pesaba 1.245 g.

8. La hormona femenina, el estrógeno, impulsa a las células nerviosas a establecer más conexiones entre los dos hemisferios. Véase Pease, 2000, p. 66. Podríamos decir que ellas los comunican por autopista y nosotros, los tíos, por caminos vecinales.

ratividad y una media de inteligencia ligeramente superior.[9] A ello debemos sumar que el cerebro masculino contiene menos materia gris y más materia blanca (asociada a la memoria espacial), mientras que el femenino lo supera en materia gris (asociada a la expresión verbal).

Esta riqueza de conexiones de su cerebro le permite a la mujer simultanear tareas como cocinar, atender el teléfono y no perder de vista al bebé que está jugando junto al enchufe. También, cuando copula, puede pensar que hay que lavar las cortinas y que la lámpara del dormitorio está pasada de moda, voy a llamar a Pitita y el jueves por la tarde vamos a El Corte Inglés, que, como estamos en febrero, están las rebajas de artículos del hogar; por cierto, que también tengo que recoger la chaqueta de mi Paco de la tintorería y que no se me olvide comprar azafrán, que el domingo tenemos paella con los suegros. ¡Ah, ah, me voy, Pepe, me voy, ah, ah, no pares, no pares, ah! (orgasmo fingido que provoca el corrimiento del macho, ese pardillo).

Como dice el poeta: «Y Dánae, indiferente y ojerosa, / siente el alma transida de desgana / y se deja, pensando en otra cosa.»[10]

El cerebro del hombre, con sus dos hemisferios conectados por menos fibras nerviosas que el de la mujer, está configurado para hacer una sola cosa a la vez. En algunos casos esa incapacidad de simultanear acciones alcanza extremos peligrosos. Recuerden al presidente americano Ford, que era incapaz de mascar chicle y bajar la escalerilla del avión al mismo tiempo. Sus escoltas no ganaban para sustos y frecuentemente tenían que recogerlo del asfalto.

¿Quiere esto decir que el cerebro de la mujer es superior al del hombre? Eso me temo, queridos congéneres. Y no queda ahí la cosa. Tomen nota: el cerebro femenino está mejor aprovecha-

9. Muy superior en el caso de mi admirada Sharon Stone, cuyo cociente intelectual es de 154. El cociente intelectual (CI) es la relación entre la edad mental analizada y la edad cronológica, y se expresa como un cociente multiplicado por 100. El promedio sería 100. Véase también Pease, 2000, p. 61.

10. Ángel González, «Soneto a Dánae», en *Áspero Mundo*, 1956.

do y es más operativo. En el cerebro del macho incluso existen algunas zonas neutras, las «estancias de la nada», en las que el usuario supuestamente regenera su energía mental.[11]

Tu mujer te encuentra con la mirada perdida, o sea, en Babia, y te pregunta: «¿En qué piensas?» «En nada», respondes honradamente. Entonces ella automáticamente sospecha que le ocultas algo, *ergo* estabas pensando en otra mujer. Como su cerebro no padece esas «estancias de la nada» es incapaz de admitir la posibilidad de que realmente no pensaras en nada. En estos casos es más prudente responder: «Es que no hago más que darle vueltas a lo del Real Madrid: lo mal que lleva la Liga. Este año el Barça va mucho mejor. Sin ir más lejos, bla, bla, bla...» Ella quedará satisfecha por tu respuesta y desconectará el oído de tu cháchara futbolística: «No pensaba en otra mujer, solamente en sus cosas. Es que son como niños. ¡Peste de fútbol!»

Las monillas eran más listas, de acuerdo, pero la caza y la protección de las que todos dependían las aportaban los monos. Por eso las sociedades patriarcales marginaron a las mujeres y las religiones machistas proporcionaron la coartada conveniente declarando canónicos e inspirados por Dios textos como éstos, oído al parche: «Vuestras mujeres callen en las congregaciones; porque no les está permitido hablar, sino que estén sujetas, como marca la ley. Y si quieren aprender alguna cosa, pregunten en casa a sus maridos; porque deshonesta cosa es que una mujer hable en público» (1 Cor. 14, 34-35).

¿Buena, eh? Pues espere a oír ésta: «A la mujer no le consiento enseñar ni arrogarse autoridad sobre el varón, sino que ha de estarse tranquila en su casa» (1 Tim. 2, 12).

Los Evangelios y el Antiguo Testamento, fundamentos de la cultura católica, están plagados de consideraciones similares. Ésos son los sabios de la tribu que han adjudicado, durante los dos últimos milenios, los respectivos papeles de la mujer y el hombre en la sociedad.

¿No adivinamos en esas admoniciones la sombra del complejo del macho porque ella argumenta mejor y vence en una discu-

11. Pease, 2009, p. 205.

sión gracias a su cerebro más sutil, a su mayor eficacia verbal y a su notable capacidad de exponer sentimientos o de fingirlos? El macho alfa, debido a su tosquedad mental, se rinde y cede o, en los casos extremos, se exaspera y usa lo único que le queda, su superioridad física, y zanja la discusión con un tortazo.[12] La crueldad del hombre deja hematomas y ojos a la virulé denunciables ante la autoridad y punibles (violencia de género).[13] La crueldad de la mujer es mucho más sutil y no deja marcas: el reiterado reproche, el silencio mortificante, la tergiversación de los hechos, el alfilerazo donde más duele, que colman la paciencia del cazador.[14] Si acaso, deja señales psicológicas difícilmente evaluables y siempre achacables a la irascibilidad natural del energúmeno que la pobre chica tiene por pareja.[15]

Supeditada a un macho más musculoso y proveedor de la despensa, la mujer quedó relegada a ejercer calladamente las sucesivas habilidades que la sociedad patriarcal le asignaba: amante (novia), administradora (esposa), tutora (madre), educadora (abuela).[16]

El cerebro femenino se adaptó. La monilla percibe indicios sutiles que pasan inadvertidos para el mono, detecta la mínima señal de peligro que amenace a su prole (o su estatus). Sin embargo, es deficitario en habilidades espaciales. Por eso las mujeres

12. «Realmente, las mujeres tenían que limitar sus habilidades lingüísticas cuando disputaban con los varones para evitar acorralarlos hasta el punto en que se les empujase a utilizar la violencia, el recurso de los incompetentes» (Mediano, 2009, p. 103).

13. El tema se amplía en los Apéndices.

14. «La mujer, en promedio, es mucho más competente en la esgrima dialéctica y en la manipulación psicológica» (Mediano, 2009, p. 249).

15. Algunas veces la pobre chica se defendía recurriendo a armas más sutiles que las del esposo energúmeno. Antiguamente, en la España profunda, las mujeres que querían eliminar al marido le preparaban la «mala sopa», una receta infalible que le provocaba una hemorragia intestinal que lo llevaba a la tumba en pocas horas, sin dejar rastro: molían en el mortero vidrio de botella hasta reducirlo a polvo y se lo administraban con algún potaje espeso y suculento.

16. Tasso, 2008, p. 197.

no saben leer los mapas: requieren una interpretación tridimensional para la que su cerebro, que es bidimensional, está mal preparado. Esta deficiencia la superan extremando la prudencia al volante, de ahí que sufran menos accidentes.[17]

El macho del mono humano, por el contrario, se orienta bastante bien y percibe con mayor precisión las distancias y las formas. Ha adquirido las destrezas del cazador: explora el terreno, localiza la presa y calcula la trayectoria del proyectil.[18]

Las carencias del cerebro femenino en percepción tridimensional se compensan sobradamente con una excelente percepción visual periférica. En esto, nuevamente, la mujer está mejor equipada que el hombre. Ella percibe lo que llama la atención de él (el culo o las tetas de la chica viandante); él, por el contrario, no capta lo que llama la atención de ella (la corpulencia, las manos, los ojos, el culo del chico transeúnte). Parece que no mira, pero ve y evalúa a sus prójimos tanto o más que nosotros a nuestras prójimas. Y además, dispone de una excelente inteligencia emocional.

La ventaja del cerebro masculino, su sentido de la orientación, se ha ido atrofiando desde que dejó de ser cazador para convertirse en urbanita que caza en una oficina o detrás de un

17. Algún lector machista replicará que no he contado los accidentes que provocan con su conducción timorata. En realidad, como todos sabemos, lo que provoca los accidentes es el exceso de testosterona masculina y la confianza en la propia destreza de ciertos conductores que se creen Fittipaldi. La mujer al volante, consciente de sus limitaciones espaciales, no arriesga, lo que a la postre se traduce en una conducción más relajada y segura. No digo esto por halagarlas, bien lo sabe Dios. Cuando llegue el momento de zaherirlas lo haré sin misericordia ninguna. A cada cual lo suyo.

18. Esta habilidad se concentra en la parte frontal de su hemisferio cerebral derecho. En la mujer no está tan desarrollada porque anda dispersa en ambos hemisferios. Tal carencia se explica porque ella se formó en la cueva o en sus alrededores, sin desarrollar las habilidades de la caza. Véase Pease, 1999. «Los hombres destacan más en matemáticas, ingeniería y orientación espacial. Las mujeres son mejores a la hora de manejar el lenguaje, el contacto social y el habla» (Ariza, 2010, p. 40).

mostrador. Naturalmente, nunca aceptará ante la hembra que está perdiendo reflejos. Antes bien, fingirá que domina la situación, que sigue siendo un macho cazador autosuficiente sin problemas de orientación. Cuando deambula solo por una carretera desconocida, más perdido que el *Titanic*, se detiene para preguntar una dirección, pero si lleva a una mujer en el asiento del copiloto, sigue conduciendo, completamente extraviado, y espera encontrar el lugar de destino sin ayuda de nadie.[19] Al macho alfa le cuesta la propia vida admitir sus errores de orientación y recurrir a otro macho para que le resuelva el problema. Tiene que mostrarse superior a los demás para deslumbrar a la hembra. Cree que si se muestra débil, ella dejará de admirarlo y quizá lo cambie por otro más fuerte. El legado genético lo impulsa a competir, a ser el mejor (o a fingirlo).[20]

Quizá el lector deduzca de mis palabras que los hombres estamos programados por la naturaleza para hacer el primo. Eso es exactamente lo que quería indicarle.

El hemisferio derecho del cerebro del hombre (el de la habilidad espacial) se desarrolla a mayor velocidad que el izquierdo, debido a las menores conexiones hemisféricas y a la mayor abundancia de testosterona. El resultado es un cerebro más estructurado para lo técnico que para lo estético, al contrario que el cerebro de la mujer, que es más estético que técnico.[21]

19. Pease, 2000, p. 159.

20. Eso explica que hombres incapaces de matar una mosca se finjan peligrosos para que su pareja crea que a su lado va bien protegida. A veces se implican en una reyerta en la que, en el fondo, saben que van a recibir una somanta de palos: el sacrificio es también un admirable acto de valor, piensan los pobretes.

21. Los estetas masculinos (artistas, poetas, modistos) suelen presentar un componente femenino muy intenso. Por eso los homosexuales, o simplemente afeminados, abundan entre ellos. Genios cabalmente machos como Picasso, Gauguin o Buñuel son, quizá, la excepción.

CAPÍTULO 9

¿A quién le apetece ir de tiendas?

Veamos ahora cómo reaccionan dos cerebros tan dispares como los del hombre y la mujer ante el simple hecho de ir de compras. Por lo pronto, la sola mención de esa actividad descompone al macho.

—Tienes que comprarte camisas —observa la mujer.

—¿Para qué? —replica él—. ¿No sirven las que tengo?

—Es que este año se llevan con rayas. Es la moda.

—Yo no quiero ir a la moda —replica con viril brusquedad—. Mariconadas, las precisas.

Típica situación si el hombre en cuestión es un macho alfa.[1]

Nos aterra acompañar a la mujer de tiendas porque abominamos de su absurda estrategia de caza.

La mujer jamás se va derecha al acechadero donde abundan las presas como hace el cazador. Cuando sale de compras, pierde la noción del tiempo, remolonea, se distrae con multitud de incitaciones secundarias, le cuesta decidirse, lo sopesa todo, mira y remira antes de tomar una decisión. El acompañante masculino no concibe la utilidad de ese merodeo, de ese revolver trapos, probándose alguno, que la mujer necesita para, al final, decidirse por algo... o no decidirse por nada. Nuestro cerebro está confor-

1. Le parecen mariconadas porque los gays, mucho más sensibles, sí se preocupan por la moda, por la figura (cuerpos de gimnasio, raramente panzas cerveceras) y por el diseño. Es el aspecto femenino del homosexual que muchos heterosexuales, los metrosexuales, han adoptado.

mado para focalizar objetivos concretos, la pieza que hay que cazar, el enemigo al que hay que abatir. Vamos a tiro hecho: ¿necesitamos una gabardina? Nos dirigimos a la sección de caballeros de unos grandes almacenes y adquirimos la primera que vemos o la primera que nos aconseja el dependiente. Cinco minutos invertimos en una faena para la que la mujer necesita una tarde entera, o varias tardes.

El cerebro masculino rechaza las minucias, prefiere ir al grano. Sin embargo, nuestra existencia se compone de minucias que nos afectan, la letra pequeña de los contratos que nos extiende la vida. Por eso, en tantas parejas, cedemos el mando a la mujer, nos dejamos influir por ella, cambiamos fácilmente de nuestra opinión a la suya (tras una razonable resistencia).

Si uno no es tonto, confiará en las superiores (casi siempre) dotes organizativas de su mujer. También es cierto que ellas, con paciencia y perseverancia, sobre todo con mucha perseverancia, saben hacernos creer que la idea ha sido nuestra, cuando en realidad lo único que hemos hecho ha sido ratificarla.

«Una tarde de fin de semana, él propone: "¿Vamos al cine?" "Sí", dice ella. "¿Qué película quieres ver?", propone él, considerado. "La que tú quieras." "Vamos a ver *Cartas de Iwo Jima.*" "Ésa no está doblada." "Entonces podemos ir a *Babel.*" "El cine está muy lejos." "Bueno, entonces dime tú la que quieres ver", propone él, desconcertado. "La que tú quieras", responde ella, impávida.»[2]

Es la opacidad del arte supremo (o seducción): muchas veces no se hace evidente (para nuestras cortas entendederas) lo que realmente quieren.

Esta inferioridad nuestra en la captación de signos sutiles nos acarrea perjuicios adicionales: a veces perdemos estupendas oportunidades de ligar. Una mujer emite señales de disponibilidad para el apareamiento, pero nosotros no las captamos y desaprovechamos la ocasión.[3]

2. Racionero, 2009, pp. 57-58.

3. Cuenta el escritor Alberto Vázquez Figueroa un encuentro que tuvo con Catherine Deneuve, sentados los dos en la cafetería de un hotel

La diferente configuración cerebral, la mayor sensibilidad de la mujer, determina su lágrima fácil (que algunas utilizan como arma, cierto). Las lágrimas femeninas nos confunden porque percibimos el llanto como un acto irracional y extremado. Nos han educado para evitar el llanto, para aparentar fortaleza e impasibilidad ante el dolor o el infortunio, «que un hombre macho no debe llorar», como dice el tango *Tomo y obligo*. Las lágrimas de la mujer nos provocan impulsos contradictorios: por una parte queremos protegerlas del dolor, pero si ese dolor (o presunto dolor, caso de que las lágrimas sean fingidas) se lo hemos provocado nosotros (por ejemplo, en el ardor de una disputa), experimentamos un cortocircuito neuronal de imprevisibles consecuencias. Esto deberían tenerlo en cuenta las mujeres: los hombres, debido a la insuficiencia de nuestras conexiones cerebrales, podemos no ser muy sutiles: a veces no captamos indirectas ni ocultas intenciones. Hay que decirnos las cosas por lo directo.

—Pepe, que llevamos ya siete años de novios y todas mis amigas se han casado.

—¿Y...?

(No ha captado la indirecta: tiene que decírselo más claro.)

—¡Hombre! Que podíamos ir pensando en casarnos.

---

en Cannes. Ella le enviaba señales, alguna mirada intencionada, un golpe de melena, un cruce de piernas, que él no supo procesar debidamente en aquel momento y, aunque la deseaba, el anhelado encuentro bisectriz no se produjo. Muchos años después, los presentaron unos amigos comunes y él se lo comentó. La bella francesa le dijo, sonriendo: «¡Ay, amigo: esos trenes sólo pasan una vez en la vida!» Otro caso: uno de mis pacientes anda todavía traumatizado porque, haciendo el servicio militar, Granada, 1969, la criada de la pensión donde se cambiaba el uniforme por ropa de paisano le decía a veces, al franquearle la puerta: «Aquí estoy, solita.» El desdichado tardó cuarenta años en advertir que la maritornes lo estaba invitando a un revolcón: «Y pensar que yo me hartaba a pajas pensando en ella...» Como terapeuta suyo, y como amigo, le he recomendado que se vista de militar y se vaya de putas, pero se resiste al tratamiento: «Hombre, si ya hasta los generales van siempre de paisano, por eso del terrorismo.» También es verdad.

—¡Mira, Maruchi, prisas no, que los hombres no somos escopetas!

(Ahora sí la ha captado.)

A un cazador es mejor pedirle las cosas directamente, sin rodeos ni sutilezas que puedan despistarlo.

Las distintas capacidades del hombre y la mujer se manifiestan palmariamente en los conflictos de pareja, que, en realidad, son conflictos de poder. Es un hecho que cada miembro de la pareja tiende a dominar al otro e imponerle sus criterios. Tradicionalmente había poca discusión: el hombre mandaba y punto, aunque, muy a menudo, la mujer ejercía su gobierno en la sombra con sus mayores dotes de persuasión y su mayor, por qué no reconocerlo, inteligencia práctica.[4]

Este dispar crecimiento de los cerebros masculino y femenino que venimos comentando está ya presente en el feto y se

4. Carmen Laforet intentaba describir esa actitud femenina en su novela *El Gineceo.* Su tesis es que «el mundo de las mujeres es el que domina secretamente la vida, pero ese dominio no es favorable. Puede ser tiránico y esclavizador para el hombre». Sus proposiciones eran: «a) la falta de palabra pública impuesta a las mujeres por una sociedad patriarcal que se la negó reiteradamente ha generado un matriarcado absoluto, dominante, feroz. Siglos y siglos de un dominio ejercido en silencio por las mujeres y silenciado a su vez por sus descendientes, porque ha constituido un tabú que se ha ido pasando de una generación a otra: "Nuestras abuelas aceptaron la situación riéndose en su fuero interno y dominando al hombre con la comedia de la sumisión"; b) ese matriarcado se ha sustentado en el engaño al varón: "A los hombres hay que engañarlos; de lo contrario, ¿qué sería de nosotras?", hace decir Laforet a una viejuca de pueblo, que mantiene a su marido permanentemente en vilo y pendiente de su salud; c) algunas mujeres han querido liberarse de ese mundo enrarecido de mentira y complicidad en la mentira, pero tantos siglos de silencio las han manumitido para la expresión de sí mismas: "No sabemos hacerlo aún —escribe, admitiendo su impotencia—. Algunas tanteamos a ciegas. Una necesidad cada vez más urgente de verdad, de sinceridad, llena el vacío de los seres humanos"» (Caballé, 2010, pp. 323 y 329). Otro libro esclarecedor sobre el asunto es el de Fernando Díaz-Plaja, brillante escritor y hombre de mundo que siempre permaneció soltero, *El casado imperfecto.*

manifiesta en cuanto nace la criatura. Por eso se dice que el hombre aprende mientras que la mujer nace sabida. Para comprobarlo nos asomamos a una cuna en la que yace un bebé de apenas un mes. Le hacemos cucamonas e, impostando una aflautada voz infantil de lo más ridícula (todo sea por el experimento), le decimos: «Cuchi cuchi, yuuu, ¿qué dices tú, chiquitín?, cuchi cuchi. Brrr y angggo, angggo, pero ¿qué dices tú? Chiquirritín bonito», etc.

Si el bebé es un chico, te mira inexpresivo, un cacho de carne con ojos; si es chica, sonríe y empieza a coquetear. Ha adivinado que eres hombre y que le prestas atención. Despliega una coquetería innata. «Con una semana, una recién nacida (a diferencia de un recién nacido) puede distinguir todos los sonidos de la sala, la voz de su madre y el llanto de otro bebé.»[5]

¿Dónde está la diferencia? En el cerebro, naturalmente, y en las hormonas que segrega.

5. Pease, 2000, p. 44.

CAPÍTULO 10

La troglodita locuaz y el cazador taciturno

Una consecuencia de la superior capacidad verbal de la mujer es su necesidad de expresarse.[1] Incluso puede seguir varias conversaciones cruzadas y enterarse de todo. Por el contrario, el hombre tiende a hablar poco, a veces lo imprescindible, y sólo capta una conversación a la vez, raramente varias.[2]

El gusto por la conversación que caracteriza a la mujer otorga una especial relevancia a sus silencios. Paradójicamente, esa actitud inhabitual en la mujer, el silencio, puede transformarse en un eficaz medio de comunicación. En mi consulta de terapeuta aficionado es frecuente la queja:

—Cuando la parienta se enfada, se puede tirar días sin dirigirme la palabra.

—¿Pero no te quejabas antes de que habla demasiado?

1. La mujer localiza su habilidad para el habla en la zona central de sus hemisferios cerebrales (con predominio del izquierdo) mientras que el hombre la limita al hemisferio izquierdo y no posee una zona localizada. «Se supone que una mujer occidental pronuncia unas veinte mil palabras al día, y un hombre sólo cinco mil.» Véase Mediano, 2009, p. 102.

2. Anécdota real: dos jubilados cordobeses, sin duda senequistas, que se reúnen cada tarde en una bodega de la judería para charlar frente a una copa de montilla. Después de una hora sin cambiar palabra, ensimismados, dice uno de ellos: «¡Qué bien se está hablando poco!» Pasan otras dos horas de silencio absoluto al cabo de las cuales el otro responde: «Sí, ¡pero mejor se está no hablando *ná*!»

—Sí, pero es que cuando se pone así, la veo venir y sé que está enfadada, y claro, en la cama ni hablar.[3]

¡Los silencios de la mujer! Sus legendarios mudos reproches. Nosotros tenemos la fuerza (o solíamos tenerla) de imponer nuestra voluntad sobre la suya. A ellas les quedaba la resistencia pasiva, la callada protesta, el enfado, el ominoso silencio que acababa quebrantando los nervios del cónyuge...

—¿Se puede saber qué te pasa?

—Nada. A mí no me pasa nada.

—Algo te pasará.

—Nada.

—Es que estás muy callada.

—Será que no tengo ganas de hablar...

Y eso puede prolongarse durante días acompañado de la necesaria actitud seria y de algún dolor de cabeza.

—¿Se puede saber qué te pasa?

—Es que me duele la cabeza.

La diferencia de aptitud para el habla es, a menudo, fuente de conflictos en la pareja.[4] Ellas se quejan de que el marido es poco comunicativo; ellos, de que la esposa habla por los codos. Desde nuestra óptica masculina, los hombres conversamos; las mujeres, cotorrean. Nosotros creemos que el teléfono es una herramienta para transmitir avisos; ellas, que sirve para charlar a distancia sin

3. Acabáramos: el puñetero sexo, como siempre. Lo que les molesta a los monos salidos no es que ellas permanezcan calladas, es que saben que mientras dure el silencio no les permitirán mojar el churro, y discúlpenme la vulgaridad de la expresión en gracia a su claridad.

4. La Iglesia ha procurado reprimir a la mujer también en su capacidad verbal: «De toda palabra ociosa pedirá Dios cuenta rigurosa», advertían los predicadores. Páginas arriba citábamos también a san Pablo, el verdadero fundador de la empresa vaticana, cuando ordena: «Vuestras mujeres callen en las congregaciones; porque no les es permitido hablar, sino que estén sujetas, como también la ley dice. Y si quieren aprender alguna cosa, pregunten en casa a sus maridos; porque deshonesta cosa es que una mujer hable en público» (1 Cor. 14, 34-35). O sea, como era soltero, y tirando a misógino, transfiere el problema a los maridos en casa.

abandonar la cueva ni desatender sus múltiples quehaceres. El hombre llega a la cueva cansado después de un día agotador de caza y lo único que quiere es sentarse frente a la tele con una cerveza en la mano a ver lo que dicen del Barça o del Madrid. No le apetece hablar. Pero ella está deseosa de relatarle pormenorizadamente sus quehaceres de las últimas horas, lo que ha dicho la radio, lo que ha pensado, lo que han hecho los hijos y lo que ha hablado con las amigas. A no ser que esté enfadada por algún motivo, siente una perentoria necesidad de hablar.[5] Él, finalmente, cede y finge escucharla, mientras sigue abstraído en sus pensamientos acerca de la Liga o el trabajo o se refugia en una de esas utilísimas «estancias de la nada» de las que dispone en su cerebro.[6]

Las mujeres forman un corrillo y los hombres otro. El presidente Ford, Franco y las señoras. Madrid, 1975.

5. Sin embargo, durante los días críticos de su ciclo menstrual, la mujer suele mostrarse más taciturna debido a sus altos niveles de estrógeno.

6. ¿Recuerdan esa última impagable escena de la película *Revolutionary Road* en la que el sordo va bajando el volumen de su sonotone a medida que su locuaz esposa se explaya sobre los defectos de la pareja a la que vendió la casa?

Otra cualidad verbal de la mujer es la facilidad con la que pasa de un tema a otro mientras el hombre, debido a sus limitaciones lingüísticas, es incapaz de seguirla. Eso explica que cuando salen varias parejas de amigos, las mujeres formen un grupo y los hombres otro, las esposas, delante; los maridos, detrás (el macho que vigila y protege). A ello hay que agregar que los temas de conversación son también dispares. Como establece el conductista Bernstein-Lacogne de la Motte: «Ellas tienen tres temas: hijos, textil o desuello de amiga ausente; ellos: trabajo, tías o fútbol.»

Las distintas capacidades e incapacidades expresivas repercuten en otros aspectos de la vida en pareja. El cazador, acostumbrado a ir directo a la presa, expone sus deseos o sus necesidades sin rodeos; por el contrario, la cuidadora de la camada y de la cueva prefiere sugerir y persuadir. Recuerden el chiste:

—¡Ay, Pepe! Llevamos treinta años casados y nunca me has comprado nada.

Él no capta la indirecta, a pesar de su obviedad. Distraído, replica:

—¿Y cuándo me has dicho tú que vendieras algo?

Esa incapacidad de entenderlas o de entendernos ¡cuántos conflictos genera!

CAPÍTULO 11

El sexto sentido

La evolución ha afinado el cerebro femenino para detectar las señales de peligro en el proceloso medio social en el que habita. La extraordinaria inteligencia emocional de la mujer capta pequeños detalles, sutiles señales, imperceptibles cambios emocionales, descifra el lenguaje corporal, advierte afectos y desafectos.

Los hombres, mucho me temo, carecemos de esas cualidades. Nuestro cerebro masculino, debido a su pobreza de conexiones, no alcanza a captar esos indicios que para una mujer serían significativos. Por eso nos resulta tan difícil engañarlas y, sin embargo, a ellas les resulta facilísimo dárnoslas con queso.

Imaginemos una reunión de varios matrimonios en un chalecito de las afueras para degustar una barbacoa. Tras la ingestión de la manta de ternera a la espalda churruscada y los chorizos criollos calcinados, la velada discurre en un ambiente relajado y agradable, aunque cada cual haciendo corrillo con los de su sexo como suele acontecer. Cae la tarde. Los invitados se van despidiendo de los anfitriones y emprenden el regreso a sus respectivos hogares porque mañana hay que madrugar. Es el momento de los comentarios sobre lo ocurrido durante la jornada (y de la bronca a los maridos que han bebido demasiado). Cada mujer informa al marido de múltiples detalles trascendentes que él no ha percibido a pesar de que ocurrían delante de sus narices.

—Higinio miraba mucho a Andrea —observa la esposa—. Para mí que están liados o, por lo menos, se gustan.

El marido, tosco cazador, negado para las sutilezas, oculta su asombro o su admiración simulando estar concentrado en la conducción o bien, en el extremo opuesto, finge estar al cabo de la calle:

—Sí, yo también lo he notado, pero no le he dado importancia.

Mientras piensa: «La muy puta se va a liar con ese enano y a mí me dio calabazas.»

—A mí, mientras no se líe contigo, no me importa —deja caer la esposa mientras se observa las uñas—. Porque a ti, antes, la Andreíta te gustaba bastante, no me lo niegues.

—¡Mujer, qué cosas dices! No es mi tipo.

—¡Tú no tienes tipo, desgraciado! ¡Si te gustan todas! Menos mal que las espantas con esa barriga y esa calva. Si ya me lo advertía mi madre: cuidado con él que no sabes cómo mira a tus primas, átalo corto que se le van los ojos detrás de unas faldas.

En una situación semejante, lo mejor es fingirse concentrado en la conducción. Si uno replica, lleva las de perder.

Lo honrado sería decir: «*Touché*.»

La mujer descubre fácilmente la infidelidad de su pareja. A veces, rizando el rizo, también descubre el mero deseo de serle infiel. Antes de que tú adviertas que te gusta la vecina, ya lo ha notado ella, anticipándose.

La anticuaria Cristina López del Hierro vio a su marido, el actor Juan Ribó, interpretando una escena de amor con la actriz Pastora Vega. Al instante percibió que en ese fingimiento había una verdad que trascendía la comedia. En efecto, Juan Ribó y Pastora Vega estaban enamorados y el descubrimiento de Cristina precipitó las cosas.

La misma fulgurante intuición iluminó el entendimiento de Mayte Zaldívar el día que, en el transcurso de una fiesta flamenca, vio a su esposo, Julián Muñoz, hacer el indio bailando torpemente sevillanas con la tonadillera Isabel Pantoja.

—¡Aquí hay gato encerrado! —se dijo—. Éstos están liados.

En efecto, lo estaban.

La intuición femenina no falla jamás.

«Él llega tarde a la cena, aparentemente despreocupado, con la excusa del trabajo. Ella le nota algo raro en la cara. La cena transcurre sin incidentes, pero la esposa escanea el rostro de su marido en busca de pistas, y, en un acto reflejo, le imita la tensión muscular, el ritmo de la respiración, el tono de voz, la tensión mandibular. Esas sutiles irregularidades que observa en él activan en su córtex cerebral unas neuronas motoras y visuales que llamamos "de espejo", porque replican lo que ven. Al tiempo que analiza los sentimientos que reproduce, busca incongruencias reveladoras en los bancos de datos de su memoria emocional. Va atando hilos... Antes de llegar al postre, ha descubierto el pastel.»[1]

No es ciencia ficción, es ciencia a secas. El cerebro femenino «se ha mostrado muy capaz de contagiarse emocionalmente, captando literalmente los sentimientos de la otra persona, de forma mucho más efectiva que él. En otras palabras, este fenómeno de *espejeo* activa circuitos neuronales que le permiten detectar una mentira o una incongruencia. Con una mirada, sabe que él la está engañando».[2]

Una desarrolladísima facultad de relacionar mínimos detalles, de procesar mínimas señales visuales o verbales que al hombre se le escapan, eso es lo que hace a las mujeres tan superiores a nosotros en habilidades sociales. Imanol Arias, el marido burlado de la historia referida más arriba, nunca hubiera captado, en la escena de marras, que la íntima declaración de amor de Pastora Vega, en una situación falsa, con palabras prestadas de un guión, ante la cámara y docena y media de técnicos, trascendía las apariencias de la comedia para convertirse en realidad.

Algunos autores señalan que la mujer tiene facultades adivinatorias (de ahí que haya más brujas, echadoras de cartas, etc., que brujos). Después de un tiempo de trato llegan a leer en tu

1. Ariza, 2010, p. 42. Giacomo Rizzolatti y Laila Craighero, de la Universidad de Parma (Italia), defienden en la prestigiosa *Annals of Review Neuroscience* que «el mecanismo de espejeo neuronal es de gran importancia evolutiva ya que ha permitido a los primates comprender las acciones llevadas a cabo por sus semejantes» (ibídem, p. 40).

2. Ibídem.

rostro no sólo tu estado de ánimo, sino incluso el hecho de que estés ocultando algo. Por eso, desde que las mujeres juegan al póquer han comenzado a desbancar a los hombres: tú pones cara de póquer pero ella piensa: «Lleva una buena mano.» Y acierta. Quizá sea la práctica de cientos de miles de años interpretando el más ligero cambio en las facciones del bebé que todavía no ha aprendido a hablar.

«Da la casualidad de que pasarse cuatro millones de años en un mundo de intrigas, mentiras y palabras no sólo sirve para aprobar oposiciones sino también para detectar mentiras mucho mejor que los hombres, que, afortunados, sólo se peleaban con mamuts, leones y rinocerontes lanudos en vez de con otras mujeres.»[3]

Más de un paciente me ha certificado la existencia de esa intuición infalible de la mujer.

—Llega uno de casa de su amante, agotadito de follar, con las rodillas flojas, muerto de cansancio, y diciendo que has tenido que terminar el balance en la oficina, y tu mujer, en lugar de prepararte un consomé reparador o un daiquiri para que repongas fuerzas, te monta una bronca por la mera sospecha de que vienes de estar con otra. ¡Y lo peor es que aciertan!

Natural que acierten, querido amigo. Tus palabras pueden engañarla en principio, pero esa parte que tú no controlas, la comunicación no verbal, opera contra ti porque transmite el mensaje de que la comunicación verbal que acabas de exponer no es del todo fiable. Entonces ella te hace un par de preguntas indirectas, comprobatorias, y tú caes como un chorlito porque mientes de nuevo y nuevamente emites mensajes indeseados y contradictorios de comunicación no verbal. Por eso las engañamos mejor por teléfono; en la entrevista presencial estamos perdidos: la comunicación no verbal nos delata.

—¿Es posible tanta maldad?

—Sí, querido compadre, el cerebro femenino, debido a su riqueza de conexiones, posee esa diabólica habilidad de cruzar las señales contradictorias entre el discurso y la acción tan características de la mentira en general y de la infidelidad en particu-

3. Mediano, 2009, p. 240.

lar.[4] Nosotros, debido a la pobreza de nuestras conexiones, sólo descubrimos sus infidelidades cuando ellas lo deciden.

Hoy la mujer se ha independizado y se rebela contra el dominio de su pareja, un conflicto que a menudo desemboca en maltrato físico. Independientemente de quién tenga razón (si es que la tiene alguno).

Anuncio de 2010.

4. Pease, 2009, p. 151.

CAPÍTULO 12

Hembras malogradas, eso es lo que somos los tíos

Quedamos en que los cerebros masculino y femenino son muy distintos. Vayamos ahora a las hormonas, porque en ellas reside la otra mitad del misterio de por qué somos tan distintos hombres y mujeres.

Las hormonas son unas sustancias necesarias para el correcto funcionamiento del cuerpo.

Cuando tenemos entre ocho y catorce años de edad, los ovarios de la chica se ponen en marcha y fabrican grandes cantidades de hormonas sexuales femeninas (estrógeno y progesterona). Por su parte, los testículos del chico segregan la hormona sexual masculina (testosterona).[1]

Como consecuencia de esta inundación hormonal, a la chica le despuntan las tetitas y tiene su primera regla. Al chico, le brota el vello corporal y experimenta la primera polución nocturna (si es que no lleva años masturbándose, el muy pillín).[2]

Vayamos ahora a un caso práctico: un hombre y una mujer

1. La testosterona predomina en los hombres, aunque su cantidad fluctúa en los individuos con el tiempo, pero también se encuentra, en menor cantidad, en las mujeres. En ellas, sus niveles dependen del ciclo menstrual.

2. Es la edad del pavo, en que dejan de ser niños. Los cambios los alteran. «La amígdala, el centro de todas las emociones, está en ebullición, mientras que el córtex prefrontal del cerebro, encargado del control racional, aún no ha madurado del todo. Esta descoordinación explica la impulsividad propia de esta época de la vida.»

se aparean y un espermatozoide de él fecunda un óvulo de ella. En eso consiste la preñez.

Comienza una nueva vida. ¿Quién determina si el *nasciturus*, o sea, la criatura que viene de camino, ha de ser hombre o mujer?

Las hormonas.

Nuestra célula sexual tiene un núcleo con veintitrés cromosomas, una especie de hilos que contienen una sustancia química, el ADN o ácido desoxirribonucleico, la molécula informativa de la vida.

El ADN contiene unos treinta mil genes que determinan las características de la especie humana y las de la persona en particular.[3]

En el momento de la fecundación, los núcleos de las células sexuales se fusionan y los cromosomas se unen por pares (veintitrés del padre y otros tantos de la madre).

El último par, el número veintitrés, determina el sexo de la criatura. Si contiene dos cromosomas X, saldrá niña; si contiene un X y un Y, saldrá niño. Tan delicada decisión se aplaza hasta la novena semana de embarazo, cuando la gónada encargada de modelar de oficio los ovarios de la niña se topa con el cromosoma Y, y en lugar de ovarios forma testículos.[4]

—O sea, lo que iba para niña se convierte en niño.

—Equilicuá.

En realidad, el cromosoma XY es un error de la naturaleza: es una X a la que le falta un palito inferior. Es una X coja, que se ha quedado en Y.[5]

3. El gen es una secuencia lineal organizada de nucleótidos en la molécula de ADN que contiene la información necesaria para la síntesis de una macromolécula con función celular específica, normalmente proteínas. Esta función puede estar vinculada al desarrollo o funcionamiento de una función fisiológica. El gen es la unidad de almacenamiento de información genética y unidad de herencia que transmite esa información a la descendencia. El conjunto de genes de una especie, y por tanto de los cromosomas que los componen, se denomina genoma (extractado de Wikipedia).

4. El cromosoma Y emite el «Factor Inhibidor de Praeder», que impide que la criatura derive a niña.

5. Los hombres nacemos de un óvulo con el núcleo cargado del cromosoma XY, lo que quiere decir que nuestros genes están afectados por

El huevo humano está predestinado, por defecto, a ser mujer, y sólo en la quinta semana de su formación la presencia del cromosoma Y lo deriva hacia el sexo masculino. Los hombres somos, en realidad, mujeres que se han malogrado.

¿Quiere esto decir que Eva precedió a Adán y que la naturaleza es femenina, en esencia?

En efecto, eso intentaba decir.[6]

---

esa X. Por el contrario, la mujer nace de un cromosoma XX doblemente beneficioso para ella. El cromosoma Y se ha definido como «una ruina genética plagada de averías moleculares que lo están condenando a desaparecer», según Bryan Sykes, genetista de Oxford, en su obra *La maldición de Adán* (Debate, Madrid, 2004). Al parecer, los cromosomas X, al estar emparejados, intercambian genes para minimizar las mutaciones perjudiciales. Por el contrario, el cromosoma Y, privado de pareja que le permita regenerarse, va acumulando mutaciones negativas y degenera a una velocidad alarmante. Uno de los efectos del empobrecimiento del cromosoma es la infertilidad masculina, que, según los cálculos de Sykes, podría acabar con los machos en unas cinco mil generaciones (o sea, unos ciento cincuenta mil años). Si antes no lo hemos hecho nosotros, por nuestros propios medios, o sea cargándonos el planeta. Por otra parte, no es sólo el cromosoma Y lo que determina nuestra ruina. Es que además los pantalones ceñidos y el estrés nos empobrecen el semen y nos atontan los espermatozoides. Antes ibas al sastre a que te hiciera unos pantalones y te preguntaba con delicadeza: «¿Para dónde carga, don Romualdo?» Y según dijeras para la izquierda o para la derecha, allí te daba holgura para que alojaras tus partes cómodamente. Hoy, no. Hoy con la ropa de confección no se tiene en cuenta para dónde carga uno, y si a ello sumamos la perniciosa costumbre de los vaqueros y de la ropa ceñida, ahí tenemos una de las causas del progresivo empobrecimiento del semen. En tiempos de nuestros abuelos eyaculabas en la piscina y se preñaba todo el convento; hoy se empeña la parienta en tener hijos y hay que andar de médico en médico con tratamientos y mariconadas. «¿Soy estéril, doctor?» «Usted qué va a ser estéril, señora, con lo buena que está. Lo que pasa es que el caldo de su marido no tiene sustancia.»

6. La diferenciación de los sexos se fraguó en un largo proceso de trescientos millones de años. La provocó un gen, denominado SRY (gen determinante de la región sexual), que evolucionó dentro del cromosoma femenino. La mutación se produjo mucho antes de la aparición del género humano, cuando los cromosomas eran aún primitivos y se denomina-

Como señala el endocrinólogo Alfred Jost, «convertirse en macho es una aventura prolongada, incómoda y arriesgada; es una especie de lucha contra las tendencias que nos dirigen hacia la femineidad».[7]

—O sea, que la mujer es superior al hombre —me preguntan a veces los pacientes confrontados a estas conclusiones.

—Eso me temo —les digo—: las mujeres tienen un cerebro más complejo, un organismo más resistente y los cromosomas están de su parte.

Piadosamente les oculto la opinión de algunos científicos para los que el macho humano no es más que un parásito que utiliza a la hembra para propagar sus genes.

—Hombre, lo de parásito parece un poco fuerte.

—En Europa puede parecérnoslo, pero si miramos al Sur del mapamundi encontraremos sociedades en las que el hombre se está en la plaza del poblado, de tertulia, mirando las musarañas o tocándose los cojones, sin dar golpe, mientras la mujer carga con el trabajo de criar a los hijos, cultivar el campo, acarrear agua, majar grano, cocinar, etc. El macho parásito en cuestión entrega encantado las cinco cabras que le cobran como dote por la esclava-esposa.[8]

---

ban autosomas, pero las consecuencias han llevado a la irreconciliable separación actual de los sexos (según investigaciones de Bruce Lahn, de la Universidad de Chicago, y David Page, del Instituto Whitehead, publicados en la revista *Science*). Otros investigadores señalan que el sexo básico y autosuficiente es el femenino. En 1994, David Crew, un biólogo de la Universidad de Texas, en Austin, descubrió que, en muchas especies de saurios (lagartos), todos los ejemplares son hembras, ¡que se autorreproducen! En la historia humana se han dado algunos casos similares: la diosa Hera se autorreprodujo como venganza por los devaneos de su hermano y marido Zeus, un picha inquieta que andaba todo el día de flor en flor. El tipo, en venganza, la hizo parir a un dios tullido, el herrero Hefaistos; por cierto, el único que trabaja en el Olimpo, los demás no dan golpe. Debo esta indicación a mi buena amiga la sexóloga Olga Bertomeu.

7. Tomo la cita de Jared Diamond, 2007, p. 56.

8. «La mujer es superior al hombre porque es más completa —escribe el psiquiatra Enrique Rojas—. A la mujer le exigimos que sea madre

Llega un antropólogo y le pregunta:

—Oiga, ¿no le da vergüenza estarse ahí todo el día, tumbado a la bartola, mientras la mujer se desloma?

—*Je suis un intellectuel* —responde—: *pas de travail.*

(El África francófona, ya se sabe.)

O sea, que las feministas tienen razón aunque a menudo las pierda ese exceso de vehemencia con que se expresan y esa precipitación y falta de discernimiento con que suelen actuar las de la rama más radical.[9]

Un cura (también admito a curas en mi consulta, yo no discrimino a mi clientela por razones ideológicas) me corrigió el otro día cuando le expliqué lo de los cromosomas:

—No es posible que el hombre proceda de la mujer. Dios es macho de toda la vida y creó al hombre a su imagen y semejanza. Además, la Iglesia, con su inspirado magisterio, determinó hace siglos el momento en que el alma humana se fija en el feto: a los cuarenta días si se trata de un niño y a los noventa si se trata de una niña.

—Siento discrepar, padre. El hombre es una mujer que se ha descarriado en el proceso de fabricación, un subproducto de la mujer.

—Pero santo Tomás de Aquino dice justo lo contrario, que la mujer es un varón fallido, o sea *mas occasionatus*, fruto de una imperfección, de una carencia, lo que Aristóteles llamaba *arren peperomenon*, o sea, «varón mutilado».

—Todas esas memeces, propias de personas que pasan la vida

---

de familia, esposa, amante, trabajadora, vigía de los estudios de los hijos... Es decir, para ella no existen las horas extraordinarias. Su vida, en muchos casos, es una ininterrumpida sesión de horas extraordinarias» (Rojas, 2006, p. 52).

9. Estas feministas radicales (la Society for Cutting Up Men, sociedad para acabar con los hombres, SCUM, y otros grupos) han puesto en circulación el concepto «macho redundante», o sea, innecesario. Sueñan con un mundo habitado sólo por mujeres pacíficas y amables como ellas mismas (lo digo sin segundas, ¿eh?), sin guerras ni conflictos de testosterona, en el que las mujeres se reproducirían fertilizando óvulos en laboratorio sin ayuda del macho (Morris, 2009, p. 15).

especulando, sin dar golpe (de hecho, Tomás de Aquino estaba gordo como un tonel), las ha aventado la ciencia, padre.

—Pero la Biblia... —intentó objetar.

—No insista, padre. La última corriente de exégesis bíblica sostiene que, en realidad, Dios formó a Eva del barro, a su imagen y semejanza. Esto indica que Dios, entonces, era femenino, una señora gorda, con enormes pechos nutricios y un culo estupendo, la Diosa Madre, la Venus de Willendorf, la diosa maltesa. Luego, la sociedad se masculinizó, y los textos sagrados revisados introdujeron de matute a ese dios barbudo, malhumorado, celoso e intransigente que nos venden ustedes, el dios macho perpetuamente cabreado de la Biblia.

—Ya me lo maliciaba yo —admitió el presbítero, en el fondo sintiéndose aliviado—. Desde el seminario me venía temiendo que en esto de la Revelación había gato encerrado.

—Pasó un tiempo —proseguí el relato creacionista— y Eva no parecía muy satisfecha con el puesto de reina de la creación (la legendaria comunicabilidad de la mujer se le frustraba: ¡no tenía con quien hablar!). Paseaba melancólicamente por los senderos del Paraíso, dicen las Escrituras, y no conocía la risa (el llanto tampoco, ciertamente). Un día se encontró casualmente con la Diosa Madre, o quizá la Diosa Madre se hizo la encontradiza.

—¿Qué tal, Eva?

—Bien, Señora. Pero me gustaría concebir y tener hijos. Parece un procedimiento más natural que esto de hacerme de barro.

—Para eso tendría que darte un compañero que te hiciera lo que los animales machos hacen a las hembras —le advirtió la Diosa.

—Pues dámelo, ¿no eres todopoderosa?

—El problema es que ese compañero va a resultar una criatura imperfecta: bruto, mujeriego, posesivo, orgulloso, violento a veces, incluso...

—Alguna ventaja tendrá.

—Pues sí: a su lado te sentirás protegida y, si consigues retenerlo después de la cópula fornicatoria, cazará para ti y para tus hijos y quizá te ofrezca una vida regalada a cambio de tu sumisión.

Eva se lo pensó. El plan no era tan bueno como esperaba.

—Tú verás lo que haces —le dijo la Diosa—. De ti depende. ¿Quieres hombre a pesar de todo?

—Sí —decidió Eva.

(Disculpable: era joven y tenía sus necesidades.)

Así que la Diosa le hizo parir al hombre (por inseminación divina, claro. No hubo necesidad de arrancarle ninguna costilla, esa truculenta e inadmisible versión machista de la historia).

—Tendrás que ser como una madre para él —le advirtió—. Incluso tendrás que pensar por él, procurando que no lo advierta. Tendrás que impedir que haga tonterías y que ponga en peligro a la familia.

—Me hago cargo.

—Y una última recomendación: que no sepa nunca que, en realidad, es más débil que tú. Le haremos creer que lo creé antes que a ti y que yo soy un dios macho, caprichoso y barbado. Ése será nuestro secreto.

Y la Diosa se puso una barba blanca, patriarcal, a todas luces falsa, pero no renunció a la peineta triangular (la coquetería las pierde).

En realidad, hombres y mujeres somos pura química hormonal (la educación sólo refuerza lo que las hormonas determinan). De las hormonas depende también el acabado físico: las femeninas aportan menos músculo y más grasa (celulitis); las masculinas, más músculo que grasa.[10] Las chicas dispondrán de un cerebro más sutil, pero nosotros, los machos, tendremos mejores bíceps. Vaya lo uno por lo otro.

Los hombres producimos una cantidad de hormonas relativamente estable, lo que determina que seamos siempre los mismos (más o menos, claro); pero los niveles hormonales de la mujer experimentan altibajos a lo largo de su ciclo menstrual, lo que le acarrea, también, profundas variaciones de carácter.

10. Eso no es justo, protesta alguna lectora: a los chicos, músculo, y a nosotras, la grasa. Tiene su sentido: las chicas necesitan la reserva de grasa para la lactancia del bebé; los chicos, el músculo para cazar animales y traer carne a casa con la que alimentar a la madre y al bebé. Todo es una trampa de la Naturaleza o, para los creyentes, de Dios.

Dependiendo del cóctel hormonal que en ese momento le esté descargando el cerebro, la mujer reacciona de una manera u otra frente a un mismo estímulo exterior. Nos causa perplejidad que nuestra chica, de ordinario sensible y cariñosa, se muestre, de pronto, arisca e intransigente. Recapacitemos: ella no es responsable de esas alteraciones, son sus hormonas.

Dicho de otro modo: un hombre puede ser siempre el mismo; pero una mujer es según y cómo, dependiendo de sus niveles hormonales. Si alcanzásemos a comprenderlo (y a admitirlo), nos iría mucho mejor en la pareja y en la vida en general.

Los hombres, limitados como estamos por nuestra estructura cerebral para comprender tales sutilezas, preferimos pensar que la mujer es una histérica, que no sabe lo que quiere, o, generalizando, que a las mujeres no hay quien las entienda.

Alteraciones de hormonas (postal del decenio de 1950).

CAPÍTULO 13

Testosterona: mercancía peligrosa

Ayer la tertulia cultural La Inmaculada Concepción de María's estaba a tope como todos los primeros de mes, con las pagas frescas. El tema era algo recurrente: las mujeres. Lo buenas que están y lo malas que son.

—La Naturaleza sólo hace mujeres cuando no puede hacer hombres —dijo Aristóteles.

—Son hombres imperfectos —corroboró Averroes, un moro algo pariente de Mohamed que a veces viene a verlo.

Don Próculo, el párroco, se mostró de acuerdo con el musulmán:

—Según el Levítico, palabra de Dios, te adoramos Señor, en su capítulo veintisiete, el hombre vale el doble que la mujer porque su muerte se indemniza con cincuenta siclos de plata y la de la mujer, sólo con treinta.

—Si vais con las mujeres, no olvidéis el látigo —repuso Nietzsche.[1]

—Es que desbarata en un día lo que el hombre medita en un año —añadió Demóstenes.

—De mellor condición es el home que la muller en muchas cosas et en muchas maneras —convino Alfonso X el Sabio.

Yo no dije nada. Como terapeuta de todos ellos que soy, renuncié a intervenir con mi superior autoridad para refutar tanta

1. Debería haber añadido «ni el condón», porque él agarró un sifilazo.

sandez. Solamente pensé en los estragos que producen la testosterona y la costumbre, *fifty-fifty*.

Examinemos de cerca la testosterona, la responsable de la estructura cerebral masculina de todos esos prohombres que desprecian a la mujer. La testosterona es responsable de casi todo lo que ocurre en el mundo masculino, desde la formación del feto XY hasta las benditas erecciones matinales que nos permiten amagar un casquete a cierta edad.[2]

Casi toda la testosterona se produce en los testículos (vulgo, huevos o cojones), esos asimétricos colgajos de los que tan orgullosos nos sentimos los tíos (y con razón).[3] En los testículos reside la clave de casi todo lo que somos (y la de lo que no somos, me temo). Gracias a ellos segregamos hasta veinte veces más testosterona que las mujeres.

Habíamos quedado en que la Y de ese cromosoma 23 determina que los machos tengamos testículos, en lugar de ovarios.

En el mundo animal, la cantidad de testosterona que el macho fabrica viene determinada por el tamaño de los testículos (en relación a la masa corporal). Observemos a nuestros parientes los monos. Comparen al simpático bonobo con el intimidante gorila. El monillo, que pesa treinta kilos, luce unos cojonazos impresionantes, cuatro veces más voluminosos que los del grandullón,

2. En efecto, segregamos los niveles máximos de testosterona al amanecer, la hora de salir de caza, y esa circunstancia, combinada con que la vejiga urinaria llena presiona los nervios eréctiles, favorece la erección matinal que, a cierta edad, si la mujer no remolonea en los preliminares, permite a la pareja culminar una faena de aliño.

3. Un vistazo al diccionario nos muestra que los cojones presiden nuestra vida con su rica polisemia. «Me costó un cojón» (era caro); «Con dos cojones» (bravura); «Me importa tres cojones» (desprecio); «Me costó mil pares de cojones» (dificultad). Usado con diferentes verbos cambia el significado: «Ángela Merkel tiene cojones» (es valiente), aunque si es admirativo indica sorpresa o desagrado: «¡Tiene cojones, la tía!» A veces, el significado depende del tiempo verbal. El presente indica molestia o hastío («¡Me toca los cojones!»); el reflexivo, vagancia («¡Estaba allí, tocándose los cojones!»); el imperativo, sorpresa («¡Tócate los cojones!»).

que pesa cerca de doscientos kilos. Ello repercute en la frecuencia del acto sexual: el gorila se conforma con hacerlo una vez al año, como los viudos de la especie humana, pero el bonobo cumple con desahogo cinco o más veces al día, tantas como tenga una hembra a tiro.[4]

Los testículos humanos son más grandes que los del gorila y más pequeños que los del bonobo, o sea, se mantienen en una media razonable.[5]

No obstante, la cantidad de testosterona segregada varía de una persona a otra,[6] lo que repercute en el desarrollo del cerebro. Dependiendo de la dosis de testosterona que reciba, el cerebro será más o menos masculino (ya dijimos que todos los hombres tenemos algo de femenino, lo que a veces nos redime, parcialmente, de ciertas calamidades).

La testosterona nos alimenta los músculos, nos fortalece los huesos, nos torna la voz grave y nos vuelve agresivos (o sea, las cualidades físicas y psíquicas que necesitamos como cazadores y guerreros). También nos hace crecer el vello corporal. Y favorece la calvicie, mecachis.

Lo malo de la testosterona es que, en la vida moderna, sin caza y sin guerra, esa agresividad es difícil de encauzar: lo suyo es quemarla en la práctica de deportes competitivos que requieran

4. Sí, querido lector, el bonobo está todo el día dale que te pego, constante como el batán del arzobispo, y además lo efectúa en la humanísima postura del misionero, caso único en el reino animal. Los bonobos son tan sociables que copulan como saludo, como medio de reconciliación y como simple expresión de bonhomía monil. Más sorprendente aún es que den besos con lengua y practiquen el sexo oral.

5. Hay que advertir que el tamaño de los testículos humanos tiende a disminuir. Parece que antiguamente eran más voluminosos. Del torero Rafaelito *el Gallo* se cuenta que los tenía como berenjenas de simiente, y los buenos aficionados acudían a admirárselos al corral de vecinos trianero donde vivía porque antes de las corridas tenía por costumbre lavárselos en la pila del patio comunal después de echarle un casquete a su mujer, que acudía solícita a la orden de «¡Pepa, ponte!».

6. A esa variación se debe que, por ejemplo, «los barítonos alcancen el doble de eyaculaciones que los tenores» (Pease, 2000, p. 186).

mucho desgaste físico o en su defecto cometiendo animaladas con el resto de la horda futbolera.[7]

El exceso de testosterona es también responsable de los piques de los automovilistas, de las discusiones en los semáforos y de las competiciones automovilísticas entre descerebrados que se han apostado a ver quién tumba la aguja del cuentaquilómetros.

Noten que las mujeres nunca cometen estos desaguisados: les falta testosterona, les faltan huevos.

Lo de la fuerza física o muscular debemos matizarlo: lo que tenemos los hombres es el esqueleto más fuerte y la musculatura más desarrollada.[8] Ya está. Sin embargo, la mujer, falsamente considerada sexo débil (la sexóloga Olga Bertomeu la llama «sexo sólido»), resiste mejor que nosotros el dolor, las enfermedades y las adversidades de la vida. Está mejor equipada para sobrevivir en un mundo infestado de microbios, virus, bacilos y machos alfa depredadores.

Esta congénita debilidad del macho se acrecienta, además, con la edad, cuando disminuye su aporte de testosterona.[9] La

7. Desgraciadamente, muchos semovientes del género macho, mal encauzados, dilapidan su testosterona en destrozar el mobiliario urbano, apedrear farolas, volcar contenedores de basura o quemar autobuses. Incluso, en casos muy extremos, se inmolan con un pretexto religioso o político. Los hinchas gordos cerveceros que nos quedamos en casa porque se nos pasó la edad de escalar la Cibeles o de correr delante de los antidisturbios también quemamos nuestro exceso de testosterona haciendo la ola, gritando y saltando hasta desfondar el sofá en el salón familiar frente a la tele de plasma adquirida con ocasión de los Mundiales.

8. Los hombres tenemos un promedio de veintiocho kilos de músculo frente a los quince de la mujer, lo que significa que somos un 30 por ciento más fuertes, un 10 por ciento más pesados y un siete por ciento más altos. «El cuerpo femenino, al ser tan importante para la reproducción, tenía que estar mejor protegido contra el hambre. Por eso contiene un 25 por ciento de grasa frente al 12,5 por ciento del hombre» (Morris, 2005, p. 15).

9. Por eso decimos que en la pareja empiezan pareciendo marido y mujer, después parecen dos hermanos y finalmente... dos hermanas. La disminución de la testosterona causa la andropausia, un conjunto de tras-

Naturaleza, que es inmisericorde con sus criaturas, nos ha diseñado para que fecundemos a las hembras, como diseñó a los zánganos de las colmenas. Cuando superamos la edad razonable de engendrar y cazar, digamos entre los veinte y los treinta y cinco, ya estamos amortizados. Lo más conveniente, desde el punto de vista de la evolución y de la Seguridad Social del Estado del Bienestar, sería que fuéramos pensando en morirnos para ceder el puesto a los jóvenes machos que vienen detrás.[10] Por el contrario, cuando nuestras mujeres superan la edad razonable y natural de engendrar, digamos entre los dieciocho y los treinta y cinco,[11] la Naturaleza les suministra cócteles hormonales reforzantes que les permiten transformarse en buenas abuelas que ayuden a las nuevas paridoras a sacar adelante la camada. O sea, la Naturaleza les cambia el rol, pero las sigue considerando útiles.

Es natural (o sea, acorde con la amoral Naturaleza) que las mujeres tengan una expectativa de vida superior a la nuestra (como las abejas respecto a los zánganos fecundadores) y que conserven cierta fortaleza y autonomía cuando nosotros nos volvemos torpes y necesitados de cuidados (los cuidados de ellas, por cierto).

O sea, los tíos somos más débiles, envejecemos antes y duramos menos que la mujer.[12]

---

tornos que padecemos en la cincuentena: fatiga, astenia, estancamiento de ideas, falta de concentración, depresión, ansiedad, trastornos del sueño, aumento de grasa y, lo más grave, disfunción sexual en libido y potencia: el pene se transforma en la pena.

10. En la Naturaleza la vejez es más breve y llevadera: si eres herbívoro, pierdes agilidad y te atrapa algún carnívoro; si eres carnívoro, llega un momento en que no puedes atrapar a los herbívoros y te mueres de hambre.

11. La edad idónea inicial la impone el ajuste del aparato reproductor de la mujer, que oscila entre los seis y los ocho años después de la menarquia (primera regla).

12. Envejecemos antes, pero, ojo, envejecemos mejor: no incurrimos en ese patetismo de ciertas damas que llegan a los setenta años queriendo aparentar veinte (la edad ideal para concebir) a base de gimnasios, *liftings*, píldoras, cremas, *peelings*, teñidos (generalmente de rubio, que finge fertilidad sexual), y otros dislates.

Bonobos copulando.

¿Quién es el más hipocondriaco en una pareja? Él, siempre él.

¿Quién es el más quejica cuando algo le duele? Otra vez él.

¿Quién se encarga de la salud de la familia y sabe más de medicinas y remedios para un resfriado, una gripe, un enfriamiento?

Ella, la enfermera vocacional, la remediadora de la tribu.

Sí. Ella custodia y administra el botiquín familiar. Ella se preocupa por la salud de sus retoños e incluso por la de su pareja.[13]

Los hombres somos pésimos enfermeros. Incluso nos incomoda que la mujer enferme (recordemos: «El hermano quiere a la hermana, el marido a la mujer sana y la mujer al marido si le gana»): «Aunque esté doblada de dolor, tenga un fiebrón de cuarenta grados y esté tiritando bajo las mantas [...], el hombre le preguntará: "Cariño, ¿estás bien?", cuando en realidad está pensando: "Puede que si ignoro que está enferma acceda a hacer el amor. Total, ya está en la cama."»[14]

13. Especialmente en los casos en que él aporta los únicos ingresos y, si pasara a mejor vida, se llevaría consigo la llave de la despensa.

14. Pease, 2000, p. 51.

Cuando el hombre alcanza su madurez entre los cincuenta y los sesenta, su testosterona disminuye y él pierde fuelle y se vuelve más razonable y menos visceral. Paradójicamente, en la mujer ocurre el efecto contrario: la menopausia le aumenta el nivel de testosterona y consecuentemente el vello corporal y la irritabilidad.[15] Recuerden a Margaret Thatcher, la «dama de hierro» británica, una mujer con las gónadas bien puestas que ascendió al poder a los cincuenta y tres años. Su marido, Denis, tenía ya sesenta y tres años. Viéndolos juntos no cabía la menor duda de quién llevaba los pantalones.

El súbito aporte de testosterona tras la menopausia viriliza a la mujer. De ahí que las suegras, enfadonas y bigotudas, prefiguren lo que serán sus hijas dentro de veinte años.

Hoy, con los adelantos científicos, se ha probado que lo natural es la poligamia.

—Pero las leyes divinas... —protesta don Próculo, el cura.

—Hágame el favor, don Próculo, y no me tire de la lengua: de Darwin a esta parte lo de las leyes divinas está bastante en entredicho. Está sobradamente probado que la monogamia que ustedes predican es una perversión meramente cultural.[16]

15. En casos extremos, las tornas se vuelven y la mujer, que cuando era más joven se ha sentido anulada por un marido mandón y agresivo, se toma la revancha, ahora que lo ve más débil, y lo maltrata durante el resto de su vida. El cazador que ya no caza estorba en la cueva. «Tengo la mitad del sueldo y el doble de marido», se lamenta la esposa del jubilado. Ellos pierden fuelle, pero conservan los hábitos. Quieren mandar en casa, el territorio de su mujer de siempre, como mandaban en el trabajo. Ellas se sienten invadidas y tienden a expulsarlo: «Vete a dar una vuelta o a tomar un café o a jugar al dominó en el hogar del pensionista que yo tengo que hacer las tareas de la casa y me estorbas. No vuelvas hasta la hora de comer.» El pobre hombre se pasa la mañana deambulando por esas calles sin rumbo fijo o se va a la tertulia con otros amigos tan expulsados como él de sus respectivas cuevas.

16. Obviamente, hablamos de tendencias naturales que, como personas responsables, debemos reprimir en bien de la familia y de la comunidad. Lo advierto porque luego se niegan a vender mis libros en las librerías del Opus con el pretexto de que son disolventes. Si realmente lo

De hecho, de las 583 culturas catalogadas por la ONU, sólo el 16 por ciento practica la monogamia, mientras que el 84 por ciento restante permite más de una pareja, sobre todo al hombre.[17]

«Desde el psicoanálisis, la monogamia no es posible porque se sostiene por la represión de la sexualidad. El amor, el deseo y el goce son de distinto orden y nivel. La monogamia se basa en una promesa a futuro asentada en una etapa de enamoramiento que no se puede sostener. Coincidir con eso durante toda la vida es hipotético y, de hecho, poca gente lo mantiene.»[18] «En nuestra sociedad, los matrimonios duran menos, y la gente se divorcia porque no puede cumplir con el pacto monogámico.»[19]

Hemos dicho que la cantidad de testosterona (siempre en relación con la masa corporal) determina la frecuencia coital, pero también acorta la vida: los mamíferos castrados viven más; los animales más fornicadores, menos. El más claro ejemplo nos lo suministra el gorrión común (*Passer domesticus*), ese mínimo pajarillo tan entregado al sexo que el maestro Covarrubias califica, en su diccionario, de «lujuriosísimo, y por esa causa vive tan poco, que el macho no pasa de un año».

---

fueran, los venderían en las droguerías, pero hete aquí que los drogueros también los rechazan, sean o no del Opus.

17. Según Vicenzo Matera, antropólogo de la Universidad de Pavía.

18. La cita es del psicólogo Carlos Pachuk. En los tiempos heroicos que consolidaron el matrimonio, el promedio de longevidad no llegaba a los treinta y cinco años, y debido a las condiciones de trabajo, guerras, etc., las mujeres pasaban solas largas temporadas: el reencuentro impedía la rutina y avivaba la llama. Hoy vivimos muchos más años y casi nunca nos separamos de nuestra pareja, lo que prolonga las posibilidades de conflicto y hastío matrimonial. Por eso muchas personas optan por la poligamia sucesiva y cambian varias veces de pareja a lo largo de sus vidas.

19. Según Carlos Pachuk, médico psicoanalista vincular, presidente de la Federación Argentina de Psicoanálisis. Fittipaldi señala que «la monogamia es una construcción cultural de larga data basada en una necesidad económica. En la antigüedad se necesitaba una organización productiva que permitiera labrar la tierra, y era necesario tener hijos para que esas tierras de propiedad privada pudieran ser explotadas de manera apropiada». De la misma opinión son Barash y Lipton (véase «Bibliografía»).

No es por alarmar, pero debo informar al lector de que la producción de esperma está disminuyendo preocupantemente en las generaciones (o degeneraciones) más recientes, los alevines que deben perpetuarnos sobre la Tierra.[20] Sumemos a ello que, además, es un semen enguachinado, de dudosa fertilidad.[21]

¿A qué se debe esta indigencia genésica que tanto oprobio arroja sobre la raza española?

Al parecer es achacable al tabaco, al alcohol, al estrés, a la polución atmosférica y a las sustancias químicas que ingerimos con los alimentos (conservantes, etc.). También a los pantalones vaqueros apretados para marcar paquete.[22] En África y el Tercer Mundo, en general son más sanos y llevan los testículos colgones y al aire, en la holgura de las chilabas, zaragüelles y camisolas.

Occidente degenera. Así nos va.

—Mohamed, anda, *paisa*, ponme otro gin-tonic y deja en paz el jamón.

20. Se ha reducido a la mitad en el último medio siglo. Pease, 2000, p. 237.

21. En efecto, en tiempos de nuestros abuelos, la recién casada notaba la primera falta del periodo antes de que se le aliviaran las escoceduras de la noche de bodas.

22. Según una comparativa reciente realizada por la clínica Belén de La Coruña y el Institut Marqués de Barcelona sobre la calidad del semen, resulta que el 53 por ciento de las muestras gallegas cumple las condiciones estándares de la OMS, pero en las muestras catalanas sólo lo alcanza un 34 por ciento. El gallego, por otra parte, presenta mayor concentración de espermatozoides (91 millones, casi cinco veces por encima de lo que la OMS considera el mínimo de normalidad), mientras que las muestras de Barcelona y Tarragona (donde también se realizó un estudio en el 2001) no alcanzan el número mínimo de espermatozoides con una movilidad aceptable.

CAPÍTULO 14

Progesterona: mercancía inestable

Dijimos páginas atrás que si los testículos masculinos producen testosterona, los ovarios femeninos producen estrógeno y progesterona. Cuando la hembra acumula cierto nivel de estrógeno comienzan sus ciclos de ovulación, lo que suele ocurrir a los diez o doce años de edad. También es responsable de la estratégica distribución de la grasa en el cuerpo femenino, tan atractiva por un lado (curvas), pero tan fea por otro (celulitis), y del pigmento rubio del cabello.[1]

En los días que preceden al periodo, a muchas mujeres les salen granos y sufren (más bien lo sufrimos nosotros) un brusco cambio de carácter, el «síndrome de tensión premenstrual».[2] Unas

1. Por eso las rubias no es que sean más tontas, es que van pregonando su fertilidad, lo que atrae al macho abocado instintivamente a reproducirse. Cuando los niveles de estrógeno disminuyen, debido a la edad o a la maternidad, el pelo de la mujer se oscurece. Llegadas a cierta edad, todas se vuelven rubias, pero de bote, del mismo modo que la mayoría de los hombres nos volvemos calvos. Lo natural: ellas siempre obsesionadas con aparentar juventud. En este punto, la dibujante Ana Miralles, lectora de este manuscrito, me indica: «Hay además una explicación más práctica, asociada a los tintes que todas nos ponemos. El tono rubio disimula la pertinaz raíz blanca que cada ocho o diez días hay que cubrir. Si te pones un tinte oscuro o medio, como un castaño, acabas teniendo un color negro-cojón-de-grillo que resulta irritante.»

2. Provocado por la disminución de las hormonas femeninas y el aumento de la progesterona.

se entristecen y deprimen; otras se irritan por cualquier nadería. Un comentario ácido, o incluso inocente, de la pareja, que en otro momento del ciclo no la afectaría, la hace llorar, desencadena una trifulca o, en los casos más agudos, un sartenazo. El macho, con su característica torpeza, no entiende que en esos días ella se muestre especialmente sensible y que, por el contrario, pasado el periodo, se la vea más relajada y feliz (consecuencia del aumento en la producción de estrógeno en los veintiún días posteriores a la menstruación), e incluso que, de pronto, se sienta sexualmente receptiva (entre los dieciocho y los veintiún días después de menstruar, cuando está más propicia a concebir, a causa de la masiva producción de testosterona).

Las embarazadas segregan grandes cantidades de progesterona (la hormona del embarazo) que les da ese lustre en piel y pelo que las vuelve tan atractivas, pero también les altera el apetito y el olfato. A eso se debe esa conducta errática y caprichosa que algunas adquieren cuando te obligan a levantarte a las tres de la madrugada para buscar, en el otro extremo de la ciudad, fresas con nata, o para abrirles una lata de calamares en su tinta que se comerán a cucharadas y regada con leche condensada. No es que se haya vuelto loca: es que está poseída por la progesterona. Dele más cariño que nunca, que se sienta atendida y protegida, y piense que, al fin y al cabo, el embarazo y la preñez son cosa de dos. Incluso si se porta bien es posible que, ya que están despiertos, le permita echar un casquete. Las gallinas que entran por las que salen.

O sea, un macho sensible y entregado. Eso es lo que ellas quieren.

Lo normal, debido a la desinformación que padecemos, es que el macho, ignorante de ese trasiego de hormonas y de las reacciones químicas que condicionan el estado de ánimo de su amada (reforzado por las dificultades de comunicación inherentes al hombre), dé en pensar que «a las mujeres no hay quien las entienda» o que «*la donna è mobile qual piuma al vento*». Cuando pretendemos entenderlas, también debemos tener en cuenta que existe una relación inversamente proporcional entre el cociente intelectual (CI) de una mujer y su cociente emocional (CE), o sea, hablando en plata, que las más listas son las menos sentimentales y viceversa. Esto se comprueba fácilmente en los telediarios y en los programas en directo: las menos instruidas y burras se dejan arrebatar por las emociones y obran de manera extravagante en una situación emocional.[3]

¿Qué ocurre? Ocurre que la mujer está mediatizada por un reloj biológico ajustado al ciclo menstrual. Su conducta se altera dependiendo de la dosis de hormonas que los ovarios le descargan en el cuerpo.[4]

¿Su mujer se comporta de manera chocante, indescifrable, ininteligible? ¿Está irritable, malhumorada, mimosa, sensible, incluso insoportable (desde la perspectiva del confuso varón)? *Cherchez l'hormone*. Las hormonas. Ahí está la clave. Ellas determinan nuestro estado físico y anímico.

Hasta los treinta y cinco años, más o menos, los niveles de estrógenos, progesterona y testosterona de la mujer se mantienen bastante estables, pero a partir de esa edad disminuyen progresivamente y ellas pierden tono muscular y tienden a engordar. Además, puede aparecer la osteoporosis o apolillamiento de los huesos (antes protegidos por los estrógenos). Es el momento en que notan la piel menos tersa (déficit de ácido hialurónico y colágeno) y disparan su consumo de potingues antiarrugas.

El gran cambio coincide con la menopausia, entre los cuarenta y cinco y los cincuenta años, cuando los ovarios dejan de

3. El ejemplo más conspicuo del panorama nacional es Belén Esteban, «la princesa del pueblo». Podríamos acumular casos: esas señoras de mandil y tez morena que se tiran de los pelos o se arañan el pecho cuando la brigada antidroga irrumpe en sus chabolas y les desentierra y confisca millón y medio de euros que habían ahorrado tacita a tacita; también entran en esta clasificación esas damas de moño y clavel que se desgañitan gritándole a la Infanta Elena «¡guapa, guapa, guapa!» el día de su boda, y esas señoras con mechas de peluquería que se agolpan en la calle nueve horas antes de la llegada de los Príncipes de Asturias porque van a inaugurar un dispensario con baño de multitudes y tele promocional.

4. Se entiende que la mujer embarazada no padece el síndrome premenstrual. Antiguamente las mujeres estaban continuamente embarazadas, por lo que este fenómeno se desconocía.

producir estrógenos y sobrevienen los sofocos (o caloradas), el insomnio, las palpitaciones, la irritabilidad y las menudas dolencias.[5] La parte positiva es que puedes acercarte a ella sin temor de dejarla embarazada, pero, como no hay rosa sin espinas, el deseo sexual de algunas decrece y cada vez te lo ponen más difícil.[6]

Vayamos ahora al hombre, que, aunque menos afectado por los cambios hormonales, tampoco se va de rositas. A mi consulta de terapeuta aficionado acuden muchos congéneres angustiados porque sospechan que han entrado en la menopausia masculina, la temida pitopausia (o andropausia).

La pitopausia existe, qué duda cabe (¡que me lo digan a mí!), pero a unos nos afecta más que a otros. Puede que tenga algunas causas hormonales (el descenso en la producción de testosterona), pero la mayor incidencia es puramente psicológica:

—Doctor —me dicen—, antes echaba cuatro a la semana y ahora solamente lo hago los sábados y fiestas de guardar.

¿Qué ha ocurrido? Algo natural, querido amigo. Ocurre que ha entrado en los dominios del tercer poder.[7]

—¡Alma de cántaro! —le riño—. ¿Y para qué quieres más? Un casquete a la semana está bien a los cuarenta. ¿Qué necesidad tienes de molestar a tu mujer o de dilapidar en amores mercenarios la hacienda destinada a tus voraces herederos cuando realmente el cuerpo no te pide tanto sexo, ni lo necesita?

5. Las carencias hormonales que acarrea la menopausia se combaten parcialmente, durante un tiempo, con terapia hormonal sustitutiva. Las mujeres con un poquito de sobrepeso tienen mejor climaterio y menopausia que las delgadas, porque en su grasa almacenan una reserva de estrógenos (Bertomeu, 2009, pp. 203 y ss).

6. Afortunadamente, no se puede generalizar. La sexóloga Olga Bertomeu observa que la máxima frecuencia de la «pereza de amar» de la mujer (o Deseo Sexual Inhibido) se produce en la mitad de las mujeres entre los 25 y los 50 años, que es precisamente cuando están más pletóricas de estrógenos.

7. El hombre tiene tres poderes. De los 15 a los 35 años, el poder sexual; de los 35 a los 55, el poder económico; a partir de los 55, el poder mear.

—Es por la pulsión esa que usted dice de poner mi ADN en cuantos más monillas sea posible —argumentan los más instruidos.

—¡Ése es el animal de bellota que hay en ti! —les razono—, pero nosotros somos personas, seres racionales. Aficiónate a la lectura, acompaña a tu mujer de escaparates, descubre los insondables placeres del bricolaje, pinta el cuarto de baño, arregla ese grifo que gotea, lleva a la suegra al médico, saca al perro a que cague en el parque, baja la basura... Existen mil actividades más o menos recreativas que mitigarán esa obsesión tuya por el sexo. El sexo sólo trae problemas. Piensa en la guerra de Troya, en la tragedia de Otelo, en el cardenal Danielou, papable nada menos, al que el Señor convocó a su seno en pleno orgasmo, cuando catequizaba a una *demivierge*. No seas esclavo de tus bajos instintos ni de esa moda social disolvente y atea que nos impele a follar como descosidos como si la vida no ofreciera otros alicientes. ¿Que tus amigos alardean de conquistas? ¡Invéntalas tú también! A esta edad es lo que toca: farolear y jugar al parchís.

—¿Al parchís?

—Sí, hijo, que pareces tonto: te comes una y cuentas veinte.

CAPÍTULO 15

El enamoramiento

Cada noche, tanto si me toca el turno en la Adoración Nocturna como si no, regreso a La Inmaculada Concepción de María's. Al principio creí que lo hacía por conjurar mi soledad de soltero otoñal. Quizá es cierto que desde que Teresa me abandonó no he conseguido llenar el hueco de su ausencia. Quizá sigo enamorado...

—¿Qué es el amor? —le pregunto a veces a Bogart. Él lleva años abrazado a la Bergman en el cartel de *Casablanca*, por necesidades del guión, lo sé, pero en su vida civil tampoco iba mal despachado con Lauren Bacall. Despertar por la mañana y encontrarte sus ojos de gata mirándote como dos esmeraldas encendidas debe de ser toda una experiencia.

En mi calidad de terapeuta aficionado posfreudiano y lacaniano, les diré que el amor no es ninguna de esas cursilerías que escriben los poetas. En realidad sólo es un alboroto de hormonas en el cerebro, o sea, una combinación de reacciones químicas y eléctricas con la puñetera hormona testosterona, que tanto daño nos hace, como responsable principal.[1]

—¿Sólo eso? —me pregunta Bogie, y esboza su sonrisa cínica. Él está al tanto, por mis confidencias cuando llevo una copa de más, de que no pasa un solo día sin que piense en aquella que me abandonó. Cenizas yertas, sí. Polvo serán, mas polvo enamorado, medulas (sin acento) que han gloriosamente ardido.

La señal del enamoramiento es que el enamorado antepone

1. Bertomeu, 2009, pp. 83 y ss.

el bienestar de la persona amada al suyo propio de manera totalmente altruista, o sea, sin esperar nada a cambio. Visto desde fuera, uno se comporta como un perfecto gilipollas, claro, pero desde dentro estás como en una nube.[2]

—Drogado es lo que estás —me apunta Vicente, el gerente de la funeraria El Descanso Eterno—. Colocado con las sustancias alucinógenas que tú mismo segregas. ¡Hay que joderse!

Cuando se espera algo del amor, ya no es amor, sino cálculo e inversión. Lo digo porque la gente, a veces, los confunde.[3] Si una tipa se te arrima para que le pagues las facturas y para vivir divinamente a tu costa, como veremos más adelante, tú puedes estar enamorado de ella, no digo que no, pero desde luego ella no lo está de ti. Recientemente, debido a la confusión de costumbres que acarrea la modernidad, se va dando también el caso contrario. Pronto no seremos chicos y chicas, sino personas y *personos*. Quizá salgamos todos ganando.

La literatura, el cine y, a veces, la vida nos han familiarizado con la *femme fatale*, la «mujer fatal» depredadora, la devoradora de hombres, la mantis humana, la sirena de Ulises que enamora y destruye a los que se dejan atraer por sus encantos.[4] El equivalente masculino podría ser el donjuán o coleccionador de virgos.

2. No va descaminado Andreas Capellanus, quien, en su tratado *De Amore* (siglo XII), lo define como «atracción hacia otra persona y pensamiento obsesivo sobre ella».

3. Por ejemplo, querida amiga: ese compañero tan atento que te ayuda a hacer tu tesis doctoral porque tú no sabes hacer la «o» con un canuto, lo que en realidad quiere es encamarse contigo. Tú eres como una hucha en la que va depositando monedas (su conocimiento, su tiempo) hasta que, alcanzado el precio imaginario de un polvo, tú le concedas lo que busca. El engaño también opera al contrario, o sea, algunas personas fingen estar enamoradas para obtener beneficios (por ejemplo, el guaperas que se prenda de la rica heredera, aunque sea fea).

4. Desde las mujeres de la Biblia, comenzando por Eva con el desliz de la manzana y pasando por la embustera Dalila, que engaña a Sansón, y por la Judith que hizo perder la cabeza a Holofernes, hasta las del arte moderno (como las de Edvard Munch y Gustav Klimt) y las vampiresas del cine. Las estudia muy bien Erika Bornay, 1990.

En fin, procedamos por partes (como decía Jack el Destripador) y examinemos las tres emociones de la trampa reproductiva que nos tiende la Naturaleza: lascivia, enamoramiento y cariño.

Los mecanismos del cerebro que encienden el amor varían: en los hombres se estimulan por la vista (o sea, es ver una tía buena y pensar en tirárnosla, no falla); pero en las mujeres, como son tan raras, se estimulan por la memoria.

—¿Por la memoria? —os preguntaréis—. ¿Cómo puede una persona estimularse por la memoria?

A eso voy, paciencia. Ya hemos dicho que las mujeres son raras de cojones. El hombre, nosotros, sólo necesitamos un dato: esta tía está para tirársela (o, dicho más finamente, este espécimen del sexo complementario aparenta ser una óptima receptora de mi ADN que, convenientemente inseminada, perpetuará mis genes en unos hijos robustos y sanos. Voy a trabar conversación con ella a ver si me permite que la insemine).

Nosotros, los hombres, siempre pensando en lo único. Pensamos con la cabeza de abajo, o sea, con el bálano o capullo. Padecemos esa dependencia sexual, qué se le va a hacer. No hay por qué sentirse culpable: es cosa de la Naturaleza.[5]

La mujer, sin embargo, es bastante más compleja. Si a nosotros sólo nos interesa una cosa de la mujer; a la mujer le interesan dos cosas del hombre: cartera y pija. (Aunque en modo alguno la apruebo, en mi calidad de terapeuta aficionado uso esta brutal, pero también sintética, sentencia de Calícatres, el último y más completo de los ocho sabios de Grecia).[6]

Mediten sobre la sentencia del sabio: cartera y pija. Por ese orden. Dicho de otro modo: la mujer no le hace ascos a un pollancón de anchos hombros, brazos musculosos, abdominales de tabla de chocolate y generosamente dotado,[7] pero eso, en reali-

5. El filósofo Baruch Spinoza decía que «el deseo es la verdadera esencia del hombre», el *conatus*, la insistencia. No somos de más carnes debido a nuestra simpleza.

6. De Calícatres se dice que profundizó tanto en sus conocimientos que no volvió a emerger.

7. No me refiero a que tenga un temperamento lírico ni un carácter

dad, es accesorio para ella: lo esencial, lo que realmente aprecia, es que sea solvente. A eso se refería la madre de la cómica Joan Rivers cuando le aconsejaba a su hija:

—Confía en tu marido, adora a tu marido e inscribe a tu nombre todo lo que puedas.

La solvencia del tío. Eso es lo que busca la mujer. Solvencia en todas sus acepciones: la solvencia moral del que se compromete a emparejarse de por vida, y la solvencia económica, o sea, que disponga de haberes con que mantenerla dignamente (cómodo nido perfectamente equipado, despensa repleta, brillos...) a ella y a los hijos que hubieren.

Simplificando mucho: la mujer conquista por su aspecto externo (así de bobos somos); el hombre, por sus logros y por sus palabras (así de listas son).

A ellas las cautivan la sensibilidad y la inteligencia del hombre, pero, sobre todo, sus recursos. O su capacidad para obtenerlos.

En Estados Unidos, una chica se emplea de camarera de un tugurio de carretera para costearle los estudios de medicina o ingeniería a su novio. ¿Por qué? Aparte de la capacidad de sacrificio inherente a la mujer (mucho mayor que la nuestra), ella espera compensar ese esfuerzo cuando sea esposa de un adinerado médico o abogado.[8]

La mujer, por lo tanto, no se deja llevar por la mera apariencia, sino que profundiza en las posibilidades de compromiso y sopesa el futuro que le ofrece el aspirante a copulador.

La mujer te estudia y toma nota: de ahí que juzgue por la memoria, conectando detalles con paciencia infinita hasta conseguir tu retrato moral, mientras nosotros juzgamos por la vista en un instante: «Está buena; la adoro.»

No es que las mujeres nos parezcan peseteras e interesadas: es

dulce sino a un miembro viril de caballo (según la clasificación zoológica del *Kamasutra*).

8. Allí es menos frecuente que en España que un sujeto que ha alcanzado el bienestar y la riqueza abandone a la mujer que lo ayudó a auparse y que lo apoyó en los tiempos malos para emparejarse con una veinteañera vistosa o lagarta.

que lo son. No les queda otra si no se quieren ver seducidas, abandonadas y criando a los hijos solas, sin ayuda del procreador. Llevan milenios escarmentando en cabeza ajena.

La propia Naturaleza nos ha diseñado para que observemos esos comportamientos. El *homo salidus* descubre a una homínida atractiva y se le disparan los niveles de testosterona. Es automático, lo mismo le pasa al sabio que anda aparentemente distraído en la resolución de una teoría cuántica que al pescador que pesca en ruin barca. ¿Por qué? Porque los instintos más primarios nos arrastran hacia toda buena receptora de nuestra herencia genética. La descarga hormonal es tan intensa que anula el pensamiento racional, lo que explica ciertos emparejamientos descabellados: «¿Cómo es posible que un hombre tan sensato se haya enamorado de la loca de Vanessa, de la tonta de Jennifer?», se preguntan, perplejas, las amistades. Porque su sensatez ha quedado en suspenso debido a la descarga de dopamina y testosterona.[9] Esos chistes femináceos que sitúan el cerebro del hombre en su pito aciertan plenamente, lamento reconocerlo.

Rindámonos a la evidencia: la única realidad, más allá de las pamemas trascendentes filosóficas o religiosas, es que estamos en el mundo sólo para transmitir nuestros genes. La teología sierva de la biología. Unos animalillos indefensos manipulados por nuestros instintos, unos esclavos de la Naturaleza, eso es lo que somos.[10]

Es sabido que el amor y otras reacciones emocionales (pena, desdicha, optimismo, etc.) son producto de unos aminoácidos (los neuropéptidos) que segrega el cerebro.[11] El aminoácido responsable del amor es la feniletanolamina, una sustancia asociada

9. Por eso el enamoramiento irracional es más frecuente en los hombres que en las mujeres: ellas segregan menos testosterona y pueden racionalizar algo mejor el proceso: «¿Tiene posibles para mantenerme dignamente y criar a mis hijos?»

10. Bertomeu, 2009, pp. 23 y ss.

11. Véase Pease, 2000, pp. 180-181. «Las alegrías, las tristezas, los recuerdos, las ambiciones, el sentido de la identidad, la libertad y el amor son consecuencia de la conducta de un haz de células nerviosas», dice el científico Francis Crick, uno de los que descifró el código del ADN.

a la adrenalina que nos acelera el corazón y a la endorfina que potencia el sistema inmunológico (por eso una de las felices consecuencias del amor es que es bueno para la salud).[12] El flechazo, ese repentino enamoramiento de dos personas que acaban de conocerse, se explica por una descarga de dopamina y norepinefrina que drogan al sujeto. Esas sustancias intuidas por los clásicos son los verdaderos componentes del dardo de Cupido.

...y la más hermosa sonríe al más fiero de los vencedores. 1963, la guapa impone la banda al ganador.

Como consecuencia del flechazo, aumentan los niveles de hormonas sexuales (testosterona y estrógenos), lo que excita el hipotálamo, el órgano cerebral donde se produce el cóctel hor-

12. La feniletanolamina es algo pariente de las anfetaminas. También se encuentra en el chocolate (recuerden que antiguamente, cuando había algo más de romanticismo, los enamorados regalaban bombones y flores).

monal del amor, y segrega abundante dopamina (la hormona del placer).[13]

¿Y la mujer? ¡Ah!, el enamoramiento de la mujer difiere bastante. Ya hemos dicho que ella segrega mucha menos testosterona que nosotros, algo así como veinte veces menos, y además, su hipotálamo es mucho más pequeño que el nuestro. Por lo tanto, ellas no se ciegan tanto ante el reclamo del sexo. Por otra parte, sus centros cerebrales de razón y emoción están mejor conectados que los nuestros, lo que les permite conservar cierta capacidad de raciocinio cuando evalúan a un pretendiente como futuro padre de sus hijos. Antes de entregarse a él, indagan si está capacitado para aportar alimentos y protección a las crías resultantes del acoplamiento.

Es lo que indica el novelista belga Simenon: «Mientras tú intentas definir el tono exacto de sus ojos, ella está calculando el montante exacto de tu cuenta corriente.» O sea, ya que alguien tiene que introducir un poco de raciocinio en el proceso del enamoramiento, más vale que sea la mujer, que es la que va a cargar con los platos rotos si el emparejamiento fracasa, porque tú, insensible varón, sólo anhelas inocular tu semilla genética en un ovario productor, pero a ella le queda por delante un molesto embarazo de nueve meses y una crianza de lo que venga en la que puede invertir veinte o veinticinco años de su vida, tirando por lo bajo.

Que ellas miran el interés salta a la vista cuando uno examina los anuncios de las agencias matrimoniales: que sea pudiente, que tenga la vida resuelta, que sea sincero. Eufemismos para decir lo mismo: que me pueda mantener dignamente, que me tenga como una reina.

Como terapeuta aficionado, he seguido con interés el programa de Juan y Medio «La tarde», en Canal Sur, al que acudían jubilados en busca de pareja: ellos buscaban lo que busca un jubilado liberado ya de la tiranía del sexo: compañía y criada

13. En el cóctel de hormonas intervienen también la oxitocina (la hormona de la ternura) y la norepinefrina, además de testosterona y estrógenos.

gratis;[14] ellas, por el contrario, buscaban recursos y diversión (coche, playa, baile...). No lo exponían tan crudamente, claro, sino de forma delicada: «¿Y tiene paguita?», le preguntaban al presentador. O sea: una paga del Estado, una pensión de jubilación lo más alta posible, recursos, en una palabra.

Vista a esa cruda luz, uno advierte que la pareja es un intercambio de bienes y servicios.[15]

Desde el mono primitivo, él busca en ella un medio para transmitir sus genes; ella busca en él bienes que le aseguren una alimentación adecuada en la preñez y en la crianza. Por eso, para atraer al más cazador se presenta como la más joven, sana y fértil.[16] Rubén Darío lo pintó en verso: «Y la más hermosa / sonríe al más fiero de los vencedores» (*Marcha triunfal*), y en España tenemos el cotidiano ejemplo de la tonadillera más deseada que se empareja con el torero más garrido.

La mujer también debe fingirse honesta y recatada, para que el hombre confíe en que los hijos que tendrá que mantener serán suyos y no de otro. Por este motivo, la que busque una prolongada relación de pareja debe ocultar anteriores relaciones (valor de la virginidad) o, en la sociedad moderna, más permisiva, silenciar por lo menos que ha tenido múltiples parejas sexuales.[17] Por el mismo motivo, cuando va en serio, evita entregarse

14. Porque cuando se quedan solos (por viudez o abandono de la esposa) se los come la mierda y el aburrimiento (como a todos los hombres, me temo).

15. Pease, 2009, p. 94.

16. Esta necesidad de presentarse como joven para atraer al hombre justifica que muchas mujeres de edad provecta se esfuercen en vestir y adobarse como si tuvieran quince o incluso treinta años menos. De ahí también la ferocidad con la que se entregan a la cirugía estética. Es por exigencia del mercado. Incluso aquellas que ya podrían, por su posición económica, prescindir de esa tiranía de parecer jóvenes, se empeñan en aparentar medio siglo menos. No estoy pensando exactamente en Cher o en Joan Collins, ni, circunscritos al mercado nacional, en Isabel Preysler, Tita Cervera, Carmen Lomana o Nati Abascal. Lo digo como una generalidad, sin pensar en nadie en concreto.

17. En los países occidentales pensamos que el coño se lava y se es-

demasiado pronto, no sea que el cortejador la tome por una chica fácil.[18]

La mujer es así de calculadora en los primeros compases del cortejo, pero, vencidas las barreras del instinto, cuando se entrega por fin al amor, lo hace con un ímpetu mucho mayor que el

---

trena, pero en ciertas culturas, más bien *curturas*, la virginidad sigue siendo requisito imprescindible para que una mujer acceda al matrimonio. Como la contención sexual no siempre es compatible con la vida moderna, muchas chicas recurren a la reconstrucción del himen (himenoplastia o zurcido japonés) para que el incauto esposo se haga la ilusión de que las desflora. La operación vale unos dos mil quinientos euros en Europa y unos cuatrocientos en Oriente Medio. Las pacientes son en su mayoría árabes o gitanas, pero también se dan casos de prostitutas que venden su falsa virginidad a algún incauto. Véase Martin, 2007, p. 10. Para las que teman pasar por el quirófano, una empresa china, Gigimo, ha comercializado un kit de virginidad artificial que sólo cuesta unos veinte euros, una especie de globito que se introduce en la vagina unos veinte minutos antes de la penetración y que al romperse libera una cantidad razonable de líquido rojo que puede pasar por sangre. La mujer debe ayudar fingiendo molestias: «Ay, ay, cuidado, me haces daño, oh, me gusta, pero duele. ¡Oh, oh, mi amor, qué extraña e inédita sensación!» y todo eso. El imán cairota Youssef al Badri ha emitido la correspondiente *fatwa* condenatoria a los fabricantes de ese ingenio diabólico. En nuestra España profunda, sin ser moros, la obsesión por la virginidad se manifiesta en la copla flamenca, también predio tradicional del pueblo gitano: «La mujer que rompe el plato / sin ser hora de comer, / por muy bonita que sea, / no le sale mercader»; «No le quites los hilvanes / hasta no acabar la prenda, / porque luego el dependiente / no me la admite en la tienda». Hay que tener en cuenta también que existen hímenes complacientes que no sufren desgarro ni distensión. Algún teólogo moderno aventura, en su deseo de concordar ciencia y mito, que el de la madre de Jesús pudo ser de esta naturaleza, lo que justificaría su virginidad.

18. Algunas calculan incluso que se entregarán a partir de la tercera salida, nunca antes... Y a veces se equivocan porque el cortejador se impacienta, ignorante de que a la tercera va la vencida, y ante la perspectiva de un asedio largo y fatigoso, se desanima y se cambia a la amiga. Por eso las madres tradicionales recomendaban pequeñas concesiones a los buenos partidos, para que se mantenga la llama del deseo y el pretendiente no abandone la carrera.

hombre. Ello se debe a que sus niveles de oxitocina son más altos (por eso ella es más tierna y sentimental, una vez supera la fase del puro cálculo). La oxitocina «crea o aumenta el deseo de establecer relaciones monógamas».[19]

«En la fase de enamoramiento, los niveles de testosterona del hombre descienden mientras que aumentan los de oxitocina, lo que acelera la creación de lazos afectivos. Esto consigue que el enamorado se muestre más indulgente, amable y calmado.»[20]

Amor delicado y antiguo (postal hacia 1910).

19. Según estudios de la Universidad de California, San Francisco, Estados Unidos. Para algunos, ello justifica que muchas prostitutas se nieguen a besar en la boca a sus clientes, porque el beso dispara la segregación de dopamina. Recuerden que Julia Roberts, en *Pretty woman*, sólo besa a Richard Gere cuando se enamora de él.

20. Pease, 2009, p. 31. También se generan sustancias de comportamiento menos romántico, como la vasopresina (la hormona de los celos y la posesividad).

CAPÍTULO 16

Las colillas de los puros

A mi bisabuela, una labradora acomodada de un pueblo de Jaén, le salió un novio de un lugar distante que la cortejaba por la noche, en la reja de una ventana, como era costumbre. Ella lo suponía bastante rico puesto que vestía bien y fumaba puros habanos. Cuando alguno se le apagaba lo arrojaba displicentemente al suelo y encendía otro.

—Cosme —le decía mi bisabuela a un mulero de la casa—. Estate atento y cuando mi novio marche busca en el suelo tres o cuatro puros que ha desechado casi enteros.

—Ya los busco, señorita, pero nunca los encuentro —decía Cosme—. Se conoce que alguno se ha percatado y llega antes que yo.

Hasta que llegaron informes del pueblo del novio y se descubrió el pastel: era pobre de solemnidad, se vestía con ropas prestadas para ir a ver a mi abuela y los puros que tan pródigamente desechaba no eran sino un único puro que llevaba atado a un ojal del chaleco con un hilo negro y rescataba y encendía varias veces mientras pelaba la pava con mi bisabuela.

Naturalmente, se fastidió el noviazgo: un novio pobre no era una buena proporción. Mi bisabuela aspiraba a un novio más rico que ella.

El fingimiento de recursos es un procedimiento habitual para atraer a la mujer. En mi juventud, en la España deprimida de los años cincuenta/sesenta, cuando todos íbamos a pie o en moto, la propiedad de un coche, aunque fuera un modesto Seat 600, te clasificaba como persona de recursos. Muchos aspirantes al ligue se exhibían en coche prestado (de un amigo, de la empresa, etc.) en los tontódromos o paseos adonde cada tarde acudían chicos y chicas a socializar. Algunos que no podían disponer ni de coche prestado jugueteaban con el llavero de un vehículo inexistente o lo llevaban colgando por fuera del bolsillo del pantalón con la insignia de la marca bien visible. A este propósito circulaba un chiste:

—Chico, voy por todas partes con la llave del Renault, pero no ligo ni por ésas.

—¡Pero hombre: antes te tienes que quitar del pantalón las pinzas de la bicicleta!

Repito: no es que las mujeres sean interesadas; es que son realistas. Y a pesar de ello muchas yerran en la elección y se emparejan con pajarracos irresponsables que abandonarán el nido y se desentenderán de la camada. Es que los instintos ya no son lo que eran, desde que nos apartamos del homínido.

Otra consecuencia de la desproporción de testosterona existente entre el hombre y la mujer, agravada por la disparidad de los respectivos circuitos cerebrales, es que el hombre llega al amor a través del sexo mientras que la mujer llega al sexo a través del amor. Hemos dicho que el hombre ve a una mujer atractiva y se le dispara el deseo. La mujer es más cauta en sus afectos: para implicarse debe sentirse querida.

El hombre puede copular después de una bronca conyugal porque es capaz de separar la emoción del deseo; la mujer, no: ella sigue rumiando lo ocurrido y no le apetece hacerlo. Si finalmente accede, será por tener la fiesta en paz, en vista de la insistencia del reconciliado.

—¿De verdad quieres acostarte con una paranoica depresiva? —le reprocha ella recordando lo que él acaba de llamarla.[1]

—Olvidémoslo. ¿Nos queremos, no? —propone él conciliador con esa voz sedosa y profunda que emplea para cortejar.

Aunque si fuese más sincero, diría: «Un coño es un coño. Pelillos a la mar.»

1. Esther Porta, «Esta noche tampoco», *País semanal.*

Ese aplazamiento de la consumación sexual que impone el ritmo de la mujer contribuye a menudo al cambio de actitud del hombre, a su enamoramiento y aceptación del compromiso. ¿Cuántos que buscaban sólo un revolcón se enredaron en el afecto y terminaron comprometiéndose con aquella mujer a la que, en un principio, sólo deseaban para pasar el rato? Muchos españoles que hoy forman pareja con extranjeras fueron en su mocedad reprimidos sexuales que ligaron con una turista liberal sin soñar en casarse con ella, que ni siquiera era virgen (una exigencia inexcusable del macho ibérico entonces), pero al final hocicaron en el pesebre del amor.[2] La versión actualizada es la del que hace turismo sexual en Cuba y a la tercera visita se casa con la chica y con su numerosa familia. Él solamente quería sexo sin mayores complicaciones; ellas, sin embargo, están diseñadas para formar parejas perdurables, comprometidas.[3]

2. Hoy los jóvenes españoles, más honrados y sinceros que sus padres y que sus abuelos, llegan al afecto y al amor a través del sexo, sin necesidad de engañar a la mujer con falsas promesas.

3. Comprometidas con ella y con toda su parentela, aviso a navegantes. «¡Pues claro, mi *amol*, quien quiere la col tiene que querer también las hojitas de *alrededol*!»

CAPÍTULO 17

Los vericuetos del amor

Un buen día, un día que había amanecido como cualquier otro, un día entre los días, resulta ser ese día especial que estabas aguardando desde que tienes uso de razón: una mujer halla gracia a tus ojos y te encandila.

El flechazo. El subidón hormonal.

La conoces. Te gusta. La adornas con todas esas cualidades que admiras en una mujer, algunas de las cuales incluso es posible que las traiga de serie, pero si carece de ellas no importa: tú se las supones.

«Hoy la tierra y los cielos me sonríen, hoy llega al fondo de mi alma el sol, hoy la he visto..., la he visto y me ha mirado..., ¡hoy creo en Dios!» (Bécquer).

Ya está armada la trampa de la Naturaleza, el deseo lujurioso, el encalabrinamiento sexual. Ahora comienza la segunda fase. El cerebro de los futuros enamorados descarga un cóctel de sustancias químicas euforizantes y tremendamente adictivas.[1]

La persona afectada, o sea drogada —ésa es la palabra— con estas sustancias generadas por ella misma, y, por lo tanto, indetectables para la Brigada de Estupefacientes, experimenta una atracción física ciega y se obsesiona por el objeto de su amor sin

1. Dopamina, que provoca euforia, «la hormona de la felicidad y el placer»; feniletanolamina, que estimula; serotonina, que equilibra emocionalmente, noradrenalina, que borra cualquier resto de sentido común que te quedara y te hace creerte Superman.

atender a razones (y sin ver los defectos de forma y de fondo que, a la larga, quizá malograrán la relación). Si el sentimiento es mutuo, entonces la sensación de felicidad es arrebatadora: los amantes se meriendan el mundo.

—Vivimos encadenados a lo que llamamos felicidad —me apunta el tertuliano Anthony de Mello.

El principio es un exceso: ella te da todo el sexo que necesitas, incluso más, todo el que puedes consumir; tú, encalabrinado como un becerro, le prodigas atenciones, la abrumas de regalos, la cortejas como un romántico trasnochado, le haces concesiones que nunca soñaste hacer a una mujer, te entregas a ella atado de pies y manos, te haces ella misma: «Melibeo soy e a Melibea adoro e en Melibea creo: e a Melibea amo» (Fernando de Rojas).

¡Amor, el soberano dios![2]

¡Ah, el enamoramiento! ¿Existe otro paraíso comparable en la Tierra? Los dos, Eloísa y Abelardo, Romeo y Julieta, Tristán e Isolda, se entregan, machihembrados y con fruición, al sexo, sin más descanso que el que la humana natura demanda para reponer fuerzas, él deslechado, ella escocida en sus *genitalia*, los pezones en carne viva, el cuello moteado con las lunas de la pasión. El subidón hormonal los mantiene en la cúspide de la felicidad. Rehúyen la humana compañía, se apartan de familia y amigos, buscan la compartida soledad y habitan en ese mundo idílico que han construido en las inaccesibles alturas de su felicidad.

Visto externamente puede parecer ridículo, patético o enternecedor, eso depende del estado de ánimo del que asiste al fenómeno. Anoche mismo, mientras descansaba de una larga jornada

2. Permítanme que cite un poco más a Fernando de Rojas, el judío sutil que disertó sobre los misterios del amor: «Soberano dios, quan altos son tus misterios. Quanta premia pusiste en el amor: que es necessaria turbacion en el amante. Su limite posiste por marauilla: paresce al amante que atras queda, todos passan, todos rompen: pungidos e esgarrochados como ligeros toros: sin freno saltan por las barreras. Mandaste al hombre por la muger dexar el padre e la madre: agora no solo aquello, mas a ti e a tu ley desamparan, como agora Calisto, del qual no me marauillo: pues los sabios, los santos, los profetas por él te oluidaron» (*Tragicomedia de Calixto y Melibea*).

de trabajo, después de bajar la basura, puse la tele, zapeé en busca de algún debate cultural de altura, y me encontré a Julián Muñoz, el antiguo alcalde de Marbella y ex novio de la tonadillera Isabel Pantoja, que reconocía como suya la autoría de una nota que acompañaba un brazado de rosas dirigidas a su amada. La nota rezaba: «De tu chiquitito a la flor más bonita de su jardín.»[3] Llamar chiquitito a un sesentón alto, bigote gris, peinado para atrás y con el talle del pantalón a dos centímetros de las axilas puede parecer ridículo objetivamente considerado, pero en ello reside, precisamente, la fuerza del amor. Los enamorados balbucean dulces tonterías, a menudo rayanas en el infantilismo (vocecita aniñada incluida) y frecuentemente se nombran con denominaciones que pueden parecer ridículas pero que, desde el cogollo íntimo de la pareja, resultan enternecedoras. Torreznete, chochito, gordi, culete, gatita, pitirrín, burbujita, pilila, chiquitito, currucuquín, floji, patosilla, tetita de cielo, rabanillo de mi cosita, zorri, maquinita-insaciablecilla-de-follar, percutorín, pavita, taponcito, guarrilla, minina mía, zarrapastrosillo, tontita, tolondrín, cucodrilo, pendejita de mis cojones, vaquigordi, canija, rendijita de Pitiminí, cilindrillo, etc., son otras tantas expresiones de afecto que podemos detectar entre enamorados.

Los enamorados se encierran en su concha, como una crisálida. Al principio no hay rumbo ni puerto, sólo un río de amor desmadrado que inunda el mundo sensible. ¿Quién buscará los cauces? La mujer, naturalmente. La que nace sabida y acierta por instinto.

La mujer, a no ser que sea tonta del todo, es la mejor guía de la pareja.

En cuanto puede sustituye a la insustituible suegra, de la que tanto le has hablado. No hace mucho uno de mis pacientes me preguntaba: «¿Existe acaso una conspiración para hacer de nosotros, los maridos, unos seres inútiles, para obligarnos a depender de ellas? ¿Nos educan las madres para eso, más fieles al género de la futura nuera (mujer al fin) que a la protección del hijo de su sangre (hombre al fin y al cabo)?»

3. «Sálvame Deluxe», 5 de marzo de 2010.

No supe qué contestarle. Lo cierto es que a menudo te acercas a una mujer a la que quieres sólo para la cama, pero ella introduce subrepticiamente en el mismo lote una serie de complementos como ayudarte a escoger ropa (incluso cambiar tu *look*), a decorar tu hogar (opina que el sofá estaría mejor en el otro lado del salón y tú, embobado, lo cambias), a remediar tus carencias (te regala una corbata, que por lo visto estabas necesitando urgentemente; te enseña a añadir suavizante a la lavadora, te compra antipolilla para los armarios, esponja brillo-en-una-pasada para los zapatos, te endereza un cuadro...).

Son sutiles señales que anuncian compromiso. Más vale que no te resistas. Nosotros jamás escogemos: son ellas las que nos escogen.

Nosotros somos prisa, urgencia, acción; pero ellas imponen su cautela. Cuando instalan su cepillo de dientes en el vaso del baño, junto al tuyo, piensa en Vasco Núñez de Balboa penetrando con la bandera de Castilla en las aguas del Pacífico y tomando posesión de aquella mar océana. Te aconsejo que salgas a comprarle unas zapatillas para que se sienta cómoda en tu casa que muy pronto será la suya. De ese modo siempre podrás alegar que fuiste tú el que la invitaste, el que te la ligaste, el que decidió uncirse al yugo matrimonial, y te evitarás algunos reproches futuros.[4]

Sí, amigo. Los enamorados, los amantes, viven en otro mundo, en una dimensión paralela, plenamente feliz. Por eso los despertares suelen ser tan amargos.

¿Despertares?

Sí, sincero lector, *mon semblable, mon frère*, el amor es un sueño dulce, es flor de un día, es frágil y fugaz como las pintadas mariposas. Cuando la euforia, el subidón hormonal, remite (entre tres meses y un año viene a durar), le sucede una fase más tranquila de vida en pareja que se prolongará más o menos dependiendo de lo que tengáis en común. Si hay poco más que el

4. Dulce yugo, por otra parte. La vida natural del hombre es la pareja del mismo modo que la de la mujer es la tranquila viudedad con reunión de amigas de similar estado civil para la partidita del bridge o para la Novena de San Antonio.

casquete, más vale terminar la relación, que nunca será buena y cuanto más se prolongue, peor.

—¿No se puede prolongar, no se puede hacer que dure toda una vida?

—No, no se puede. La sabia Naturaleza lo impide. Es una cuestión de economía de recursos.

De tres a doce meses es el tiempo que la despiadada Naturaleza necesita que copulemos con cierta asiduidad para asegurarse de que la fecundación ha llegado a buen puerto y de que de ese enajenamiento temporal (el enamoramiento) va a resultar una nueva criatura que perpetúe la especie.[5]

Al cabo de ese tiempo, la obnubilación hormonal desaparece y uno se encuentra durmiendo con la persona que realmente es, no con la que pensó que era. Por eso es tan conveniente convivir un par de años antes de formalizar la pareja y ponerse a tener hijos. Sólo entonces sabrás si tu pareja es la idónea para arrostrar el largo viaje de toda una vida en compañía.

En la fase de enamoramiento cada uno exagera sus virtudes y oculta sus defectos al tiempo que tiende a minimizar los defectos del otro. Mal asunto pensar que esos defectillos que le ves los limarás con un poco de paciencia en cuanto estéis casados: los defectillos son solamente la punta del iceberg de intolerables taras que tu enamorado te está ocultando a duras penas y que algún día, cuando se relaje, se manifestarán en toda su amplitud.

Cuando la pasión cese, ese lunarcito tan gracioso de su mejilla te parecerá lo que en realidad es: una verruga pilosa que anticipa la tarasca en la que la amada se va a transformar así que pasen veinte años. Ese aroma del tabaco que él fuma tan grácilmente le parecerá a ella asqueroso en cuanto impregne las cortinas del salón y tenga que vaciarle el cenicero que se lleva al retrete o a la mesita de noche.

5. La antropóloga Helen Fisher define el enamoramiento como «una serie de reacciones químicas cerebrales que guarda cierta similitud con enfermedades mentales» (Pease, 2009, p. 32). Ahora los métodos anticonceptivos han conseguido burlar a la Naturaleza, pero ésa es otra historia que trataremos más adelante.

Es cuando te metes en la cama, te arrimas a ella, le rozas una pierna desnuda (algo que no advierte, ya que ella se ha embutido en un pijama buzo grueso, de franela) y le susurras al oído:

—¡Chati, estoy sin pijama!

Y ella responde:

—Déjame dormir. Mañana te lavo uno.

Agotada la efervescencia del amor, sucede una etapa en la que la mujer sigue necesitando que la abracen, que le hablen y que la mimen; el hombre, por el contrario, sólo necesita que lo dejen tranquilo y que no lo agobien. Habla menos, no porque esté enfadado sino porque ya ha dejado atrás la etapa del atolondramiento y vuelve a ser lo que era: el cazador ensimismado en la presa (los problemas del trabajo).

En cuanto a ella, desaparecen esos excesos de testosterona (la hormona del deseo) y la serotonina que generó durante el enamoramiento, lo que la mantenía constantemente dispuesta para el acoplamiento. Vueltas las hormonas a sus niveles normales, decrece notablemente su interés por el sexo, lo que él malinterpreta como desinterés general hacia su persona. Por el contrario, el mantenimiento del interés de la parte masculina (al fin y al cabo segrega mucha más testosterona que ella, aun pasada la fase intensa del enamoramiento) lo interpreta ella como que es un salido que sólo piensa en lo único. ¡Qué asco!

Al desinterés de ella por el sexo se agrega el de él por la ternura. La confluencia de los dos «desintereses» amenaza a la pareja. De ahí que tantas parejas duren tan poco: si durante el enamoramiento no se crearon otros lazos afectivos, la cosa acaba como el rosario de la aurora. En el cuarto año de la pareja, un 60 por ciento de las mujeres se quejan de la falta de afectividad de sus hombres y el 50 por ciento de los hombres se queja del malhumor y la pasividad de ellas.[6]

El cómico galo Arthur se pone serio para decir: «El problema de las parejas es que las mujeres se casan pensando que ellos van a cambiar y los hombres se casan pensando que ellas no van a cambiar.» Rosa Montero, mujer lúcida, añade: «La inmensa ma-

6. Gómez Sancha, 2000, p. 22.

yoría de las mujeres estamos empeñadas en cambiar al otro para que se adapte al sueño rutilante que tenemos de él [...], pensamos que nosotras conseguiremos salvarlo de sí mismo, es decir, de la parte mala de sí mismo, para que emerja en todo su esplendor el Príncipe Azul [...]. Con el paso del tiempo, a medida que nuestros sueños se van dando de bruces con el ser real [...] nosotras empezamos a cambiar [...] y nos ponemos a protestar y a refunfuñar, a criticar y a exigir, a quejarnos y a frustrarnos porque se nos ha quebrado la fantasía.»[7]

Catherine Deneuve no tiene mejor opinión: «El matrimonio es una trampa en la que el hombre se vuelve aburrido y la mujer, una harpía.»[8]

Pasado el enamoramiento y recuperada la cordura por ambas partes, pueden ocurrir, y de hecho ocurren, dos cosas: que se liquide la sociedad y cada cual tire por su lado (en busca de otro enamoramiento que le provoque un nuevo subidón) o que la pareja se encariñe y persevere.

Al enamoramiento sucede el cariño o la indiferencia que desemboca en hastío, incluso en odio.

El cariño, el apego, sobreviene cuando la prolongada convivencia ha manifestado que al margen del sexo existen la concordia y la amistad: los dos piensan de manera parecida, han forjado proyectos comunes y comparten intereses (especialmente si les han nacido hijos). Echan de menos el amor, pero lo sustituyen por amistad, se adaptan el uno al otro, se aceptan y son lo relativamente felices que la vida nos permite ser.

El tranquilo amor conyugal es un sentimiento que puede prolongarse toda una vida y hacernos felices. No es lo más frecuente, me pesa reconocerlo, pero se dan casos.[9] Es lo que la

7. Montero, 2010, p. 92.

8. Entrevista concedida a Diego Jemio en el Festival de Cine de San Luis el 16 de noviembre de 2007.

9. Un ejemplo de este amor que dura una vida es el de Katharine Hepburn y Spencer Tracy. Cuando se conocieron, ella tenía 33 años y salía muy escaldada de un matrimonio desdichado; él no parecía el tipo de hombre que podía enamorarla: irlandés, católico, borrachín y lastrado

antropóloga Helen Fisher denomina «fase de pertenencia», un sentimiento de comodidad, seguridad y paz asociado a otra ducha de endorfinas.

El cariño no tiene fecha de caducidad, ahí está lo bueno, puede durar toda la vida e incluso perdurar más allá de la muerte, como en el soneto de Quevedo («polvo seré, mas polvo enamorado»). Su duración depende de que haya inteligencia por las dos partes y de que la vida no los ponga a prueba con demasiadas adversidades.

Las otras parejas, las que no se encariñan nunca (la mayoría), siguen un camino bien distinto.

Él descubre de pronto que la hechicera que lo encantó era, en realidad, una bruja, y ella descubre que aquel chico atento y educado que la enamoró es un patán y un guarro.[10]

—¿Por qué intenta cambiarme aquellos hábitos que antes le parecían divertidos? —se pregunta ella sin entenderlo.

—¿Por qué intenta cambiarme aquellos hábitos que antes le parecían divertidos? —se pregunta él sin entenderla.

Sobreviene el fracaso. La parte más sensitiva, ella, pasa de pronto, en horas veinticuatro, del amor al odio. Y cuanto más intenso fue el amor, más profundo será el odio. Ella descubre al ogro con el que se casó; él descubre a la víbora. Es lo que acarrea la decepción.

---

por una esposa enferma y un hijo sordomudo. Además, era más bajito que ella: «Me temo que soy un poco alta para usted, señor Tracy», observó malévolamente Katharine cuando los presentaron. A lo que él respondió: «No se preocupe, señorita Hepburn: la pondré a mi altura.» Fueron felices e independientes hasta el fallecimiento de Spencer, un cuarto de siglo después.

10. Aquellos cuescos sonoros que tanto la divertían cuando estaba enamorada dejan de hacerle gracia, especialmente cuando se los tira en la cama y le tapa la cabeza con el embozo para que no desaproveche las inhalaciones. A él le ocurre lo mismo: lo que antes veía como encantadoras originalidades de su amada, aquellas mechas azules en el pelo teñido de caoba, aquel despeine erizado como si metiera los dedos en un enchufe, ahora le parecen expresiones de la hortera descerebrada y carente de gusto que lo engatusó con sus malas artes.

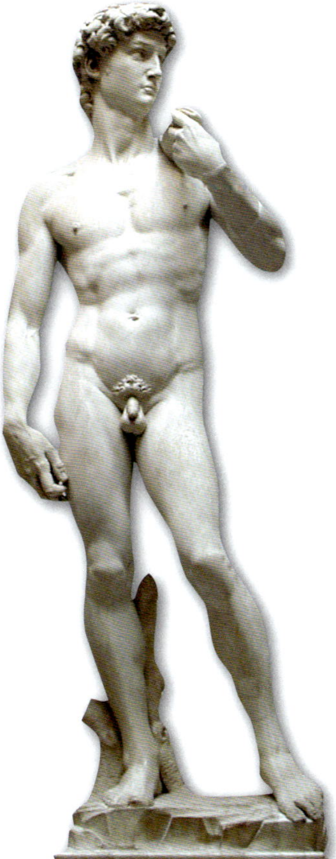

David de Miguel Ángel.

Venus capitolina.

Bajamos de los árboles

Árbol sobre la evolución humana.

La evolución.

Algunos peces se adaptaron a vivir en la tierra.

Mandril cortejando.

Labios de sangre.

La paridora y sus hijos (postal hacia 1900).

Lo más bello del mundo

Ava Gardner.

Chica años sesenta.

Las protagonistas de «Sexo en Nueva York».

Publicidad sexista

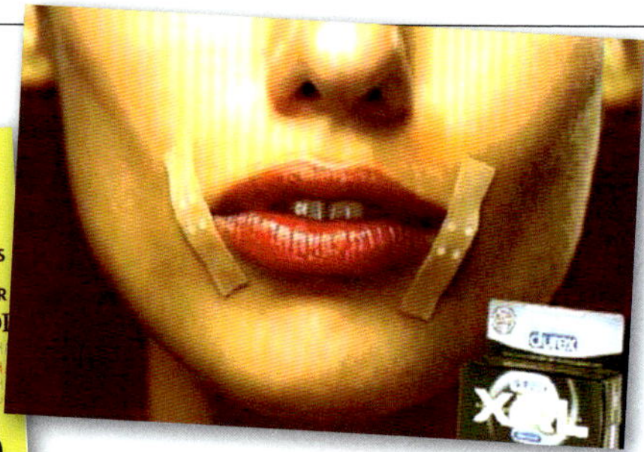

Anuncio de preservativos XXL.

Anuncio de una crema de afeitar, 1960.

Publicidad machista: usan a la chica para vendernos la moto.

Chica de segunda mano.

Postal de boda.

Postal de novia.

Boda del arzobispo Milingo y Maria Sung.

La esclavitud de parecer joven

La cantante Cher.

Corsé del siglo XIX.

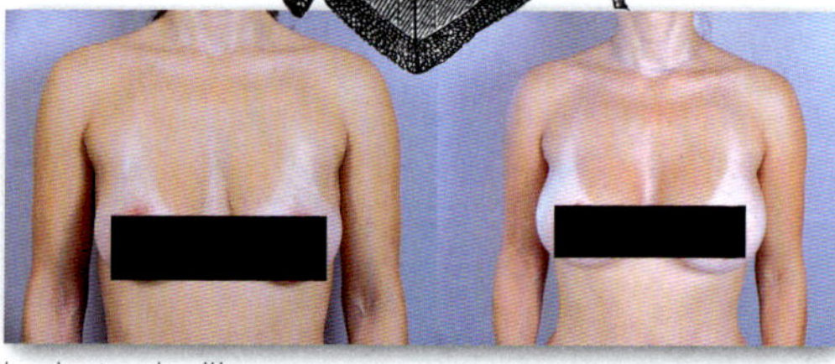

Implantes de silicona.

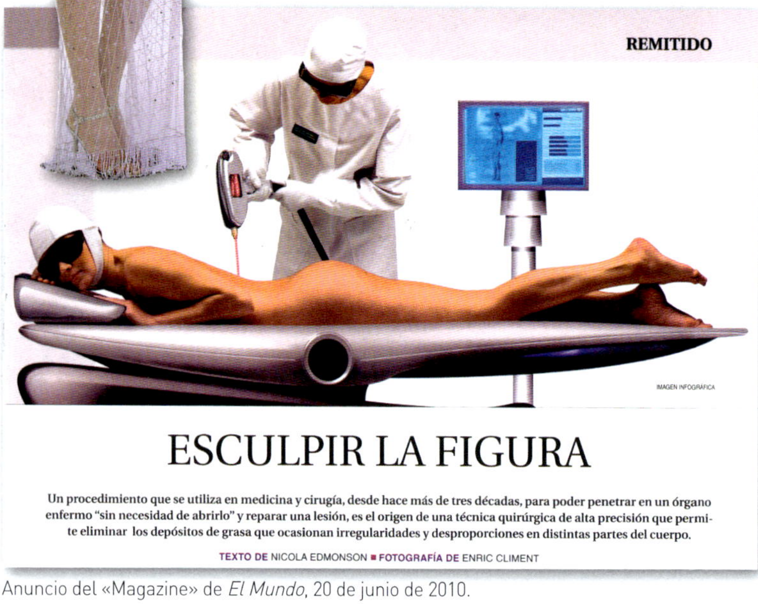

REMITIDO

IMAGEN INFOGRÁFICA

ESCULPIR LA FIGURA

Un procedimiento que se utiliza en medicina y cirugía, desde hace más de tres décadas, para poder penetrar en un órgano enfermo "sin necesidad de abrirlo" y reparar una lesión, es el origen de una técnica quirúrgica de alta precisión que permite eliminar los depósitos de grasa que ocasionan irregularidades y desproporciones en distintas partes del cuerpo.

TEXTO DE NICOLA EDMONSON ■ FOTOGRAFÍA DE ENRIC CLIMENT

Anuncio del «Magazine» de *El Mundo*, 20 de junio de 2010.

Claudette Colbert en *Cleopatra*.

Lilith. John Collier (1887).

Diosa Lilith, relieve mesopotámico.

Ulises y las sirenas. Herbert James Draper (1909).

Boda de principios de siglo.

Pesca de pez gordo.

Howard Marshall y Anna-Nicole Smith.

Boda de Jacqueline Kennedy y Onassis.

La parte más fea

Anatomía femenina.
Músculos que rodean el ano (Leonardo da Vinci, *Quaderni d'Anatomie* III, 1511-1516).

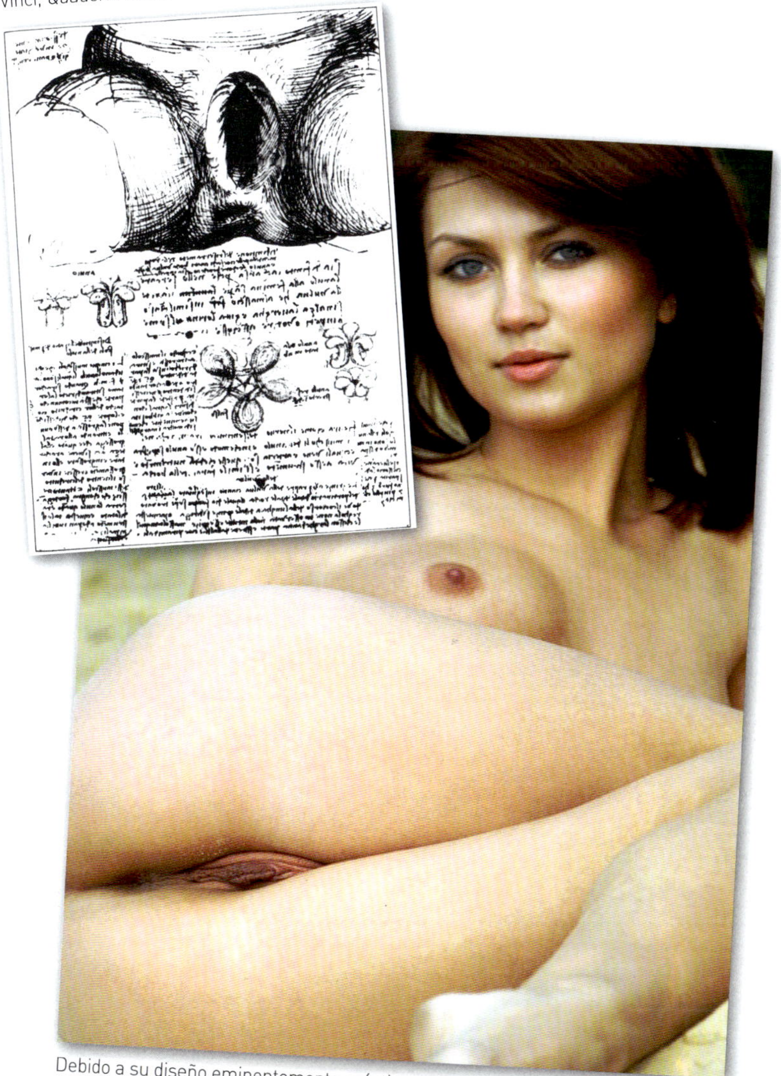

Debido a su diseño eminentemente práctico, sin concesión alguna a la estética, es francamente feo y contrahecho, y en su flacidez granujienta, en sus pliegues y colgajos, en su color virada entre rojiza y violácea, en su tez granulosa e irregular, contrasta vivamente con la tersura y belleza del resto del cuerpo femenino.

Tamaños y calibres

Detalle, *Mercurio*
(museo galorromano de Lyon).

Detalle, *David* de Miguel Ángel
(galería de la Academia, Florencia).

Pene de Rasputín (museo del sexo
de San Petersburgo).

Rasputín y las damas de la corte.

Las posturas

Fellatio en una lucerna romana.

Imágenes de Bikaner (India).

Júpiter y Juno, según Carracci.

En Japón.

En la India.

El día de la boda.

Anunci *Granad* *Hoy*, 14 marzo de 200

Valla publicitaria

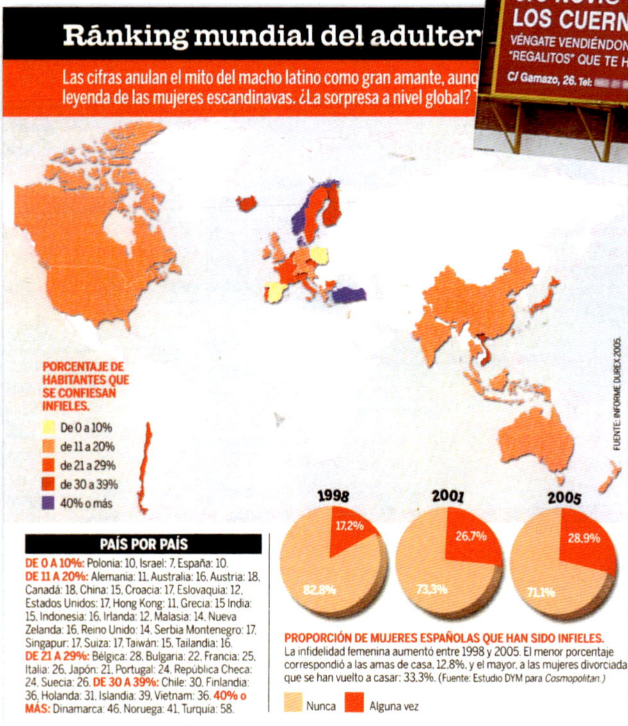

El adulterio en el mundo. Revista *Quo*, noviembre de 2006.

La plurimujer

Mujer tractorista, años setenta.

Cantinera, alardes de San Marcial.

Primera mujer guardia municipal (Madrid, 1972).

Mujeres encumbradas.

Mujer explotada

El amparo de la viuda.

Escena doméstica, año 1960.

Subasta de esclavas. Jean Léon Gérome.

Estas personas, se pregunta uno, ¿por qué se mantienen unidas largos años o toda la vida? A lo mejor porque no tienen más remedio, por el qué dirán si viven en una sociedad mojigata y provinciana, o porque la separación es económicamente inviable (piso, hipoteca, plazos, vencimientos), ganar para alimentar varias bocas, los achaques y trampas de la vida...

En suma, uncidos al yugo de la mutua compañía por condicionantes económicos o sociales más fuertes que su anhelo de felicidad, se resignan a la simulación y a la infelicidad hasta que la muerte los separe. Aunque finjan pertenecer al grupo de las del cariño, la verdad es que se aborrecen. La condena a perpetuidad va envenenando sus relaciones hasta transformarse en odio que puede desembocar, en sus casos más extremos, en agresiones y muertes.

¡Cuántos casados desesperados han desfilado por mi diván, hasta el punto de que he tenido que cambiar la tapicería tres veces, la última de cretona, que empapa mejor las lágrimas![11]

¿Quiere eso decir que soy partidario de la soltería?

No, no lo soy, o digamos que lo soy a ratos. El matrimonio, o la pareja, es como una ciudad sitiada: los que están dentro quieren salir de ella y los que están fuera quieren entrar. Los casados envidian a los solteros porque creen que disfrutan de una vida sexual más intensa y variada. Están convencidos de que la obligación de fichar cada noche en el hogar conyugal les malogra todos los ligues que conseguirían si anduvieran por ahí de ojeo, de bar en bar, viviendo la noche, como hacen tantos solteros. Se los imaginan: cada noche una nueva mujer en la cama, variedad y abundancia.

11. Esta dualidad de la mujer (lo mismo cabría decir del hombre) la interpretó el sacerdote Félix Lope de Vega Carpio (1562-1635), un hombre que entendía mucho de mujeres, en un célebre soneto: «Es la mujer del hombre lo más bueno, / y locura decir que lo más malo; / su vida suele ser y su regalo, / su muerte suele ser y su veneno. / Cielo a los ojos cándido y sereno, / que muchas veces al infierno igualo; / por bueno, al Mundo, su valor señalo; / por malo, al hombre, su rigor condeno. / Ella nos da su sangre, ella nos cría; / no ha hecho el Cielo cosa más ingrata; / es un ángel y a veces una arpía. / Quiere, aborrece, trata bien, maltrata, / y es la mujer, en fin, como sangría, / que a veces da salud y a veces mata.»

¡Craso error!

Que los solteros estén libres para disfrutar de una vida sexual más intensa y variada no significa que la alcancen. En la hora violeta del crepúsculo, a la hora del murciélago, salen de sus cubículos —¡ay!, salimos— como almas en pena a ver si cae algo y pegan la hebra con un desconocido en cualquier bar, el La Inmaculada Concepción de María's, por ejemplo, para reafirmarse mutuamente en lo bien que viven y lo inteligente que resulta pagar la leche por litros (prostitución) en lugar de mantener una vaca (matrimonio).

—Ni celos, ni malos rollos, ni aguantar mierdas ajenas, ni gastar el triple en el cortejo —me razonaba un parroquiano del María's ferviente partidario de las relaciones libres de compromiso.[12]

En teoría está bien, pero cuando regresas a tu leonera y te metes en una cama fría, maloliente y deshecha se te viene el mundo encima y envidias a los casados que a esa hora duermen con la mano entre los muslos de una señora. Se llevarán mal, piensas, pero por lo menos se hacen compañía.[13] Y cuando están dormidas, no molestan.

—¿Qué hacer para encontrar a la persona adecuada, sin las tonturas del enamoramiento? —me preguntan a veces pacientes que han reincidido una, dos, tres veces en el matrimonio.

12. La opinión es muy antigua. Aparece ya en el latino Marcial (*Epigrammaton liber* IX, 32): «La quiero que sea fácil», donde expresa claramente su predilección por las putas baratas. Roma aún no daba síntomas de decadencia y agotamiento, pero el poeta estaba ya de vuelta de los romanceos y de los cortejos.

13. La oferta es muy limitada fuera de la prostitución, y esos sueños de seductor raramente se cumplen, o se cumplen con pobres mujeres necesitadas, callos recalentados, huertos sin riego, campos en barbecho (así las tasarían si las vieran con un amigo), que no responden en absoluto al canon de belleza del seductor. Ese sexo menesteroso y muchas veces fingido genera insatisfacción. La verdad es que dentro del matrimonio o de la pareja se practica más el sexo que fuera de ella, y se tiene más seguro a poco que los dos miembros de la sociedad parejil se lleven razonablemente bien: fuera del matrimonio también hay que ceder parcelas de libertad para conseguir sexo.

—Bueno. Lo principal es conocer esas regiones de la mujer que a menudo no exploramos.

—¿El corazón de las tinieblas? ¿El tenebroso Congo de su intimidad?

—Bueno. Podemos llamarlo así, pero yo, más bien, hablaría de los pliegues ocultos de su rica personalidad.

Un procedimiento bueno es presentársela a una amiga y dejarlas a solas: «¿Me perdonáis un momento? Enseguida vuelvo.» Desapareces al menos una hora. Al día siguiente llamas a tu amiga:

—¿Qué te pareció fulanita?

Escaneo, disección, vivisección, autopsia son palabras que pueden describir lo que una mujer hace con otra que está a punto de alzarse con un macho de su manada. Ya lo dice Erika Jong: «Las mujeres podemos ser muy crueles con las demás porque nos vemos como rivales.»[14]

Tendrás una idea clara de cómo es la chica. De lo que te diga tu amiga, lo rebajas en un ochenta por ciento y multiplicas por dos el resultado.

Ya sabes cómo es. Ahora tú verás dónde te metes.

Ellas no necesitan esa precaución. Hablan contigo un rato y te calan. Son más listas, no me canso de decirlo. Le dices, en el periodo del requiebro: «Eres más bonita que un remolque recién pintado», y, a poco lista que sea, ya te tiene clasificado como tractorista o espécimen rural.[15] Si a ello unes unas manos de uñas remachadas y canto piloso, es fácil que visualice una escena de su futuro vital en la que se vea echándole de comer a los marranos u ordeñando vacas en un entorno rural. Te despedirá con cualquier pretexto:

14. Ramírez, 1995, p. 93.

15. Para estos semovientes del agro hispano todavía no incluidos en el índice de especies protegidas se ha escrito recientemente un tratado de seducción: *Sexo cerdo por Torbe: truquillos de un gañán que se la ha metido a más de 1000 jamonas* (Edición del autor, Madrid, 2010). Me malicio que el tal Torbe debe de ser pseudónimo de algún plumilla que quiere sacarse unas perras para irse de lumis. Creen que, debido al descrédito de la moral sustentada por la Conferencia Episcopal, todo vale.

—¡Ay, lo siento, es que tengo novio y le guardo ausencias!

—Entonces ¿qué haces en una discoteca?

—Por la música. Es que soy muy melómana.

No insistas. Prueba con otra y procura no meter la pata esta vez con referencias al agro. Piensa que hasta la más tonta te da cien vueltas en conocimiento humano.

—¿Decorador, dices? —inquiere.

—Sí. He trabajado mucho en Puerta de Hierro y en el barrio de Salamanca —presumes tú buscando caerle bien—. Por cierto que tengo clientes famosos, bla, bla, bla.

Vanas vanaglorias. Ella te mira los zapatos de mercadillo y las manos maltratadas y rebaja lo de decorador a persianero.

«Un persianero salido que quiere echar un casquete a costa de mi persona», dictamina.

Acierta en el centro de la diana.

Establezcamos una verdad universal: las almas gemelas se atraen. El amor prende más fácilmente entre personas de valores y pensamiento parecidos. En algunas sociedades, antiguamente, existía el oficio de casamentera (precedente de las actuales agencias matrimoniales), cuya labor consistía en concertar matrimonios entre personas de parecido nivel y caracteres complementarios.[16]

En aquellos matrimonios concertados por las familias no había amor ni pasión inicial pero sí, en cambio, grandes posibilidades de que la pareja se encariñara y funcionara con el tiempo. El refranero popular lo refrenda: «El roce hace el cariño», o «Dos que duermen en el mismo colchón, se vuelven de la misma opinión». No queda muy romántico, pero la experiencia enseña que funcionaba y aún funciona en ciertos ambientes y sociedades.

16. A propósito de casamentera: ¿Recuerdan *Hello Dolly*, de Barbra Streisand? Es un musical estadounidense de 1969. Fracasó, pero tenía su gracia. Me la vean los que no la conozcan.

CAPÍTULO 18

Mardito parné

Conectemos ahora con la famosa bruja Lola, en su consultorio del tarot en vivo y en directo a través de la televisión local sevillana.

—¡Lola! —se escucha la voz de una comunicante.

—Dime, *mi arma*.

—Que yo te quería *consurtá* a ver qué *intensiones* tiene un hombre que anda tonteando conmigo y no se echa *palante*.

—¿Que no te hurga, *mi arma*?

—¡Eso sí! *Hartica* me tiene con la *saliera*. *Namás* piensa en meterla en caliente. Lo que pasa es que yo, claro, antes de dejarme, yo quiero saber si va en serio, o sea, si no viene a pasar el rato, como con otras.

Asiente, grave, la bruja Lola, rubia teñida, cardada como un repollo, vestido estampado, mustio canalillo pectoral, muchas pulseras, uñas de porcelana quitipón en el extremo de unos dedos amorcillados.

La bruja Lola baraja concienzudamente el mazo de cartas y despliega seis naipes en semicírculo sobre el tapete verde. Los estudia. Medita sobre ellos con el ceño fruncido. Añade otros tres mientras piensa «a ver qué le digo yo a ésta»:

—Mira, *mi arma* —se arranca al fin—. Yo aquí veo sentimientos, pero claro, si tú no te haces valer, él va a lo suyo, como todos los hombres, y no quiere sujeción.

—¿Y qué hago, Lola? Es que ya me tiene loquita.

—Mira, tú te tienes que hacer valer. Tú lo dejas que se sobrepase un poquito, ¿tú me entiendes?, pero luego lo frenas. Que se entusiasme, pero no se lo pongas fácil, ¿tú me entiendes?, o sea, tú le pones el cebo —la bruja Lola extiende la mano carnosa sobre la mesa, la palma abierta hacia arriba— y que venga a comer en tu mano —la bruja Lola, con la otra mano, imita la cabeza de un ave que picoteara en la palma extendida—, que coma en tu mano, con halagos, ¿sabes?, lo que a él le guste.

—¡Sí, sí! —corrobora la consultante tomando buena nota.

La voz de la bruja Lola, antes persuasiva y acariciante, muta bruscamente a un tono enérgico, casi viril:

—...y cuando lo tengas comiendo en tu mano, y notes que ya se ha *acostumbrao* a ti y que ya lo tienes bien *cogío* por donde tú sabes..., ¡zas!, le cortas los suministros. —Cierra bruscamente la mano extendida, como si asiera los testículos del desdichado en una dolorosísima presa—. ¡Y verás cómo se casa contigo!

Luis Racionero coincide en lo básico con la bruja Lola y con la dietizada, pero no idiotizada, Bridget Jones,[1] aunque, como es intelectual, explica la estrategia femenina más finamente: «La mujer con la que te casas no es la misma que te seduce. Es la primera estafa que te hacen. Al principio, si eres futbolero, te acompañan al fútbol encantadas, y si eres lector, resulta que les gusta Baudelaire y te hablan de poesía, entusiasmadas. Pero al cabo del tiempo, cuando te han pillado, Baudelaire ya no les gusta y entonces critican tu afición al fútbol o a la lectura.»[2]

«El fin del periodo de seducción llega cuando ella concluye que ya lo tiene suficientemente encandilado —dicho vulgarmente, pillado, y soezmente, y con perdón, encoñado—. Entonces puedes encontrarte con una persona que no hace el amor, lo gestiona.»[3]

La bruja Lola y el escarmentado Racionero han enunciado una estrategia femenina universal que se basa, a su vez, en una

1. La protagonista del libro de Helen Fielding *El diario de Bridget Jones*, que retrata a una chica en edad de casarse que no acaba de encontrar su camino en la vida.

2. Gaspar Hernández, 2009.

3. Racionero, 2009, p. 61.

inmutable ley económica: la oferta y la demanda. El macho demanda más sexo del que las hembras ofrecen y, por lo tanto, como el producto escasea, se puede vender a buen precio siempre que la dadora se adapte al mercado y conozca mínimamente sus reglas.

A mi consulta terapéutica acuden pocas mujeres, lo confieso. De hecho, a fuer de sincero, he de reconocer que no acude ninguna, y eso que a ellas no les cobro, como en las discotecas. (La bruja Lola y las revistas de relaciones *Cosmopolitan*, *Ana Rosa*, etc., me arrebatan esa clientela potencial.) Sin embargo, puedo decir que, a juzgar por las estadísticas más fiables, el 73 por ciento de las mujeres encuestadas (en Estados Unidos) admiten haber usado conscientemente sus encantos para conseguir algo del varón.[4] Ello nos hace sospechar que el 27 por ciento restante no es que mienta, sino que han usado sus encantos inconscientemente.[5] A este propósito es voz común que en los departamentos de muchas universidades y en las grandes empresas no faltan mujeres que progresan adecuadamente en el escalafón u obtienen becas y prebendas por vía vaginal.[6]

Es admirable esa habilidad femenina para conseguir que el macho que pretende montarla actúe del modo más conveniente para sus intereses. La seducción, largamente desarrollada desde la noche de los tiempos (hasta el punto de que ya se hereda y forma parte del bagaje de la mujer) es su arte supremo.

4. Pease, 2009, p. 207.

5. La seducción forma parte del bagaje de conocimientos que la mujer trae de serie, por el hecho de serlo: sacude la cabellera hacia atrás descubriendo el apetitoso cuello, separa las piernas, se inclina hacia adelante mostrando el canalillo, cruza y descruza las piernas frente al hombre al que quiere camelarse, se saca el zapato, muerde el collar, juguetea con los botones de la blusa, se acaricia la muñeca u otra parte del cuerpo, etc. Por el contrario, si evita mirarte a los ojos, se cruza de brazos o junta las rodillas, piensa que no le entusiasmas.

6. Aludo, naturalmente, a las universidades extranjeras. En la universidad española eso no ocurre, ni se produce la vergonzosa endogamia que desprestigia a tantas universidades extranjeras. ¡Viva España!

CAPÍTULO 19

Donde el terapeuta emocional asiste a una berrea en lo más profundo de la sierra serrana

Hace unos años la agrupación «El Pino Mustio, sociedad andrófila y recreativa», a la cual pertenezco en calidad de socio fundador, organizó un viaje de estudio con objeto de asistir a una berrea en Sierra Morena. Accedí porque el evento acaecía no lejos del santuario de la Virgen de la Cabeza, lo que me permitiría asistir en aquel lugar santo a unos cursillos de espiritualidad.

La experiencia de la berrea es singular. Por carriles infames, pedregosos y llenos de baches, nos internamos en la entraña de la sierra en varios vehículos todoterreno con tracción a las cuatro ruedas que aparcamos en un altozano calvero desde el que se dominaban muchos kilómetros de encinar y coto. Allí pasamos varias horas, quizá más, con el oído tendido, escuchando, en sacramental silencio, la dramática berrea de los ciervos en celo, un patético certamen coral de berridos enronquecedores que emiten los animales ocultos en aquellas frondas con la esperanza de merecer los favores de alguna hembra compasiva que se haga cargo de sus genes.

Parece, por lo que tengo oído, que la hembra se entrega preferentemente al macho que exhiba la cuerna más desarrollada y el vozarrón más potente.

—¿Y al que no sea macho alfa? —bisbiseé.

—¡A ése que lo zurzan! —me respondió desabrido uno de mis acompañantes.

—¡Chist! —dijo otro—. ¡Aquí no se habla!

Entre los asistentes a la berrea, el silencio es obligatorio como en los conciertos de música clásica y en las cartujas de san Bruno.

La experiencia de la berrea me trajo a la memoria el caso, algo similar, de la rana gris arborícola de las selvas caribeñas. En esta especie anfibia, el macho atrae a la hembra por medio de enérgicas serenatas a la luz de la luna. La rana hembra sabe que cuanto más vigoroso sea el canto, mayor fortaleza genética transmitirá a su progenie el macho canoro. Por lo tanto, sólo se entregará al que exhiba el vozarrón más potente. Esa feroz competencia forma parte del orden natural.[1] Lo malo es que la serenata nocturna atrae también al murciélago *Trachops cirrhosus*, un gourmet voraz cuyo bocado favorito es precisamente la rana gris. Algunas veces llega el murciélago y trunca la serenata antes de que la ranita y el rano viril hayan consumado el himeneo. Entonces la joven viuda, con tremendo sentido práctico, se entrega al rano que quedó finalista.[2] Tener uno en reserva es una cautela históricamente atestiguada que incluso tiene su reflejo en la copla española.[3]

Como profano, debo admitir que la experiencia de la berrea me pareció desagradable y aburrida, aunque a los entendidos les parece de lo más emocionante. Me gustan los bosques y la naturaleza en estado salvaje con sus incomodidades y sus picaduras de insectos, pero, puesto a escoger, prefiero la excursión diurna

1. Lo sé, acongojado lector: después de contemplar el mecanismo del cortejo en toda su crudeza, francamente, se le quitan a uno las ganas de invitar a cenar a nadie.

2. Experiencias similares menudean en la cruel Naturaleza. El grillo campestre, sin ir más lejos: se desgañita para atraer a la hembra y ella se hace la remilgosa y da lugar a que la mosca parásita acuda antes e implante en el pobre enamorado una camada de larvas tan consideradas como el bicho extraterrestre de la película *Alien* que se lo comerán por dentro, virgen y mártir. A veces, también hay que decirlo, la mosca parásita se queda con un palmo de narices porque la garza azul acude antes y se lo zampa. Véase Judson, 2004, p. 94.

3. Así en la inspirada composición *Consejos*, de Rafael de León y Muñoz Molleda, cuando dice: «Que la mujer discreta / que es entendida / a dos hombres en suerte / siempre tendrá. / Si una vela se apaga, / otra queda encendida / y así nunca soltera / se quedará.» Véase Vázquez Montalbán, 2000, p. 345.

sin mugidos lastimeros, sintiendo sólo el rumor de la alegre pajarería, el zumbido del abejorro, la brisa en las ramas o el mero silencio vegetal, orgánico, de la verde naturaleza, comerme una tortilla de patatas con hormigas y un filete empanado y echar la siesta con el sombrero sobre los ojos y una briznita de hierba en la comisura de los labios. Y, para completar la bucólica estampa, una mujer al lado que se ensimisme antes de preguntarte:

—Romu, ¿me quieres como al principio?

—Más.

—¿Cuánto me quieres?

—Veinte arrobas.

Si los ciervos inspiran compasión en la berrea, un tormento que les dura solamente unos días al año, imagínense el mono humano que es de celo continuo (de donde la clasificación como *homo salidus*).

El macho humano no berrea (eso lo deja para el fútbol), pero igualmente se comporta de manera patética e insensata por alcanzar el sexo de la hembra. Y, lo que es peor, esa salidera le dura todo el año, porque el mono humano es promiscuo, como la mayoría de los primates, y, como queda dicho, tiende a propagar sus genes en cuantas más hembras mejor.[4] No por vicio, que conste, sino por el imperativo biológico de garantizar la reproducción de la especie.[5] «Creced y multiplicaos»,

4. Es posible que el mito literario del donjuán se base en un personaje real, el sevillano don Miguel de Mañara. La tradición popular asegura que fue un depravado burlador que plantaba un rosal en su jardín por cada virgo cobrado (a las viudas consoladas y a las esposas desbravadas no las contaba, despreciándolas como piezas menores). Debo advertir a las lectoras incautas (si alguna hubiera) que especímenes como éste siguen abundando en el mundo. Tenía don Miguel de Mañara, sigue la leyenda, el jardín de su casa más espeso que las selvas del Mato Grosso cuando, ya peinando barbas de plata, de regreso de una aventura galante, se topó con la espantable escena de su propio entierro. La impresión fue tal que, desengañado del mundo, decidió regenerarse y purgar antiguos pecados con oraciones, sacrificios y obras pías. Hoy lo habría entrevistado Iker Jiménez y todo se habría quedado en el susto.

5. Esa tendencia a depositar el ADN en toda hembra a su alcance

como aconseja, sin predicar con el ejemplo, la propia Conferencia Episcopal.

En «El Pino Mustio, sociedad andrófila y recreativa», hace tiempo que no discutimos sobre lo obvio: la evolución genética es lentísima, cosa de cientos de miles de años, mientras que la cultural va como un cohete. La ciencia adelanta a pasos agigantados, pero el alma humana permanece idéntica desde el paleolítico. Lo que antes era la caza, el animal sangrante que el cazador depositaba a los pies de su hembra, en la cueva, ahora es dinero, prestigio, poder...

¿No podría el monillo contentarse con hacerlo muchas veces con la misma como manda el santo matrimonio?

Me temo que no. La ciega naturaleza lo impulsa a variar de pareja sexual. En esto, por poner un ejemplo inocuo, coincide con el gallo de corral, un animal que es incapaz de montar más de cinco veces al día a la misma gallina, pero al que si le pones cincuenta hembras cumplirá con todas como un caballero.[6] Lo mismo podemos decir del toro, ese símbolo genésico tan nuestro y tan español. El noble astado parece agotado después de seis cumplimientos con la misma vaca, pero si le metes otra en el corral se anima de nuevo y saca fuerzas de flaqueza. Idéntico caso acaece con el carnero: cinco veces con la misma oveja y parece que se desanima, pero como se cruce con un rebaño de baladoras hembras, se va para ellas en plan romeo y las contenta a todas. Antes pierde la cuenta que la potencia, el muy truhán.

¿Qué nos enseña este comportamiento animal? Que es la propia naturaleza la que nos distrae de la fidelidad matrimonial; la alcahueta que se empeña en que el macho no malgaste el semen con la misma hembra, ya de sobra fecundada, y sólo

---

que observamos en el mono salido no es por vicio sino por impulso natural. En un gallinero hay un gallo para veinte gallinas, no un gallo para cada gallina, lo que sería un desperdicio biológico.

6. Solamente en eso, porque el gallo puede montar hasta sesenta gallinas en una misma sesión. También es cierto que vive apaciblemente en un corral, sin agobios ni obligaciones, y con la manutención asegurada. Así cualquiera. Véase Pease, 2000, pp. 233-234.

lo anima a repetir si en el horizonte aparece otra hembra fecundable.

Por delicadeza no he metido en esa lista al *homo salidus*, pero es evidente que pertenece a ella. ¿Acaso no es capaz, después de declararse exhausto tras un maratón sexual con la novia (por ejemplo, en la noche de bodas), de aprovechar que la cuitada está en el baño untándose aceite en las escoceduras de sus partes íntimas, para aparearse con la camarera del servicio de habitaciones?[7]

A esa tendencia animal a copular con toda hembra deseable que se le pone a tiro la denominan los científicos «efecto Coolidge» en memoria del presidente americano Calvin Coolidge (1923-1929). En una ocasión, el presidente y su mujer visitaron una granja avícola y la señora observó que un gallo montaba a una gallina y se interesó por la frecuencia con que copulaba el fogoso animal.

—¡Ah, señora, docenas de veces! —le dijo el granjero.

—Por favor, dígaselo al presidente —dijo ella medio en broma.

El aludido preguntó a su vez:

—¿Y siempre lo hace con la misma gallina?

—No, señor presidente —respondió el granjero—, lo hace cada vez con una distinta.

—Por favor, dígaselo a mi señora —le sugirió el presidente.

O sea, que uno se cansa de hacerlo con la misma (y la misma con el mismo, ciertamente).

Al principio de la relación te daba apenas tiempo a fumarte un cigarrillo entre dos coitos; ahora te fumas cartones y cartones, ¿qué ha ocurrido? ¿Cansancio, estrés laboral, rutina, ansiedad,[8]

7. Este caso escandaloso ocurrió en Tailandia en 2006. Al regreso, la novia pidió el divorcio, pero, afortunadamente, un experimentado terapeuta logró recomponer el equilibrio emocional del matrimonio y ella aceptó que el desliz se debió al *jet lag* y a la inexperiencia del novio.

8. La ansiedad que nos producen las preocupaciones cotidianas nos genera glucocorticoides que inhiben la libido. Es una putada, lo sé, pero es lo que hay. Pero hoy día ¿quién no se preocupa de los afanes cotidianos?, me replicará algún lector. No sé, ¿quizá los internos en conventos y comunidades religiosas?

bebé llorón en la habitación contigua, hastío de hacerlo siempre con la misma, broncas conyugales? ¿Menor producción de testosterona debido a que los años no pasan en balde?

Un poco de todo, quizá.

Sin embargo, el efecto Coolidge sigue operando con regularidad absoluta. Después de una prestación sexual con la pareja habitual te sientes extenuado, pero si una nueva se te ofrece, experimentas una prodigiosa recuperación.

Sentado que el macho homínido propende, por su biología, no por vicio, a la variedad de compañeras sexuales, es lícito preguntarse: ¿Cuántos conflictos humanos se han derivado y se derivan de su promiscuidad natural?

Innumerables, como a la vista está. Si no fuera por esta característica del *homo salidus*, no existiría literatura, ni revistas del corazón, ni telebasura.

El «mono salido», usted mismo, lector, prójimo mío, deambula por la calle evaluando, con más o menos disimulo, los culos y tetas que le salen al paso. Usted pasea por la playa y va pensando: «A ésta me la tiraba yo; y a aquélla; y a aquella otra...» Por eso los curas leen el breviario mientras pasean: para evitar pensamientos lascivos al paso de las damas.

Es una vergüenza, pero es así: la tiranía de la naturaleza, el celo continuo, la obsesión casi olímpica del macho por transmitir su ADN *citius, altius, fortius*: más rápido, más alto, más fuerte.

El presidente Coolidge y su esposa.

CAPÍTULO 20

El sexo propiamente dicho

Tarde tranquila de domingo. Mansa lluvia tras los cristales. Brasero, mesa camilla, bata y pantuflas. La casa quieta, hijas emancipadas. Novia coyuntural dormida con un libro de Simone de Beauvoir en el regazo. Blues suave en el compact, *It hurts me too*, de Elmore James, con el volumen bajito. Quietud. El músculo duerme; la ambición descansa. Preparo mis notas para una conferencia en la Asociación de Viudas Nuevo Amanecer.

Observemos ahora, dilectas amigas, el insólito comportamiento sexual del *homo salidus*. Como su denominación científica indica, es más activo que sus hermanos o primos, me refiero a las otras especies de primates. Mucho más, dónde va a parar.

Éste es el motivo, precisamente, de que el mundo científico lo conozca como *homo salidus*.

Sí, queridas amigas, el mono salido, al desarrollar su cerebro desarrolló también su libido, y hete aquí que mantiene un celo continuo. No copula para reproducirse como los demás animales, no. Principalmente lo hace por el orgasmo, por lo que científicamente denominamos «sexo recreativo».[1]

1. Esta búsqueda del orgasmo sin malicia es observable en otros animales de la naturaleza que han desarrollado cierta inteligencia o que están maleados por la compañía del hombre: el perro se chupa el capullo, el mono se la pela compulsivamente en el zoológico (total, no tiene nada mejor que hacer y la comida está asegurada), el delfín se aplica al chorro de agua para que le dé gustito (eso explica que siga a los barcos, no que los humanos le hagamos gracia).

Dicho así, podría parecer que el macho de la especie humana reitera cuanto puede la copulación por vicio. Nada de eso. Lo hace porque anhela mantener y robustecer una comunión espiritual con su pareja, es «una sana tendencia de nuestra especie, con base biológica y profundamente arraigada».[2]

Imaginen por un momento, queridas amigas, que la cópula estuviera desprovista de orgasmo remunerador. ¿Qué nos quedaría? Nos caería el velo de los ojos y repararíamos en lo repugnante que resulta el acoplamiento de la excrecencia inguinal del mono (un pingajo colgante, francamente feo, que estorba la deambulación), repararíamos en la cloaca de la mona, ese tajo vertical peludo y maloliente, repararíamos en la horrenda mecánica del coito, un proceso de por sí repulsivo que se agrava con la emisión de líquidos y sustancias corporales. Repararíamos, quizá, como Chesterton, en la intrínseca fealdad del acto, cuando avisaba a su hijo coñicantano: «El placer es pasajero, la posición, ridícula, y el dispendio, reprobable.» En la misma línea está Gabrielle Chanel, la célebre diseñadora que en cierta ocasión confesó a sus íntimos: «Lo hacía una vez en el Ritz. A los pies de la cama un espejo de tres fases. Me vi. El hombre era bello. Lo amaba. Sin embargo, lo que hacía me pareció de pronto ridículo. No quise participar en el espectáculo. Hacía calor. Yo transpiraba. Me juré no volver a hacer eso.»[3]

El *homo salidus* copula más rato que los otros primates, y esto incluye a los llamados «eyaculadores precoces». A la naturaleza me remito: al mandril africano le bastan ocho sacudidas pélvicas para eyacular y no invierte más de diez segundos en la monta.[4] El *homo salidus*, sin embargo, se recrea en la faena una media de dos minutos, ciento cincuenta segundos que pudieran alargarse a ocho o diez minutos si incluimos en el lote el proceso completo, o sea, erección, monta, movimientos pélvicos, eyaculación y desmonta. A pesar de ello, la hembra queda muchas veces *in albis*.

2. Morris, 1969, p. 81.
3. Vilallonga, 1973, p. 14.
4. Morris, 1968, p. 78.

—Pero, Pepe —protesta ella—, ¿ya te has ido? Hijo, es que no me he enterado.

—Haber estado atenta.

La celeridad eyaculatoria del *homo salidus* (que no eyaculación precoz, ese sambenito con el que partes interesadas pretenden culpabilizar al pobre hombre) no es imputable a su congénito egoísmo sino a una imposición de la Naturaleza: durante el coito, el macho, el guerrero, el defensor de la prole, queda a merced de sus enemigos y depredadores naturales. No puede prolongarlo mucho, aunque bien quisiera, porque ello redundaría en detrimento de la seguridad de sus seres queridos.[5] Antes bien, se sacrifica por ellos y eyacula más pronto que tarde. Sería conveniente que lo comprendieran las señoras frustradas: no es que la mayoría de los hombres seamos eyaculadores precoces; es que estamos más pendientes de protegerlas y servirlas que de nuestro placer. Lo nuestro es pura filantropía. Por otra parte, apliquemos la lógica: si el sexo sirve para reproducirse, bastaría con introducirla profundamente y eyacular a continuación, como hacen los conejos o los gallos, ¿no? En realidad, el metisaca de la cópula no tiene más función natural que extraer el semen de los competidores que lo precedieron a uno en la monta de la hembra.[6] Aludo, naturalmente, a nuestros comienzos como especie, al estadio en que éramos monillos promiscuos, a cuando hacíamos cola para montar a la misma hembra aprovechando que estaba en celo y receptiva al *gang*

5. Pease, 2000, p. 235. Naturalmente, no hay que confundir esta celeridad con la del eyaculador precoz que es tocar una teta y precipitar el desenlace, con lo que antes de comenzar ya ha acabado. Éste es víctima de una patología y lo que hace es dejar con un palmo de narices a la Naturaleza que pretende que se reproduzca. La eyaculación precoz afecta a un 30 por ciento de la población mundial. Últimamente se ha desarrollado un fármaco, el PSD502, que se aplica mediante spray sobre el pene erecto y logra retardar la eyaculación hasta tres minutos y medio. La doctora Ira Sharlip, de la Universidad de California, lo ha calificado de «hallazgo realmente emocionante». Véase Lantigua, 2010, p. 13.

6. Mediano, 2009, p. 63.

bang primigenio.[7] La función de ese reborde que tiene el glande o capullo, y que tanto placer ocasiona a las usuarias del acto matrimonial cuando se roza por el clítoris, no es otra que arrastrar hacia el exterior de la vagina el semen depositado por anteriores usuarios, es la baqueta diseñada por la sabia Naturaleza para que el macho potente limpie la vagina de espermatozoides rivales antes de depositar los suyos. De ahí que el protocolo básico del acto venéreo sea, en realidad: monta, limpieza del conducto vaginal de genes ajenos y, ahora sí, embestida hasta el fondo en el momento de eyacular para depositar nuestro propio semen (y nuestra información genética) en lugar preferente, en la boca misma de la matriz. De ahí la conveniencia de un pene largo, que permita una descarga seminal lo más profunda posible.[8] Esto explica que los corpulentos gorilas, los del lomo plateado, ostenten, sin sentirse acomplejados por ello, una minga de apenas cinco centímetros. Es que no necesitan más. Ellos no tienen que competir por el sexo dentro de la vagina, ya lo hacen fuera, a mamporros, alejando todo pretendiente de su harén de monas. Paralelamente, la búsqueda por parte de la mona de unos genes de calidad para sus hijos explica que desarrollara un mecanismo de selección de padre en la llamada «presa de Cleopatra», un mecanismo de retención del pene cuya información, por no pecar de prolijos, trasladamos a los apéndices.

Desgraciadamente, queridas amigas, a causa de la entusiasta incorporación de la mujer moderna al sexo recreativo (antes estrictamente reservado al hombre) ahora se nos exige que hagamos virguerías, y no todos estamos en condiciones de satisfacerlas, con esta vida estresada que llevamos.

7. La explicación sobre el significado de *gang bang* está en los Apéndices. Desaconsejo su lectura a las personas sensibles.

8. De ese modo aumentan las posibilidades de preñarla porque la deliciosa receptora tiene en la vagina un medio ácido que destruye gran parte de los espermatozoides y, para colmo, en cuanto se produce la descarga acuden sus leucocitos a neutralizar la extraña sustancia que has depositado. El estro popular, tan sabio e intuitivo, lo ha puesto en versos y coplas: «La cogí bajo el ciruelo / y se la metí hasta el fondo / y corriéndose gritaba: / "Mete más hondo, más hondo."»

CAPÍTULO 21

La mujer al marido, si le gana

Dos autoras americanas escribieron no hace mucho un libro de autoayuda para despabilar a sus congéneres de los periclitados sueños románticos y devolverlas a la realidad: que la faceta más atractiva de un hombre es su pasta gansa.[1]

¿Cómo se compagina eso con la tendencia genética, común para hombres y mujeres, que nos inclina a emparejarnos con personas de apariencia sana y fuerte?

Esta vez la civilización venció a la Naturaleza, al menos aparentemente. Esa fortaleza física que servía al cazador para procurar buenos alimentos se ha transformado, con el tiempo, en acumulación de riqueza. En la horda primitiva, el fortachón acaparaba los alimentos; en la sociedad actual, el acaparador de alimentos no necesita ser fortachón (puede contratar a media docena de guardaespaldas, ¿no?). La ancestral exhibición muscular se ha transformado en exhibición de riqueza o del estatus necesario para adquirirla.[2] La apariencia sana y fuerte que la mona

1. Daniela Drake y Elizabeth Ford, *Las chicas listas se casan por dinero: cómo se han dejado engañar las mujeres por el sueño romántico y cuánto están pagando por ello*. Las autoras son dos cuarentonas que se han casado y divorciado un par de veces. Daniela es médica y tiene un master y Elisabeth es productora de televisión y tiene un Emmy. Pasan mucho de feminismo.

2. Es lo que suelen pedir las mujeres, nada malo en ello, natural. Incluso los padres del papa Ratzinger se casaron así. El 7 de marzo de 1920, un anuncio en el diario católico *Altoettinger Liebfrauenbote* («Co-

apreciaba en el macho cuando éramos homínidos y vivíamos peligrosamente se ha trasladado hoy a los bienes. La mujer aprecia que su pareja sea rico y solvente, y que se comprometa a alimentarla y a protegerla el largo periodo de la crianza de la prole. Por eso, aunque parezca que va contra las leyes naturales, a la hora de emparejarse muchas prefieren al enclenque y feo, pero forrado, antes que al guapo y joven, pero impecune.

Como dice el crudo refrán castellano: «El hermano quiere a la hermana y la mujer, al marido..., si le gana.»

Si le gana, o sea, si le aporta recursos.

La alimentación de cortejo, tirar de cartera, soltar la mosca, mostrarse generoso y sobrado. Ése es el secreto de que el millonario viejo pueda sustituir a su primera mujer, una señora de su edad, por otra mucho más joven que podría ser su hija.[3]

---

rreo de Nuestra Señora de Altotting») decía así: «Modesto funcionario del Estado, soltero, católico, de 43 años, con derecho a pensión, quiere contraer matrimonio con una muchacha católica, que sepa cocinar y a ser posible coser, con patrimonio.» El autor del anuncio, Joseph Ratzinger, gendarme de profesión, padre del papa actual, no recibió respuesta. Cuatro meses después lo intentó de nuevo pero en lugar de «modesto» escribió «funcionario medio». Inmediatamente le respondió la cocinera Maria Peintner. Se casaron y tuvieron al papa Ratzy, nada menos, para que se vea que un matrimonio por interés puede dar sazonados frutos para beneficio de la Humanidad. La noticia apareció en el dominical alemán *Bild am Sonntag*, cuando el papa visitaba su Baviera natal. El matrimonio de los padres del papa se celebró en 1920, recuerda el dominical, y tuvieron tres hijos: Maria (nacida en 1921 y fallecida en 1991), Georg, que ahora cuenta con 82 años, y Joseph, de 79.

3. El psicólogo y experto en pareja José Ignacio Perales explica el proceso: «Los primeros años de la pareja serán fáciles de aguantar: él pone el dinero y ella la apariencia. Pero luego la belleza comenzará a desaparecer y, en una ecuación inversa, el sueldo del marido se mantendrá, si no ha aumentado. Si el hombre persigue sólo un cuerpo bonito, no tiene por qué llegar al matrimonio. Es decir, no voy a comprarme algo caro si puedo alquilarlo y mantenerlo sólo el tiempo que me apetezca. Suena cruel, pero también hay que mirarlo desde el punto de vista de que, en circunstancias como ésta, ningún miembro de la pareja puede dárselas de inocente. Si la belleza de la mujer se va, el hombre querrá

La esposa joven asegura que se ha enamorado. Natural. No va a admitir que es una cazafortunas para que la gente —esos sepulcros blanqueados— la señale con el dedo. Pero ¿se habría enamorado de él si no estuviera forrado?

Naturalmente que no. Recordemos el refrán castellano: «Deme Dios marido rico, aunque sea borrico.»

¿Se hubiera enamorado Sentet, una egipcia hermosísima y de dos varas altas, que es talla de mujer para empinarse, del enano Seneb, en tiempos de la dinastía IV, si él no hubiese sido un importante personaje de la corte del faraón bien forrado de pasta?

La respuesta es: no, por supuesto que no.

El enano Seneb y su mujer (museo de El Cairo, Egipto)

¿Ciñéndonos más al presente: ¿se hubieran enamorado Norma Duval de José Frade, Jacqueline Kennedy de Onassis, Tita Cervera del barón Thyssen, la exuberante chica *Playboy* Ann Nicole Smith de J. Howard Marshall, un decrépito anciano que le llevaba sesenta y dos años?[4]

---

cambiarla por otra; pero, por esta regla de tres, si el dinero de él desaparece, también lo hará ella» (Martin, 2009, p. 79).

4. Naturalmente, también se da el caso contrario: el joven que se empareja con una vieja por su dinero. En la jungla del mundo actual es frecuente que se inviertan los papeles, como veremos más adelante. Porfirio Rubirosa se casó sucesivamente con las millonarias Doris Duke y Barbara Hutton, a las que enamoró con su labia y su calibre, *fifty-fifty*, un secreto a voces que determinó que en Francia se llame coloquialmente *Rubirose* al molinillo de la pimienta cuando es *king size*. El mono huma-

—Naturalmente que no.

¿Se habrían enamorado la modelo Nuria González, de treinta y cuatro años, del naviero Fernando Fernández-Tapias, que le doblaba la edad; la grácil Miranda, de treinta y siete años, de Julio Iglesias, de sesenta; Patricia Way, de veintisiete, del tenor José Carreras, de cincuenta y tres; Gema Ruiz, de veintidós, de Álvarez Cascos, cincuentón; Helena Boyra de José Federico de Carvajal; Elena Ochoa de Norman Foster, el arquitecto de fama mundial?[5]

—No insista, hombre: naturalmente que no.

—Permítame que enuncie un último caso. ¿Habría iniciado la tonadillera Isabel Pantoja su «relación de confianza» (así la denominan en el auto judicial) con el camarero Julián Muñoz, un hombre de dudoso *glamour*, si éste no hubiera sido alcalde de Marbella y ella hubiera olisqueado, con infalible olfato, que estaba podrido de millones con los que podría remediar sus números rojos?[6]

—Definitivamente, no.

O sea, la hembra joven y de excelente aspecto se busca un macho poderoso y a ser posible con cuenta corriente abultada, sin que le importe que sea viejo, feo y hortera (caso de Julián Muñoz).[7] Funciona así: «Mientras que ella tiene que llevar falda negra para

no es el único animal de la naturaleza que copula con una pareja distinta a la que lo excita: es una de las perversiones que acarrea la evolución.

5. La lista se podría ampliar hasta el infinito en el mundo de la literatura: Alberto Moravia (78 años) y la española Carmen Llera (31); Camilo José Cela y Marina Castaño (también conocida como Marina Mercante por su avidez recaudadora); Rafael Alberti y María Asunción Mateo; Borges y María Kodama. Por cierto, Carmen Llera le declaró a la prensa que le gustaba «no trabajar, ser mantenida y tener tiempo para ella misma». Éstos son, evidentemente, matrimonios por interés (se busca el estatus del otro), que no hay que confundir con matrimonios de conveniencia (por ejemplo, para unir fortunas).

6. O sea, la finca «Cantora» necesitada de reformas y con la cabaña esquilmada; la mansión de La Moraleja hipotecada, y el restaurante regentado por Paquirrín a punto de echar el cierre tras el fracaso del «pollo a la Pantoja», la versión española del *canard à la presse*, de La Tour d'Argent, París.

7. Sáez, 2002, p. 7.

que su trasero siga pareciendo pequeño, él sólo necesita un Rolex o un BMW para compensar una tripa enorme.»[8] Parece mentira, pero el dinero las llega a excitar sexualmente. Estudios recientes prueban que «el placer que experimentan las mujeres al hacer el amor está directamente relacionado con los recursos de su pareja».[9]

Este cambalache de sexo por recursos se corrobora en el resto del mundo animal, el que no ha desarrollado la inteligencia y por lo tanto no tiene necesidad de disimular ni de camuflar conductas. Es la técnica básica del galanteo, lo que la naturalista Diane Ackerman denomina «alimentación de cortejo», una pauta común a pingüinos, monos, escorpiones, luciérnagas y otras especies animales: la hembra exige del macho suculentos regalos alimenticios antes de copular con él. De este modo se asegura de que el galán será un óptimo proveedor de su prole.[10]

Desengañémonos: a cierta edad, nuestro atractivo son nuestros haberes o nuestras nóminas. Como ya hemos dicho, el novelista Simenon, un machista irrecuperable, lo exponía más crudamente: «Cuando tú estás calculando el tono exacto de los ojos de la amada, ella está calculando el montante exacto de tu cuenta corriente.»

Lo vemos cada día en casos sonados: si te arruinas, la beldad te deja tirado como una colilla.[11] Muy al contrario, si estás forrado, dos mujeres pueden disputarse tu custodia aunque seas un pobre viejo

8. Pease, 2009, p. 217.

9. Pease, 2009, p. 76. Es lo que se deduce de un estudio realizado por los psicólogos evolutivos Thomas Pollett y Daniel Nettle, de la Universidad de Newcastle. El estudio se basó en la experiencia de 1.534 mujeres chinas, pero cabe suponer que sea extrapolable a las europeas.

10. La hembra del ave del paraíso es una modesta pajarita que mide la robustez de la descarga biológica del macho por la fortaleza y habilidad que demuestre haciéndole un nido. La competencia es tal que los machos optantes al virgo construyen verdaderos palacios y los adornan con vidrios, envases, trapos y otros vistosos desperdicios que recogen en los vertederos o roban del nido de algún rival en cuanto éste se descuida.

11. Fue el caso de la miss Europa Juncal Rivero, unida al restaurador Félix Cabezas, que huyó de él en cuanto su fortuna menguó, o el de Isabel Pantoja, desenamorada de Julián Muñoz en cuanto éste cambió la alcaldía marbellí por la trena.

que se hace sus necesidades en el pañal, babea y padece un Alzheimer avanzado.[12] El hombre consciente lo sabe y lo admite: es lo que hay y más vale no lamentarse. Los lamentos, para los tangos.[13]

Un estudio de las pautas de emparejamiento en España demuestra que las mujeres buscan varones mayores, con cierto estatus, y ofrecen, a cambio, juventud y atractivo físico.[14] Henry Kissinger, el secretario de Estado norteamericano en la era Nixon, notorio mujeriego, corroboraba que «el poder es el afrodisiaco más poderoso».[15]

Es un hecho que el poder y el dinero disparan la autoestima del hombre y, con ella, su testosterona, su hormona sexual, que alcanza niveles desusados en su edad. «La testosterona aumenta con los éxitos sociales o económicos y en consecuencia se incrementa el deseo sexual», lo que explica la inusual capacidad amatoria de cantantes, deportistas y empresarios de cierta edad.[16]

12. Es el caso del actor Peter Falk, el inolvidable inspector Colombo de la serie televisiva, cuya custodia (y fortuna) se disputan su actual mujer y una hija.

13. Lamentos de cornudos, denominaba a los tangos mi buen amigo Gonzalo Torrente Ballester, gran aficionado a ellos, aunque personalmente los cantaba con patente torpeza. Regresemos al titulado *Tomo y obligo* (1931) como botón de muestra: «Tomo y obligo, sírvase un trago, / de las mujeres mejor no hay que hablar. / Todas, amigo, dan muy mal pago / y hoy mi experiencia lo puede afirmar. / Siga un consejo, no se enamore, / y si una vuelta le toca hocicar, / fuerza, canejo, sufra y no llore, / que un hombre macho no debe llorar.» (La letra es de Manuel Romero, y la música, de Carlos Gardel, yo sólo pongo mi declinante memoria.)

14. Burmann, 2002.

15. «Henry Kissinger Quotes», *BrainyQuote*. http://www.brainyquote.com/quotes/quotes/h/henryakis101648.html. Véase también el libro de Bernie Zilbergeld *La nueva sexualidad masculina*.

16. Zilbergeld, 1999, señala la secreción abundante de testosterona que disfrutan o padecen los triunfadores y que a algunos los hace adictos al sexo: Hugh Grant, Michael Douglas, etc. Existen clínicas dedicadas a los sexoadictos, ese seis por ciento de la población mundial que no puede pensar en otra cosa. Algunos fallecen prematuramente por el abuso de la Viagra, como cierto famoso presidente de club de fútbol español de abundante cabellera cana o como cierto dirigente empresarial de talluda figu-

Incluso hoy en día, cuando la mujer se ha emancipado de la ancestral tiranía masculina y puede ganar tanto o más que el hombre, subsiste en ellas un residuo importante de la antigua conducta de la hembra recolectora: antes de copular, se sobreentiende que el macho debe alimentarla, o sea, invitarla a cenar en un restaurante caro. Cuando el macho quiere repetir las cohabitaciones es también aconsejable que mantenga la línea abierta y engrasada con flores, regalos y atenciones.[17]

O sea: la hembra de la especie humana busca la carne que le trae el cazador (el dinero, en términos modernos). No la culpemos por ello. No existe culpa alguna: es la sabia Naturaleza. Si desterráramos el concepto de culpa, esa herencia cultural judeocristiana, nos iría mejor y nuestras relaciones serían más fluidas y más sinceras. Ellas lo hacen por interés. Sí, es lo natural. Sin culpa. Tu chica no es mala por ello. Si tú hubieras nacido chica obrarías de igual modo. No es que ellas sean más interesadas, es que son más vulnerables.

La extraña pareja. ¿Qué habrá visto en él?

ra. Kissinger se casó, en la cumbre de su poder, con la estupenda Nancy, una cuarentona guapa que le sacaba más de un palmo. El primer ministro griego Andreas Papandreu (70 años), se unió a la corpulenta y hermosa azafata Dimitra Lianis (35 años).

17. Los agasajos de después nos los podemos ahorrar cuando no pensamos repetir los encuentros sexuales y, por lo tanto, no hay necesidad de fidelizarlas.

CAPÍTULO 22

La mujer trofeo

En cuanto al hombre adinerado o simplemente millonario, ¿por qué se casa con una mujer vistosa y no con otra más adecuada a su edad?

Algún cínico responderá: porque más vale un pastel compartido que una mierda para uno solo.

En realidad, es algo más complicado. Es cierto que los varones de Visa Platino-Con-Incrustaciones-de-Diamantes que le exigen a la vida lo mejor de lo mejor, los gorilas de lomo plateado de la manada, para que se vea que han triunfado, buscan mujeres más jóvenes y atractivas a las que ofrecen, a cambio de su todo, el estatus socioeconómico que ellas anhelan. También es cierto que cuanto más provectos son estos hombres, más jóvenes se las buscan.[1]

El hecho es que incluso hombres de reconocido talento se obnubilan por mujeres atractivas y con un par de buenas tetas aunque no sean tan inteligentes (Marilyn Monroe y Arthur Miller fueron un caso notorio). La escasa inteligencia de ellas incluso puede ser un atractivo adicional. Por eso tantas mujeres listas se hacen las tontas durante el cortejo y aún después, ya casadas, si es lo que exige el guión.

1. Sáez, 2002, p. 7. Según estudios del etnólogo alemán Karl Gammer, cuanto más rico es el hombre, más joven quiere a su pareja (véase Pease, 2009, p. 106). David M. Buss, en un estudio realizado en 37 culturas, llega a la misma conclusión.

La mujer trofeo es el reflejo de la riqueza o importancia del hombre que la adquiere o la luce al lado. Emparejarte ya anciano, o casi, con una mujer estupenda (empleo terminología machista, que personalmente detesto, en aras de la claridad)[2] significa que has triunfado en la vida, que te la puedes costear. No falla: si vemos a una mujer de primera (o sea, mujer trofeo) del brazo de un hombre de tercera, es señal evidente de que ese tipo está forrado, o sea, que a pesar de su miserable aspecto físico, gana mucho más dinero que tú y conduce un coche de mayor cilindrada y de gama más alta, incluso puede que ni siquiera necesite conducirlo, que se lo conduzcan. El que gana en mujer de tronío también gana en motor.

¿Han visto las mujeres que lucen los jeques árabes, cuando nos dejan verlas, o los millonarios: Donald Trump, Adnan Khashoggi, Berlusconi? Pues eso: mujeres trofeo. Aparte de exhibirlas, está el placer de gozarlas, porque el impulso sexual no abandona al hombre incluso cuando ha perdido fuelle debido a la vejez y ni la Viagra ni la Cialis le permiten copular decentemente; de ahí que casi todos seamos viejos verdes.[3]

El hombre duda entre los dos tipos de mujer ideal: la respetable madre de sus hijos, discreta y sana, laboriosa y maternal, que es para toda la vida, y la puta desorejada de voluptuosas formas, que es para un rato.[4] Lo ideal sería esa combinación de las dos que se dice han conseguido los franceses: cocinera en la cocina, señora en la calle y puta en la cama.[5]

2. De hecho, cuando un paciente de mi consulta de terapeuta aficionado comenta que una mujer era estupenda, siempre lo corrijo: «Por favor, en mi diván cuida el vocabulario machista. Prefiero que la llames especiosa.» Del francés *specieuse*, como asépticamente ponderaban el atractivo de sus feligresas los curas franceses del siglo XIX.

3. «Viejo verde busca ecologista joven», se anuncia en la sección de contactos.

4. Esther Vilar, feminista y enemiga del matrimonio, lo tiene claro: «La belleza femenina y la riqueza masculina son los parámetros para elegir pareja» (entrevista en *Cambio 16*, 20 de noviembre de 1995, p. 88).

5. El repugnante chiste machista sugiere que la española es puta en la calle, cocinera en la cama y señora en la cocina. Esto es muy es-

El homínido cazador anda por la vida en una constante procura de mujeres del segundo tipo, las que son mero instrumento de placer. Muchas veces, para cazar marido, la mujer del primer tipo, la hogareña, se ve obligada a aderezarse como si perteneciera al segundo (minifalda inguinal, blusa tres tallas menos, silicona, maquillaje...) para seducirlo, y una vez asegurado, se esfuerza en demostrarle que pertenece al primer tipo: o sea, hacendosa, hogareña, discreta y excelente madre de sus hijos con la que le conviene comprometerse de por vida.

¿Cuántos problemas de pareja se evitarían si aceptásemos nuestras tendencias naturales como lo que son: naturales?

Páginas atrás dijimos que la hembra aprecia también que el macho sea fuerte y saludable, garantía de que los hijos que engendre serán robustos y hermosos. De aquí procede que al cortejador otoñal no le baste con agasajarla con sus haberes sino que, en su encalabrinamiento, propenda a fingirse más fuerte de lo que es en realidad y las etapas iniciales del cortejo incluyan quebranto de huesos en la práctica de deportes de riesgo o la clásica costalada por alcanzar una flor del borde de un escarpe.[6]

---

pañol: denigrar el producto nacional y exaltar lo foráneo. ¡Así nos luce el pelo!

6. Algunas especies animales lo tienen mejor resuelto: el macho de la mosca danzante presenta dos sacos a los lados del abdomen y antes de comparecer ante la hembra traga aire y se hincha hasta aumentar un par de veces su tamaño, lo mismo que el chulo piscinas saca pecho y tensa abdominales y bíceps para exhibirse ante la bañista que aspira a cubrir tras breve cortejo. La ventaja de la mosca danzante es que trae el equipo hinchador de serie mientras que la subespecie del chulo piscinas se ve obligado a pasar el invierno en el gimnasio machacándose con las mancuernas (lo que no deja de tener mérito habida cuenta de que no es homosexual) para que luego, en la mayoría de los casos, le den calabazas.

CAPÍTULO 23

Amor y feromonas

A mi consulta de terapeuta aficionado acuden pacientes de diverso pelaje con problemas sexuales que, en realidad, son problemas mentales. El sexo está en la mente, les digo, o mejor, la mente está en el sexo.

Ellas, no sólo las feministas, ¿eh?, nos reprochan que sólo pensamos con la cabeza de abajo, la del bálano, el cual, debido a la simplicidad de su diseño, sólo contiene una neurona. Exageran maliciosamente, claro, aunque en lo accesorio acierten: la cabeza de arriba está al servicio de la de abajo.[1] Sentada esa premisa, examinemos el modus operandi del *homo salidus* en presencia de la hembra (y viceversa) a fin de cumplir los mandatos de la Naturaleza o los de Dios, a elegir.

1. No se trata tan sólo de una metáfora maliciosa de las feministas. Existen pruebas concluyentes de que el bálano, o capullo masculino, pudiera estar dotado de voluntad y pensamiento propios generados por un microcerebro genital que, cuando se manifiesta, inhibe al cerebro superior, el que se aloja en el cráneo. Prueba de ello es que el 5 de agosto de 2008, la audiencia de Granada condenó a cárcel y multa a un chatarrero de Benalúa de Guadix (Granada) que penetró en el puticlub nocturno El conejo feliz, en la autopista del 92, armado de una pistola, y, atrancando por dentro la puerta del local, encañonó al personal y a la distinguida clientela y manifestó: «Soy el jefe y esta noche manda mi polla.» Las expresiones equivalentes: «Lo hago porque me sale de la punta del nabo» y «Aquí se hace lo que quieran mis cojones» confirman la existencia de esa entidad pensante localizada, vagamente, en los genitales masculinos.

Para su estudio, el coito o acoplamiento se divide en varias fases:[2]

1. Cortejo antes de llegar a las manos.
2. Actividad precopulativa, calentamiento, o magreo (*heavy petting*, en inglés).
3. Cópula fornicatoria propiamente dicha (o «interactuación genital», como la denomina la escuela de Dresden-Viena).
4. Desacoplamiento y arrumacos finales.
5. Rutinas de mantenimiento.

Comenzaremos por la fase «cortejo antes de llegar a las manos».

Algunos pacientes de mi consulta se muestran confusos sobre la actitud que deben adoptar en el trance de cortejar a una mujer. No es fácil acertar, se quejan, dado que ellas son complicadas y nosotros, simples.

Debo admitir que no existe un GPS que nos indique los caminos que hay que seguir para llegar al corazón de una mujer. A falta de fórmulas seguras digamos que, durante el cortejo, el cazador y guerrero tiene que mostrar una doble faceta de sí mismo cuyos aspectos no siempre conseguimos armonizar: por una parte, debe manifestarse impasible, fuerte, viril, maduro, ponderado, es decir, portador de excelentes genes; por otra, sensible, delicado, emocional, adornado de toda clase de sentimientos positivos y muy familiar, dispuesto a asumir compromisos y obligaciones, o sea, a cazar al servicio de la hembra (esto lo ampliaremos cuando hablemos de los metrosexuales). Incluso, llegado el caso, confrontado con alguna persona conocida que empuja el carrito de un bebé, debe dar la impresión de que le gustan los niños con alguna expresión del tipo: «¡Qué rico es!» o, dirigiéndose al propio bebé: «¿Qué dices tú, bonito/a?»

Dar la impresión de ser ese tipo de hombre que gusta a las mujeres da bastante trabajo, me hago cargo, y no todos estamos

2. En lo sustancial coincidimos los distintos autores. Fernández Porta, por ejemplo, enumera cortejo, encuentro, exaltación y atenuación. Fernández, 2010, p. 18.

capacitados para culminarlo con éxito. Me consta que en muchos casos, después de reiterados intentos, algunos tiran la toalla y optan por cambiar de orientación sexual, ya que entre hombres nos entendemos mejor.

La mujer no lo tiene tan difícil en lo de agradar al hombre (excluyo, obviamente, a aquellas que no han sido mínimamente favorecidas por la Naturaleza). Una mujer sólo tiene que estar adecuadamente proporcionada para provocar una erupción de hormonas en nuestro hipotálamo y amígdala cerebral. Una vez más, nos domina el instinto reproductor de la especie. Esas curvas y esa juventud de ella (o sus apariencias si se sirve de estiramientos, liposucciones, rellenos, cruzados mágicos, siliconas y otros embustes) remiten a una fértil paridora que garantizará la transmisión de los genes del macho a la generación siguiente.[3]

La mujer puede ser romántica, ya lo estamos viendo, pero la Naturaleza no lo es. La Naturaleza sólo está interesada en la reproducción y en la perpetuación de la especie. Es insensible tanto a las poesías de Heine como a los valses de Strauss, es indiferente a las circunstancias del cortejo con tal de que acabe en fecundo himeneo. Ya establecimos hace algunas páginas que el enamoramiento es una cuestión de química hormonal, ni más ni menos. Cuando el macho avista a una hembra atractiva y se le arrima con intención de montarla, ella evalúa el olor emanado por las glándulas sudoríparas del aspirante.[4] Olfatearnos mu-

3. Como mera curiosidad, digamos que las cordobesas, mujeres que gozan de justa fama de guapas, son también las que escogen mayores prótesis de silicona (en torno a los cuatrocientos gramos), según leemos en un documentado estudio de la revista *Tiempo*, 14 de mayo de 2010. En el tamaño de las tetas el canon oscila según modas. En los años noventa se llevaba la talla 100 al estilo de Pamela Anderson o de nuestra nacional (nada siliconada) Rocío Jurado. Hoy se estila una teta más reducida, talla 90 o 95, y algunas famosas que se habían implantado unas tetazas impresionantes (la mentada Pamela Anderson, Demi Moore o Victoria Beckham) han vuelto a pasar por el quirófano para reducirlas. La talla media española es la 90.

4. En la naturaleza, macho y hembra se olfatean antes de pasar a mayores (pensemos en los perros, por ejemplo). La actriz y presentadora

El cortejo

Novio de rodillas (postal del decenio de 1910).

Pareja en la reja (postal del decenio de 1950).

Novios pelando la pava. Arcos de la frontera, 1930.

tuamente es una de las funciones del contacto físico cuando nos estrechamos la mano o nos besamos en las presentaciones. Se trata tan sólo de acercarse a la otra persona y olerla. Si la relación progresa y se llega al beso en la boca, el laboratorio cerebral analiza también la saliva. Así detectamos compatibilidades o rechazos.

Cuando te acercas a una chica, ella capta el olor a almizcle que segregas (especialmente por las ingles y las axilas).[5] Si tu olor se complementa con el suyo, te encontrará simpático y atractivo. Hasta puede que se enamore de ti (el clásico flechazo) si el análisis sensorial detecta una gran compatibilidad. Si no sois olfativamente compatibles, te encontrará antipático, sin que exista una razón objetiva que justifique el rechazo.[6]

Ana Millán, una mujer por otra parte espléndida, habla así del olor de su amado: «El olor es un sentido ancestral, único, genuino, animal... Levantarse por la mañana, ponerse su camiseta y notar de inmediato su olor se convierte en un momento de esos que te hacen cerrar los ojos» (*El País Semanal*, 7 de marzo de 2010, p. 91).

5. Los hombres, con olfato menos desarrollado, escogen a las mujeres por la vista; las mujeres, a los hombres por el olor, según investigadores de la Universidad Emory de Atlanta, Estados Unidos. Véase Marián Benito, «¿Por qué a las mujeres no les gusta el porno?», *Tiempo*, 6 de septiembre de 2004, p. 78. Una escena de contenido sexual (una película porno, por ejemplo) dispara las hormonas del hombre pero suele dejar indiferente a la mujer: ella necesita olfatear al aspirante. En este sentido, la higiene íntima a diario y el uso de desodorantes enmascarantes no ayuda, la verdad.

6. Algunas universidades americanas han realizado experimentos con alumnas voluntarias, que olisquean camisetas sudadas y las puntúan. No falla: la nota más alta se la lleva la camiseta del individuo genéticamente idóneo para la chica evaluadora. Ello se debe al complejo génico denominado complejo principal de histocompatibilidad (más conocido por las siglas inglesas MHC). Véase Judson, 2004, p. 61. Las norteamericanas Martha McClintock y Kathleen Stern publicaron un concluyente estudio de las feromonas en 1998, en la revista *Nature*. Los estudios de Sarah Newman, David Moran (Universidad de Pennsylvania) y Larry Stensaas (Universidad de Utah) demuestran la existencia, en el interior de la nariz humana, de un par de minúsculos orificios cónicos, el órgano de

El olfato de la mujer se agudiza durante su periodo menstrual. De este modo, la hembra reproductora escanea el sistema inmunológico del macho cazador y, si su laboratorio cerebral capta compatibilidad genética y un buen sistema inmunológico, lo aprobará como posible padre de sus hijos.[7] Por el contrario, nunca encontrará atractivo a un macho si su sistema inmunológico es deficiente. De este modo asegura a sus hijos las condiciones óptimas para la supervivencia. Ojo: estamos hablando del impulso reproductor, de la ciega naturaleza, que no tiene por qué coincidir necesariamente con el emparejamiento. Si el pretendiente es pudiente y formal (o sea, buen candidato para el compromiso y la manutención de los hijos), la hembra humana lo encontrará atractivo, incluso si no ha superado la prueba del olfato (en estos casos, la inteligencia relativiza el instinto).

La mujer, debido al sacrificio que la Naturaleza le impone (nueve meses de preñez, parto, crianza de los hijos), debe explorar las intenciones del pretendiente antes de entregarse a él, o sea, averiguar si viene buscando lo que todos, sexo rápido sin mayores complicaciones, o si está dispuesto al compromiso y a afrontar responsabilidades derivadas de la cópula, si las hubiera.[8]

El hombre, dentro de su natural torpeza, olfatea la disponibilidad de la hembra en su periodo más fértil (entre dieciocho y veintiún días después del periodo) y siente la urgencia de copular con ella. «Ahora o nunca», le dicta su subconsciente... y allá que se lanza, con las viriles credenciales enhiestas, dispuesto a crecer, multiplicarse y perpetuar la especie. Incluso genera semen suple-

---

Jacobson, u órgano vomeronasal (OVN), que remite esa información al cerebro.

7. El profesor Klaus Wedekind, biólogo de la Universidad de Lausanne (Suiza), ha formulado el complejo de histocompatibilidad (CMH), que depende del olor corporal de cada persona. Cuanto más diversos sean los genes del CMH de los padres, más fuerte será el sistema inmunológico de la descendencia: «Inconscientemente escogemos parejas de CMH distinto al nuestro.»

8. La recientísima liberación de la mujer (fruto de los anticonceptivos) ha perturbado estos esquemas, pero el instinto forjado a lo largo de milenios de evolución no puede anularse de la noche a la mañana.

mentario para asegurarse la fecundación de la hembra. «Que por mí no quede», dicta su naturaleza viril.

Después de constatar olfativamente la compatibilidad genética, los monos humanos deben cumplir el oneroso trámite del cortejo, ese periodo de forzosa abstinencia que media entre el avistamiento del objeto sexual y el apareamiento.

Nuestros parientes los primates carecen de fase de galanteo o la tienen brevísima. Sin galanteo previo, el simpático mono bonobo ve a la hembra, la huele, la evalúa, la aprueba y la monta. Así de simple. Sin tonterías y sin papeles. Quizá fue ésa la conducta de los humanos en la añorada Edad de Oro en que, felices e indocumentados, vivíamos todavía en los árboles. En la pareja ancestral, los hombres, fundamentalmente egoístas como somos, íbamos derechos al grano, a darnos gusto, al aquí te pillo, aquí te mato. Ahora, mucho me temo, debido a la cultura y a la evolución, hemos complicado el trámite hasta extremos francamente enfadosos. En la especie humana se requiere un cortejo, un latoso preliminar, una aduana molesta, una aburrida sala de espera, unos rodeos precopulatorios a veces fastidiosamente largos, como paso previo a la consumación.[9] Hasta serenatas con la tuna pedigüeña se ha visto uno obligado a dar, en su época de estudiante, para ablandar el corazón de una damisela que, al final, se entregó a otro no porque estuviera más dotado sino porque estaba acabando ingeniería (el vozarrón del sapo canoro, ¿recuerdan?). A este propósito, al de cantar serenatas bajo la ventana de la amada, recuerdo una piececilla del folclore popular: «Mientras tú estás en la cama / con las teticas calientes, / yo aquí, bajo tu ventana, / con la chorra hasta los dientes.»

9. Maticemos: el cortejo no es, en puridad, una imposición cultural privativa de la especie humana. En realidad, todos los animales, o gran parte de ellos, deben soportar periodos de cortejo más o menos prolongados. Incluso existen especies más perjudicadas que la nuestra: pájaros hay que se ven obligados a construir tres o cuatro nidos antes de que la exigente pajarita dé uno de ellos por bueno y consienta en copular (precisamente cuando el desdichado está exhausto a causa de la prolongada albañilería y no le quedan fuerzas para coronar una faena como Dios manda).

—Toda esta teórica está muy bien —me dice el ex brigada Barrionuevo, uno de los colegas del mus—, pero el verdadero punto débil de las mujeres, por donde verdaderamente caen, es por el oído.

—La oreja erógena —corroboro.

—¡No, hombre, eso son *chominás*! El oído, digo. La mayoría se dejan follar por agotamiento, por las turras inmisericordes que les damos: tú empiezas contándole tu mili, luego sigues con la organización pormenorizada de tu departamento en el curro, tus viajes cuando eras viajante de artículos de peluquería y jardinería, y cuando le estás explicando el funcionamiento, pieza a pieza, del motor del coche, tira la toalla y se te entrega. Tiene que ser muy malaje *pa* resistir esa batería...[10]

Ese tanteo preliminar, el cortejo, ocupará más o menos tiempo dependiendo de lo que el macho ofrezca. «Cuanto más elevada es la posición de un hombre, menos tiempo está dispuesto a invertir en ello. Si a Brad Pitt podría llevarle media hora acostarse con una mujer atractiva, el cajero del banco local podría necesitar seis meses de cortejo.»[11] O sea, si eres guaperas y reúnes todas las condiciones que ellas suelen exigir, quizá tengas éxito si te diriges a una desconocida y simplemente le dices: «Eres una mujer espléndida. Me gustas. Te invito a cenar y a desayunar.» Pero si no eres el tipo por el que ellas harían una locura, te aconsejo que vayas más despacio, con tiento.

La cultura lo ha enredado todo y ha complicado innecesariamente una acción tan simple como la monta y la desmonta. Antes de que la hembra acceda a copular, el macho de la especie humana se ve obligado a acompañarla de compras, a alimentarla, a invitarla al cine, a obsequiarla con flores, perfumes u objetos que entrañen un desembolso importante, y a otras concesiones igualmente penosas.

Causarle una buena impresión a la mujer objeto de tus sueños entraña cepillarte los zapatos, ir al barbero, adquirir una cha-

10. El brigada existe, pero no sabe jugar al mus. Debo estas indicaciones a mi amiga Ana Miralles, estupenda artista y observadora del mundo.

11. Pease, 2009, p. 170.

queta nueva que te disimule la barriga, acicalarte ante el espejo, mostrarte más amable, culto, educado de lo que en realidad eres, y esas futilidades comúnmente aceptadas desde que algún cursi las introdujo en la cadena social, como regalarle flores y bombones.[12] Convendría, además, que la invitaras a cenar a la luz de unas velitas, en un ambiente propicio («alimentación de cortejo»). Si a ello le añades adecuadas dosis del alcohol que relaja la voluntad (y con ella, las posibles reservas), llevas mucho camino avanzado hacia la consumación que te permitirá depositar románticamente tu ADN en su orificio.[13]

Ya sé que a muchos, a los que no se comen una rosca, esos preliminares les parecen superfluos. No lo son. Si a ellas les importan esas menudencias, es porque contribuyen decisivamente a su felicidad. Y la felicidad del conjunto de la pareja depende de la de cada una de sus partes, y muy especialmente de la femenina. Así es la vida. *Do ut des.* Te doy para que me des. Cedo y cedes. Nos encontramos en el centro, que, debido a sus limitaciones espaciales más arriba enumeradas, suele estar en el terreno de ella.[14]

12. El chocolate contiene feniletanolamina y N-aciletanolaminas, excitantes del centro cerebral del amor. Ojo: estas sustancias sólo las contienen el chocolate negro y el cacao, no el blanco. Además, el chocolate es un excelente alimento que aporta las energías necesarias para la contienda amorosa (a batallas de amor, campos de pluma). Ya notaron los cronistas de Indias las cualidades afrodisiacas del chocolate que trasegaba Moctezuma: «Traían en unas como a manera de copas de oro fino cierta bebida hecha del mismo cacao y decían que era para tener acceso con mujeres [...] y de aquello bebía y las mujeres le servían al beber con grande acato.»

13. Para que se vea la crueldad de la madre Naturaleza: en muchas especies, la hembra no sólo exige un regalo adecuado antes de entregarse sexualmente, sino que se entrega con un entusiasmo proporcional a la categoría del regalo y «los que traen un regalo pequeño son castigados con una cópula de corta duración». Véase Judson, 2004, p. 45.

14. Por otra parte, ten en cuenta que los tíos somos coitocéntricos, o sea, todo lo dirigimos a meterla y alcanzar un orgasmo devastador, pero el sexo es, o puede ser, mucho más amplio, y las maneras de darse gusto (no necesariamente llegando siempre al orgasmo), casi infinitas a poco que las explores. Las lesbianas nos dan sopas con honda en este sentido.

Uno cede primero para que la mujer ceda después: ése es el orden natural. Esas concesiones constituyen condición *sine qua non* para que el día D acceda a acompañarte a tu casa cuando insistes, una vez más, en mostrarle tus colecciones de bufandas de equipos de fútbol europeos, de chapas de cerveza, de llaveros..., o cuando la invitas a escuchar, en tus preciados discos de vinilo, los destemplados maullidos de Estrellita Castro o el gargajeo flamenco de Zurullito de Triana. No se te ocurra añadir: «Además, hoy he cambiado las sábanas.» Esa ingenua referencia a tu carácter previsor, siendo en sí una virtud, eso nadie lo discute, podría ser interpretada como indelicada urgencia por consumar el acto. Las mujeres no es que sean mal pensadas, es que están muy quemadas por la cantidad de desaprensivos que usan esos mismos procedimientos para alcanzar de ellas eso que tú vas buscando.

Lo ideal sería tener un «lugar de encuentro», como llaman ahora al picadero o *garçonniere* de toda la vida, pero eso requiere una inversión que, al menos mi clientela habitual, y la del María's, no está en condiciones de desembolsar (excluyo al notario, claro). O sea, tendrás que llevarla a tu piso, si no te lleva ella al suyo.

La primera vez debes preparar un ambiente adecuado para que se sienta cómoda: luz indirecta de una lámpara equipada con regulador de intensidad, varita de incienso consumiéndose en el pebetero, velitas de todo a cien estratégicamente dispuestas por muebles y rincones.[15] Recuerda que el olfato de las chicas es más sutil que el nuestro. Si pones varitas de incienso no añadas un aromatizador con olor a pino y fresa no sea que el tufo aromático la incomode, lo que podría malograr el encuentro íntimo.

Adivino tu objeción: «Es que mi piso huele a tigre.» Bien. Lo

15. No se te ocurra, por ahorrar, comprar un par de velas de parafina enfundadas en rojo con una estampa del Sagrado Corazón de Jesús adherida, de las que se ven en los cementerios o en los lugares donde ha ocurrido un accidente o se ha cometido un asesinato. También debes cuidar dónde las pones, no sea que ardan las cortinas y provoques un incendio. No nos salga la torta por un pan.

que tienes que hacer es fregar el suelo con lejía y ventilarlo convenientemente, las ventanas abiertas de par en par, desde los días anteriores al proyectado encuentro romántico. Y no olvides sacar la docena y media de bolsas de basura que has acumulado en la cocina, ni confinar en una bolsa de plástico los calcetines sucios que vas almacenando bajo la cama y las malolientes zapatillas a las que les has tomado tanto cariño. Que todo quede en perfecto estado de revista. Piensa que lo primero que habrás de hacer cuando la chica visite tus dominios es enseñarle el piso. Si lo encuentra desaseado, especialmente la cocina y el baño, pudiera darle la impresión de que eres uno más y no el hombre limpio y concertado (medio mariquita, sí, o sea, metrosexual) que va buscando.

En este sentido, todo cuidado del detalle es poco porque ellas se fijan en todo: que no falten toallas limpias en el toallero, que la papelera esté vacía, el retrete y el bidé como los chorros del oro, los peines sin pelos. Aseo, orden y ambiente acogedor. ¡Ah! Y retira de las paredes esos pósters de Pamela Anderson con las ubres desnudas. Eso ya no se lleva. Sustitúyelos por un paisaje alpino o una imagen del desierto mauritano cuando el sol declinante dora las arenas (puedes mencionarle, como de pasada, que participaste en un París-Dakar). También sirve algo más tierno, unos niños de Sorolla jugando en la playa soleada, con un fondo de damas de sombrilla ataviadas con deslumbrantes vestidos y amplias pamelas fucsia, índigo, grosella o malvavisco.

Que note tu sensibilidad.

La mujer contemporánea aprecia que un hombre cocine para ella (lo que a la alimentación de cortejo agrega tu disponibilidad a compartir tareas en un hipotético futuro de pareja, puesto que sabes cocinar y estás dispuesto a hacerlo para ella).

La cena, que sea suficiente, sencilla, como tú eres, sin alardes. Primero un jerez con algo para picar: unas aceitunas rellenas de anchoas, un puñado de anacardos en un cuenquecito de madera (adquirido en una tienda de comercio justo, le dirás, que te vea ecologista y concienciado en la salvación del planeta). De primero, unos raviolis de sobre que aseverarás haber elaborado personalmente. Cuida el vino: un Rioja o un Ribera del Duero de precio medio pueden servir, pero si la chica es oriunda de alguna comunidad histórica (Vasconia, Cataluña), un penedés o un *txacolí* convenientemente comentados con elogio te sumarán puntos. De segundo plato, salmón, que puedes sustituir por un sucedáneo como palometa en aceite (la lata de trescientos gramos basta para dos raciones), con guarnición de lechuga rizada, la más exótica que encuentres en la verdulería. De postre, una copa de macedonia de frutas de lata con medio plátano clavado en el centro (un detalle fálico que actúa subliminalmente, no te quepa la menor duda) y un helado de nata y chocolate. Terminada la cena, sin prisas pero sin pausas, llega el momento de la copa en el sofá. «Ponte cómoda, quítate los zapatos», le dirás.

Habrás notado que he orillado las sopas. Sopas durante el cortejo, jamás. Nada más penoso que verte sorbiendo sopa, o apurando la cuchara para evitar la mancha en la corbata... Ni sopa ni almejas ni alimento alguno cuya consumición entrañe habilidades especiales o pueda menoscabar tu condición de macho hábil, dominante.

Mientras te demoras en la cocina preparando sendos mojitos, el suyo convenientemente cargado, ella escrutará tu salón y procesará en su computadora cerebral los mil detalles de tu hábitat natural que le revelan si le convienes como pareja o si más le valdría despacharte con una faena de aliño, como hicieron las otras que la precedieron en tu casa, aunque quedéis como amigos.

Ahora le pones una musiquilla romántica bajada de Internet a propósito[16] y despliegas tus torpes armas de seducción. Vamos a suponer que ella se deja hacer y finge que tu encanto varonil y los halagos que le prodigas están venciendo su femenil resisten-

16. Sugiero algo de Enya (*Watermark* suele ser efectiva) si le va el rollo céltico y usa faldas descoloridas, pulseras de cuero y un tatuaje del yin y el yang en el morrillo; pero si es más de traje chaqueta y complementos de Tous, le pondrás la *Venezia e Napoli* de Liszt; el cuarto movimiento, *adagietto*, de la Quinta sinfonía de Mahler o el Nocturno en si menor, *molto adagio*, de Dvořák. El pegote cultural nunca está de más siempre que no te excedas. Recuerda que todo hartazgo es malo, y el de perdices, malísimo (Cervantes).

cia. En realidad, te lleva años luz de delantera: desde que aceptó acompañarte a tu cubil sabía que tu verdadero objetivo era facilitarle la contemplación de la lámpara del techo del dormitorio.

Las demoras del cortejo nos exasperan a los cazadores. Lo nuestro es la acción, lo sé, pasar a la cópula cuanto antes. Pieza vista, pieza cobrada: ése es el orden natural. Pero la cultura lo ha ralentizado todo. Quizá pienses que la chica se te resiste para mortificarte. ¡Error, craso error! No comprendes, en tus apremios, que ellas necesitan su tiempo antes de decidirse, que una mujer no puede abandonarse a tus atenciones hasta que evalúa los resultados de los análisis. Esta resistencia inicial sólo la aprecian los que verdaderamente entienden el negocio del amor. Veámoslo en el Arcipreste de Hita (el paciente de mi consulta presentado páginas arriba), que de eso sabe un rato largo: «Mejor quiere la dueña ser un poco forzada / que decir: "haz tu gusto", como desvergonzada; / con un poco de fuerza queda muy disculpada: / en cualquier animal ésta es cosa probada.»[17]

Los alevines de nuestras generaciones más jóvenes, los del botellón, los *piercings* y los tatuajes, no necesitan de tantos requilorios previos, soy consciente de ello. Ellos se lo pierden, porque los enfadosos preliminares pueden ser también muy placenteros. Hoy la gente joven se conoce en una discoteca, en una fiesta patronal o en una misa papal multitudinaria y, a renglón seguido, se aparea con la mayor naturalidad. Como si fueran bonobos. Nuestros jóvenes disfrutan del sexo sin cortapisas, incluso sin condón ni anticonceptivos, fiados en la píldora poscoital. Se

17. Consejos de Doña Venus al Arcipreste, *Libro de Buen Amor*. La misma idea abunda en variadas literaturas: el poeta galante Basar Ibn Burd (m. 785) aconseja: «No cedas ante la negativa de una mujer recatada / por mucho que sus palabras te maltraten y hieran / ya que la resistencia puede trocarse en solicitud / y el potro arisco, dejarse cabalgar si lo domas» (Al-Tifasi, 2003, p. 112). Ese juego de la insistencia varonil frente a la resistencia femenina estuvo bien en otro tiempo. Ahora será mejor que, si la chica se niega, no insistas: podría castigar tu obstinación atrapando tu virilidad en un condón antivioladores de reciente invención que obliga al romeo a pasar por el quirófano para liberar su natura del artefacto (*Eureka. El Mundo*, 27 de junio de 2010, p. 15).

ha perdido aquella ilusión de lejanos días cuando para dejarse coger de la mano había que solicitarle el preceptivo permiso al padre espiritual. Hoy no han aprendido todavía lo que es hacerse una paja y ya están copulando: se ha perdido la ilusión.

Es una pena.

Sí, es una pena, pero mayor es la pena que nos aflige a los que nacimos demasiado pronto (o sea, a los que cuando fuimos jóvenes sólo trasnochábamos para asistir a la misa del Gallo después de escuchar en la tele en blanco y negro el discurso de fin de año del Caudillo). Las chicas de nuestra generación, ahora talludas o fondonas cincuentonas, se atienen con voluntad coriácea al tradicional cortejo gradual y ceremonioso, pues cualquier precipitación las pone en guardia y las hace concebir sospechas de que vamos buscando una mera satisfacción de los sentidos y no un compromiso a largo plazo. De ahí la importancia de los trámites que, seamos sinceros por una vez, consideramos inútiles y desfasados, esos pequeños detalles que tradicionalmente ha usado el seductor para amansar a la mujer y conseguir que ceda y le permita consumar.

Si no eres un mero picaflor y quieres consolidar la relación, debes insistir en los aspectos románticos del cortejo aunque ello te acarree un quebranto económico considerable:[18] el fin de semana en un hotel con encanto de esos que te reciben con un bombón en la almohada, el desayuno en la cama que le llevarás tú mismo en bandeja, con un clavel sobre el mantelito bordado, el paseo por el frondoso pinar mientras contemplas al fondo el alcázar de Segovia, el amanecer sobre el coto de Doñana desde las solitarias playas de Sanlúcar, de finas arenas,[19] la puesta de sol sobre el océano desde los acantilados de Sagres; el embrujo de la Plaza Yemaa el Fna, en Marrakech, en esa hora íntima en que la noche extiende su negro manto estrellado, los tenderetes encien-

18. No te alarmes: considera que, si tienes suerte, en cuanto te considere suyo (de su propiedad, quiero decir) ella misma moderará el gasto, Dios mediante.

19. Si es posible, después de haberla invitado a langostinos y manzanilla en una taberna de Bajo de Guía.

den las primeras lámparas de butano y parece que te dan tregua las moscas y los moscones. También valen un paseo en góndola por los canales de Venecia o un merodeo por las orillas del Sena, curioseando los puestos de libros y estampas.

El lugar y los detalles son importantes, sin duda, pero el aspecto comunicativo, la verbalización de los sentimientos, no lo es menos. Ellas son especialmente comunicativas debido a esa riqueza de conexiones cerebrales que explicamos en su momento. Además de las flores, los bombones, los perfumes y los metales preciosos, hay que aportar palabras, muchas palabras. Los machos sensibles que, debido a su notorio componente femenino, dominan la plática amorosa llevan mucho adelantado en el cortejo. Lo corrobora Imperio Argentina en la célebre copla: «El que me habla de amor / me vuelve mochales, / yo no tengo la culpa / de que sean los hombres así, tan especiales.»[20]

Naturalmente, esa plática debe adaptarse a las características de la recipiendaria. Por ejemplo, si es hipocondriaca (abundan mucho), le puedes susurrar al oído:

—¿Sabes? La práctica del sexo se ha revelado científicamente muy recomendable para las personas que se preocupan por su salud. No sólo quema calorías y contribuye a mantenernos en forma, sino que, además, libera endorfinas. Te supongo enterada de lo de las endorfinas, esos maravillosos analgésicos naturales que alivian las jaquecas, la artritis y las molestias cervicales. Además, el coito aumenta la testosterona, tan necesaria para el fortalecimiento de los músculos y los huesos, y el orgasmo libera la dehidroepiandrosterona (DHA), una hormona que mejora la cognición, refuerza los sistemas inmunológico y óseo, libera del estrés, disipa la ansiedad e inhibe el crecimiento de tumores.[21]

Si, por el contrario, pertenece al número de las que veneran la mística oriental, con sus velas de olor, sus tantras y todo eso, le debes seguir la corriente, como si tú también comulgaras con esos rollos, y cuando encuentres un momento propicio, tras corear la sílaba sagrada —om— frente al altarcico zen, le dices:

20. Copla *Viva Sevilla*, de Rey y Quintero.
21. Pease, 2000, p. 220.

—¿Conoces la doctrina tántrica del Maestro Tongxuan?

Ella reconocerá su ignorancia. Ahí es donde tú le sueltas el discurso como si citaras el venerable texto del maestro: «De todas las diez mil cosas creadas por el cielo, el hombre es la más preciosa. De todas las cosas que hacen al hombre próspero, ninguna puede compararse con el acto sexual. Éste se modela a semejanza del cielo y toma como ejemplo la tierra, regula el Yin y gobierna el Yang. Aquellos que comprenden su importancia podrán nutrir su naturaleza y prolongar su juventud, les devolverá la lozanía perdida y les acrecentará la armonía interior.»

A estas alturas ya no hará falta que insistas: la tendrás caldito y predispuesta a la entrega.

La regla de oro es avanzar con lentitud y tacto. Recordemos: el hombre se enciende en tres segundos; la mujer, en treinta minutos (cuando se enciende, lo que no siempre ocurre). Pies de plomo, pues, y tacto, mucho tacto.

La entrega a la primera es frecuente en las generaciones actuales, que, debido a su defectuosa crianza, no aceptan la menor dilación entre el deseo y su cumplimiento. En nuestra generación, la de los que peinamos canas o ni eso (calvas relucientes), muchas mujeres, debido a la confluencia que en ellas suele darse de lo meramente cerebral con lo afectivo, planean entregarse sólo a partir de la tercera cita, para evitar que, dado que somos tan primarios y elementales, saquemos conclusiones equivocadas y pensemos que una chica tan liberal (o sea, una chica «fácil») no es adecuada para madre de nuestros hijos[22] o para compañera de lo que nos queda de vida.

22. Siempre la sombra de la sospecha. Pensamos: «Si es de moral distraída, se entregará a otros y quizá conciba de ellos y me haga responsable y proveedor de una camada espuria que no va a transmitir mis genes.»

CAPÍTULO 24

El beso o morreo

Tras el cortejo (si da sus frutos apetecidos y no se tuerce), emprende la pareja la fase precopulativa, consistente en contactos físicos y táctiles en privado y últimamente *—o tempora, o mores!—*, en público, a la vista de todo el mundo (un gran avance social, sin duda, que nos retrotrae al proceder desinhibido de la horda primigenia que descendió del árbol en los albores de la Humanidad).

Cumplida la excitante primera vez en que, tras conquistar el corazón de la amada (o sea, su cerebro), intentas conquistar el cuerpo, conviene no olvidar el trámite de las caricias. Es tradicional que la fase precopulativa comience con un beso en los labios, o beso de amor.

El beso se conoce desde que tenemos memoria del hombre civilizado, aunque tardó mucho en aparecer en la literatura y en el arte.[1]

¿Quién ha olvidado su primer beso, placentero, enamorado? «Correrá lava por tus venas. Te quedarás sin respiración. Gemirás

1. Aparece en los textos védicos (India, hacia 1500 a. J.C.). En el bíblico Cantar de los Cantares, atribuido a Salomón, hombre que, por acumular cientos de esposas y concubinas, es presumible que supiera bastante del amor: «Bésame con los besos de tu boca, porque son como el vino tus amores, bajo tu lengua mana la miel y la leche...» En cuanto a la figuración, la más antigua representación del beso que conocemos es un relieve ibérico del Museo Arqueológico Nacional.

y te desmayarás porque la sangre huirá de tu cabeza y correrá desbocada por todas las venas de tu cuerpo. Serás incapaz de pensar o razonar.»[2] Todo eso que parece poesía (y lo es) describe los procesos químicos que el beso desencadena: un chute de hormonas[3] equivalente a un chute de anfetas, pero más sano, del todo natural, sin contraindicaciones, un beso que estimula el amorcillamiento preliminar del miembro masculino y la lubricación genital femenina («¡Ay, me ha dejado hecha caldito!», le confiará a la amiga en cuanto cambien impresiones en el tocador).[4]

¿Quién inventó el beso enamorado? Quisiera suponer que acompaña al homínido desde siempre, desde que chupaba el pezón de la madre para obtener alimento; desde que la monilla madre le masticaba los primeros alimentos sólidos y le daba, de boca a boca, sus primeras papillas. Desde luego, es el desencadenante de la fusión amorosa que debe erigirse, como un buen edificio, sobre sólidos cimientos.

Es importante no considerar el beso como un preámbulo del casquete (aunque a menudo lo sea) sino un acto *per se*. Su secreto son las cuatro pes: paciencia, pasión, parsimonia, presión adecuada.[5] Besar en la boca, cuando se hace bien, sin apremios, lentamente, en lugar propicio, solitario, oscuro, produce una sensación muy agradable y hasta crea adicción. Los labios y el interior de la boca conforman la zona más sensible del cuerpo, la más musculada, la más suave. Según los estudios del Instituto Kinsey para la Investigación de la Sexualidad, «el beso afecta a cinco de los doce nervios craneales que afectan a las funciones cerebrales». Debido a las conexiones neuronales de labios, lengua y mejilla

2. Así describe John Morris los besos de pasión (1936).

3. Recuerden: dopamina y testosterona; adrenalina, noradrenalina y oxitocina.

4. Para los gorditos que hemos de vigilar la báscula, es conveniente saber que un beso como Dios manda, de los que deja al contrincante con los ojos vueltos, quema entre tres y doce calorías, mueve doce músculos de los labios y diecisiete de la lengua, y aumenta el ritmo cardiaco de setenta pulsaciones por minuto a 140. Consulten a William Cane en su libro *The Art of Kissing*, y a Tomima Edmark, autor de *El libro de los besos*.

5. Según el experto David D. Coleman.

con el cerebro, el beso permite detectar en la otra persona muchos datos, entre ellos la temperatura, el gusto y el olor.[6] Es un medio de captar las feromonas del otro, un escáner que nos revela compatibilidades y afinidades.

El cerebro analiza las sensaciones que le transmite el beso y produce, aunque no siempre, una descarga de feromonas. Cuando el cerebro da luz verde, tras un beso feliz, es como comer anacardos: no te conformas con uno solo.

Examinemos ahora la técnica del beso. Lo primero es tener la boca limpia y fresca. ¿Te has cepillado los dientes después de comer? ¿Has masticado ese caramelo de menta o eucalipto (el *Pictolín* es el mejor) que perfume tu aliento? Ten esto especialmente en cuenta si fumas porque de lo contrario a la otra parte le va a parecer que lame un cenicero, especialmente si ella no fuma.

Bien, vamos a suponer que la boca está en perfecto estado de revista. Si usas gafas, quítatelas. Ahora busca un lugar tranquilo e íntimo donde puedas sentar a la chica objeto de tu atención y tomarla de la mano, en plan romántico (lo de leerle las rayas de la mano está muy visto, ya se lo han hecho otros, ni lo intentes). Si ella se resiste a las manitas, es señal de que todavía no está madura: no te precipites y aplaza el beso para la próxima sesión. Cuando te deje tomarla de la mano y notes que se muestra relajada y cooperante, háblale de sentimientos en el adecuado tono de voz intimista: «Debo confesarte que pienso constantemente en ti»; «No me canso de mirarte, ¿nadie te ha dicho que tienes una mirada dulce como la miel?», cosas así. Cualquier cursilería, murmurada en el tono y en el momento adecuado, servirá. Las manos enlazadas, las cuatro digo, y los cuerpos a la distancia conveniente, un poco inclinados, invitan ahora al beso. Vamos allá.

Los primeros besos deben ser suaves y castos, secos, sin lengua y sin apenas abrir la boca, que solamente sienta tus labios

6. También sirve para intercambiar bacterias y enfermedades contagiosas (mononucleosis, herpes simplex 1, y pudiera ser que meningitis y úlceras gástricas), pero eso no es necesariamente malo porque de este modo reforzamos nuestro sistema inmunológico.

El beso

Postal del decenio de 1920.

El beso de Osuna, escultura ibérica.

Las novias besan a los soldados que parten para el frente.

cálidos y tu aliento. Comienza por algún beso ligero en la mejilla, o un pespunte de besos diminutos que la recorran desde la sien hasta la boca, aspirando el aroma de su piel. Después besa ligeramente las comisuras de sus labios y cuando ella espera que pases a los labios propiamente dichos, desvíate de ellos para besar sus párpados. Eso es la mar de romántico. No vayas a hacerlo bruscamente. Cuidado. Que te vea venir, que le dé tiempo a cerrar los ojos. No me seas torpe porque, si en tu precipitación le metes una pestaña en el ojo, se fastidiará la tarde.

—¡Ay, es que se me ha metido una pestaña!

Las mujeres son tan románticas que se desconcentran enseguida a la menor contrariedad, así que mucho tiento.

Besados los párpados, primero uno, luego otro y regreso al primero, desciende de nuevo a la boca. Ahora sí es el momento del primer beso. Ladea ligeramente la cabeza para que las narices no tropiecen. Lo normal es que cada uno ladee la cabeza hacia su derecha, pero las orientales la ladean a veces hacia la izquierda. Si, a pesar de tus precauciones, se produce el tropiezo de las narices, disimula tu torpeza murmurando: «¡Uhmmm, un dulce beso esquimal!»

La boca. Concéntrate en su labio superior, su zona erógena por excelencia (sólo superada por clítoris, pezones y parte posterior del cuello). En un beso perfecto, el hombre besa el labio superior de la mujer, y la mujer, el labio inferior del hombre. Ésa es la ley básica sobre la que estableceremos variables como el beso que pellizca los labios de la amada, el que los muerde ligeramente, el que los succiona y el que sólo los acaricia.

Después vendrán los besos con lengua e incluso con saliva.[7] Éstos deben ser al principio suaves, de forma que hagas sentir a la amada la punta de tu lengua entre sus labios o en sus dientes. Si ella acepta, buscará con su lengua la punta de la tuya y cuando tú la retires hará ademán de seguirla al interior de tu boca. Es la luz verde del semáforo del amor. Ya está en disposición de que

7. El rabino Don Sem Tob de Carrión, en el siglo xv, besó a una moza subiendo una escalera, un beso robado quizá, y encontró su saliva «dulce y *temprada*».

partes de tu cuerpo penetren en el suyo, al menos de cintura para arriba. No te precipites y reitera los besos. Explora su boca y juguetea con su lengua. No la ahogues, déjala respirar. No intentes tampoco llegar a su garganta. (Olvida esos besos pasionales del cine, tan exagerados como las explosiones y todo lo demás que vemos en la pantalla, especialmente en la del porno.) Alterna los besos con lengua con otros sin ella, candorosos.

Mientras tanto, las manos no deben permanecer inactivas: que acaricien brazos, espalda, cuello, cogote. Se puede acompañar con un repaso de tetas, pero lo suyo es una mano en la cintura y otra en el trasero, presionando suavemente el cuerpo femenino contra el propio (o viceversa). Tampoco sobra un muslo entre los de la parte contraria como buscando el sexo, pero con suavidad, sin borderíos.

Una postura normal del abrazo amoroso es la de una mano en la espalda (con eventual descenso hacia el culo) y otra en la teta, primero en una y luego en otra, que ninguna de ellas pueda sentirse discriminada. De hecho, cuando ya en la desnudez plena le confieses a la amada que nunca sospechaste que su pecho fuera tan hermoso y ella te pregunte: «¿No lo tengo demasiado pequeño?», le dirás, escandalizado: «¿Pequeño? ¡Es perfecto! ¡Es maravilloso! ¡Lo tienes como la Venus de Praxíteles! A mí no me gustan nada esos pechos grandes, colgones, que tienen algunas.»

Si, por el contrario, la pechugona te pregunta: «¿No lo tengo demasiado grande?», le dirás, escandalizado: «¿Grande? ¡Es perfecto! ¡Es maravilloso! ¡Lo tienes como la Venus de Praxíteles! A mí no me gustan nada esos pechos pequeños, infantiles, que tienen algunas.»

CAPÍTULO 25

Las caricias

Mi primer paciente, el contable bancario de marras, me confesó que su amada había concurrido a su última cita venérea provista de una pluma de ave, blanca, grande y sedosa con la que pretendía acariciarlo, aunque él, con la urgencia de consumar, no prestó la debida atención al artilugio.[1]

—¿Me abandonaría por eso? —inquirió ansioso.

—Por eso sólo, no lo creo —respondí—, pero ello no quita que la pluma sea un indicativo importante.

La pluma sirve para acariciar, algo que los chicos frecuentemente olvidamos.

Después del beso en los labios (o simultáneamente), el cortejador debe acariciar delicadamente a la dama objeto de sus atenciones. Debido a las limitaciones temporales del cine (la principal escuela de erotismo práctico del hombre moderno), minusvaloramos las caricias y tendemos a pasar del beso enamorado a la bajada de bragas previa a la penetración.

¡Mal, muy mal!

Que la chica se deje besar a la luz de la luna después de consumir un gin-tonic no significa que esté a punto para la entrega. No me seas tan torpe: la cocina del amor requiere paciencia y elaboración, aquí no hay microondas ni olla exprés. Lo que en el cine puede parecer razonablemente rápido, dado que la protago-

1. Me refiero a la Elena que le escribió con carmín en el espejo: «Olvídame. Adiós.»

nista lo está haciendo con Antonio Banderas o Tom Cruise, en la vida real requiere un ritmo distinto. El aspirante medio no excesivamente guaperas, como usted o como yo, debe caldear la relación con caricias previas. Si quieres prisas, vete a la whiskería Ladilla's y contrata a una profesional de cincuenta pavos la prestación.

La mujer tradicional se resistía algo a las caricias carnales o calculadamente racionaba los avances: un día te consentía hasta medio muslo, otro un poco más arriba y así. (También dependía de la altura de la muchacha. A veces, si era bajita, no quedaba mucho espacio para racionar.) Hoy, debido al adelanto de los tiempos, se puede conseguir todo en una sola sesión, aunque, eso sí, conviene que no sea precipitada ni torpe.

Las caricias son, junto con los regalitos adquiridos en una joyería, el lubricante perfecto del amor.

Meditemos un momento sobre los ardides de la madre Naturaleza: la evolución desnudó al *homo salidus* de la pelambre hirsuta de sus hermanos primates.

¿Por qué motivo nos depiló, por qué nos transformó en lo que Desmond Morris denomina «el mono desnudo»?

Lo hizo para aumentar nuestra sensibilidad cutánea a fin de favorecer nuestras relaciones. A la que más desnudó fue a la monilla, para que ese aspecto infantil, potenciado por el tono de voz más agudo (también infantil) estimulara nuestro instinto protector.[2]

La piel no es una mera envoltura aislante. En nuestros dos metros cuadrados de piel (tres en los gordos) se acumulan unos cinco millones de terminaciones nerviosas, diminutas antenas que transmiten sensaciones al cerebro.

A usted, macho alfa ansioso por aparearse, quizá le parezca que esto de las caricias es una mariconada. Eso se debe a que la piel del macho es más gruesa e insensible que la de la hembra (excepto en la zona del bálano, mira por dónde), consecuencia natural de su adaptación a la intemperie y a los azares de la caza y de la guerra. La mujer, por el contrario, tiene la piel fina y sen-

2. Mediano, 2009, p. 30.

sible después de cientos de miles de años cuidando a la prole en la cueva, al abrigo de los elementos, y comunicándose por el tacto. Además, la mujer, con la especial sensibilidad que le otorga su rol de madre, descubrió el valor terapéutico de las caricias.[3]

El hecho es que la mujer necesita sentirse acariciada antes de pasar a mayores con las debidas garantías. ¿No han observado que las mujeres se rozan y se tocan entre ellas más que los hombres? Lo que entre nosotros, especialmente si se trata de machos alfa, puede resultar equívoco, entre mujeres es de lo más natural: se peinan, se maquillan, se masajean, se acompañan al baño, incluso duermen juntas... A la extrema sensibilidad de la piel femenina se suma que la mujer produce más oxitocina, la hormona que se estimula por el tacto y mejora su sistema cardiovascular y óseo al aumentar los niveles de estrógeno.

Ternura y salud: por eso la mujer necesita contacto físico y caricias. Según Llum Quiñonero, una caricia es preferible al más caro de los detalles.[4] Y mucho más barata, cabe añadir. Con un regalo no siempre aciertas, pero con una caricia no te equivocas jamás.[5]

El cortejador que quiera llevar su empresa a buen puerto aprenderá a acariciar.

Las mujeres tienen muy repartidas las zonas erógenas: el pelo, el cuello, los hombros, los pies...[6] Lo canónico sería comenzar

3. Son tan esenciales para nuestra salud emocional que el niño poco acariciado en su infancia difícilmente podrá expresar el amor cuando sea mayor, según la terapeuta Phyllis K. Davis, *El poder del tacto*, Paidós, Barcelona, 1998.

4. «San Valentín, 50 regalos para ese día», *Magazine El Mundo*, 14 de febrero de 2010, p. 14.

5. Ya sabes, atento lector, a partir de hoy deja de sobornar a tu chica con regalos y ofréndale caricias. Eso es lo que ellas realmente valoran. Es más, pregúntales a tus amigas: ¿Para expresar el amor hace falta un regalo caro, por ejemplo una sortija de brillantes, o basta con una flor o una poesía acompañadas de un profundo sentimiento? Verás como todas ellas prefieren el profundo sentimiento. Aunque a veces finjan lo contrario, son unas románticas.

6. Por poner un ejemplo, la modelo Bimba Bosé enumera como sus

por la cabeza y el cuello antes de descender a las tetas, primero por encima de la ropa y después por debajo, con hábiles dedos de carterista, abriéndose camino hacia la carne tibia por los diferentes accesos que permita la envoltura textil, sin jamás forzar el sujetador ni dar a entender que se lo maltratamos, ya que, ante la perspectiva de un desgarro en tan cara prenda, la amada se enfriará, especialmente si lleva puesto el de blonda que reserva para las ocasiones especiales en que sale con un chico y prevé que quizá tenga que exhibirlo.

Afortunadamente, la mujer de hoy no usa muchos refajos. Mientras una mano cosecha en las alturas, la otra deberá trabajar los bajos: rodillas, corvas, parte inferior de los muslos y así. Coordinado con un beso especialmente suave y largo, embriagador, se progresará delicadamente hacia la lencería después de detenerte brevemente en el hoyuelo o escotadura supraesternal, también conocido, por los cinéfilos, como «el Bósforo del conde Almasy».

En fin, el aspirante debe tener en cuenta que las mujeres tienen las zonas erógenas repartidas por todo el cuerpo, a veces aleatoriamente. Nosotros también tenemos nuestras zonas erógenas, pero debido a la simplicidad de nuestro diseño las tenemos concentradas en el pene y los testículos, aunque tampoco nos desagrada que nos rasquen la espalda o nos acaricien el cuero cabelludo debido al recuerdo ancestral de cuando la mona madre despiojaba al monillo.

Las tetas requieren de una manipulación suave, sopesarlas un poco en la mano, alzándolas con mimo, acariciar levemente las areolas con las yemas de los dedos, mimar el pezón hasta que se endurezca y se ponga como una aceituna gordal (o como un

---

zonas erógenas: el pezón izquierdo, «mi coño, ese lugar en el que una está tan acostumbrada a que le toquen tanto» y, por último, la boca. A la sexóloga Carolina Lombardía le van las caricias en la base de la espalda (*El País Semanal*, 31 de mayo de 2009, p. 106). Un tipo de caricia que aprecian es el traje de saliva, o sea lamer todo el cuerpo con especial atención a las zonas erógenas: orejitas, detrás de las orejitas, cuello, corvas, entorno de las axilas, pezones, todo eso.

guisante, si es pequeño). Es de mucho gusto mamarlas y lamerlas, pero hágase con tiento y sin insistir más de la cuenta no sea que la chica piense que arrastras un trauma infantil relacionado con una insuficiente lactancia y se desconcentre o te tome por un pervertido.

Igualmente hay que cuidar los muerdos y las succiones en el cuello, que suelen dejar marca y a ver cómo se lo explican a la monja, a la madre o al marido.

—¿Y ese cardenal?

—Nada, que en la visita al Santísimo, al elevarme de la genuflexión, transida de devoción, me golpeé con las andas del trono de san Onofre.

La explicación puede colar una vez, pero si le sigues propinando esos lametones, le van a faltar devociones. O sea, que el ejercicio del amor no deje más señales que las de unos ojos brillantes de felicidad. Para demostrar lo primate que eres ya tienes los estadios de fútbol. Con las chicas, delicadeza extrema. Toma a la más basta y liberada, trátala como una reina y se transformará en reina. No falla. Una reina que te tratará como a un rey. Cuando se entregan, lo dan todo. Le dices a la feminista radical que sale vociferando detrás de una pancarta que te haga un *striptease* y no lo duda. «Sólo para tus ojos. Mi sultán, mi ariete, mi tranca palpitante.»[7]

El que quiera complacer a su pareja no debe perder de vista que los tíos funcionamos como una estufa de butano que se prende y calienta al instante; se apaga y se enfría al instante. La mujer, no. La mujer funciona como una estufa de aceite, tarda en calentarse y tarda en enfriarse.[8] Esa lentitud puede parecer un defecto, pero no lo es: cuando se anima difunde un calor mucho más constante y regular, lo que compensa el esfuerzo. Recuerde el mono salido que a las chicas les importan los preliminares y

7. Hablo de oídas, que conste. En la consulta de terapeuta aficionado uno se entera de cosas.

8. La sexóloga Olga Bertomeu opina que el hombre se enciende como la paja: rápido, llameante y apagón; la mujer, por el contrario, se enciende como el carbón: lento, intenso y con rescoldo.

los posliminares, el «antes» y el «después» (más incluso que la cópula en sí, fíjense).

El hombre sensato, si realmente quiere complacer a su pareja y no simplemente usarla, no empleará treinta segundos en el precalentamiento (los que él necesita), sino treinta minutos o incluso tres horas. Si tu idea de mujer es la que te recibe sin melindres, abierta de piernas, a porta gayola, será mejor que acudas a una profesional de las que tasan el tiempo y mientras tú estás ñaca-ñaca atienden sin disimulo el reloj-cronómetro que tienen colgado en la pared opuesta.

En esos preliminares es muy excitante desnudarla y que ella te desnude. Lo tuyo no reviste mayor problema: si no quieres hacer el ridículo aparentando una juventud que ya pasó, llevarás unos calzoncillos acordes con tu edad: si tienes más de cuarenta, slips blancos de algodón, normalitos; si aún eres joven (o por tal te tienes), bóxers de color.

Vayamos ahora a la ropa interior de ella o lencería.

La ropa interior femenina forma parte, junto con sus zapatos, del conjunto más excitante con que ellas cubren sus desnudeces; pregunten si no a un fetichista. Hasta finales del siglo XIX las mujeres no usaron bragas. O sea, las meninas de Velázquez, las damas de la corte de Versalles y sor Patrocinio, la venerada monja de las Llagas, ¡iban con el chumino al aire, como la Paris Hilton!

Las bragas y la lencería en general se comenzaron a usar a mediados del siglo XIX, y a lo largo del XX se han simplificado bastante hasta dar en el mínimo triangulito sostenido por cordones que llamamos tanga.[9] Cuando nuestros bisabuelos tenían que desnudar a una mujer, las pasaban moradas porque sin estu-

9. En puridad era ya conocido y usado por las indias que los conquistadores españoles encontraron en América. La primera noticia está en los escritos de Cristóbal Colón: «Hay muy lindos cuerpos de mujeres [...] van desnudos todos, hombres y mujeres, como sus madres los parieron. Verdad es que las mujeres traen una cosa de algodón solamente tan grande que le cobija su natura y no más y son ellas de muy buen acatamiento.»

dios de ingeniería y cordaje marinero era complicado despojar a una dama de los sucesivos corpiños, fajas, ligueros y camisas con que revestía sus adentros.[10] Hoy la cosa se ha simplificado muchísimo, pero aun así hay que desarrollar cierta pericia para manipularla. No intentes desabrochar el sostén con una sola mano, exhibiendo destreza, que esa habilidad, aunque meritoria cuando le refieres el lance a los compinches en la barra de un bar, la pondrá a ella sobre aviso de tu veteranía en las lides de la seducción. Hazlo con las dos manos, delicadamente, incluso fingiendo cierta torpeza y aturullamiento. Deja después que transcurran un par de minutos o cinco, antes de intentar despojarla de las bragas o el tanga. En ese tiempo consagra tus caricias a los pechos liberados. Alábalos en un susurro entrecortado, como si interiorizaras tu asombro ante la magnitud de tanta belleza, ve de uno en otro, mirando arrobado y repartiendo besos quedos (todavía nada de chupar ni morder, ¡refrénate, león!) como si fueras incapaz de decidirte porque cada teta te parece mejor que la otra.

Ante las bragas o el tanga condúcete con la misma delicadeza. Independientemente de la calidad de la lencería, trátala como si fuera de Victoria's Secret o un diseño de Mouawad. Brusquedades, no. Arrancar las bragas con los dientes, sólo cuando son de papel, desechables, y, aun así, con tiento, piensa en el elástico, más duro de lo que parece, y en tus implantes. Y sobre todo,

10. A este propósito contaré una anécdota cierta ocurrida en un pueblo del sur a principios del siglo XX. Después de la boda, los novios se encierran en la alcoba nupcial, preparada en casa de los padres de ella. La suegra, que sabe que su hija es virgen y bastante inexperta, arrima el oído a la puerta para ver si todo va bien. Dentro, el novio está tratando de desatarle los cordones que cierran el corpiño a lo largo de la espalda. «¡Caramba! —exclama—, esto está difícil... ¡Vaya!, ¡que no hay manera!... Esto está tan ajustado que me estoy haciendo daño en los dedos y no hay manera... ¿Sabes lo que te digo?, que lo voy a cortar con la navaja.» La suegra, alarmada porque cree que el novio se refiere al virgo de su hija, da unos golpecitos en la puerta y dice: «¡No, hijo, la navaja no! Ahora mismo te traigo un poco de aceite para que se lo untes y ya verás lo bien que entra.»

cuando compruebes que lleva bragas y no tanga, no intentes halagarla comentándole cómo te gusta que sea una verdadera señora ya que eres de los que piensan que sólo las horteras y las putas usan tanga. Probablemente ella también use tanga cuando viste pantalones, pero ese día se ha puesto falda, con sus bragas correspondientes, para facilitarte los trámites en caso de que te decidieras a actuar.[11]

Desnuda y entregada la fémina, explora morosa y delicadamente toda su geografía, acaricia colinas y montañas, valles y angosturas (excepto la más íntima) con dedos y labios, depositando besos blandos en pies, espalda, cuello, orejas y párpados (cerrados, ¿eh?). Si te parece que le incomoda cuando bajas la mano hacia las piernas, abstente de tocarlas: probablemente no previó un avance tan rápido y había aplazado el molesto depilado a la cera para la siguiente cita.[12] Muchas mujeres rechazan los avances del macho no por falta de ganas sino por coquetería, porque no se sienten convenientemente intonsas.

—¡Es una calientapollas! —se me queja en consulta, a punto de sollozo, Federico Morillo Torreblascopedro, el asentador del mercado de La Cuesta—. Con lo bien que estábamos besándonos y tal y lamiéndole los pezones y en cuanto quise atacar por los muslos se puso tensa y me jodió el invento: que hoy no, que no estoy preparada. ¡No estoy preparada, decía, y habrá visto en su vida más pollas que los retretes del cuartel del Carmen!

—Si te dijo que no estaba preparada es porque no estaba preparada —le digo en mi habitual postura defensora de la mu-

11. Y al fin y al cabo, la única diferencia entre braga y tanga es que hay que apartar las bragas para ver el culo y hay que apartar el culo para ver el tanga.

12. Un estudio de iPulse entre 2.400 españolas (2005) reveló que «la presencia de vello impedía mantener relaciones sexuales al 10 por ciento; sentirse atractivas ante un hombre, al 28 por ciento, y alentar un posible interés amoroso, al 72 por ciento». Según la misma encuesta, «el 55 por ciento admite que en invierno usa sólo pantalones o falda con medias gruesas para ocultar el borreguillo de las piernas». Véase el esclarecedor estudio «El vello fuera, que ellas se deprimen», *Magazine El Mundo*, 11 de abril de 2010.

jer—. No es que, de pronto, te rechace porque a las mujeres no hay quien las entienda: es por coquetería, es porque tiene las piernas peludas y los sobacos hirsutos. Antes se dejaría despellejar que mostrarse ante ti en la crudeza de su natura. Tómatelo como un homenaje. Llámala, queda para otro día. Invítala a cenar y ya verás como la encuentras receptiva.

Por eso no conviene presentarse sin avisar, después de una ausencia, en el domicilio de una amiga con derecho a roce (aparte de que puedes encontrarla con otro, que tú no eres el único hombre del mundo, ni siquiera el mejor).

En resumen: que hay que acariciar, cuando a ella le apetecen las caricias. Que acariciar no es un simple trámite, sino parte esencial del protocolo de actuación, y que de tu habilidad en la suerte de las caricias puede depender la respuesta femenina en el resto de la sesión amorosa e incluso en la admisión o rechazo de relaciones futuras.

Las caricias son mágicas. Las caricias generan remolinos de hormonas que redundan en bienestar físico y hasta en refuerzo de la salud. A las mujeres les provocan una desaceleración de la presión sanguínea, fruto de la segregación de oxitocina por el cerebro, que no se produce en nosotros, toscamente equipados como estamos. De hecho, ya existen talleres de caricias en las sociedades más civilizadas, aunque todavía no las subvenciona la Seguridad Social (y luego hablan del Estado del Bienestar).[13]

La sabia Naturaleza, que nos despojó de pelambre para que disfrutáramos de las caricias, nos dotó de componentes que sólo sirven para el placer: el lóbulo de la oreja, por ejemplo, los labios protuberantes, la nariz... Rasgos todos de los que carecen nuestros parientes los primates. Añadamos el tantas veces olvidado ombligo. El ombligo y la barriguita circundante (véase la Venus de Milo) constituyen uno de los más estimulantes paisajes que

13. Las caricias pueden incluso provocarles orgasmos (por ejemplo, cuando masajeas con suave firmeza el *mons veneris* o monte de Venus, esa almohadilla de tejido graso tapizada de terciopelo que tienen en el bajo vientre). Por cierto, ya puestos, nota la suavidad de la piel, como de uvas, de esa zona que se extiende del vello púbico al ombligo.

puede deparar un cuerpo femenino. Cuando el ombligo responde al canon de la perfección, en el llamado «de pocillo» o «pileta», redondo y profundo como un cáliz, incluso se puede escanciar algún licor antes de lamerlo con la debida delicadeza.[14] Cuando rebose, el débil arroyuelo nos invitará a seguirlo con la lengua camino del sur.

Otras señales eróticas son el vello púbico, a veces también manipulado para aumentar su atractivo,[15] y la morfología mamaria: existen mil maneras y texturas de tetas, pero al macho alfa siempre le gustarán duras y grandes, con pezones como castañas. Sumemos, para completar el cuadro, unos glúteos prominentes y sólidos, que duela en la mano la palmada.

Así llegamos a la mayor intimidad, o sea, a los días de vino y rosas de los primeros acoplamientos cuando los amantes exploran a placer sus cuerpos y sus almas, ese fin de semana en Segovia o en Almagro, ese deambular de la mano por pueblecitos pintorescos deteniéndose a mirar unos geranios plantados en una lata, la bocallave oxidada de un viejo portón, el escarabajo pelotero que arrastra su bolita de estiércol, esos besos furtivos en el coro de una iglesia gótico-románica en plena misa mayor con las beatas enlutadas vigilando al soslayo, ese choto al ajillo regado con vinos recios de la tierra en un mesón decorado con aperos de labranza que conocieron sudores y fatigas...

Bien, de estos días poco hay que decir. La prolongada intimidad, el maratón sexual de jornadas enteras sin perderse de vista, sin querer perderse de vista, el tiempo feliz que parece que vuela, sexo por la mañana, antes del reparador desayuno, sexo a media mañana, sexo a la hora de la siesta, sexo a media tarde, sexo tras

14. Sobre el ombligo, sus formas, alcances y literatura existe un librito de Gutierre Tibón, *El ombligo como centro erótico* (Fondo de Cultura Económica, México, 1979). Trae la curiosidad de un plano minucioso del ombligo de Raquel Welch (p. 92) en el que se demuestra que su redonda circunferencia enmarcaba un plieguecillo semejante a un coño en miniatura.

15. O su mera ausencia en el pubis afeitado, o recortado en forma de ingle brasileña.

la cena y resopón de sexo en la propicia madrugada, cuando la efervescencia del amor te desvela.

En esos días de vino y rosas, de risas y felicidad absoluta, la única cautela que debe observar el enamorado o el mero cortejador es ausentarse un rato por la mañana con el pretexto de bajar por el periódico o a pedir en la recepción del hotel un enchufe convertidor para el cargador del móvil, o para informarse del horario de visitas de la colegiata. Cualquier pretexto será bueno para permitir que la enamorada se quede sola un rato y libere a sus anchas todos los pedos que lleva aguantados desde el inicio del viaje.

Es improbable que cague porque su habitual estreñimiento (una penosa característica femenina, junto con los escapes accidentales de orina al toser o al reír) se acentúa cuando está fuera de casa, cambiando de dieta y de aguas. Tú, sin embargo, el homínido macho, tienes por costumbre depositar una copiosa cagada matinal. No te prives, pero antes déjale la tele puesta con el volumen más bien alto, lo suficiente para disimular tus rumores orgánicos, y acciona repetidamente la cisterna del retrete mientras evacúas a fin de enmascarar la audición de los pedos que la taza sanitaria magnifica inevitablemente. Si la descarga de la cisterna te salpica los cojones, lo que suele ocurrir con enfadosa frecuencia, nada más fácil que enjugártelos después con la toallita facial de la amada. Antes de abandonar el aseo abre la ventana y enciende un par de cerillas que consuman el metano expelido por tu defecación. No jodamos el romanticismo de ese viaje por ignorancia de estos pequeños detalles. Tiempo habrá, si la relación se afianza, de conquistar nuevas cotas de intimidad y de lograr la camaradería y confianza absoluta que debe presidir la vida en pareja. Ya llegaremos, en su momento, al eructo retumbante, al pedo sonoro y viril levantando la pierna, a la pedorrera en ristra, y, lo más gracioso de todo, al pedo en la cama tapando la cabeza de la amada con el embozo, de manera que aspire lo más íntimo y tuyo que puedes ofrecerle.

CAPÍTULO 26

La conjunción copulativa

Llegamos a la conjunción copulativa propiamente dicha, o sea, al coito. El coito se puede cumplir, caso de necesidad y urgencia, en muy distintos lugares: rellano de escalera vecinal, cuarto de escobas, sacristía de parroquia, mesa tocinera, probador de grandes almacenes, despacho del Congreso de los Diputados,[1] etc., pero para un coito como Dios manda, donde se ponga una cama sólida y afianzada, de canapé, desprovista de elementos móviles y sonoros (perinolas, etc.), que se quite todo lo demás. Una habitación climatizada a temperatura agradable, ni frío ni calor, en agradable penumbra o quizá iluminada con el resplandor indirecto que se filtra por debajo de la puerta, por los intersticios de la cortina de cretona, o de una lámpara roja de escasos vatios. Una música de fondo que no interfiera en los susurros al oído ni en los jadeos. Ya mencioné más arriba *Watermark*, de Enya, pero si no la tenemos a mano puede servir cualquiera de esos peñazos de música pretendidamente céltica que se adquieren en el top manta. En esto debemos amoldarnos un poco a los gustos de ella. Quizá, si es robusta y rural, la ponga *Torito Bravo*, de El

1. Por cierto, si lo van a practicar en el exiguo baño de un avión, como en la película *Emmanuelle*, sepan que una pareja entra bien, pero a la salida no es posible abrir la puerta si uno de ellos no se encarama en la taza del retrete. No sería la primera vez que tiene que acudir el sobrecargo a impartir las instrucciones precisas para que los pardillos se liberen de la cárcel de amor.

Fary. Tanteémoslo en los días previos a la coyunda. Es conveniente también, aunque no imprescindible, un cuarto de baño contiguo equipado con bidé y una mesa auxiliar con provisión de bebidas y reparadoras viandas (paté de perdiz untado sobre galletitas energéticas y vino dulce dan excelentes resultados).

El varón debe preceder a la dama en el baño (ella tardará más, dado que sus abluciones íntimas son más complejas). Si orinas, debes poner sumo cuidado en no salpicar el asiento del retrete, lo que las enfurece sobremanera hasta el punto de que puede estropear, por la imprevisión de un momento, toda la labor que pacientemente has desarrollado en la fase precopulativa.[2] Lo más sensato es orinar sentado, a mujeriegas, quizá un poco en volandas como ellas hacen cuando escrupulizan de retrete ajeno y no quieren posar en él las nacaradas nalgas. De este modo evitaremos un efecto indeseable: que al contacto con la fría loza del sanitario la satisfactoria erección alcanzada en el estadio precopulativo se retraiga y morcillee.

Vamos ahora a la consumación del acto propiamente dicha. Tras las manipulaciones preparatorias centraremos nuestra atención en la parte más íntima y delicada de la dama, la verdadera meta de nuestras atenciones durante el largo cortejo, la suma de nuestros desvelos, el objetivo de nuestras pesquisas, el —digámoslo con franqueza— coño propiamente dicho. El dulce cisne de Avon (o sea, Shakespeare) lo denominó «fosa sulfúrea» en alusión al hedor que solían despedir los coños en aquellos tiempos escasamente higiénicos.[3] Hoy esa intimidad de la mujer huele

2. El Parlamento alemán discute estos días la obligatoriedad de esta postura. Quizá muy pronto los retretes públicos germanos estén provistos de una especie de visera o proyección, a la altura adecuada, para obligar al usuario a sentarse. Una diputada de las que se pelan casi al rape y llevan al escaño una mata verde en una maceta, como muda protesta contra las agresiones que continuamente infligimos a la Naturaleza, criticó acerbamente a los hombres que orinan de pie ante un artefacto específicamente diseñado para usarse sentado.

3. Otros autores lo han denominado «corales tibios», «flor martirizada» (García Lorca); «cerrada caverna de coral», «secreto erizo que en la mar trasmina» (Rafael Alberti); «soto que atrae», «vertiginoso abismo»

estupendamente a limpio, tras pasar por el bidé, o a ligero perfume si ella se lo aplica, como Coco Chanel recomendaba, «allá donde quisieras que él te besara», pero en los tiempos de Shakespeare, y aún después, hasta muy recientemente, la intimidad de la mujer hedía realmente.[4]

Hoy, con la flojedad general de la varonía, han variado los gustos y el hombre se ha vuelto delicado. A la dama que desee ofrendar al amado su intimidad al punto, ni insípida ni excesivamente *faisandée*, yo le recomendaría que, tras la esmerada higiene en el bidé, con abundante aclarado que disipe todo rastro de jabón, camine a buen paso o al trote durante tres minutos y medio (el tiempo de rezar dos credos) a fin de que sus labios menores generen la cantidad exacta de sudorcillo suavemente perfumado a ella misma, con una textura aterciopelada de brandy gran cuerpo.[5] Su amante, si es un verdadero *connaisseur*, sabrá apreciarlo. No es mala de sabor ni de olor la secreción fresca; lo

(Miguel Hernández); «ardentísimo pozo» (José Luis Cano); «encantada grieta», «habitación del hombre» (Alfonso Canales), e «inexhaustas puertas» (José Ángel Valente).

4. Por eso don Enrique de Villena, en su *Arte Cisoria o arte de cortar a cuchillo*, recomendaba «que las dueñas no se acerquen a la mesa del trinchante, porque hieden». Ello no espantaba a muchos hombres, que conste, sino que más bien los atraía, así de sabia es la Naturaleza. Por eso Napoleón anunciaba a su amada Josefina su llegada con un par de días de anticipación, para que se abstuviera de abluciones íntimas. Por eso, también, Víctor Manuel II de Italia se quejó amargamente: «¡Me la han estropeado!» cuando un cortesano, ignorante de sus gustos, hizo bañar a una campesina que el rey había expresado el deseo de explorar. En la misma idea abundaba el difunto y ya olvidado Camilo José Cela cuando escribía: «Desde que se inventaron el cuchillo eléctrico y el bidé, ni el jamón sabe a jamón, ni el coño sabe a coño.»

5. Tampoco vendría mal que si la chica es de las que andan escasas de imaginación o está lastrada por una educación puritana (frecuente en las cincuentonas) se informara de algunos principios básicos por medio de un libro de autoayuda que ofrezca ciertas garantías (existen muchas memeces en el mercado). Yo les recomendaría los manuales de Tina Robbins, especialmente *Cómo volver loco a tu hombre en la cama* (Océano, Barcelona, 2003).

malo es que las ropas ceñidas (especialmente los vaqueros) favorecen la descomposición bacterial y esa esencia vira de la excelencia al desaliño al cuarto de hora de exudada.

En cuanto a la forma y partes del propiamente llamado «coño», no hay mucho que decir: debido a su diseño eminentemente práctico, sin concesión alguna a la estética, es francamente feo y contrahecho, y en su flacidez granujienta, en sus pliegues y colgajos, en su color virada entre rojiza y violácea, en su tez granulosa e irregular, contrasta vivamente con la tersura y belleza del resto del cuerpo femenino.[6] A pesar de lo cual, lo sé, los buenos aficionados lo admiramos y queremos, pero muchos homosexuales, libres como están de nuestros apremios, lo encuentran repulsivo.[7]

El coño perfecto, desde el punto de vista del acoplamiento, es aquel en el que la varonía penetra con ciertas estrecheces. Esta situación se produce raramente para nuestra desgracia porque ellas suelen estar más cumplidas de calibre que nosotros de instrumento. El libro indio del amor, el *Kamasutra*, clasifica a los hombres, según el tamaño de su pene, en liebre, toro y caballo. A estas tres magnitudes penales corresponderían tres amplitudes femeninas: la cierva, la yegua y la elefanta.[8]

6. Hablo del coño estándar europeo, que es, para la estética dominante, el menos feo. Otros pueden presentar características incluso más repelentes: el mandil hotentote o el *tablier égyptien*. Es de consignar que la labioplastia es una de las cirugías estéticas más solicitadas entre las elites económicas de algunos países emergentes. También se practican estrechamientos de vaginas dadas de sí por los partos o la edad, de modo que la sensación del copulador se asemeje a la que tendría con una muchacha núbil. Lo que hay es mucho vicio.

7. El filósofo hindú Ayasasivanalohi predicaba la inteligencia de Dios en la armonía de los cuerpos, que contrasta, sin embargo, con la fealdad de los órganos sexuales (referida tanto a la vulva, con su juego de labios mayores y menores, como al pene). En cierta ocasión, un discípulo le preguntó: «Santo, si todo lo demás es tan armonioso, ¿por qué hizo Dios los sexos tan feos?» A lo que Ayasasivanalohi respondió: «Para preservarlos indemnes, ya que si feos y todo los chupamos, si fueran bonitos, los morderíamos.»

8. El controvertido tema se arrastra de antiguo. De Bourdeille, con-

El descubrimiento del aparato del amado o de la amada suele ocurrir en un estadio avanzado de la relación, por lo que es común conformarse con lo que a uno le corresponda. No obstante, como la Naturaleza es sabia, ha concedido a las chicas un órgano tan elástico que puede dilatarse hasta el volumen necesario para dar a luz a un bebé, así que ninguna se espantará por el tamaño de la credencial masculina a no ser que se haga la remilgosa por halagar a la parte contraria.

---

temporáneo de Cervantes, saca a una mujer que razona de esta guisa: «No sé quién tiene más derecho a quejarse, si vosotros los hombres de nuestras capacidades y amplitudes, o nosotras las mujeres de vuestras pequeñeces y menudencias [...]. Si tuvierais vuestras medidas acordes a nuestros calibres, nadie tendría nada que reprochar al otro» (De Bourdeille, 2006, p. 63).

CAPÍTULO 27

El clítoris y el punto G

El orgasmo femenino es esencial para la buena marcha de la pareja. El amante que quiera contentar a una mujer debe dominar unas nociones elementales sobre su anatomía sexual y en especial sobre su clítoris, «la única estructura biológica en el universo conocido cuya función exclusiva es dar placer».[1] Ese botoncito protegido por un capuchón retráctil, en apariencia no mayor que un guisante, se prolonga por dentro.[2]

Complemento del clítoris (si es que no forma parte de él) es el cacareado punto G o interruptor del placer, una rugosidad formada por terminaciones nerviosas, apenas mayor que una moneda de veinte céntimos, que se localiza en la vagina, a unos cinco centímetros de la entrada, por arriba.[3] En algunas mujeres

1. Sea por presión y rozamiento con el pene o instrumento vicario (dedos, lengua o consolador) o por succión (Paul Martin, 2009, p. 45). Para la mecánica del placer femenino y sus órganos, consúltese el libro de Josephine Lowndes Sevely, *Los secretos de Eva*, Granica Ed., Buenos Aires, 1988.

2. El clítoris es como un iceberg. Lo visible al exterior, el glandecito, es una mínima parte. Por dentro puede alcanzar los diez centímetros y se bifurca en dos bulbos clitorianos que abrazan la vagina y se hinchan durante la excitación.

3. Se llama punto G por el doctor Ernst Grafenberg, que tuvo la ocurrencia de descubrirlo en 1950, ignorante de las controversias y banderías que iba a desencadenar. Algunos sexólogos hasta han llegado a las manos, y no para prodigarse caricias, a cuenta del punto G.

es muy sensible y en otras, apenas.[4] Las que tienen inactivo el punto G, no se apuren porque siempre pueden disfrutar de los orgasmos clitorianos de toda la vida.[5]

Cuando el punto G se estimula correctamente, puede provocar devastadores orgasmos según el testimonio de las afortunadas que lo han probado:

—¡Te viene Dios a ver! —le dijo a mi amigo Paco una novia monja que tenía, con la que gustaba de practicar la caridad romana y otras suertes.

La sexóloga Shere Hite asevera que el punto G no existe, que es una argucia más del macho para obligar a las mujeres a amoldarse a la concepción clásica de la sexualidad, la penetración vaginal.[6]

Paralelamente al punto G se ha señalado la existencia de un punto U, justo encima y a cada lado de la abertura uretral, pero todavía está en estudio. Lo mismo cabe decir de un punto A, de un punto K (por su descubridora, la sexóloga Barbara Keesling)[7] y de un Epicentro o zona EFA (zona erógena del fórnix anterior).

4. Si la tuya es de las que no, más vale que no insistas en excitárselo porque acabarás irritándola y en cuanto tengáis una discusión te reprochará tu torpeza y falta de maña. Una retirada a tiempo es una victoria. O sea, no es un botoncito que se aprieta y la tía se corre. El sexo es más complicado: ya sabes: ternura, el «antes» y el «después».

5. Ha probado la existencia del punto G, tan controvertida últimamente, Emmanuele Jannini, sexólogo de la Universidad de L'Aquila, Italia, que lo ha radiografiado mediante ecografía vaginal transversal. No obstante, sigue habiendo gente que niega su existencia y piensan que lo que Jannini ha descubierto forma parte del clítoris. Son ganas de marear la perdiz. En una reciente encuesta que realicé entre las parroquianas de La Inmaculada Concepción de María's resultó que unas lo tienen activo y otras no: a quien Dios se lo dé, san Pedro se lo bendiga. La sexóloga Olga Bertomeu piensa que está en el «gerebro».

6. Barraud, 2003, p. 104.

7. Si no pudiera tomarse por precisión machista, añadiría que la doctora Keesling está muy buena y es autora de varios libros de autoayuda esenciales para explorar el aspecto emocional de las relaciones de pareja: *Cómo volver loca a la mujer en la cama*, *Cómo hacer el amor toda la noche* y *Cómo hacer el amor con un hombre de más de cincuenta.*

Yo, la verdad, no aconsejo que el aficionado se meta en mayores dibujos: céntrese en el clítoris de toda la vida y deje obrar a la naturaleza porque con todas estas pamemas científicas vamos a terminar por quitar el gusto y la espontaneidad al acto.[8] Si acaso pruebe con el llamado «postillón», que consiste en introducir un dedo en el ano de la dama al tiempo que orgasmiza, con lo que el placer es, si cabe, más intenso, como un turbo.[9] Infórmela primero, en alguna conversación previa sobre temas generales, no sea que en el momento más delicado se bloquee pensando que es un pervertido y preguntándose qué vendrá después.

Si el placer reside en el clítoris, en el punto G, en el U o en el segmento anteroposterior de la boca de la vagina, no debe preocuparnos siempre que le demos placer a nuestra pareja y la dejemos satisfecha, sonriente, dormijosilla y con cara de tonta. Dejemos las discusiones para los simposios de sexólogos y atengámonos a lo práctico y doméstico. Por lo que tengo comprobado en mi larga experiencia como terapeuta aficionado,[10] a las féminas les apasiona el sexo siempre que vaya acompañado de ternura, los consabidos «antes» y «después», y del imprescindible orgasmo. Si alguna vez pasas de largo, vas a lo tuyo y las dejas *in albis*, te lo pueden perdonar porque son así de generosas y de maternonas y saben que somos como niños. Pero si reiteras el ir a lo tuyo y la dejas a dos velas un par de veces más, acabarás negándote lo que

8. De lo mismo se queja Valérie Tasso cuando alude al fastidio de encamarse con uno de esos «hurgadores vaginales» y «exploradores de grutas». Tasso, 2008, p. 148.

9. El postillón sirve igualmente en el hombre, tras vencer todas las barreras mentales que solemos tener en lo referente al ano. No es aconsejable, por tanto, practicarlo con un genuino macho alfa de lomo plateado como el seleccionador de fútbol Luis Aragonés («¡A mí me van a dar un ramo de flores, que no me cabe por el culo ni el bigote de una gamba!»). Éstos deberían conservarse en reservas y parques nacionales, al abrigo de contingencias.

10. Debo confesar que lo tengo comprobado de manera indirecta, puesto que, inexplicablemente, las mujeres no frecuentan mi consulta, a pesar de las rebajas y oportunidades que ofrezco en «Cambalache» y en el tablón de anuncios gratuitos de La Inmaculada Concepción de María's.

tanto buscas, les dolerá la cabeza, no tendrán ganas, o dejémoslo para otro día, mi amor, que hoy me muero de sueño.

—¡O sea que hay que darles gusto a ellas! —me preguntan algunos pacientes especialmente negados al adoctrinamiento.

—¿Cómo que si hay que darles gusto, desdichado? —les respondo—. ¡Eso es lo principal! De lo contrario, tu vida se convertirá en un infierno y la sexual ni te cuento. El que aspire a una normal relación de pareja debe priorizar el orgasmo femenino sobre el suyo, incluso si para ello tiene que contrariar sus impulsos naturales al egoísta aquí te pillo, aquí te mato.

¿Por qué es tan importante el orgasmo de la mujer? Verás: es que la que lo prueba no se conforma con menos. Ellas son como los tigres de Bengala que cuando catan la carne humana cualquier otro alimento les parece insípido. La que ha conocido el orgasmo no perdona al que no se lo produce.

No es fácil que un hombre lo entienda, porque en su egoísmo y en su ignorancia cree que debe ser como el suyo, ese fugaz calambrito gustoso, esa mísera propinilla con la que nos recompensa la avara Naturaleza. El afortunado Tiresias, al que los dioses permitieron ser sucesivamente hombre y mujer, dejó dicho, con autorizada opinión, que el orgasmo de la mujer es diez veces más intenso que el del hombre. Después lo corroboraría Avicena: «*Multiplicatur delectatio mulierum in coitu super delectationem virorum*» («En el coito, la delectación y el apetito de las mujeres son mayores que en los varones»). No hay más que ver que los franceses (con Bataillon al frente) denominan al orgasmo femenino la «*petite mort*», la muerte pequeña.[11] *Chapeau* por ellos que han sabido entenderlo y respetarlo (y, lo más importante de todo, provocarlo).

11. Al menos, en las sociedades civilizadas; de los otros miembros de la alianza de civilizaciones no hablo, los que practican la ablación del clítoris y otras hijoputeces propias de primates obsesos e inseguros. Tampoco debemos ignorar que nuestras actuaciones médicas, aunque bienintencionadas, pueden perjudicar a las titulares de este delicado órgano. Esto me recuerda el caso de la gitana que, con ocasión de una intervención en sus bajos, advirtió al cirujano: «¡Por Dios, doctor, no me vaya a cortar la vena del gusto que es lo único que tenemos los *probes*!»

A mis pacientes les aconsejo que piensen más en sus mujeres que en sí mismos porque esa generosidad, aunque impropia de varón y contraria a nuestros naturales instintos, les rendirá a la larga copiosos beneficios tanto sexuales como convivenciales: un hogar tranquilo, una esposa abnegada, una felicidad conyugal sin fisuras.

Que así sea.

Lo más chocante es que el orgasmo femenino no tiene función biológica alguna. Lo ha desarrollado la Naturaleza sólo para compensarlas de la incomodidad de aguantarnos, y de soportar la regla, la sopa de hormonas, la preñez, la lactancia y todo ese mal rollo que les ha tocado.[12]

«Si el orgasmo femenino es tan estupendo y tan útil para la propagación de la especie, ¿por qué existen tantas mujeres que no lo conocen, las pobrecillas?», podríamos preguntarnos.

En efecto. La anorgasmia femenina está bastante extendida, pero, en la mayoría de los casos, es un fenómeno cultural. Ocurre sencillamente que los machos llevamos miles de años reprimiendo la sexualidad de nuestras hembras. Sólo modernamente, y sólo en las sociedades avanzadas, la mujer se ha equiparado con el hombre y ha reivindicado, y obtenido, el derecho al orgasmo.[13]

12. Algunos colegas míos, los más desorientados, discrepan en este punto e insisten en buscar una utilidad práctica al orgasmo femenino. Creen que su función es dejar a la mujer desmadejada y soñolienta para que permanezca echada un rato porque si recuperara inmediatamente la posición bípeda, vertical, para atender otras labores del hogar, el semen del macho descendería por su propio peso y adiós preñez. Por eso, dicen, el resto de las primatas carecen de orgasmo, porque cuando terminan la faena siguen a cuatro patas y el semen hace su efecto.

13. Las feminazis citan a cada momento la famosa sentencia, atribuida al célebre médico y humanista Marañón, «No existen mujeres frígidas, sino hombres inexpertos» (en realidad, me señala Olga Bertomeu, Marañón la tomó de la obra de Van der Velde *El matrimonio feliz*). Esa exigencia del orgasmo perfecto, por penetración en la vagina, es un pernicioso mito moderno. La vagina es bastante insensible. Por otra parte, el orgasmo femenino puede obtenerse de muchas maneras y no siempre es responsabilidad del hombre: la interesada también debe colaborar.

Otra causa posible de la anorgasmia es la torpeza del varón. En los primeros encuentros, cuando tenemos que lucirnos y dejar el pabellón bien alto, observamos escrupulosamente el manual: precalentamos a la chica, la acariciamos (lo que les libera la hormona oxitocina, el lubricante del amor) y exploramos sus encantos con la mayor delicadeza. De esta manera ella se excita, vence sus últimas reservas y se entrega. Comienzo feliz, pero no definitivo. En sucesivos encuentros, pensamos que ya está ganada, no consideramos imprescindible ese largo preámbulo y tendemos a abreviar los trámites: vamos directamente al grano, o sea, a las tetas o incluso a la entrepierna. Craso error. Ella, que desde el último encuentro ha estado rememorando con deleite aquel delicado episodio, se siente ahora decepcionada. Sigue necesitando esas caricias en la espalda, esos besitos apenas perceptibles en el brazo, en el cuello, en la hondonada de la clavícula,[14] ese roce de las yemas de los dedos en las orejas que le hacen recorrer un agradable burbujeo en el bajo vientre, esos arrumacos previos que la excitan y la motivan.

Lo ideal sería hacerlo cada vez como si fuera la primera. Ya sé que es difícil y que nuestra natural vagancia se resiste, pero eso es a menudo lo que marca la diferencia entre la mujer satisfecha y el incordio, tú verás. El que ara y siembra, recoge.

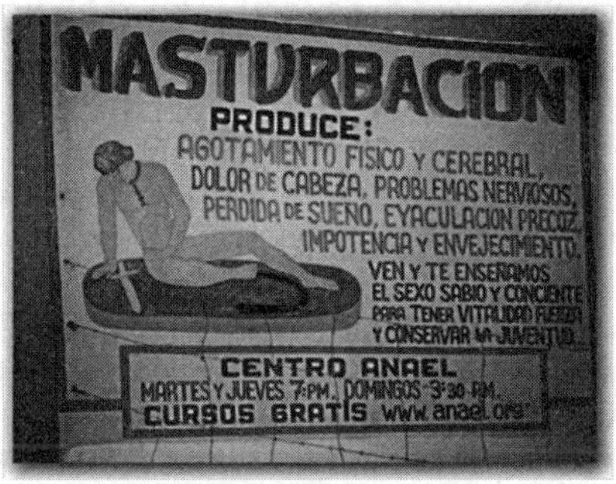

Cartel sudamericano.

14. Se llama «el rincón del desmayo» porque al presionar sobre la carótida se corta el riego sanguíneo del cerebro.

CAPÍTULO 28

La remonta propiamente dicha

Localizados los puntos en los que reside el placer femenino y la consiguiente paz masculina, pasemos ahora a examinar los rudimentos de la faena venérea.

Una vez lubricado el conducto femenino, de manera natural, con la grasilla que ellas segregan cuando se excitan, o con ayudas externas (aceite de oliva, cremas vaginales), llega el gran momento de presentar armas.

Sobre el tamaño ideal del pene masculino ha corrido mucha tinta inútil y descorazonadora. Lo único cierto es que pocos están satisfechos con el suyo, que casi todos quieren más. El estudio Kinsey estableció que el pene masculino alcanza una longitud media de 15,2 cm de largo y un calibre de 12,7 cm. Otro más reciente de Durex propone 16,3 por 12,3 cm.[1]

Por su forma, el pene se clasifica en tres grupos: romo (recto, el glande un poco más ancho), botella (recto, el glande más pequeño que el fuste)[2] y plátano (ligeramente curvado como la fruta

1. Morris, 2009, p. 253. Información más amplia en *Definitive Penis Size Survey*, en Internet. En términos generales corre el bulo de que los penes más grandes son los de los negros (especialmente, los de los jamaicanos y senegaleses) y los más pequeños, los asiáticos («*colta, pelo legoldeta*», decía el chino del chiste). Los europeos se acercan más a la media. El preservativo homologado por la Comunidad Europea mide 17 cm de largo por 5,6 de ancho (Paley, 2000, p. 35).

2. A esta segunda categoría pertenece el pene del famoso monje Rasputín que tanta influencia ejerció sobre la zarina y sus damas en vísperas

canaria). Se especula que el más evolucionado es el curvado porque parece diseñado para excitar el punto G durante el fornicio.[3]

Si el miembro en cuestión es más bien pequeño y de poca presencia, no intentes justificarlo alegando que eres corto de pellejo o no sé qué me pasa hoy, normalmente la tengo más grande o el tamaño no importa, ni, mucho menos, se te ocurra compensar su parvedad con elogios que pueden resultar contraproducentes en momento tan conclusivo. Sé de uno que rompió a recitar «¡Qué mármol jaspeado! / ¡Pálida arquitectónica belleza! / ¡Qué alto fuste estriado / de azules ríos! ¡Capitel armado / para elevar el mundo en su cabeza!»[4] y la dama, que estaba ardiendo de deseo, creyó que era una burla y lo mandó a tomar por el culo. A otro se le ocurrió decir, para justificarse: «Napoleón también la tenía pequeña y mira tú adónde llegó», a lo que la dama replicó enfadada: «¿Adónde llegó, desgraciado, a morirse de asco en Santa Elena después de incendiar media Europa para compensar su complejo?»[5]

O sea, cualquier acción de este tipo será contraproducente. Si, a pesar de todo, se empeña en contemplar tus credenciales,

---

de la Revolución de Octubre. El pene, que se conserva en un frasco de formol en el Museo del Erotismo de San Petersburgo, tiene 28 cm de longitud, pero algunas fuentes aseguran que en su origen alcanzaba los 40, pero fue cercenado por los asesinos del monje cuando lo castraron después de matarlo el 29 de diciembre de 1916. No existe seguridad absoluta de que sea el del célebre monje.

3. Morris, 2009, p. 254.

4. Rafael Alberti, «Diálogo entre Venus y Príapo», de *Entre el clavel y la espada* (1939-1940).

5. Al parecer, el médico que atendía a Napoleón en su isla-prisión de Santa Elena, Francesco Antommarchi, le seccionó el pene en 1851 durante la autopsia del cadáver del gran corso y se lo entregó al capellán, el abate Ange Vignali. El apéndice napoleónico estuvo en poder de la familia Vignali hasta 1916, cuando lo sacaron a subasta bajo el membrete «tendón momificado tomado del cuerpo de Napoleón». Después de pasar por varios propietarios, actualmente es propiedad de los Lattimer, en Englewood, New Jersey, que lo guardan en una cajita joyero con una corona repujada en oro en su tapa. Reseco y momificado, asemeja el dedo de un niño (Perrottet, 2010, p. 43).

empúñalas tú mismo desde el mismo pubis, de manera que simules dos o tres centímetros de trampantojo.

Lo ideal es, en un primer contacto, introducir el miembro lenta y suavemente, sin brusquedades ni alardes, delicadamente, en plan espeleólogo, como explorando el territorio, y cuando alcances la penetración máxima inicias el fornicio propiamente dicho, primero a ritmo pausado y después más rápido, según vaya pidiendo hilo la cometa (hablo en metáfora, por si me leen los niños). *In crescendo*, sin desmayo, como el bolero de Ravel.

Coito representado en las pinturas rupestres de la Cueva de los Casares, en Riba de Saelices (Guadalajara) hacia el 25.000 a. J.C.

CAPÍTULO 29

Que trata de las posiciones y de los orificios o vasos

Sobre las variaciones y posturas de la coyunda (otro problema que afronto a diario en la consulta y semestralmente en el hogar) mi posición es firme: tonterías las precisas que no somos contorsionistas ni equilibristas, ni la prestación sexual tiene por qué convertirse en un circo. O sea, atente a las posturas básicas, las de toda la vida: el misionero, el perrito, la Andrómaca y la trenza prioral.[1] Olvídate del ejemplar del *Kamasutra* que adquiriste en el mercadillo.[2] Más de un paciente mío ha sufrido una luxación

1. Esta última, la trenza prioral, llamada en indio *samapada banda*, es la mar de cómoda (por eso la usaban los clérigos rozagantes y descansados): la mujer boca arriba se deja penetrar por el hombre tendido a su izquierda, de lado, mientras descansa su pierna izquierda en el lomo masculino. Él, a su vez, descansa su pierna derecha sobre el vientre de la mujer, los troncos separados, casi en ángulo recto. Permite contemplar y acariciar los pechos de la mujer muy a sabor.

2. Existen muchas ediciones del *Kamasutra*, pero yo me atengo, por los sabrosos comentarios editoriales, a la del sabio Juan B. Bergua aparecida en el volumen *Libros de amor del Oriente* (Ed. Ibéricas, Madrid, 1974), que incluye, además, el *Ananga-Ranga*, tratado de erotología hindú (siglo XVI); *La flor lasciva*, colección de cuentecillos eróticos, y *El Ktab*, libro musulmán de las leyes secretas del amor (siglo XIX). Bergua editó también los textos eróticos o diálogos putañescos de Pietro Aretino (*Los Ragionamenti*, Ed. Ibéricas, Madrid, 1978). También interesan el *Kamasutra español* (Siruela, Madrid, 1992), un delicioso libro erótico, no pornográfico, obra de un morisco español expulsado a Túnez en 1609 y encontrado y

y hasta desprendimientos de retina por obstinarse en reproducir las posturas del dichoso manual, que si flor de loto, que si amazona, que si opresora, que si cangrejo, que si suspendida. Y no digamos la hendidura del bambú, el mono, el clavo, el yin y el yang, la estrella o la luna y las tres posiciones de la rueda giratoria. Extravagancias. Fantasías.[3]

Algunos hermanos de Adoración Nocturna me preguntan a veces sobre las posturas sexuales que un cristiano puede emplear lícitamente sin incurrir en pecado.

El cristiano debe saber, en primer lugar, que el sexo sólo es lícito en el matrimonio, lo que excluye a solteros, viudos y cléri-

---

editado por Luce López Baralt, y el *Speculum al joder* (Olañeta Editor, Palma de Mallorca, 1994), tratado erótico del siglo XVI, y *Sevillana medicina*, obra del médico judío Moses Ben Samuel (siglo XVI). Son de lectura grata e inexcusable el tratado de Ibn Hazm *El collar de la paloma* (Alianza, Madrid, 2002), el de Ahmad ibn Yusuf Tifashi *Esparcimiento de corazones* (Gredos, Madrid, 2003) y *El jardín perfumado. El arte de la pasión amorosa*, de Muhammad ibn Muhammad al-Nafzawi (Dilema, Madrid, 2009). En el mercado no dejan de aparecer refritos y tonterías de sexo tántrico. El que quiera informarse sobre el particular lea el tratado de Kamala Devi *Método oriental del amor* (A.T.E., Barcelona, 1979).

3. El que quiera ampliar lo referente a posturas, acuda a Lynne Lawner, *Los 16 placeres. Las cortesanas del Renacimiento* (Temas de Hoy, Madrid, 1990), en realidad una traducción comentada del clásico de Pietro Aretino y Marcantonio Raimondi *I Modi* (1524), un libro ilustrado con dieciséis posturas sexuales y los dieciséis «sonetos lujuriosos» deliciosamente explícitos que las describen. Esta edición incluye también las ilustraciones del conde de Waldeck, no menos meritorias. Otra famosa colección de láminas eróticas, obra del artista del siglo VII Ruknuddin, más conocidas como miniaturas de Bikaner (región de la India septentrional), se encontrará en el libro de la prestigiosa hinduista Wendy Doniger, *La trampa de la yegua* (Anagrama, Barcelona, 2003). Básicamente reproducen posturas del *Kamasutra*. Sumemos las láminas contenidas en el libro *Las delicias de los césares* (Akal, Madrid, 1978), una compilación de iconografía erótica clásica realizada por el francés Pierre-François Hugues d'Hancarville a finales del siglo XVIII. Tiene una continuación no menos interesante en *El culto secreto de las matronas romanas* (Akal, Madrid, 1978).

gos. Sentado esto, ¿qué se puede hacer dentro del matrimonio? En este punto, la Iglesia se muestra tolerante, participativa, incluso generosa. Si consultamos el libro *Sesso santo*, oficiosamente admitido por el Vaticano,[4] comprobaremos que la Iglesia, en su paternal anhelo por *aggiornarse*, es mucho más permisiva en cuestiones sexuales de lo que podríamos sospechar.

Comencemos por los besos. Los novios católicos pueden besarse en los labios (sin lengua ni jadeos, ¿eh?, moderadamente), el cuello, el cabello y las orejas, «lo que indica una promesa de pertenencia, pero no enciende la pasión erótica».

Una vez alcanzada la bendición sacramental, los esposos «sí pueden besarse todo», hasta «el beso profundo» o sea, con lengua. Es más, pueden «besar cualquier parte del cuerpo, porque no existe ninguna parte que no sea digna de ser tocada por los labios del otro».

¿Quiere esto decir que la Iglesia admite el cunnilingus en el seno del matrimonio? De ningún modo. Eso no es besar, eso es lamer. Lo mismo es aplicable al llamado «beso negro». Tu pareja es el altar en el que Dios se manifiesta y encarna. Cuando te acerques sensualmente a ella, tenlo siempre presente. No la degrades con prácticas impuras e infamantes.

Sesso santo utiliza un vocabulario delicado pero fácil de entender: el «pipino» es el pene, la «pipina» es la vagina, la teta es el «pecho mórbido» y el clítoris es el «puntito del placer». «Pipino y pipina son como llave y cerradura.» «El pipino es un clítoris aumentado y el clítoris, un pequeño pipino atrofiado. Y como es chico el clítoris, también son chicos los pezones masculinos.» Más inspiradas nos parecen las propuestas del obispo Franciskus

4. Varios autores, *Sesso santo, L'erotismo nel sacramento matrimoniale come via al cielo*, Segno Editori, 2000. Existen otros textos que ilustran el sexo católico. Los más relevantes son: *Sexo santo. El Cantar de los Cantares*, de Michael Pearl (editado por El Hogar Educador, Saltillo Coah, México, 2009), un libro que «invita a las parejas cristianas a retomar esta tierra santa y disfrutar del don santo y divino del placer sexual», y *El sexo que no conoces: Guía de sexualidad para parejas que viven en la fe católica*, del sacerdote polaco Ksawery Knotz (Planeta, Barcelona, 2010).

von Streng de Solothurn, que rechaza ciertas palabras del diccionario y propone a sus feligreses que las sustituyan por expresiones cargadas de poesía: «cuna bajo el corazón de la mujer» (la matriz), «fuentes de vida» (los ovarios), «portal de salida del seno materno» (vagina) y «órganos generadores [...] en el seno del hombre» (los testículos). El acto conyugal propone que se denomine «franqueo de la puertecilla por la que los embriones masculinos encuentran el camino en el seno de la madre».[5]

Una vez localizados los elementos sexualmente relevantes del cuerpo humano, veamos lo que se puede hacer con ellos sin incurrir en pecado. Para empezar, los novios no pueden hacer nada. Olvídense de que disponen de esas partes en sus cuerpos y considérense «como jardín del Paraíso con parcelas prohibidas, hasta que no se hayan esposado». Sin embargo, pueden observar el cuerpo del otro, siempre y cuando «estén cubiertos en los puntos del pipino, la pipina, las asentaderas y el pecho mórbido». También pueden acariciarse excepto en los puntos señalados.

«Muchos [novios] se deslizan ciegamente por el tobogán de la impureza» a través de un abrazo. ¡Cuidado con los abrazos! El novio que abraza a su prometida «se arriesga a experimentar la erección del "pipino" y ella lo sentirá pegado a ella..., es el límite del pecado». ¿Qué hacer cuando esto ocurre? Lo primero, conservar la calma; después, aplicar un poco de agua fría en la zona excitada. El mismo remedio sirve para los católicos que, debido a su trabajo sedentario (choferes, secretarias, etc.), «están expuestos a una cierta compresión de las partes genitales y pueden advertir hormigueos excitantes».

¿Qué manipulaciones debe evitar el cristiano que desee practicar el sexo como Dios manda? El sexo oral (*fellatio*, cunnilingus) «es una perversión, justificada a veces por algunos matrimonios por falsos motivos». Sin embargo, no peca la esposa que usa la mano «para apretar el pipino de su esposo y confirmarlo en su virilidad» (apretar, no masturbar, que quede claro).

El sexo anal es otra perversión, dañina no solamente para el alma inmortal sino también para el cuerpo, dado que «el ano

5. Deschner, 1993, p. 373.

está infestado de bacterias y, si es violado por el pipino, transmite enfermedades».[6]

No se debe copular con excesiva frecuencia. «Las eyaculaciones frecuentes vacían el alma y restan energía vital, lo que puede conducir a una muerte prematura.» Del mismo modo debemos evitar el nudismo: «Los nudistas corren riesgo de esquizofrenia, incesto y homosexualidad, porque después viven como vestidos.»

Practiquemos el sexo con ese ordenamiento y mesura dentro del matrimonio y los resultados serán satisfactorios en cuanto a la sedación de la sensualidad y a los alcances salvíficos de la actividad matrimonial, ya que «el hombre que entra en su mujer le pertenece y no obedece a otro patrón que el donarse al otro. La mujer que contiene a su hombre no puede conocer otro porque está ocupada, plena y satisfecha».

En cuanto a posturas sexuales, ¿por qué degradar a tu esposa con perversiones que sólo estimulan la concupiscencia? Si se trata de cumplir con el sacramento, los esposos adoptarán la conjunción marital (postura del misionero). En todos los demás casos usaremos «la posición del Edén, que es una alternativa para vivir la unión íntima sin penetración. Consiste en que el esposo, desnudo, se coloca boca arriba con el pipino apagado o semierecto entre los muslos y hace emerger sólo sus testículos. La esposa se extiende desnuda sobre él, en total contacto. Se pueden besar, abrazar dulcemente, hablar o guardar silencio, rezar o descansar inmóviles y calmos».

Hasta aquí las posturas sexuales, tanto las profanas como las homologadas por la Iglesia.

Del cacareado salto del tigre (los chilenos lo llaman «vuelo del cóndor») cabe decir lo mismo: nadie lo ha practicado jamás. Ni el mismo Salomón con toda su sabiduría. Es fama que cierto dirigente sindical lo intentó un día en el Ritz con una limpiado-

6. La prohibición del sexo anal es extensiva, también, a los homosexuales. «¿Cuál es la esperanza de los homosexuales incurables?», se preguntan los autores de *Sesso santo*. Bien, los homosexuales «pueden vivir una vida rica en afectos y ternura, de gestos de cariño blancos, o sea el ABC: Abrazos, Besos y Caricias».

ra a la que asesoraba laboralmente y tuvieron que acudir los bomberos a liberarle la cabeza apresada entre dos barras del cabecero.

Terminado el trabajo, cuando rellenaban el parte del servicio, el bombero le preguntó:

—¿En qué trabaja, buen hombre? Es por la estadística.

—Estoy liberado —respondió.

—Ya sé que está liberado, amigo —dijo el bombero—. Lo acabamos de liberar hace un momento. Me refiero al trabajo que le permite ganarse la vida honradamente.

—Pues eso, que soy liberado sindical.

—¡Ah!

En conclusión: las posturas imposibles y los lances peligrosos queden para los espectáculos turísticos del Patpong de Bangkok.

—Es que lo hago por variar, para deslumbrar a mi pareja —se me excusaba un paciente con el brazo en cabestrillo y quince puntos de sutura en una ceja.

¡Infeliz! ¿A quién vas a deslumbrar? Las mujeres de hoy nos dan cien vueltas en materia de sexo tanto teórico como práctico, gracias a la permisividad social que las empuja a practicarlo desde jovencitas, a los consultorios femeninos de la radio que hablan mitad de trapos mitad de sexo, a la información recogida en el ágora abierta de la peluquería y en los aseos de la empresa, a las reuniones de *tuppersex* y a los consejos de las revistas especializadas, algunas de las cuales, como *Sexologies*[7] incluyen como promoción un consolador o un anillo vibrador.[8]

7. *Sexologies*, editada por MC Ediciones, que cuando escribo esto (17 de junio de 2010) se vende en los quioscos. En el consultorio de su página web encuentro estos anuncios de los lectores: «Juegos incestuosos... busco chica»; «Jugar con cérvix»; «*Strip poker* (para chicas en Madrid)»; «¿Chicas para juegos atrevidos por webcams?»; «¿Alguna chica con experiencia?»; «Busco una chica que me acompañe a probadores en Valencia»; «¿Alguien para charlar?»; «Necesito alguna morbosa++++ si eres tú, escribe»; «Mujeres en botas negras a medio muslo que sepan montar duro y fuerte»; «Busco chica que me quiera feminizar».

8. Por cierto, España es el segundo país del mundo (después de Estados Unidos) en ventas del acreditado anillo vibrador de Durex. Desde

Eso no quita para que, cuando las mujeres buscan pareja formal, se finjan ignorantes en materia sexual por no alarmar al candidato. Nosotros alardeamos de experiencias; ellas, más listas, las ocultan. Tampoco excluyo que existan almas cándidas que, debido a circunstancias familiares o ambientales, se hayan mantenido en la bendita ignorancia en medio de esta ola de erotismo que nos invade. Más de un paciente se me ha quejado en este aspecto:

—El otro día le dije a mi novia que me gustaban los anales y me regaló las obras completas de Tácito. Le especifiqué que me refería al griego profundo y cambió el ejemplar por otro de la *Metafísica* de Aristóteles. ¿Cómo puedo explicárselo para que me entienda?

Bien. Digamos que si la mujer es ignorante en materia sexual habrá que proceder con mucha delicadeza, cuidando no escandalizarla ni herirla en sus sentimientos femeniles. Al principio nos limitaremos a la postura del misionero efectuada con higiene y aplicación y con gran derroche de ternura, sin brusquedades. Cuando notemos que va entrando en harina y asimilando nuestras enseñanzas (te sorprenderá lo rápido que aprenden, es que parece que lo llevan en la sangre), ensayaremos la postura del perrito, e iremos introduciendo otras variaciones. Lo importante es no precipitarse. Nada de exhortarla: «Bájate al pilón, guarrilla, que vamos a sacarle brillo al sable» u otras metáforas semejantes que no entendería. Catequízala en el culto a Venus con paciencia, prodigándole besitos canalillo abajo, en plan casi infantil: «¿De quién es este ombliguito bonito que me lo voy a comer?» Y aprovechando las cosquillitas que la hacen reír, te desvías a la zona erógena que rodea el Punto Cero: «¿Y estos pelitos de seda, y este armiño tan suave, y esta mantita de marta cibelina?»[9] Así

---

su aparición en 2005 se han vendido en España más de tres millones de unidades; más que escapularios y rosarios se repartieron cuando vino el padre Peyton a predicar la Cruzada del Rosario en Familia (Rebollo, 2008, p. 76).

9. La alusión a cualquier mamífero de piel suave nos servirá, pero abstente de mencionar a la zorra, no sea que se lo tome como una indirecta y se nos joda el proceso. Algunas son muy suspicaces.

entre juegos de besitos y lametoncitos la inicias en el cunnilingus y, superado el envaramiento inicial, consentirá en la recíproca *fellatio*. Es el momento de enseñarle las aritméticas elementales del 77,28[10] y el resto de lo poco que sepas.

Provócale a la follicantana orgasmos satisfactorios y, si es posible, múltiples, y después invítala a probar otras coyundas, otros orificios distintos de la vía reglamentaria, lo que los antiguos confesores denominaban el «vaso prepóstero». Y advierte que la mujer que prueba el orgasmo anal puede aficionarse a él y despreciar el delantero.[11] Lo mismo puede aplicarse al cunnilingus, una de las suertes que disfrutan las españolas liberadas y no cataron sus madres ni sus abuelas.[12] Si la candidata es feminista, quizá la convenzas si le explicas que es un acto de sumisión masculina que la emperatriz china del siglo VII Wu Chao exigía a todo funcionario imperial que solicitaba una audiencia.[13]

A algunas mujeres las excita contemplar la emisión seminal, esperando que sea tan copiosa y brusca como las eyaculaciones amañadas que han visto en las pelis porno. No estará de más que consultes este extremo a tu compañera de lecho con la debida delicadeza: «¿Dónde riego, mi amor, mis surtidores, / los blancos copos, las nevadas flores?» Ella, si es avisada, te responderá en el mismo tono: «En lo más hondo de mi cueva umbría» o «Montañas siémbrame, frondas y alcores», en alusión a que quiere que el maná de tu virilidad descienda sobre sus pechos, pubis o glúteos.

10. Este 77,28 es lo que antes se conocía como el 69. Consciente de mis deberes ciudadanos hacia la Administración Tributaria, Plan Evasión Cero Impuestos, le he sumado el IVA.

11. Técnicamente, «pedicación» (del latín *pœdicatio o pœdicationis*), pero la Iglesia, tan experta en estas cuestiones, lo denomina «verter en vaso equívoco o prepóstero». Ya Marcial, en el libro XI, 43, 11.12, plantea la equivalencia del coito trasero y el delantero con dama.

12. Antiguamente apenas se practicaba porque el macho ibero, debido a su ignorancia y tosquedad, lo consideraba una práctica degradante y poco viril.

13. Lo explican Allen Edwardes y Robert Masters en *The Cradle of Erotica*, Julian Press, Nueva York, 1966.

A algunas les agrada una cierta rudeza viril, especialmente en la posición dorsal, o sea la de los perritos, que se presta a embestidas, palmadas y palpaciones menos delicadas.[14]

Cada mujer, como cada hombre, es de su manera y tiene gustos o caprichos distintos. No estará de más que, metidos en harina, con tiento, los preguntes. «¿Estás bien?, ¿te gusta así?, ¿te lastimo, amor?» Discreción pues, espíritu de servicio, hilo a la cometa y lo que pida el momento.

Nudistas (y lesbianas) en la década de 1930.

14. Esto también lo ha recogido la poesía. Tenemos, por ejemplo, a García Lorca que dice: «Desnuda, mirando al campo, / como si fuera una perra. / ¡Porque eso soy! Que te miro / y tu hermosura me quema» (*Bodas de Sangre*, 1935). O la delicada composición anónima: «No me jodas en el suelo / como si fuera una perra, / que con esos cojonazos / me llenas el coño de tierra.»

CAPÍTULO 30

Los cronos de la jodienda

El acto sexual, cópula o cubrición se divide para su estudio en cinco tiempos: monta, penetración, acometidas pélvicas, eyaculación y desmonta. Lo políticamente correcto es efectuarlo en un tiempo que oscila entre siete y trece minutos,[1] pero a muchos de

1. Según los sexólogos de la Sociedad de Investigación y Terapia Sexual en Estados Unidos y Canadá, en un estudio aparecido en 2008 en el prestigioso *Journal of Sexual Medicine*. Los sexólogos que participaron en él, con una media de veintiséis años de experiencia viendo a veintitrés pacientes semanales, coinciden en que si dura entre tres y siete minutos «la relación es adecuada», aunque «el coito deseable se extiende entre los siete y los trece minutos». Cuarenta años atrás, Desmond Morris, 1968, p. 70, lo situaba entre los diez y los veinte minutos. Se ve que vamos perdiendo fuelle. Según el estudio del *Journal*, los tiempos reales raramente concuerdan con los tiempos imaginados por los usuarios. Sólo un 14 por ciento de los hombres se reconocen satisfechos con un coito que dure menos de diez minutos. A la mitad de los encuestados le gustaría aguantar por lo menos media hora, y un 36 por ciento preferiría aguantar una hora. Al 52 por ciento de las mujeres les gustaría que la penetración durara por lo menos media hora y al 29 por ciento, una hora. Sólo un 18 por ciento se conforma con menos de diez minutos. «La cultura popular y los mensajes sociales han generado estereotipos sobre la actividad sexual que no son reales. Muchos hombres y mujeres fantasean con penes más grandes, con erecciones más largas y, sobre todo, con coitos que duren toda la noche», comenta Eric Corty, uno de los autores de la investigación, de la Universidad de Pensilvania (Estados Unidos). «Estas expectativas pueden provocar insatisfacción en los individuos que no las logran», añade.

nosotros, especialmente a los más sobrados, nos basta con cuarenta segundos para rematar la faena. La práctica hace al maestro. Lo viene a corroborar, con su insobornable testimonio, el folclore popular, tan elocuente en sus líricas cancioncillas: «Maña, quítate los lutos / y te me abres de piernas, / que faltan cuatro minutos / *pa* que abran las tabernas.»

La duración ideal de un coito es hoy objeto de discusión tanto a niveles académicos como populares.

—¡Psch, más vale terminar pronto! —he oído algunas veces en mi consulta—. A las mujeres no les gusta el acto.

—¿Qué dices, cacho ignorante? No les gusta cuando el dador es un desmañado que malogra con su torpeza esos momentos mágicos. Los orgasmos de la mona humana son mejores que los nuestros. Fíjate que hasta los consiguen múltiples, a ráfaga, mientras nosotros somos de un solo tiro (que no siempre acierta) y después tardamos una eternidad en volver a cargar la escopeta, especialmente, ¡ay!, a ciertas edades. Además, sus orgasmos duran entre treinta y sesenta segundos mientras que los nuestros apenas alcanzan entre diez y quince segundos.[2]

El problema reside en la disparidad de tiempos heredada de cuando éramos promiscuos y vivíamos en los árboles. En aquellos remotos tiempos, la mona en celo copulaba con cuantos monos se le arrimaran atraídos por sus feromonas.[3] Dado que se trataba de un polvo colectivo, o *gang bang*, el mono que montaba a la mona eyaculaba enseguida, visto y no visto, para cederle el sitio al siguiente. Ahora, con la jodida monogamia, un solo mono debe arreglárselas para acometer él solo el trabajo que en su origen correspondía a toda una cuadrilla. ¡*Pa* echarse a temblar![4]

2. Paul Martin, 2009, pp. 42-43. Quizá el lector recuerde el orgasmazo (fingido, ¿eh?) de Meg Ryan en *Cuando Harry encontró a Sally*. Dura veinte segundos, un tiempo perfectamente normal, aunque a muchas les pareció fantasioso debido a que la envidia es muy mala.

3. De este modo se aseguraba un suministro de esperma abundante y variado, a fin de preñarse con el que le ofreciera mejor calidad genética.

4. Los ejemplos que nos da la Naturaleza son concluyentes: el elefante, por ejemplo, cuando acaba de montar a la elefanta barrita, o sea, brama, convocando a otros elefantes a que la monten porque ella no se sacia

Esto explica que, a pesar del prolongado y molesto precalentamiento que nos imponen los sexólogos, a los tíos nos sobrevengan los orgasmos cuando ellas andan todavía a mitad del camino.

En lo tocante al ejercicio venéreo, nosotros viajamos en un tren de alta velocidad y ellas, en un parsimonioso mercancías.

—¿Qué hago ahora? —te preguntas angustiado cuando, en pleno frenesí copulatorio, notas el hormigueo que precede al inminente orgasmo—. ¿Me dejo ir o la saco y corro a la ducha helada antes de que esto se dispare?

Calma, hombre. Todo menos dejarte ir, porque si dejas *in albis* a la señora, ¡menuda es!, te sobrevendrán dos desgracias: la primera, que se sienta decepcionada y no esté tan disponible para el próximo apareamiento que plantees; la segunda, que te clasifique de egoísta.

—¡Eres un egoísta! —te dirá—. ¿Ya te has corrido? Es que vas a lo tuyo.

—Pero, mujer...

—No, si ya me lo dicen mis amigas: los hombres sois todos unos egoístas.[5]

«¿Qué hacer?», te preguntas desorientado. Lo natural y aconsejable es provocarle a ella el orgasmo antes de abandonarte al tuyo (recuerda el cívico consejo: «las señoras, primero»). Por dos motivos a cual más práctico: primero, si tú lo alcanzas antes, la repentina flaccidez del miembro desilusionará a tu pareja. Segundo: como tu orgasmo está a las puertas, te resultará fácil dejarte ir tras el suyo. Incluso es posible que lo consigas simultáneo, que es rizar el rizo. Es fama que el presbítero y canónigo de la catedral de Málaga don Hipólito Lucena, fundador de la orden seglar de las hipolitinas, había alcanzado tal dominio del aparato que conseguía orgasmo simultáneo independientemente del ritmo de la feligresa a la que estuviera atendiendo.

Como tú no eres tan hábil como don Hipólito (de hecho, lo

---

con uno solo y la emprende a trompadas con él en cuanto la desmonta dando por concluida la faena.

5. Y en gran parte llevan razón: el eterno contraste entre el egoísmo del hombre y el altruismo abnegado de la mujer.

apodaban «don Cipólito»), ni dominas ninguna de las técnicas tántricas orientales que retrasan la eyaculación,[6] cuando se aproxime tu orgasmo puedes retardarlo ayudándote de alguna fantasía. Mientras ella, excitada, piensa que se está trabajando a George Clooney o a Richard Gere, tú rememoras tu entrevista con el director del banco, cuando te denegó el aplazamiento de la hipoteca, o piensas que lo estás haciendo con la travesti Carmen de Mairena o imaginas a la vicepresidenta doña Elena Salgado explicando a los medios lo de la congelación de las pensiones y la criogenización de los sueldos de los funcionarios. «No falla», me dirás. Al momento notas que tu erección, que hace un momento era tensa como el pescuezo de un cantaor flamenco, se reblandece y decae. ¡Cuidado! Antes de que entre en fase morcillona y sobrevenga el gatillazo, ahuyenta de tu mente los negros pensamientos descritos y concéntrate de nuevo en la faena que le estás haciendo a la amada, uno, dos, uno, dos, uno, dos, uno, dos, embalado y a tope, y cuando ella suspira: «¡Ay, ay, no pares, no pares!», no se te ocurra dejarte ir pensando que su desenlace es inminente: te limitas a ponerte en estado de alerta amarilla porque eso sólo significa que se está entonando. Si notas nuevamente la proximidad de tu orgasmo (el hormigueo característico), piensa otra vez en algo desagradable. Por ejemplo, plantéate por qué demonios le pusieron los anatomistas «hocico de tenca» al cuello del útero que estás alcanzando con tu émbolo en cada acometida. Tú piensas: «¿Qué es la tenca?» Imaginas un pez prehistórico erizado de espinas, la boca monstruosa guarnecida de tres filas sucesivas de dientes afilados como navajas, los ojos esféricos y luminiscentes colgando de dos antenas siniestras. Sientes el acecho de sus potentes fauces pirañiles sobre tu bálano, que se le acerca y aleja en cada embate. Imaginas que es una morena, ese simpático pez todo dientes, que acecha en su covacha la aproxi-

6. Barbara Hutton, esposa un tiempo del playboy y superdotado dominicano (28 cm) Porfirio Ruborosa, escribió: «Su secreto en el amor es que practica una técnica egipcia llamada *imsak*. Por muy excitado que esté, se contiene. Su placer consiste en excitar a su pareja mientras él se mantiene distante y domina la situación» (Paley, 2000, p. 271).

mación de la incauta merluza, o sea, un merluzo, tú, al que de pronto, ¡zas!, decapita de una dentellada. La cabeza del merluzo es tu bálano en este caso. Al momento notas que la erección pierde consistencia y se deshincha como un globo pinchado.

Recurriendo a estos recursos mentales conseguirás que tu pareja alcance su orgasmo y se te quede como el pajarito que se posó en un cable pelado, cierto. Así culminarás el acto, como el agotado ciclista culmina la cumbre del Tourmalet en el Tour de Francia, y podrás reposar, exhausto y sudoroso, al costado de la amada satisfecha. Tendrás el corazón en la boca, estarás al borde del infarto, sí, pero con el chute de autoestima que supone haberle procurado un orgasmo por tus medios naturales, sin recurrir a manipulaciones o utillajes auxiliares. Eso lo culmina todo.

¿Qué opino de esta técnica dilatoria desde mi experiencia en el diván? Me advierte un sexólogo que es absolutamente contraproducente: olvídate de ella. El efecto rebote es el contrario del deseado.

Ah, se me olvidaba: es posible que con tanto esfuerzo no hayas obtenido tu propio placer. No hay problema. Si consigues reponerte y recuperar un pulso normal antes de que empiecen a manifestársete las molestas agujetas, quizá consigas convencerla, con muchos mimos y cariñitos, para que se entregue de nuevo, como si eso formara parte del «después». Es probable que tras el orgasmazo que ha disfrutado condescienda a no enfadarse si tú alcanzas el tuyo de manera egoísta, sin repetir la operación anterior.

—¡Qué egoístas sois los hombres! —comentará al percibir tu descarga seminal.

No te defiendas, que es peor. Antes bien cúlpate como si te sintieras abrumado por la enormidad de tu delito.

—¡Es verdad! ¡Lo siento, amor mío! Me he dejado arrastrar por mis bajos instintos. ¡Soy un animal despreciable, soy una rata de alcantarilla, soy...!

—Venga, venga —le quitará importancia—. Eres un tío. No lo podéis evitar.

Lo importante es que tú no vayas a lo tuyo, pedazo de egoísta. No pierdas de vista jamás que un orgasmo femenino como Dios manda, de manual, debiera producirse tras la triple excitación de clítoris, punto G y fondo de la vagina, lo que los franceses llaman *cul-de-sac,* donde una presión adecuada les produce, por lo visto, un placer extraordinario.[7]

Técnica y aguante, ésas son las dos palabras mágicas para complacer a una mujer. Las nietas se han vuelto mucho más exigentes que las abuelas, que, debido a su ignorancia, se conformaban con cualquier cosa y no te evaluaban porque no tenían con quién compararte. Esta obligación del aguante es un lastre impuesto por las feministas radicales de Estados Unidos en los años sesenta, Dios las confunda. A las mujeres que se quejan de la escasez de género porque cada vez salen más tíos del armario les diré una cosa: «Vosotras, con tanta exigencia, estáis acabando con la afición.» Ya lo anunció Matt Barry: «Dejar el sexo a las feministas es como irte de vacaciones y confiarle el perro a un taxidermista.»

Acaece a menudo que, debido a la edad, a la obesidad o al cansancio, no estamos en condiciones de cumplir. Éste es el momento de recurrir a la postura descansada, la de Andrómaca: tú boca arriba y ella encima. Era la que usaban dos ilustres gordos: el rey Faruk de Egipto (1920-1965) y Eduardo VII de Inglaterra (1841-1910).[8] En esta posición, ella hace todo el trabajo mien-

7. Más de un paciente me consulta sobre qué orgasmo es preferible: si el vaginal o el clitorideo. Paparruchas freudianas. Hace tiempo que mis colegas Masters y Johnson descubrieron que el orgasmo es el mismo venga del clítoris o de la vagina, ya que nace en la zona sacra de la médula espinal. También descartaron que la vagina sea un órgano de placer femenino: es tan insensible como una piedra. En estos asuntos, la verdad es que la pelota está todavía en el tejado y los aficionados estamos a la espera de que la Secretaría de Estado de Igualdad del Ministerio de Sanidad y Política Social publique las conclusiones del «Mapa de Inervación y Excitación sexual en clítoris y labios menores» (BOE, 16 de febrero de 2010), que está preparando un trabajo que promete ser definitivo (le han presupuestado nada menos que 26.000 euros).

8. Eduardo VII fue un *bon vivant* que pasó sesenta años de su vida como heredero de la corona, a la sombra de la reina Victoria, sin obligaciones, dedicado a la buena vida: los mejores cocineros y las mejores hetairas de Europa se desvivieron por atenderlo. Después de una vida afable,

tras tú colaboras manipulando tetas y trasero, descansadamente. A cierta edad, todos recurrimos a ella, por lo que no está de más que previamente la hayamos persuadido a inscribirse en algún curso de danza del vientre.

—Hoy me he cruzado en la calle con fulanita y está mejor que hace dos años —dejas caer el nombre de una antigua amistad o rival—, para mí que ésta se ha inscrito en alguna academia de danza del vientre.

—¿Qué te hace pensar eso?

—La cintura sin un gramo de grasa, la flexible cadencia de su paso, su grácil caminar de pantera, la firmeza de los pechos que se adivinaba tras la blusa, la aparente dureza del trasero, los brazos nada colgones...

—¡Ah!

La dejas pensativa. Con un poco de suerte, a los pocos días la tienes practicando la danza del vientre.

Imagínate ahora a tu pareja después de un mes acudiendo a las clases de danza del vientre y ya experta en sus tres movimientos principales: los golpes (sacudidas hacia adelante de la pelvis), los giros (rotaciones de la pelvis), las ondas (ondulaciones de los músculos del abdomen): se sentirá más ligera y más joven y tú probarás unos coitos descansados e intensos que nunca pensaste que existieran.

La sabiduría de Oriente, amigo.

Por cierto: si le regalas unas bolas chinas y puedes persuadirla para que combine la danza del vientre con ejercicios de la musculatura vaginal (la acreditada «presa de Cleopatra», véase «Apéndice»), eso sería miel sobre hojuelas. Ya sé que estoy soñando. Hoy día, maleadas como están por el feminismo, creen que cualquier sacrificio por incrementar nuestro placer las rebaja.

Dejemos las quimeras y descendamos ahora a las crudas realidades.

---

se apagó apaciblemente teniendo a un lado de su cama de agonizante a la esposa legítima, la reina Alejandra de Dinamarca, y al otro lado a su amante, lady Alice Keppel (bisabuela, por cierto, de Camilla Parker-Bowles, la esposa del príncipe Carlos).

CAPÍTULO 31

El temido gatillazo

¿Cómo puedo mejorar mi *performance*?, preguntas angustiado mientras clavas en mi pupila de terapeuta sexólogo aficionado tu pupila azul de acomplejado eyaculador precoz. ¿Qué hago cuando me sobreviene un gatillazo?

Algunos pacientes me consultan sobre qué actitud tomar cuando se produce, Dios no lo quiera, el temido gatillazo, también denominado, menos humillantemente, «disfunción eréctil», o sea cuando, digámoslo con las palabras del Evangelio como aquel cura que en el doloroso trance comunicó a la devota presta a entregarse: «Hija mía: el espíritu está presto, pero la carne es débil» (Mt. 26, 41; Mc. 14, 38).

En este caso, lo primero que debe hacer el sufriente es no empeñarse en enderezar lo que no tiene arreglo: si el instrumento falla, no incurras en el patetismo de intentar apuntalarlo malamente mientras tu compañera se impacienta primero, se enfría después y finalmente se pone de mala leche por más que intente disimularlo.

—A ver, ¿qué hace un paracaidista cuando le falla el paracaídas principal?

—Echa mano del de repuesto, el de apertura manual, mi sargento.

Pues tú igual: acaba la faena manualmente o metiendo el gol de cabeza (cunnilingus). Cualquier cosa menos dejar a la dama a dos velas después de excitarla, porque ese fracaso le deja en el subconsciente una cicatriz indeleble como la de los infartos. (Un desgarrado personaje femenino de Williams se queja: «No sé por qué nos encienden el horno cuando después resulta que no tienen nada que cocer.»)

No te acomplejes pensando que ese fracaso marca el comienzo del fin. Depresiones las precisas, y por sexo, menos. Mira el papa, que lleva toda la vida sin mojar y lo contento que se le ve y convencido de que lo suyo es lo bueno. Piensa que eres como los toreros: una mala tarde la tiene cualquiera. Te han echado un toro al corral, vale. No pasa nada. Todavía te quedan muchas tardes de gloria. Todavía saldrás por la puerta grande más de una vez, ánimo. Un gatillazo no significa nada. Todos lo hemos padecido. Es un mal universal desde que el mundo es mundo. ¿No conoces el evocador romance: «Rosa fresca, rosa fresca, / tan garrida y con amor, / cuando yo os tuve en mis brazos / non *vos* supe servir, non»? Pues eso.

—Sí, pero ellas nunca tienen gatillazos —objetarás.

—Pero a veces les duele la cabeza. Vaya lo uno por lo otro.

Recurramos a una parábola. Un día entre los días el sabio Ipanisad, paseando por el campo marceño en el que ya despuntaban, entre los verdes trigos, las rojas amapolas y los amarillos jaramagos, recibió a un recién casado que andaba triste y ojeroso con un ramal en la mano, buscando un árbol donde ahorcarse, porque no lograba complacer a su joven, hermosa y exigente mujer.

—Es que no aguanto más de tres minutos y ella tarda una eternidad en correrse y se queda siempre a medias y cabreada.

—¡Alma de cántaro, qué ignorante eres! —lo zahirió el sabio—. No lo fíes todo al metisaca. Ellas son mucho más versátiles. Tienen mil maneras de alcanzar el orgasmo y no le harán ascos a que se lo proporciones de otro modo igualmente deleitoso, o más.

—¡Instrúyeme, oh, maestro!

—Un hermoso toro pastaba fresca hierba en la ribera del Ganges cuando una molesta mosca cojonera se le posó en el ojete.

»El toro la espantó con el rabo.

»La mosca voló un momento y volvió a posarse en el ojete. ¡Plas! Sacudida con el rabo y la mosca que vuela de nuevo y se posa en el mismo sensible lugar. El toro volvió a espantarla. Eso se repitió otras tres o cuatro veces hasta que la mosca, tras una nueva volada, se posó en el hocico del toro. Entonces él sacó la lengua y, ¡gulp!, se la comió. Fin de la parábola.

—¿Cuál es la enseñanza, oh, maestro? —preguntó el discípulo.

—Lo que no puedas acabar con el rabo, acábalo con la lengua.

En lo tocante a la libido o deseo sexual, es una contrariedad que hombres y mujeres andemos un poco descoordinados en cuanto a los tiempos de siembra y recolección. Los tíos alcanzamos nuestra cúspide libidinosa a los quince o diecisiete años. A partir de ahí, decrece la potencia porque nuestras hormonas masculinas menguan al tiempo que las femeninas, que también las tenemos de serie, aumentan. La mujer, por el contrario, alcanza la cumbre de su apetito sexual entre los veintinueve y los cuarenta años, cuando sus cambios hormonales reconfiguran su cerebro.[1]

¿Qué indica esta discrepancia? Que lo ideal sería que los muchachos apenas llegados a la pubertad, en lugar de matarse a pajas, accedieran a mujeres hechas y derechas rondando la treintena, que es cuando empiezan a dejarse de dengues y tonterías y afrontan los primeros pasos hacia la madurez. Rafael Puget, un hombre entendido, de los de antes, insistía en este punto: «La mujer de treinta años tiene la noción, el fervor y el deseo de la persona que va a recibir. Las mujeres de menor edad reúnen sólo excepcionalmente estas virtudes exquisitas. En general, no saben lo que quieren; son bellas, pero insignificantes, aunque atractivas...»[2]

Dicho de otro modo: desde el punto de vista sexual, la pareja perfecta la forman un pollancón veinteañero y una mujer fogueada a las puertas de su madurez, lo que propiamente llamamos hoy

1. Según el sexólogo Alfred Kinsey, las mujeres alcanzan su plenitud sexual después de los 35 años. Para Desmond Morris, las mujeres más jóvenes tienen mayor dificultad para alcanzar el orgasmo. Con 15 años, sólo un 23 por ciento lo alcanza; con 20, sólo un 53 por ciento; a los 35, un 90 por ciento. Desmond Morris, 1968, p. 76. Según otros autores, el hombre experimenta sus mayores deseos de sexo entre los 17 y los 20 años y la mujer, entre los 35 y los 45.

2. Josep Pla, *Un señor de Barcelona*, Destino, Barcelona, 1945, p. 6.

mujeres pantera (más adelante las veremos). La musa popular ha metaforizado esa lamentable discrepancia con su habitual delicadeza: «Tantos huertos sin regar, / tanto nabo sin consuelo: / Cuando hay toreros no hay toros, / y cuando hay toros no hay toreros.»

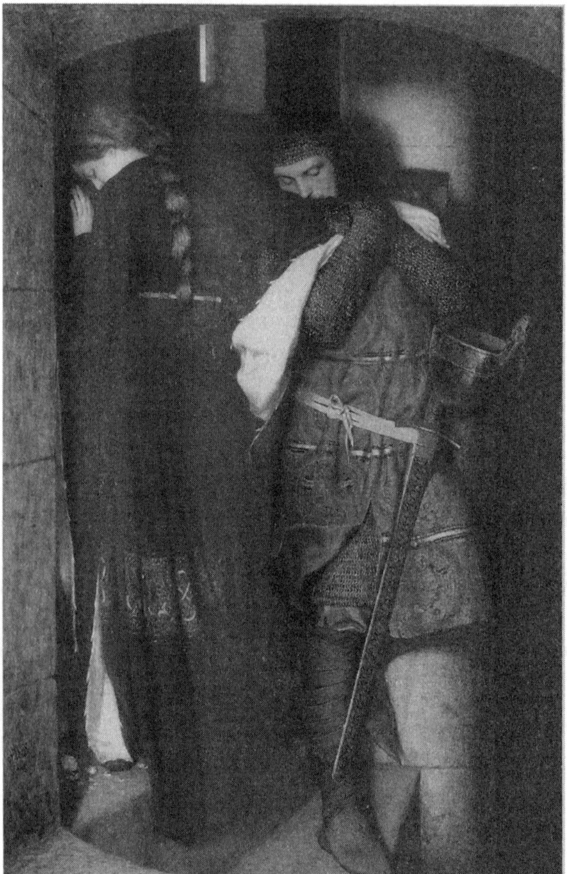

Encuentro en la escalera (F. W. Burton, 1864).

CAPÍTULO 32

Los arrumacos finales

Hemos quedado en que a los machos, debido a nuestras limitaciones cerebrales, se nos dispara la pulsión sexual en cuanto detectamos una ocasión propicia. Después, cumplido el expediente coital, nos enfriamos con la misma rapidez y entramos en la fase REM del sueñecito reparador y, si es posible, roncado.

Las mujeres, por el contrario, debido a su complejidad cerebral, son comunicativas y sentimentales, les gusta hablar como prólogo y como epílogo del acto sexual, a fin de obtener información emocional.

Estos dispares comportamientos son achacables a la oxitocina, la hormona del amor, que ellas segregan en mayor abundancia que nosotros. Además, concluida la faena amorosa, sus oxitocinas tardan más en disiparse que las nuestras. Por eso nos demandan carantoñas y mimos cuando a nosotros lo que realmente nos apetece es que nos dejen en paz mientras descabezamos un sueñecito reparador o fumamos un cigarrillo en silencio, disfrutando el subidón de autoestima que nos provoca la copulación satisfactoria.

Dicho de otro modo: ellas aprecian los preliminares y los posliminares del acto, el «antes» y el «después», mientras que nosotros centramos nuestra apreciación en el breve «durante» copulatorio. A este propósito circula un chiste abominablemente machista que sólo reproduciré aquí, no sin cierta repugnancia, porque resulta bastante ilustrativo. Un amigo le pregunta a otro: «¿A ti qué te parece más satisfactorio, un buen polvo o una buena cagada?» El preguntado se lo piensa un momento y responde: «La cagada, porque cuando terminas no te tienes que pasar media hora abrazado a la taza del váter diciéndole cuánto la quieres.»

Para fidelizar a una mujer y predisponerla a nuevos encuentros íntimos (o simplemente para tratarla con la delicadeza y el amor que exige Venus a sus devotos) hay que contentarla en el primer encuentro íntimo no sólo con el indispensable orgasmo, múltiple a ser posible, sino con un adecuado componente emocional. Cualquier cosa menos criar a nuestro lado otra Yerma lorquiana. «¿Qué vas a pensar cuando te deja en la cama con los ojos tristes mirando al techo y se da media vuelta y se duerme?» (Lorca, *Yerma*, Acto II).

El componente emocional consiste básicamente en prolongar el abrazo poscopulatorio al tiempo que lo adobamos con dulces razones susurradas al oído: «Toda mi vida me he preguntado de qué color es la felicidad. Hoy he descubierto que tú eres ese color.» Suele dar buen resultado. También puede servir: «¿Cómo he podido vivir antes de conocerte?» o bien: «Eres lo más maravilloso que me ha ocurrido. ¿Qué filtro hechicero me has administrado para que te ame tanto?», etc. A nosotros nos estimula la visión de la mujer desnuda; a ellas, sin hacerle ascos a un jayán bien constituido y dotado, debido a su complejidad cerebral, las estimula también lo que escuchan. Como dice Imperio Argentina: «Es que me dejo llevar / de dulces palabritas de amor / y luego que me dejan *plantá* / me dicen con salero que no, / que de lo dicho no hay *na*.»[1]

Toda esta verbalización poscoital que aconsejo y receto debe acompañarse con caricias y besos leves en su nuca despeinada y sudorosa. El coño, ni tocarlo antes de que nos sintamos suficientemente repuestos para la siguiente copulación. Que no parezca que hemos ido sólo a eso. Y cuando ya estemos suficientemente saciados, nada de saltar del lecho abruptamente con fútiles pretextos. Unos minutos de ternuras y caricias constituyen condición *sine qua non* para que guarde un buen recuerdo de la experiencia y se anime a repetirla. Hay que marear la perdiz un rato

1. Canción *¡Viva Sevilla!*, de Rey y Quintero.

proporcional a la intensidad de la sesión que intentamos clausurar. Cumplido este expediente, entonces sí, regresaremos paulatinamente a la realidad cotidiana con algún comentario positivo como: «Me has hecho muy feliz, mujer. No recuerdo haber sido tan feliz desde que el Barça ganó la Copa», «Todavía no nos hemos separado y ya estoy deseando encontrarte de nuevo. ¿Cuándo nos vemos otra vez? ¿Vamos mañana al cine? No quiero que te sientas acosada, pero me gustaría verte pronto». O sea, alguna mención, más o menos explícita, mejor implícita, del siguiente encuentro que sugiera sutilmente que éste ha terminado y hay que irse.

Amor español (postal del decenio de 1950).

CAPÍTULO 33

Rutinas de mantenimiento

La mujer es una segunda madre, una madre sustituta de la primera, a la que tanto añoramos desde el traumático destete. Además de todo lo que nos daba la anterior, nos da sexo. ¿Qué más se puede desear?

Esa dependencia emocional respecto a la mujer, sea madre o esposa, no hay por qué vivirla negativamente. A menudo es lo mejor que puede ocurrirnos en esta vida porque las mujeres son más prudentes y sensatas (de nuevo su complejidad cerebral) y excelentes administradoras de la pareja sin más exigencia que cariño, fidelidad, un poco de limpieza en el baño y haberes.

Cuando una mujer toma posesión de un hombre, el instinto la inclina a cuidarlo como una madre cuida de su hijo o como las hormigas cuidan a esos pulgones de los que extraen sus jugos dulces.

La mujer nos lo da todo a cambio de un poco de comprensión.

—No es fácil comprender a una mujer —aseveró el gurú Vanadartipanchatranpadeza en una reciente charla a sus adeptos—.[1] No es fácil porque, sujeta como está a sus ciclos biológicos, no se trata de una mujer, sino de las varias que se suceden a lo largo del ciclo.[2]

1. Retransmitida por la BBC en febrero de 2010, una recensión apareció en el número 348 de *The Magazin* (marzo de 2010) bajo el título *Occidental complaints and Oriental wisdom in the deep black age.*

2. Tiene razón el indio: el síndrome premenstrual (SPM) se admite como eximente en la legislación de varios países avanzados.

—¿Entonces qué podemos hacer al respecto, Soberana Luz? —preguntó uno de los adeptos.

—Comprensión, mano izquierda, entrega incondicional y paciencia —respondió la Soberana Luz—. La mujer es una criatura delicada que requiere una atención constante. No basta con mantenerla y cuidarla en un nido cómodo dotado de todos los artilugios y potingues que constantemente salen al mercado y anuncia la televisión. Además de todo eso, meramente material, la mujer necesita amor, ternura, atenciones, finezas, que la escuchen..., en fin, implicación emocional además de económica.[3]

A este propósito diré que Blas Burnout Millán, uno de mis pacientes en la consulta de terapeuta aficionado, propietario de un videoclub, tiene observado en su negocio hasta qué punto le cuesta a la mujer disociar el mero sexo del amor.

—Cuando alquilan una peli porno, la ven hasta el final con la ilusión de que el asunto termine en boda.

Así es. Incluso las que practican el llamado «turismo de romance» (que explicaremos cuando le toque) necesitan persuadirse de que están viviendo una desinteresada historia de amor.

Es una pena que la sabiduría de la Soberana Luz no alcance a iluminarnos a todos. Por lo que tengo comprobado en mi consulta y en las charlas informales que capto en la barra de La Inmaculada Concepción de María's, cuando un hombre se ha emparejado y cree que su relación es sólida y segura, descuida a la mujer, prescinde de los detalles propios del cortejo que considera

3. «Davis Buss, que ha estudiado los comportamientos sexuales en 37 culturas diferentes, afirma que la actitud ante el sexo de hombres y mujeres es evolutivamente distinta. Los hombres tienen menor implicación afectiva. En cambio, las mujeres, que durante toda la historia de la especie humana, hasta hace muy pocos años, pasaban la mayor parte de su vida ocupadas con embarazos y crías, en situación muy vulnerable, necesitaban el compromiso emocional del marido para asegurar su subsistencia y la de sus hijos. Esto ha cambiado muy recientemente en algunos países desarrollados, donde la mujer disfruta de una gran protección económica por parte del Estado, lo que ha provocado que en Dinamarca y Suecia el 50 por ciento de los niños nazcan de madres voluntariamente solas» (Marina, 2002).

superfluos, se ensimisma, se centra en sus problemas, en su trabajo, en los resultados de su equipo de fútbol favorito...

En resumen, la caga. Pasa de los fingimientos del cortejo a la descarnada dejadez del matrimonio (o la pareja establecida). La tumba del amor es el matrimonio, y también la primera causa de divorcio (no exagero: está estadísticamente probado).[4]

¿Cómo reacciona la mujer decepcionada y dolida por ese desamor?

Lo primero que hace es racionarte el sexo.[5] «Si tú me escatimas el cariño, el tiempo que pasas conmigo y las atenciones, yo te restrinjo el sexo», parecen decirnos en su callado reproche y en su noble anhelo por componer lo descompuesto y regenerar la convivencia deteriorada.

El hombre prudente que desee prolongar más allá de la fase del enamoramiento esa disponibilidad de su mujer para el sexo y el cuidado de su intendencia, alargará la ficción romántica que ella demanda y la halagará y regalará como en los primeros tiempos de la seducción.[6] De ese modo, seguirá disfrutando de esos juegos y variaciones eróticas a los que la mujer se resiste cuando se disipa el encantamiento inicial.

Para conseguir que ella te lo dé todo, debes tú dárselo a ella

4. No es por incordiar, pero Martín de Lucenay predica que el matrimonio no es más que una institución capitalista, un elemento de reproducción de fuerzas productivas (obreros) que emplea a la mujer como elemento más estable que debe soportar la explotación social (doblemente dura en el caso de la mujer proletaria, además explotada por el marido). De este modo, dice, se hacen pasar por respetables ideas retrógradas como la de la familia (Lucenay, 1979, pássim). Para compensar con una visión católica y, sin embargo, inteligente, aconsejo la lectura de G. K. Chesterton, *La superstición del divorcio* (Sudamericana, Buenos Aires, 1966).

5. Ahí nos duele: como tenemos el hipotálamo más voluminoso y producimos mucha más testosterona, necesitamos mucho más sexo que ellas. En esa disparidad opera fatalmente la ley de la oferta y la demanda. Esto significa que el sexo que necesitas debes comprarlo de un modo u otro con dinero (prostitución) o consentimiento pactado (pareja bien avenida).

6. A ese conjunto sacrificial de dinero, prosa y tiempo se denomina «romanticismo de pareja».

también. La pareja es un toma y daca. El amor no es altruista. Uno da para recibir del otro. Ese cambalache forma parte del romanticismo que ella busca y de la entrega sin gazmoñerías que buscamos nosotros.

Hace falta empatía, ponerse en lugar del otro. La otra persona es distinta, con otras apetencias y necesidades, y cubrirá las tuyas en la medida en que tú la contentes. Esto me trae a la memoria la experiencia de un paciente que se quejaba de la mutación operada en su esposa: «De novios me hacía unas felaciones extraordinarias, ella sentada en la taza del váter; yo, de pie, después de la ducha matinal. A los pocos días de casarnos se descubrió una arruguita en la mejilla, la atribuyó a las cotidianas felaciones y dejó de practicarlas.»

Desde la torpe perspectiva masculina, la arruguita era causa de la suspensión de las felaciones. ¡Error, inmenso error! Ésa es la disculpa que te da, alma de cántaro, ésa es la mera superficie del problema. La verdadera causa de su frialdad reside en que no la estimulas lo suficiente: antes buscaba el contrato matrimonial, o, al menos, el compromiso de la vida en común, el nido. Ya lo ha conseguido. Ahora debes ofrecerle algo más. Comunícate con ella, indaga sus ilusiones, sus proyectos, sírvela, desvívete por ella y verás como regresan las felaciones. Lo de la arruguita en la mejilla tiene arreglo y no sólo con cremas *antiage*.[7]

¿Cómo contentar a una mujer?

Nada más fácil. En primer lugar, cuida los detalles, apunta en tu agenda las fechas románticas: los aniversarios de cuando os conocisteis, de cuando te declaraste, del primer beso, del primer revolcón;[8] su cumpleaños, su onomástica, el día de la madre...

7. En efecto, está demostrado que un suministro regular de orgasmos rejuvenece el organismo femenino y lo hace menos dependiente, e incluso independiente del todo, de las cremas de día, mascarillas, tónicos, cremas hidratantes, cremas nutritivas, cremas reafirmantes, cremas anticelulíticas, cremas que favorecen la circulación, cremas que evitan la retención de líquidos, cremas reductoras, champús, suavizantes, espumas, geles, nueve barras de labios y siete tonos distintos de esmaltes de uñas.

8. La primera paja que te hizo, no, que eso no es romántico. Por otra parte, las hormonas euforizantes contenidas en el semen se absorben a

En esos días, si tu peculio no te permite la adquisición de algo que brille y se adquiera en joyerías, regálale por lo menos flores o bombones o llévala al cine, o a cenar fuera.

Cuidado: no basta con tener esas atenciones en fechas fijas, veinte o treinta al año, y descuidarla el resto. Que no pase día sin atención o sin piropo, aunque sólo sea una mirada sucia y pecaminosa cuando está en la ducha (Wojtyla declaró pecado desear a la esposa si no era con fines reproductivos).[9]

Que va a la peluquería: alaba lo guapa que está. Que estrena un vestido: alaba lo bien que le sienta.[10] Elógiale lo que sea, lo ordenada que es, su risa cantarina, su prudencia, lo rico que le ha salido el cocido.[11]

Sé detalloso, llévale regalitos: la chocolatina que te pusieron con el café, el recambio de la fregona que ayer dijo que necesitabais, un gato chino feliz para la consola de la cocina, una inesperada flor. Si estás atento y piensas un poco en ella, las ideas te saldrán al paso. Imagínate que pasas por la puerta de una floristería y descubres, en el montón de los desperdicios, un clavel desechado porque tenía el tallo demasiado corto. Llegas a casa, besas a la amada y le entregas el clavel. Ella, sorprendida, te pregunta: «¿Y esto?» Tú la vuelves a besar y le susurras al oído: «¿Qué tiene de extraordinario? Una flor para otra flor.»[12]

---

través de las paredes de la vagina y contribuyen al bienestar de la receptora (Morris, 2009, p. 259).

9. Podría ceder a la tentación del chiste fácil («Desear a la mujer propia no es pecado, ¡es milagro, Su Santidad!») si no fuera éste un libro serio.

10. Ya sé lo que van a objetar algunos: entonces irá más a menudo a la peluquería o se comprará más ropa aún. Bueno, el que algo quiere algo debe sacrificar, ¿no? O, como dice José Mota: «Las gallinas que entran por las que salen.»

11. Eso no te compromete a nada. Olvida que tu madre lo hacía mejor; piensa que tu padre pensaba lo mismo del cocido de la suya, tu abuela. La cocina materna, aunque sea deficiente, nos parece la mejor debido a que el gusto se educa en los sabores de la infancia.

12. No hace falta que desaconseje esto de regalar flores a los que trabajan en floristerías o en empresas de pompas fúnebres: la esposa

Ya sé que suena cursi y ridículo. Incluso puede que lo sea. Pero en la calidez de la relación de pareja ese clavel le recuerda que la quieres y que la tienes siempre presente, que eres su enamorado, que esos pelos que dejas en el lavabo y esos ronquidos y esos pedos que soporta en la cama y en el sofá tienen una contrapartida romántica que hace que valga la pena continuar a tu lado.

¿Quieres mantener enamorada a tu mujer?

Hazla reír. La risa libera endorfinas en su cerebro, la hace sentirse mejor, la predispone a la intimidad.

Valora su trabajo. Reconoce que si no fuera por ella la casa sería un desastre y tu vida sería una catástrofe.

Llámala espontáneamente. Un telefonazo desde el trabajo, cuando no lo espera, para decirle simplemente que la quieres: «¿Cómo está hoy mi niña?»

A la mujer hay que escucharla. Escúchala aunque te parezca que habla demasiado o que su conversación es insustancial, menudencias domésticas y cotilleos de patio de vecinos. Recuerda que tiene más conexiones cerebrales y necesita comunicarse, verbalizar y socializar. Por el mismo motivo debes disculpar su aportación a las facturas de teléfono: necesita desahogarse con alguien, y lo hace con las únicas que la escuchan, con las amigas. Intenta escucharla tú. Pero escucharla de verdad, participativamente atento. No basta con fingirlo. Ella intuye cuándo estás pensando en otra cosa, o piensa que estás pensando en otra cosa, y se indispone cuando te pregunta: «¿En qué piensas?», y tú respondes: «En nada.»

Ella ignora que en tu cerebro existen zonas de descanso, como en las autopistas, donde uno no conduce sino que simplemente desconecta. Las mujeres, por el contrario, tienden a pensar continuamente. Creen, como dijimos antes, que si le dices que no pensabas en nada es porque quieres ocultarle que pensa-

---

siempre sospechará que le llevas los descartes o, lo que es peor, flores sustraídas de coronas fúnebres. Mejor que te presentes con un detalle de pastelería o de chocolatería: que vea sinceridad en el gesto y gasto en la dádiva.

bas en otra. Más te vale emitir una mentira piadosa: alguna asociación de ideas que pruebe que la estabas escuchando.

—De pronto, no sé por qué, he recordado cuando nos conocimos —dile—. Ése fue el día más decisivo de mi vida. Y pensar que si no me hubiera dado aquella costalada por hacerme el macho y coger la flor en el escarpe del barranco, tú nunca te hubieras fijado en mí.

—Sí. Ya me había fijado, tú eras el único que destacabas entre tus amigos.

Ella es lista y no añadirá que destacabas por el acné.

Además de escuchada, ella quiere saberse protegida. Aconséjala cuando solicite tu parecer y procura coincidir con lo que ya ella tenía pensado y decidido de antemano: eso te hará ganar puntos.

«¿Qué vestido me favorece más?», te pregunta cuando duda cuál ponerse. Y tú respondes distraídamente: «El magenta que vira ligeramente a verde.» Entonces ella te propone: «¿No te gusta más el beige azuleante, con tonos verde botella virantes a rosa pálido?» Respóndele: «Pues, ahora que lo pienso, llevas razón, cariño. Ése es más bonito. Los dos te sientan de maravilla, pero especialmente, ése.»

O sea: empatía, lo que ella quería oír, ponerse en el lugar del otro. Ése es el pegamento que mantiene unida a la pareja, la empatía.

¿Mentir en el matrimonio es falsear la relación? Por supuesto que no. La sinceridad absoluta es el camino seguro al fracaso. «Donde hay confianza, da asco», dice el sabio refrán castellano.

Sírvela. No te contentes simplemente con bajar la basura. Llévale el desayuno a la cama. Hazle recados. Realiza pequeños trabajos domésticos con tu mejor semblante, descubre el pequeño placer de pasar la aspiradora, de alcanzar con el tubo las pelusillas de debajo del sofá o de la cama. Para ello usa la imaginación: piensa que son jugadores del equipo rival que han invadido tu hogar, tu castillo. Cuando estéis en una reunión de parejas no caigas en la tentación de dar a entender que tú llevas los pantalones en casa, sino más bien todo lo contrario. Fíngete un marido moderno que comparte los quehaceres y la sirve. Aunque no sea del todo verdad, ella se sentirá halagada porque las otras esposas le envidiarán el marido y tenderá a disculpar lo desastre que en realidad eres.

Halágala. Ella, a cierta edad, se siente insegura de su físico, tiene el gran problema de la edad, las arrugas, las carnes fláccidas, la celulitis. Hazle ver que no percibes nada de eso, que la deseas más que nunca. Métele mano al menor descuido. Dile: «Si yo fuera hombre y no un desperdicio, esta ruina humana en que la edad y los disgustos me han convertido, te haría esto y lo otro, estaría todo el día dentro de ti, te ibas a enterar de lo que vale un peine...» Cuanto más basto sea el piropo, más te lo agradecerá, especialmente cuando ya no le echan esos piropos por la calle.

—Pepe, ya no me piropean los albañiles como antes... Ya no me encuentran atractiva.

—¡Qué ignorante eres! Estás mejor que hace veinte años. Lo que pasa es que los albañiles se han amariconado y ya no son lo que eran. Algunos hasta han salido del armario, que era de mampostería, naturalmente. El otro día leí una encuesta (invéntate los datos sobre la marcha) según la cual la decadencia de la libido afecta especialmente a las profesiones relacionadas con la construcción.

—¿De veras?

—Ya lo ves. Por lo visto es cosa del amianto o del cemento. Como antes no había tanto cemento...

Recuerda que las mujeres tienen más visión periférica. Cuando vas por la calle ella percibe cómo miras a las otras, ese escáner constante que tienes en la mirada y que va avisando continuamente «bip, bip, bip», o sea «a ésa me la tiraba y a ésa, y a ésa». Neutraliza esa impresión criticando a toda la que veas:

—Mira aquella rubia, qué manera de provocar. Se creerá que va atractiva con esos muslazos y esas caderas.

—¿No os gustan así a los hombres?

—A otros no digo yo que no les guste, pero al hijo de mi madre le parece repugnante ese contoneo y esas curvas. Para mí, donde se pongan unas caderitas estrechas y huesudas y escurridas como las tuyas que se quite todo.

—Pues a los hombres os gustan así, buenorras...

—Eso era antes, mujer, en tiempos de nuestros abuelos; hoy hay que ser muy tonto para excitarse con una mujer de 90-60-90.[13]

O sea, hazle ver que el tipo ideal, el canon de belleza, es justamente el suyo, y que el resto de los hombres están equivocados o pervertidos por modas absurdas.

—¿No tengo las tetas colgonas?

—A mí me gustan como son, no esas barbaridades que se ven por la calle.

—Pues tú bien que las miras.

—De feas que son.

Complace a tu pareja. No digo solamente llevarla al cine y hacerle regalitos y arrimar un poco el hombro en casa. También me refiero a provocarle orgasmos. Ya sé que, como decía Marcial, esto (el pene) no es cosa que se alargue como el dedo, y que a cierta edad está uno para poco, pero debes esforzarte de todos modos, que vea que mantienes enhiesta, aunque sólo sea moderadamente, la antorcha del amor.

Ya ves lo fácil que es hacerlas felices.

13. Si nos ponemos puntillosos, diremos que las medidas fetén son, en realidad, 60,96 cm de cintura y 86,36 cm de caderas, según un estudio científico de la Universidad de Texas. La proporción áurea (0,70588253) se obtiene de dividir 60,96 entre 86,36: ésa es la medida ideal de la curva entre la cintura y la caderas. Si miramos el cuerpo latino más característico (80 de cintura y 100 de caderas), la proporción áurea se mantiene prácticamente invariable: 0,80. Una objeción: los científicos texanos no han tenido en cuenta las tetas, ya que, según ellos, la belleza femenina radica principalmente en el ratio cintura-caderas. (¡Qué errados andan!)

CAPÍTULO 34

Consejos a la mujer

No quiero pasar adelante sin administrar unos cuantos consejos a las mujeres, porque me consta que algunas leerán este libro (siempre van a lo prohibido, como las moscas a la miel) aparte de mi agente y mi editora, además de mis familiares más cercanos.

Usted, querida amiga, a menudo se queja de que su marido la tiene abandonada, que le da más importancia al trabajo o a la Liga de fútbol que a usted, que no la saca de casa, que incluso el otro día le tuvo que llamar la atención un camarero cuando, sentados en la terraza de un bar, usted le solicitó una Mirinda.

—Oiga —se encaró con su marido—: usted tiene que sacar a su mujer más a menudo, ¿eh?

Esos defectos que le encuentras son ciertos: egoísta, desordenado, poco detalloso, autista, infantil... Consuélese pensando que no existe el matrimonio perfecto mas que cuando un sordo se casa con una ciega, lo que no es su caso.

Seamos constructivos. ¿De qué le sirve sermonear a su marido si sabe perfectamente que no va a cambiar?

Céntrese más bien en sus aspectos positivos. ¿Por qué le da él tanta importancia al trabajo?

Respuesta: Por el afán de ganar más dinero.

¿Y para qué quiere ganar más dinero?

Respuesta: Para traer más caza al hogar.

Si es de éstos, no conviene agobiarlo con quejas: la tiene como una reina porque trabaja como un subsahariano. Déjele tiempo para estar solo o con los amigos. Es natural que necesite estar con sus congéneres para hablar de fútbol o de mujeres o de los recuerdos de la mili, esas simplezas de las que hablan los hombres. Del mismo modo que es natural que usted, querida amiga, necesite estar con otras mujeres para hablar de los hijos, de la casa, de trapos, esas materias que os preocupan y que el hombre no siempre comprende. Es bueno que cada uno tenga su espacio propio, que él celebre la caza y que usted cotorree con las vecinas como cuando vivían en la cueva paleolítica.

Por encima de todo, el respeto mutuo. Confianza toda la que se quiera, pero sin perdernos el respeto. Oigamos a la famosa madame Claude, propietaria y gerente del burdel vip más famoso de París, que tanto sabía de hombres y de mujeres: «El matrimonio, incluso por amor, exige una relación de cortesía y buena educación. Es muy importante. No puede existir una relación duradera si no se respeta a la pareja.»[1]

Mujeres y hombres, dos mundos.

1. Mesquida, 1994, p. 20.

CAPÍTULO 35

Los amantes en la barbería

El otro día, a falta de fútbol en la telebasura, los tertulianos habituales de La Inmaculada Concepción de María's nos entretuvimos viendo un programa rosa en el que una cuadrilla de petardos y petardas comentaban los arrejuntamientos y separaciones de otros petardos y petardas sin oficio conocido, famosos solamente porque salen en la tele.

El tema dominante, los cuernos, me hizo pensar en la cantidad de problemas que acarrea la infidelidad. Algunos tertulianos aseguraban que ha crecido al amparo de la libertad sexual y de la vida moderna;[1] otros, que cuernos hubo siempre, lo que pasa es que ahora no se les concede la importancia de antaño y por eso son más notorios.

La mitad de mis pacientes consultan asuntos de cuernos, unas veces porque los están poniendo y les remuerde la conciencia, otras porque se los ponen a ellos; y otras, finalmente, por alardear y contarlo. De todo hay.

—¿Vosotros ponéis los cuernos porque sois muy machos?

1. Incluso han surgido empresas como Coartada Club, Servicios de Coartadas o La Boutique del Engaño Inteligente, que suministran una conveniente coartada para casados/as infieles que quieran echar una cana al aire sin las premuras de tiempo que a menudo impone la clandestinidad. Una de ellas se anuncia así en Internet: «¿Cuánto tiempo llevas posponiendo esa cita por no encontrar una coartada apropiada, sólida y creíble?» El 50 por ciento de sus clientes son mujeres (Rebollo, 2008, p. 77).

—replican las mujeres—. ¡Pues veréis de lo que somos capaces nosotras!

El resultado ha sido el nacimiento de una mujer sexualmente liberada, la hembra miscelánea que copula con todo macho apetecible. ¡Y ellas lo tienen más fácil![2]

Bien mirado, uno de los motores de la historia han sido los cuernos.

Por unos cuernos comenzó la guerra de Troya, toda Grecia movilizada para lavar la honra del rey Menelao y, subsidiariamente, si ello fuera posible, persuadir a la bella Helena de la conveniencia de reintegrarse al lecho conyugal.

Por unos cuernos se separaron los Albertos de las Koplowitz, lo que acarreó un cataclismo financiero y empresarial de vastas proporciones.[3]

—Por unos cuernos mató mi tío Ahmed a su mujer —añadió Mohamed—. La muy ladina usaba el tradicional velo islámico para visitar a su amante sin que nadie la conociera. La descubrieron porque Alá permitió que el techo se hundiera a causa de la vehemencia con que pecaban, y los adúlteros cayeron, con cama y todo, en la barbería Las liendres, que estaba debajo, en la hora de mayor concurrencia. Tres heridos graves provocó el lance.[4]

2. Facilísimo, realmente. ¿Conocéis el chiste? El niño le enseña la pilila a la niña y le dice: «Yo tengo esto y tú no.» Ella va llorando a buscar a su mamá, con el complejo de castración a cuestas. Al día siguiente se encuentran de nuevo, ella mucho más tranquila, y él vuelve a la carga a hacerla rabiar con su chorrinita: «¡Mira: yo tengo esto y tú no!» A lo que ella replica, mostrándole su hendidura: «Me ha dicho mi mamá que, cuando sea mayor, con esto puedo tener todos los esos que quiera.» Como dicen los Pease: «La castidad y la fidelidad de las mujeres está directamente relacionada con su dependencia de los recursos del hombre [...]. Por eso los índices de sexo premarital o extramarital crecen en países de alto nivel de bienestar social y, al contrario, el sexo extramarital de la mujer es infrecuente en países que proporcionan poca ayuda social como India o China» (Pease, 2007, p. 119).

3. Todo empezó porque uno de ellos tenía una rubia estupenda en casa y se fue con un florerito: para que se vea lo tontos que somos a veces.

4. El suceso, rigurosamente cierto, acaeció en una ciudad magrebí en

—Por unos cuernos me vetaron a mí en Suecia —intervino Ingrid Bergman desde el cartel de *Casablanca*.[5]

Ya explicamos, páginas atrás, que la psicología evolutiva (la que trata de explicar cómo y por qué ha evolucionado la conducta de nuestra especie) admite que la promiscuidad es una cuestión orgánica, genética.[6]

—¿Quiere eso decir que la fidelidad, la pareja y el matrimonio son imposiciones culturales recientes en términos evolutivos? —intervino Vicente Vallecillo Arjonilla, el gerente de la Funeraria El Descanso Eterno.

—Así es —respondí—. El macho cazador, cuando se vio obligado a mantener a una hembra y a su camada, le exigió, a cambio, que le fuera fiel, porque quería asegurarse de que los hijos que concibiera transmitirían sus genes.[7]

—¿Y ella estuvo de acuerdo? —preguntó Paco Estero Escañuela.

1982. Los adúlteros pagaron los desperfectos de la barbería y las costas del hospital, además de recibir una tunda de doscientos latigazos en la plaza pública.

5. Cuando se divulgó que el hijo que esperaba no era de su esposo sino del director Roberto Rosellini, su amante.

6. Así la denomina el científico David Bush de la Universidad de Michigan. Y Luis Rojas Marcos señala que «antropológicamente, el ser humano tiende a la pareja múltiple». Hasta hace poco, los defensores de la familia tradicional nos ponían como ejemplo de fidelidad matrimonial a las aves. Las investigaciones más recientes invalidan esa creencia: «Antes de la década de los ochenta se creía que más del 90 por ciento de las especies de aves eran monógamas, al menos durante el periodo de cría, y se creía también que muchas parejas lo eran de por vida. Pero el uso extendido de mejores técnicas genéticas y pruebas de paternidad dieron al traste con esa idea [...] la infidelidad es común y los machos a menudo ayudan en el cuidado de crías que no son suyas», leemos en Judson, 2004, pp. 160-161.

7. «Éste es el origen de la "luna de miel", que en un principio debía durar veintiocho días, un mes lunar, que es también el ciclo completo de la mujer, durante los cuales la pareja debía permanecer junta sin contactos externos. Esto aseguraba que durante los días fecundos de la mujer el único que podía fecundarla era el marido» (Tasso, 2008, p. 109).

—Ella hizo lo que todas. Te dan la razón y luego hacen lo que les parece. La monilla no tenía motivos genéticos para exigirle reciprocidad al mono, pero, no obstante, prefería que no copulara con otras. A ninguna le gusta compartir la caza de su macho con rivales o antecesoras.[8]

—De eso puedo dar fe —apuntó Ceferino Escavias Andújar, del Ilustre Colegio Notarial—. De ahí la obsesión que tienen por enmendarle la plana a la naturaleza y parecer más jóvenes y atractivas que las demás (o sea, más fecundas e idóneas para transmitir los genes). Se gastan el patrimonio en cremas y potingues, y luego, tras el deceso y la apertura del testamento, me vienen los albaceas y los herederos protestando que sólo quedan deudas. Esa competencia por parecer jóvenes tiraniza incluso a la mujer moderna, supuestamente liberada.[9]

Si la promiscuidad es lo natural, fácilmente se deduce que la infidelidad también es natural. La hipocresía de la sociedad en general y la discreción de los adúlteros, y especialmente de las adúlteras (la vida les iba en ello), ha permitido que, a lo largo de la historia, la inmensa mayoría de matrimonios hayan discurrido por la vida sin sombra de sospecha.

—Dímelo a mí —intervino Ingrid—. Como dicen los franceses, el matrimonio es tan pesada carga que a menudo se necesitan tres personas para llevarla.[10]

8. De ahí que las segundas esposas se desvivan por alejar al marido de las primeras y de los hijos que tuvieron con ellas. En mi consultorio de terapeuta aficionado tengo visto más de un caso en el que hembras taimadas que quieren apropiarse de toda la caza exigen que el cazador se dedique a ellas en exclusiva y lo presionan para que desatienda sus obligaciones pecuniarias con la anterior familia. «Basta con mostrarte seria y distante el día que habla con los hijos de la otra, aunque sólo sea por teléfono», aconsejaba una en un chat. Los silencios siempre hacen mella en el hombre, ese pardillo. Véase al respecto el libro de Pérez Aranda (1993) y el de Díaz-Plaja (1980).

9. Liberada del hombre, quizá, pero no de la tiranía de la naturaleza, de su propio instinto.

10. La psicoterapeuta Esther Perel, de amplia experiencia en parejas, está convencida de que a menudo la existencia de un amante puede evitar

Existen infidelidades de un solo episodio (dos desconocidos coinciden en el AVE, charlan, intercambian confidencias, copulan en el retrete y al llegar a la estación terminal toman un café antes de despedirse para siempre), y existen infidelidades de largo recorrido que duran toda una vida, paralelas al matrimonio, como un segundo matrimonio, más sincero en realidad, que ayuda a sobrellevar el primero. A veces la pareja infiel decide cortar con los legítimos y vivir juntos. ¡Mal, muy mal! Mi experiencia como terapeuta aficionado me indica que, en nueve de cada diez casos, lo que antes era excitante y misterioso encuentro clandestino se convertirá al poco tiempo en tedio matrimonial y nuevamente tendrán que buscar cada uno por su lado a un tercero que les ayude a soportarlo. El mal no estaba en los anteriores cónyuges sino en la rutina que inevitablemente se apodera de la pareja, en el aburrimiento, en la relajación, en presenciar cada día las miserias del otro, sus pelos en el fondo de la bañera, sus zapatillas malolientes que no se decide a cambiar porque les ha tomado cariño (o apego).

Mi consejo terapéutico a los cornudos es siempre el mismo: calma y no hacerse mala sangre ni recurrir a venganzas calderonianas. Consolarse porque esa situación es más cotidiana de lo que parece. Si reputados biólogos afirman que «la infidelidad es la norma y no la excepción en casi todas las monogamias animales»,[11] el mono salido, a cuya especie pertenecemos, no iba a ser distinto: lleva la promiscuidad en la sangre. Cuando vivíamos en los árboles, toda mona en celo atraía a una pandilla de machos que la montaban por turnos. Las preñeces no tenían padre reconocido, eran patrimonio de la colectividad.[12] Ahora he-

---

la ruina de la pareja, según leemos en el artículo de Polly Vernon y A. B. «¡Cuidado! La infidelidad puede ser buena para la salud», *Magazine, El Mundo*, 2006.

11. El biólogo Ambrosio García Leal, ibídem. En el artículo «*Monogamy versus Promiscuity*», de Natalie Angier, aparecido en *The New York Times* el 25 de marzo de 2003, la cifra de mamíferos monógamos reportados es de entre el uno y el dos por ciento, y los etólogos más optimistas no reportan más del cinco por ciento.

12. Así viven nuestros parientes los bonobos de la selva tropical del

mos abandonado los árboles pero no el instinto. Es lo que vengo diciendo a lo largo del libro: si eres macho, te empujará a copular con cuantas hembras te lo permitan a fin de asegurarte la pervivencia de tus genes.[13] Si eres hembra, el mismo instinto natural te arrastrará a los brazos de pollancones atractivos que les aseguren a tus crías unos genes potentes.

O sea, nosotros buscamos cantidad; ellas, calidad.

El caso de san José Bendito viene a ejemplificar lo que exponemos. Aquí tenemos el clásico emparejamiento desigual entre un venerable anciano de barba blanca y una jovencita en flor. Evidentemente, se trata de una boda por interés en la que José pone sus haberes (una próspera carpintería) y ella, su juventud.

Antes de contraer matrimonio (y de consumarlo), María se queda preñada. ¿De quién?, ¿del anciano novio? No. Se sabe de cierto que José no ha sido, aunque él, que es todo un caballero, decide, a pesar de todo, casarse y reconocer como hijo suyo lo que venga.[14]

La historia de José y María, si nos atenemos a lo estrictamente científico y conductual (en teologías no me meto), ejemplifica lo que venimos exponiendo: ante la perspectiva de concebir de un hombre declinante y viejo, la Naturaleza arrastra a María a buscarse unos genes potentes para su prole. ¿Y quién más poten-

---

Congo, todo el día socializando con el sexo, sin sentimientos posesivos, ni celos, ni malos rollos.

13. Por cierto, la tendencia se acentúa cuando el *homo salidus* se ha criado al amparo de una niñera. Según mi colega el psiquiatra Dennis Friedman, del Real Colegio de Psiquiatras Británico, en su libro *Un regalo que no se pidió*, los mancebicos criados al cuidado de una niñera desarrollan una doble polaridad: por una parte hacia la madre biológica y por otra hacia la madre nutricia que les da el biberón. Cuando el niño crece y sustituye a la madre biológica por la esposa, buscará otra relación paralela que sustituya a la niñera. Estupenda argucia para justificar la cornificación de la parienta, ¿eh?

14. Los Evangelios aseveran que José y María sólo mantuvieron relaciones sexuales completas después del nacimiento de Jesús: «Pero no la conoció hasta después del nacimiento de Jesús» (Mt. 1, 25).

te que el propio Dios, si creemos el testimonio de la interesada, refrendado por la Iglesia?[15]

Fuentes tardías atribuyen la preñez de María a un soldado romano llamado «Pantera»,[16] lo que no contradice en absoluto lo que venimos diciendo, ya que, con ese oficio y con ese nombre, hemos de suponerlo fornido, apuesto y excelentemente dotado (de genes, se entiende), que es lo que ellas van buscando.

Así lo entendió también José, el cual, bondadoso y comprensivo, dijo pelillos a la mar y decidió cargar con la paternidad putativa de la criatura.[17] No deja de ser significativo que después del episodio de Belén, san José no vuelva a mencionarse en los Evangelios.[18]

15. En efecto, interrogada por sus padres sobre el fautor de la preñez, relató que el arcángel Gabriel se le había aparecido para anunciarle que iba a tener un hijo por inseminación divina (el Espíritu Santo), una explicación algo confusa que ella aceptó.

16. Trato este asunto en mi libro *El catolicismo explicado a las ovejas* (Planeta, 2008). En su tiempo, Jesús tuvo que soportar que los que rechazaban sus predicaciones le recordaran su nacimiento irregular: «Nosotros no hemos nacido de la prostitución», le decían, como dando a entender que él sí (Jn. 8, 41). El caso es que se ha localizado la lápida sepulcral de un soldado romano llamado Panthera, nacido en Sidón, a sesenta kilómetros del supuesto Nazaret, que vivió en Tierra Santa hasta el año 6 y después fue trasladado a una guarnición de Alemania, donde falleció. Hay fotos de su lápida sepulcral en mi libro citado.

17. En el Evangelio de Mateo, un ángel se le aparece en sueños a José y le advierte: «No temas tomar contigo a María, tu mujer, porque lo engendrado en ella es del Espíritu Santo.» El santo varón parece aceptar la confusa explicación. No sabemos si se lo creyó o si, simplemente, aceptó la situación porque era así de bueno.

18. Le concedieron la santidad, como ahora conceden una condecoración a los ministros destituidos, y no se volvieron a ocupar de él: como si se lo hubiera tragado la tierra. San Bernardo, en el siglo XII, sospecha que san José sólo fue una cobertura de conveniencia para «salvar el honor de María» y escoltarla en su viaje a Belén. ¡Así le han pagado su comprensión y el sacrificio de su reputación por acomodarse a los planes divinos! La Iglesia nunca le ha hecho justicia y muchos menos el pueblo cristiano que, en sus coplillas, lo pregona de tonto (en lo que subliminalmente hemos de ver una burla al cornudo complaciente que ven en él). Júzguen-

En los apéndices encontrará el lector interesado más datos acerca de la infidelidad. No los pongo aquí por no hacerle mal cuerpo para las páginas venideras.

se, si no, estos villancicos: «San José Bendito / por hacerse el chulo / ha *entrao* en una cueva / y le han *dao* por culo»; «San José Bendito, / ¿cómo te apañaste / *pa* cogerte un huevo / con los alicates?».

CAPÍTULO 36

La fascinación del macarra

La mujer, ya lo hemos visto, se empareja con un buen proveedor de su casa que la mantenga a ella y a sus hijos, pero también aprecia al macho duro y dominante (*El cartero siempre llama dos veces*), o sea, al chulo. La mujer, de ordinario tan sensata, pierde a menudo la cabeza por un chulo que puede arruinarle la vida. Éste es uno de esos misterios que ellas encierran.

A este propósito nada mejor que escuchar explicarse a una mujer moderna, liberada: «Supongo que les pasa a muchas, pero yo no me puedo resistir a un chico malo. Esos eternos lobos esteparios de mirada dura y mandíbula cuadrada, que primero son capaces de cortarse una mano antes de dar muestras de debilidad. Por lo general, son antisistema, anticapitalistas, anticomunistas y cualquier anti que a uno se le ocurra. Es inevitable querer ser cobijada en su pecho enfundado en una chaqueta de cuero bien usada, con un dejo a tabaco y alcohol. Querer tirárselo en un motel barato, tipo película gringa, y aullarle juntos a la luna llena. Sentirse protegida por este tipo duro, bello. Escandalizar a familiares cercanos y lejanos, clavarle las uñas en su espalda fibrosa para dejarlo marcado, para que no se te vaya a ir en alguna de sus noches de juerga. Estos hombres no te invitan: esperan que tú pagues por el privilegio de ser la elegida de la noche. Cada muestra de cariño de estos tipos vale por ocho del resto, por lo escasas. Esos instantes breves en que te miran fijamente a los ojos, y con su voz más profunda te dicen: "Me caes bien", porque parecen ser incapaces de verbalizar algo más comprometido que eso. Y claro, una, la muy tonta, llega a temblar de la emoción. Porque ÉL, el chico malo, te pesca. Nos compramos completo el cuento de que en el fondo los americanos son dulces. Y es verdad, en el fondo son dulces, no son más que niñitos que juegan a ser "chori". Pero no son mucho más que eso, y al final es una la que los protege de este mundo malo que les exige trabajar y apoyar a su pareja. Después de su diatriba antisistema n.º 678, ya una los empieza a encontrar un poquitín pesados. Cuando no son capaces de nada por estar carreteados, una ya se empieza a aburrir de tanto rock. Y termina dándose cuenta de que su rollete antisistema es simplemente la defensa ante su propia incapacidad de adaptarse a algún sistema, no importa cuál. Y el tiempo pasa, la chaqueta de cuero le empieza a quedar apretada, y en vez de parecer un rebelde sin causa comienza a parecer un sindicalista satisfecho. Bajo su cuadrada mandíbula cuelga la papada, y entra definitivamente en la decadencia del chico malo. Queda "marlonbrandeado", por decirlo en palabras de una amiga. Pero sigue gritándole a los cuatro vientos que su libertad es lo más importante, y ya no queda nadie alrededor para escucharlo.»[1]

Quizá sea la mujer, por una vez, víctima de la pulsión más primitiva de la naturaleza, la que la arrastra a entregarse al macho alfa, para asegurar a sus hijos unos genes potentes.[2] Si el hombre que en cada emisión seminal suelta millones de espermatozoides se decanta por la cantidad, o sea, por inseminar a cuantas más hembras mejor; la mujer, que sólo dispone a lo largo de su vida

1. Esta confesión de una chica chilena llamada Simone aparece en la página web del Simi (Sindicato de Mujeres Insatisfechas).

2. Buenos ejemplos de ello los tenemos en los mandatarios sudafricanos. El presidente Jacob Zuma le puso los baúles en la puerta a su tercera esposa, la hermosa (o gorda para el canon occidental) doña Nompumelo Ntuli, quien lo había cornificado con un atractivo guardaespaldas, don Phinda Thomo, el cual, al enterarse de que había preñado a la tercera dama, se suicidó (*ABC*, 5 de junio de 2010, p. 30). También Winnie Mandela, la gran luchadora contra el *apartheid*, sucumbió a la tentación de los chicos malos e incluso mantuvo una guardia pretoriana personal formada por jóvenes atletas, el Club de Fútbol de la Unión Mandela.

fértil de un número limitado de óvulos, tiene que mirar la calidad.[3] En el fondo, los dos tienden a lo mismo, a la perpetuación de la especie, pero desde distintos ángulos. Lo que ocurre es que el gasto de la reproducción es infinitamente mayor para ellas que para los machos de la especie. El macho echa su casquete, se ajusta los pantalones y ahí queda eso, una muesca más en la culata de su Colt 45 (más bien Colt 7 u 8).[4] Ella se queda embarazada y carga con las consecuencias. Para la reproductora humana es vital asegurarse los alimentos que le ayudarán a reponer la energía que pierde en gestación y crianza, por eso no tiene más remedio que ser interesada (teoría de Trivers).

La hembra primitiva se esforzaba en seducir a un macho potente y sobrado de testosterona, al mejor cazador y defensor de su camada. Entonces coincidían fortaleza y herencia genética. Hoy, no. Hoy la fortaleza la da el dinero y la hembra tiene el corazón *partío*: para proveedor escogerá al pudiente, aunque sea un alfeñique; y para reproductor, el instinto siempre la arrastrará al potente, aunque no tenga donde caerse muerto, el chico malo del cuento anterior.[5]

3. Anisogamia llamamos a la enorme diferencia de la inversión que cada parte de la pareja hace, los tasados óvulos y los innumerables espermatozoides. El óvulo que aporta la mujer sólo se reproduce una vez en cada ciclo menstrual (28 días); por el contrario, los espermatozoides que aporta el hombre se reproducen por millones constantemente. Los espermatozoides sobreabundan y pueden derrocharse, pero el óvulo fecundable escasea: lo importante es que el bebé resultante tenga el futuro asegurado frente a las contingencias de la vida por la tutela de un padre poderoso y rico que cuide de la madre y de su retoño. Por el contrario, al hombre le interesa depositar sus espermatozoides en una hembra joven y sana que le asegure una transmisión de sus genes en individuos fuertes y sanos.

4. Este esquematismo mental del macho va desapareciendo con el despabile de la mujer, pero era lo normal en España hasta época reciente, en los tiempos de Alfredo Landa. Los interesados lean el libro de José Antonio Valverde *El macho herido* (Quorum, Madrid, 1986).

5. Para Spector, «esta estrategia sólo funciona con un número reducido de mujeres. Si existiera un grado excesivo de infidelidad femenina, los hombres se percatarían y podrían abandonar e incluso asesinar a ma-

«El éxito evolutivo de la especie humana se debió al cambio radical de conducta sexual de la hembra, porque pasó a ser ella quien elegía.»[6] Incluso en grupos de primates monógamos que controlan rígidamente a las hembras, un elevado porcentaje de hijos no transmiten el ADN del supuesto padre. ¿Qué ocurre? La hembra, más lista que el hambre, aprovecha las ausencias del macho para aparearse con otro genéticamente superior (o sea, un guaperas). Eso también ocurre, más de lo que parece, en la especie humana. Todos los hijos son de la madre, pero entre un 10 y un 30 por ciento de ellos no son del supuesto padre (la cifra varía mucho dependiendo de los países y las clases sociales).[7] Algunos estudios, francamente impertinentes, elevan el número de hijos producto de la infidelidad hasta un 30 por ciento.[8]

Esta propensión a la infidelidad concuerda con la teoría de la evolución que inclina a mejorar la especie. Si una mujer cohabita con más de un hombre en una semana, los espermatozoides de

---

dre y cría. De este modo, un equilibrio entre fieles e infieles, entre castas y promiscuas en la población, puede ser una estrategia clave en el éxito de nuestra especie». De Bourdeille, en tiempos de Cervantes, observaba la impunidad con la que las casadas podían quedarse preñadas del amante: «No temen, ya que si así sucediera, el marido cargaría con toda la responsabilidad» (De Bourdeille, 2006, p. 21).

6. Domínguez-Rodrigo, 2004.

7. Un dato revelador: «De las ventas de una prueba de paternidad de venta en las farmacias, NO válida ante los tribunales, se deduce ¡que las mujeres son el 75 por ciento de las compradoras! Esto indica que dichas mujeres quieren asegurarse de quién es el padre, antes de acudir a un juicio, para el cual se exigen pruebas genéticas más caras y complejas. Es decir, que si ellas no saben quién es el padre, es porque han tenido varias parejas sexuales» (Mediano, 2009, p. 368). En España, el 10 por ciento de los hombres que se someten a las pruebas de paternidad ve confirmadas sus sospechas. La mitad de estas pruebas se hacen a espaldas de la madre, en laboratorios privados donde es suficiente con atestiguar la patria potestad o la custodia del niño (*Tiempo*, 11 de octubre de 1999, p. 88).

8. «¿Qué nos dicen los ensayos genéticos acerca de las tasas de infidelidad entre los seres humanos? Suele rumorearse que es extraordinariamente alta en los humanos, de hasta un 30 por ciento», dice Judson, 2004, p. 169.

los distintos amantes rivalizan y es probable que el genéticamente más fuerte fecunde el óvulo.

Otros científicos confirman esa tendencia femenina a la mejora genética: «Los resultados de nuestro estudio muestran que las mujeres presentaron mayor interés sexual y fantasías hacia el resto de los hombres —no hacia su pareja— cuando son fértiles que cuando no lo son.»[9]

A mi consultorio llegan a veces casos de mujeres que pierden la cabeza por un tío, maridos destrozados a los que la mujer ha abandonado para largarse con un mocetón más joven que ellos (los maridos) y que ellas (las mujeres).

—¿Se me aliviará esta desazón, esta frustración, esta tristeza si me suicido? —me consultan.

—¡Eso, jamás! —les respondo—. ¡La violencia, nunca! En cuanto conozcas la raíz de tu problema desaparecerá esa frustración: somos criaturas racionales. Hemos de comprender por qué ocurren las cosas, por qué las personas obramos como obramos.

Y le explico que, en realidad, su mujer no se ha largado con ese tipo porque lo quiera ni porque haya dejado de quererle a él. Simplemente es víctima de la Naturaleza: la descarga hormonal que la arrastra a aparearse con un macho de excelentes genes para sus crías ha sido más fuerte que la cautela de buscar un macho bien situado que les asegure la manutención y crianza hasta que estén en condiciones de emanciparse y navegar por ellos mismos.

Claro, ahí está el conflicto. Y por eso algunas, no tantas, se casan con el empresario adinerado enclenque y con varices, pero se quedan embarazadas del jardinero robusto o del repartidor del supermercado. Ya que no los pueden tener a los dos juntos, como sería lo ideal, los tienen a cada uno por separado, con excelentes resultados en lo relativo a la propagación y mejora de la especie.

9. Según los profesores Steven Gangestad, Randy Thornhill y Christine Garver, de la Universidad de Nuevo México. Cfr. Juan Scaliter, «Una excusa genial», *Quo*, n.º 134, noviembre de 2006, p. 50.

CAPÍTULO 37

Dime, niño..., ¿de quién eres?

Un chiste de los que cuentan en La Inmaculada Concepción de María's: Un matrimonio había tenido siete hijos y el padre, orgulloso de su prole, adoptó la costumbre de llamar a la mujer Madre-de-siete-hijos en lugar de Maximina, como realmente se llamaba, Maxi para los íntimos. Ella se lo había advertido reiteradamente: «Mira, Pepe, no es por nada, pero que no me gusta que me llames así, que parece que es que me has cogido como si fuera una coneja, sólo por la prole, llámame Maxi, como cuando éramos novios y me invitabas a chocolate y churros en San Ginés.»

Pero él, obstinado como solemos ser los tíos, seguía erre que erre llamándola Madre-de-siete-hijos, incluso delante de gente extraña.

Hasta que un día ella se cansó.

Suena la llave en la puerta y se escucha la voz del jovial esposo:

—Madre-de-siete-hijos, ¿tienes preparada la cena?

—Aquí la tienes calentita, Padre-de-cuatro-hijos.

En los años cincuenta del siglo XX, antes de los anticonceptivos, unos científicos estadounidenses que investigaban la herencia de los grupos sanguíneos descubrieron asombrados que una cuarta parte de los hijos no eran de su presunto padre. El descubrimiento se silenció por motivos obvios.[1]

«Hace poco se intentó realizar un estudio genético en una de

1. Mediano, 2009, pp. 17-18.

las múltiples comunidades histéricas (sic) españolas, o más o menos españolas. Dicho estudio se suspendió en aras de la felicidad y armonía conyugal, porque se obtenía un elevado porcentaje de hijos que no correspondían al padre a quien deberían corresponder según el libro de familia.»[2]

—¡Es que son unas putas...! —me imagino al misógino tendido en el diván de mi consulta o al misógino agazapado entre los pliegues cerebrales de cada macho.

—No, no son unas putas —disiento desde mi responsabilidad de terapeuta aficionado especializado en los trastornos emocionales de la pareja—. Lo que son es unas románticas que se dan con generosidad.[3] Y, además, son lo mejor que hay en la naturaleza. Ocurre que están condicionadas por las ciegas leyes de la evolución, lo mismo que nosotros.

—O sea, que no hay culpables...

—En efecto, las reclamaciones al maestro armero, es decir, a Dios, si crees en él, y si no a Darwin, que fue el que lo lió todo.

A este propósito, y en vista de que este coñazo de la berrea se prolonga, contaré un sucedido veraz: las monjas de cierto colegio concertado han organizado un belén viviente con alumnos. Es notorio (excepto para el marido, como suele suceder) que la mamá del que hace de niño Jesús intimó con uno de los padres presentes genéticamente superiores a su marido. Las monjitas comienzan a cantar el cándido villancico *Dime, niño..., ¿de quién eres?* La mamá del niño Jesús cree que la cancioncilla va con segundas e interrumpiendo el emotivo acto invade atropelladamente el escenario, coge a su niño Jesús de la mano y abandona el salón de actos dando un portazo:

—¡Vámonos, hijo, que son todas unos bichos!

2. Mediano, 2009, p. 17.

3. Ya lo dice Erika Jong: «El sexo, por definición, es algo que se hace con una persona con la que no estás casada [...] el matrimonio es la base de tu vida, una camaradería, una amistad, y resulta muy difícil ser enigmático y misterioso con la persona con la que compartes todo esto.» Véase Jong, 1995, p. 231.

CAPÍTULO 38

Fin de semana en las montañas del Sulitjelma

Antiguamente, se toleraba socialmente la infidelidad del hombre, y solamente ponían los cuernos las mujeres, pero hoy, debido a la equiparación de los dos sexos, también se habla de mujeres traicionadas.[1]

—Eso será en las sociedades menos desarrolladas —replicó Ingrid desde el cartel de *Casablanca*—, en las que las mujeres se han limitado a imitar las sinrazones de los hombres. En las desarrolladas (países nórdicos principalmente) se va imponiendo la pareja abierta en la que ningún miembro es poseído ni poseedor, en la que cada cual cuenta con el permiso o la benevolencia del otro para encamarse con quien le apetezca, el divertido *multiloving*. Según los practicantes de esta modalidad, la diversidad de amantes por ambas partes aporta emoción de aventura y calidad erótica.

En efecto, en esas sociedades, la libertad amorosa y sexual no pone en peligro las relaciones sólidas y sin embargo descubre los fallos de las débiles.

—Mi amigo Sven me ha invitado este fin de semana a su cabaña de las montañas del Sulitjelma —comenta Karin durante el desayuno.

1. O sea, ellas no han avanzado en su cuota de libertad, pero ellos han retrocedido en la suya hasta igualarse a la baja. Resulta paradójico que esto ocurra en una sociedad cada vez más tolerante o pasota que ha despenalizado el adulterio (antes grave delito, hasta el punto de que se toleraba que el marido agraviado asesinara a los amantes cogidos in fraganti).

—¡Humm! ¡Ah! Estupendo —responde Bjorn mientras unta su tostada—. Aprovecharé que estás fuera para invitar a casa a Brigitta, la archivera de la Kungliga biblioteket, ¿la recuerdas?

—¡Ah! ¡Claro, mona, con un par de tetas estupendas! Salúdala de mi parte, cariñito. Os dejaré sábanas limpias en el cabecero.

Una cosa civilizada a tope. Al regreso de la nieve, comenta Karin.

—¿Sabes? Sven me ha enseñado una técnica sexual bastante placentera y nada complicada. Sólo se necesita el tubo de la aspiradora y una berenjena de Almagro. ¡Me moría de gusto!

—¡Hummm! —dice Bjorn—. Interesante. Tendremos que probarla.

—Sí, cariñito, esta noche, después de la sauna. ¿Y a vosotros qué tal os fue?

—No estuvo mal. Brigitta tenía irritadas las glándulas de Bartolino porque esa misma mañana se había montado un trío con su marido y el coadjutor de la parroquia.

—¡Ay, pobrecillo!

—No, después de todo no estuvo mal. Recurrimos al sexo anal. No obstante, estuvo bien en su conjunto. Es muy buena en el sesenta y nueve.

En bastantes casos, la pareja abierta evoluciona a partir de una pareja tradicional que ya ha tenido los hijos que transmitirán los genes del marido (esa vieja obsesión de la especie), pero en muchos otros el origen de los hijos es lo de menos: pueden ser sólo de ella, sólo de él, procedentes de anteriores relaciones, o pueden ser adoptados y, por tanto, genéticamente ajenos. En las sociedades avanzadas, la cultura predomina sobre el instinto hasta tal punto que borra esa pulsión imperativa de transmitir los genes.

Las parejas abiertas escasean todavía en España (aunque van surgiendo en los niveles superiores de la sociedad y medio urbano). Lo que más abunda en nuestra apolillada piel de toro es el marido calderoniano, el que mata por celos, y últimamente, debido a la asunción de los roles del hombre por la mujer, la esposa calderoniana, la que también mata por celos.

CAPÍTULO 39

Wonderbra y calzoncillo bóxer

Algunos pacientes de mi consulta de terapeuta aficionado no terminan de aceptar (debido a su vanidad masculina) que la mujer descubra con tanta facilidad que el marido la traiciona y, al propio tiempo, resulte prácticamente imposible detectar la infidelidad de ella. Es frecuente que los hombres no nos enteremos de nada: no solemos analizar los detalles ni sospechar a partir de meros indicios. Ni siquiera somos capaces de sumar dos más dos cuando reparamos en que ese niño que vino de pronto cuando ya habíamos decidido no tener más hijos es pelirrojo y pecoso como el marido de su mejor amiga.

—¿Cómo puedo descubrir cuándo me traiciona mi pareja? —me preguntan, angustiados.

Peliaguda cuestión. Lo primero que debes plantearte es si realmente quieres descubrirlo. Muchas parejas alcanzan la apacible ancianidad sin destapar esa caja de Pandora. Si realmente quieres descubrirlo, debes convertir tus meras sospechas en indicios que te conduzcan a las pruebas. Lo malo es que nuestro cerebro es bastante tosco y no se le pueden pedir sutilezas. Podríamos ejercitar un poco más ese lado femenino que todos tenemos y que suele morirse de aburrimiento, y quizá captaríamos señales. Por ejemplo, cuando una mujer está viviendo un romance apasionado, una viva hoguera que arde fuera de las cenizas yertas del hogar, se dispara su actividad hormonal sin que pueda evitarlo y ello se manifiesta en diversas señales externas. De entrada, intenta mejorar su aspecto físico: régimen de adelgazamiento personal —que repercutirá sobre la dieta hogareña—, musculación en el gimnasio, pilates frente a la tele, depilación fuera de temporada, etc.[1] Esas señales coinciden reveladoramente con una renovación de su fondo de armario y más concretamente con la adquisición de lencería sexy que reservará para sus entrevistas con el amante (contigo seguirá usando sus cotidianas y monjiles bragas de mercadillo, *so pringao*).[2]

Al propio tiempo, notarás que se relaja en las tareas del hogar, se ocupa menos de los niños y parece más distraída que de costumbre, como con la mente en otra parte. Si además sale más a menudo con las amigas, especialmente con una de ellas (su confidente, su cómplice, su coartada) y se muestra especialmente crítica con tu aspecto, debes empezar a hacerte preguntas como: ¿está más irritable que de costumbre (lo que quizá sea reflejo de su mala conciencia)?, ¿monta un pollo porque he olvidado bajar la tapa del retrete?,[3] ¿han dejado de llegar a casa las facturas detalladas de teléfono?, ¿ha tenido que pasar una noche, o varias, fuera del hogar cuidando a una amiga accidentada o a una anciana tía abuela de la que antes apenas se ocupaba?, ¿acepta con indiferencia verdadera o fingida que yo salga de viaje y pase varias noches fuera del domicilio conyugal e incluso me anima a ello?, ¿ha dejado de hablar, de repente, de un compañero de trabajo que antes era constante tema de conversación, especialmente si simpatizaban? En ese caso no se puede descartar que de la mera simpatía (o incluso de la antipatía) haya pasado a algo más profundo.

1. Si tu mujer es de las que pasan el invierno con pantalones o medias espesas, dejándose crecer un barbecho en las piernas e ingles, y de pronto, sin venir a cuento, se depila y además tiene la precaución de dejarte la maquinilla limpia y en su lugar, como si no la hubiera usado, no te quepa duda: amante seguro.

2. La ropa interior es muy importante en esto de las relaciones extramatrimoniales. Los hombres también nos delatamos cuando, después de toda una vida usando slips blancos de algodón, más bien anchos y dados de sí, con un huevo fuera, de pronto nos encaprichamos con un calzoncillo bóxer ajustado y estampado a cuadros escoceses que marca paquete.

3. El amante, como están en los preliminares románticos, se muestra cuidadoso y atento y nunca olvida bajarla.

No mencionaré como indicio revelador la alteración del protocolo fornicario porque ellas, cautas como son, jamás lo alteran. Es propio del marido infiel e incauto introducir variaciones sexuales en una pareja que hace años que observa la misma rutina sexual pautada y anodina. Inmediatamente la parte contraria se pregunta: «¿Quién le está enseñando a éste? ¿Lo ha aprendido en las películas, donde hoy ya se ve todo, o se habrá buscado una entrenadora personal?»

Finalmente, cabe mencionar la recepción de mensajes sospechosos en el móvil. El teléfono móvil es la gran celestina del amor en estos tiempos.[4]

Muchas mujeres enzarzadas en una aventura extramatrimonial se muestran inapetentes con el marido: es porque la mujer no suele adaptarse bien a las relaciones sexuales simultáneas. Por eso, a menudo, son ellas las que rompen el matrimonio.[5]

4. El hecho de que el móvil o celular sea personal e intransferible y no de uso familiar como el teléfono fijo protege a los adúlteros y les permite un contacto inmediato que antes no era posible (recordemos los versos de Javier Krahe: «Entero pasó abril, entero mayo, / y sigues sin llamar, putón malayo, / y que te llame yo me lo has prohibido / no sea que lo descuelgue tu marido.»

5. «En un 80 por ciento de las rupturas es la esposa la instigadora del fracaso del matrimonio» (Pease, 2009, p. 21).

CAPÍTULO 40

Los engaños

Un paciente de mi consulta de terapeuta aficionado me comentaba, no hace mucho, con pasmo y admiración, el cinismo con que su amante respondía a una llamada telefónica del marido en plena cabalgada, mientras él se esmeraba en el estacato final.

—Chico, yo no me imagino en la misma situación. Yo nunca atiendo el móvil cuando estoy en la faena copulatoria porque estoy seguro de que mi mujer me lo notaría.

No sé si se lo notaría, pero desde luego lo notaría raro y después de decirle «Te noto raro, Manolo» accionaría la moviola y examinaría indicios pasados, lo que la conduciría primero a la sospecha y después, fatalmente, al descubrimiento de tu infidelidad.

Es muy difícil que un hombre engañe a una mujer y, si ella sospecha o es recelosa, es directamente imposible. Los hombres que logran engañar a la mujer lo hacen con esa parte femenina que ellos también poseen; al plenamente masculino, al macho alfa-alfa, la mujer le detecta fácilmente la mentira. No necesita comprobar que traes los calzoncillos al revés (los palominos, delante; lo amarillo, detrás) para advertir que vienes de estar con otra. Distinto es que, por conveniencia, disimule y se deje engañar o acepte la situación. Si ya no está enamorada, razona: «Bueno, lleva parte de lo que caza a otra cueva, a cualquier pelanduscа, pero mientras a mí y a mi prole no nos falte de nada, que haga lo que quiera el desgraciado. Menos durará.»

Esta comprensiva actitud de las esposas experimentadas es

bastante frecuente cuando alcanzan una edad en la que la práctica del sexo las incomoda (al menos, con el marido). Entonces se hacen las despistadas, como si no se enteraran de nada, y dejan que otra peche con las urgencias y las marranadas varoniles.

—O sea —deducirá el compungido lector—, que son más listas que nosotros.

—Más listas no, desgraciado: ¡muchísimo más listas! Cien vueltas nos dan y todavía les sobran vueltas.[1]

Consuélate pensando que tú eres el cazador, el guerrero, el musculitos, el dominador, y ella la remilgada, la suspicaz, la parte débil de la pareja. Cuando no puede abrir el bote de la mayonesa, ¿a quién recurre?

A ti, naturalmente.

Cuando, en la película, el asesino de la sierra mecánica se aproxima a la morenaza inmovilizada con esposas a la trilladora en un granero de Arkansas, ¿a qué brazo se aferra, en qué hombro esconde su faz para evitar la visión de lo que va a ocurrir en la pantalla?

En los tuyos naturalmente.

Eres su héroe, su refugio. Enorgullécete. Tú, su infalible cazador, su invicto guerrero, tienes el estómago preparado para las emociones fuertes y además desdeñas las menudencias de la vida, atento sólo a lo fundamental.

La infidelidad, sea real o solamente imaginada, conduce fatalmente a los celos, «el mayor monstruo», como los llamaba Calderón de la Barca.

La única diferencia entre los celos masculinos y los femeninos estriba en que el celoso recurre frecuentemente a la violencia

1. Las estadísticas del fracaso escolar lo prueban: un 36 por ciento son chicos frente a un 25 por ciento de chicas. Entre los alumnos repetidores, un 49 por ciento son chicos frente a un 26 por ciento de chicas. Sumémosle que más del 80 por ciento de los alumnos conflictivos son chicos. Algunas universidades privadas practican una discriminación positiva con los chicos (les exigen medio punto menos de nota media) para mantener cierto equilibrio entre los dos sexos. El porcentaje de licenciaturas logradas por mujeres se acerca al 65 por ciento (Barbería, 2009, p. 26).

física, mientras que la celosa prefiere la psicológica, basada en su dominio de argucias emocionales (cada uno emplea las ventajas que tiene sobre el otro, al fin y al cabo).

—Sí, protesta uno de mis clientes, pero con las heridas psicológicas no puedes acudir a un juzgado de guardia.

Un reputado psicólogo asegura que el número de celosas supera al de celosos.[2] Los celos suelen aparecer en la mujer entre los veinticinco y los treinta y cinco años, justo antes de alcanzar la madurez física, cuando no se sienten tan atractivas como antes y empiezan a obsesionarse con que sus parejas miran a las jovencitas. Pero, aunque abunden en esa edad crítica, los celos pueden darse en cualquier edad, por provecta que sea.

Los cónyuges desavenidos desembocan en divorcios virulentos en los que cada cual da lo peor de sí mismo. Al psiquiatra Rojas Marcos le pregunta un entrevistador la razón de ese odio africano que a veces surge en la pareja rota:

—Ése es uno de los temas más sorprendentes del comportamiento humano. Incluso las propias parejas se sorprenden del odio, el resentimiento y la violencia que se desatan en momentos así. El amor se transforma en odio, y cada contendiente ataca al otro en sus flancos más íntimos y vulnerables, que conoce bien.[3]

2. José Luis García, del Servicio Navarro de Salud. Pascual, *Celos*, 1999, p. 21.

3. Moreno, entrevista, 1994, p. 94.

CAPÍTULO 41

Pareja y valor de mercado

Muchas rupturas matrimoniales tienen una raíz económica de corte marxista, relacionada con la lucha de clases.[1] Eso ocurre cuando un cónyuge abandona al otro porque su propio valor de mercado ha aumentado o porque el del otro ha disminuido.

El valor de mercado de ella se dispara cuando en una cafetería en la que ha entrado a desayunar después de dejar a los niños en el colegio conoce a un señor forrado de pasta que el primer

1. No es coña, acudamos a los textos sagrados: «El primer antagonismo de clase coincide en la Historia con el desarrollo del antagonismo entre el hombre y la mujer en el ámbito del matrimonio monógamo, y la primera opresión de clase, con la del sexo femenino por parte del masculino», asevera Frederick Engels, en *El origen de la familia, la propiedad privada y el Estado* (1884). Naturalmente, Engels, más versado en economía que en catecismo, ignoraba que el Sagrado Corazón de Jesús había prometido en 1667: «Estableceré la paz en el hogar donde la imagen de mi corazón sea expuesta y honrada.» (No es coña, se lo reveló a Margarita María de Alacoque, monja salesa del convento de Monyal [Francia] a la que se había aficionado hasta el punto de aparecérsele frecuentemente.) En casa de nuestros abuelos no faltaba una imagen del Sagrado Corazón presidiendo el salón familiar, a veces compartiendo repisa con la radio (la tele no existía), y diariamente se le rezaba el rosario en familia (al Cristo, digo, no a la radio). No parece casual que las parejas de entonces aguantaran más que ahora sin separarse. A veces el remedio más tonto da resultado. Si las mujeres de ahora regresaran al rosario y a la novena al Sagrado Corazón, habría menos divorcios, fijo.

día insiste en pagarle el café porque se parece mucho a una sobrina que tiene en Chile.

—Perdone el atrevimiento, señorita, pero es usted la copia clónica de una sobrina muy querida que tengo en Santiago de Chile: Escarlata Barrientos de Castroverde y Cifuentes. ¿Usted cree en que todas las personas tenemos un doble?

Otro día la saluda efusivamente y celebra la coincidencia de que se hayan encontrado de nuevo. «¿De dejar los niños en el colegio? Nadie diría que es usted casada, parece una mozuela. [...] ¿Treinta y dos años? ¡Cielo santo, aparenta quince menos!»

Al tercer encuentro ya sabe ella que el tipo tiene forrado el riñón y que ese Ferrari que hay en la puerta es suyo (quiero decir «suyo de él», aunque si se dejara querer podría ser «suyo de ella»), y que la gasolina no le cuesta nada porque es propietario de una cadena de gasolineras con capital incluso en Colombia e intereses petroleros en Venezuela. El tipo la corteja con delicadeza, la trata como a una dama y, tras sucesivos encuentros y un par de encamamientos conclusivos, le hace ver que su marido no la merece. «Incluso tus hijos estarán mejor conmigo, seré como un padre para ellos y los matricularemos en los mejores colegios, nada de LOGSE analfabeta.» ¡Ah! Y la sobrina chilena no existe: fue un truco para trabar conocimiento.

¿Qué ha ocurrido?

Que ha aumentado su valor de mercado. Que ha atraído a un tipo de un nivel superior capaz de ofrecerle la clase de vida que ella se merece, no ese sinvivir que padece con el marido.

El valor de mercado del hombre suele aumentar por ascenso laboral. Cuando se casaron era un simple dependiente y ahora ha ascendido a jefe de departamento o de planta; o de cajero a jefe de la oficina bancaria. La esposa, sin embargo, no ha ascendido de su primitivo empleo como ama de casa. Más bien se ha abandonado físicamente, ha echado lorzas y luce celulitis en los glúteos. Tú has aumentado de categoría; ella, solamente de peso. Es la madre de tus hijos y no la vas a dejar, pero por lo menos intentas conquistar a otra que esté a la altura de tu actual valor de mercado, una aventura que, en muchos casos, puede acabar en algo más profundo y determinar el divorcio para casarse con la nueva, si ésta se lo propone.

En Estados Unidos es frecuente, como dijimos antes, que la mujer trabaje como camarera en una cafetería para sufragar los estudios universitarios del marido. En algunos casos, cuando el otro se transforma en brillante abogado de un bufete famoso, con un valor de mercado mucho mayor, se busca una nueva pareja a la altura de su posición y abandona a la anterior. Sólo las espeluznantes pensiones que fijan los abogados o el amor de los hijos (dado que los americanos suelen ser unos padrazos) frenan esa tendencia, que es bastante corriente en países como España cuyo sistema legal permite que el marido descuide el pago de la pensión e incluso se declare impecune, trabaje en negro y deje perfectamente tirada a la esposa y a la camada que creó con ella.

En España, muchos políticos trepas, al principio sólo los de izquierdas, después también los de derechas («en realidad soy liberal»), aprovecharon la inusitada prosperidad que les brindaban sus puestos como servidores del pueblo soberano para «cambiar las tres ces» (casa, coche, coño).

CAPÍTULO 42

Cuando la Preysler es más joven que sus hijas

La mujer envejece mal, incluso muy mal. La Naturaleza, tan próvida en tantas cosas con ella, le ha gastado esa putada.

El mayor problema de la mujer es conservar la apariencia de una veinteañera genéticamente idónea para la procreación que atrae al macho proveedor-protector y, de paso, hace que sus coetáneas peor conservadas que ella se mueran de envidia.[1]

Ya pasaron los venturosos tiempos en que el tocador de una mujer se limitaba a una polvera, un tubito de rímel, un bote de crema Bella Aurora y una pastilla de jabón Heno de Pravia, los tiempos en que Carmen Sevilla se alisaba las arrugas del cuello cogiéndose en el cogote, con un esparadrapo, un dobladillo de piel fláccida.

Hoy el tocador femenino requiere un fuerte desembolso patrimonial. La ciencia y la técnica (representadas por clínicas estéticas) se combinan y aúnan esfuerzos en su afán de vender juventud a mujeres que con la edad han alcanzado cierta capacidad adquisitiva: el tratamiento atlean, la terapia celular, el *antigravity*, el tratamiento imperial, el Radar-10, la recuperación volumétrica global (o *gentle lift*), los mallados tensores de ácido poliláctico, el láser Fraxel, el efecto flash, la bioplastia y otros milagros que le devolverán la juventud (más o menos).

1. «Espejito, espejito, ¿hay entre mis vecinas/amigas/compañeras de oficina/de curso/de club, etc., alguna que parezca más joven y bonita que yo? Y, por favor, espejito, no me seas cabrón y no cuentes a Carmen Lomana, ni a Nati Abascal, ni al busto de Nefertiti del Museo de Berlín.»

Como todo eso falla, natural, las obligan a recurrir a métodos más radicales: gimnasios, masajes, dietas milagrosas y, finalmente, cirugía estética.

Cuando algún marido angustiado por las facturas acude a mi consulta, yo siempre le digo lo mismo:

—Mira la parte positiva. Tú te has fijado cómo están Tita Cervera y la duquesa de Alba, ¿no? Pues así de joven y atractiva te pueden dejar a tu mujer.

—Entonces, ¿qué hago?

—Tu mujer está convencida de lo que hace y dispuesta a seguir, ¿no? Pues date por follado. Tú no eres nadie para interponerte entre la ciencia-restauradora-que-hace-milagros y su felicidad. Es más: tienes la obligación moral de devolverle, aunque sólo sea en una mínima parte, toda esa felicidad que te ha procurado en treinta años de matrimonio.

Debe de ser casualidad que cuanto menos culta y preparada sea la mujer, más gaste en falsificar su apariencia. Brasil y Colombia están a la cabeza del mundo en tetas siliconadas. En Europa, lleva la delantera España, como no podía ser de otro modo. Aquí se practican unos cincuenta mil implantes mamarios al año.[2]

—¡Oye, rico, que estas tetas son de una servidora! —te advierte la chica con la que intimas con vistas al posible apareamiento.

Y suele ser verdad. Porque la financiación fue a 30, 60 y 90, lo habitual, y ya ha terminado de pagarlas.

Oigamos a la feminista australiana Germaine Greer: «Como la celulitis no mata y tampoco desaparece, es una mina de oro

2. Revista *Tiempo*, 14 de mayo de 2010, p. 11. Debido al principio de la gravedad, las tetas acaban por desplomarse cuando la carne pierde elasticidad con los años. Las mujeres, como son algo masocas, suelen hacerse la prueba del lápiz para terminar de acomplejarse, como si optaran a una plaza de coristas en el Crazy Horse de París (se ponen un lápiz en el pliegue inferior de la teta y si se sostiene es que ya está caída). Al final se implantan las tetas y tú, como eres un pardillo, amas apasionadamente a unas bolsas que contienen cuarto y mitad de gelatina derivada del petróleo.

para los médicos, nutricionistas, naturópatas, aromaterapeutas, expertos en *fitness* y organizadores de planes de vida. Los fabricantes de cremas, aparatos de ejercicio, cepillos para eliminar las células muertas y suplementos dietéticos ganan un pastón gracias al disgusto, atentamente cultivado, que sienten las mujeres por sus propios cuerpos [...]. La tiranía de la belleza funciona en dos frentes: por un lado está la publicidad, diciéndonos que a los cuarenta debemos tener un cuerpo de veinte porque el macho sólo busca a la joven en edad reproductora. Y luego está la presión interna que hemos recibido siempre, en la educación, porque desde pequeñas se nos ha educado para dar siempre la mejor imagen como mujer.»

Si algo hemos aprendido los hombres es que una mujer jamás acepta serenamente el paso de los años. Sarah Bernhardt, una de las mujeres más seductoras e inteligentes del siglo XIX, se retrató metida en su ataúd a los treinta años, aunque no murió hasta los ochenta (era entonces costumbre fotografiar a los muertos para la posteridad).[3] De este modo, en su fotografía mortuoria aparece tan bella como en la lozanía de su edad, que, como saben los entendidos, sólo alcanza la mujer entre los treinta y los cuarenta, no antes.

3. A los interesados les recomiendo la lectura de la tesis doctoral de Virginia de la Cruz Lichet, *Fotografía post mórtem en Galicia en los siglos XIX y XX*.

CAPÍTULO 43

El club de las segundas esposas

Esta sobrevaloración de la juventud femenina lleva a muchos hombres pudientes[1] a abandonar a la mujer con la que han vivido media vida y han tenido hijos, con la que, en apariencia, formaban una pareja ideal, para correr en pos de una más joven. Ustedes recordarán aquella divertida película *El club de las primeras esposas*, tan fiel reflejo, en clave de comedia, de la tragedia cotidiana que viven muchas esposas, abandonadas por sus parejas en las lindes de la madurez.[2]

«Verse sustituida por una mujer más joven levanta ampollas —comenta el famoso abogado matrimonialista Luis Zarraluqui—. Las mujeres siempre han dependido más de su físico. Les

1. Pudientes, o sea, los que se pueden permitir satisfacer la crecida pensión y, más importante aún, los que a pesar de su edad provecta pueden atraer a una mujer joven; con dinero, naturalmente.

2. En Hollywood existe un Club Ladies que agrupa a las esposas abandonadas de actores conocidos. Uno de los casos más típicos fue el de Anthony Quinn, que dejó a su primera esposa tras una convivencia de treinta años para irse con su joven secretaria. Otros casos, más cercanos, son los de nuestro Nobel Camilo José Cela, que plantó a Rosario Conde para unirse a Marina Castaño, cuarenta años más joven que él; el del ministro Álvarez Cascos (49 años), que dejó a su mujer para unirse a Gema Ruiz (22 años), o el del ministro Boyer, que dejó a su interesante mujer, la médico feminista Elena Arnedo, para unirse a Isabel Preysler. Más información en el libro de Pilar Eyre *Ricas, famosas y abandonadas* (Esfera de los Libros, Madrid, 2008).

asusta envejecer y precisamente en ese momento se ven reemplazadas. Muchas se vengarían, si pudieran, de ese hombre al que ayudaron a triunfar y que ahora las deja en la estacada. Pero así es la vida.»[3]

El episodio consta de dos actos: en el primero el reproche de Dido abandonada por Eneas:

—Te he dado los mejores años de mi vida y ahora te vas con esa chica.

En el segundo acto (con intervención de amigas acizañadoras y de algún gabinete jurídico feminista) surge lady Macbeth, que empalma la navaja cabritera y se lanza al degüello:

—¡Te vas a enterar, cabrón! Te voy a sacar hasta el cerumen de los oídos.

A este propósito contaré un caso reciente extraído de la rica casuística de mi consultorio de terapeuta aficionado. Me viene un conocido propietario de una cadena de supermercados al que en una consulta anterior había aconsejado que confiara plenamente en su esposa porque la verdadera armonía de la pareja debe basarse en la sinceridad y en la confianza, y me dice:

—Ayer le expresé a mi mujer mi descontento con la vida. Le dije: «Hace treinta años yo tenía un utilitario de segunda mano, un apartamento de barrio obrero, un sofá cama y un televisor de diez pulgadas en blanco y negro, pero cada noche dormía con una rubia despampanante de veinticinco años.»

»Ella sonrió halagada por mi elogio, lo que me animó a proseguir: «Han pasado treinta años y hoy tengo un coche de gama alta, un chalet con jardín y piscina, una cama *king size* y una televisión enorme de plasma. Lo único que no ha cambiado en mi vida eres tú, amor, aunque ahora seas una mujer madura de cincuenta y cinco con algo de sobrepeso.»

»Ella me miró un poco sorprendida y me dijo:

3. Valverde, 1996, p. 132. «En los últimos años, los divorcios de los matrimonios entre los cuarenta y los cincuenta años se han incrementado en un 62 por ciento. El 75 por ciento de los afectados, por cierto, vuelve a casarse, pero la proporción de hombres que lo hace es tres veces superior a la de mujeres.»

»—Mi amor, por mí no hay problema. Sal, búscate una rubia de veinticinco años sin sobrepeso y acuéstate con ella, que yo me aseguraré de que vuelvas a tener un coche de mierda, de que vivas en un piso barato y duermas en una cama de Ikea. Te vas a enterar de lo que tarda un régimen de gananciales en transformarse en otro de «perdenciales».[4]

—¿Y usted qué replicó? —le pregunté al paciente.

—Nada. Me achanté, bajé la basura y saqué a cagar al perro. Es el único que me quiere en casa.

—Por el interés —observé.

—¿Usted cree?

—No lo dude —insistí—: por el interés. Los perros son así de interesados, lo que pasa es que lo disimulan para que parezca cariño.

Esta experiencia nos demuestra dos cosas: la primera, que, en efecto, para que la pareja marche bien no es absolutamente necesario ser completamente sincero; que, muchas veces, a fuer de ser sincero, se te abre la hernia; la segunda es que, en el caso de la mujer, el valor de mercado se deprecia rápidamente con la edad a causa de la sobrevaloración de la juventud y que, a cierta edad, se muestran especialmente suspicaces y pueden tomar un elogio por todo lo contrario.

A propósito de las primeras esposas que atacan como un jabalí herido tengo entre mis colegas de La Inmaculada Concepción de María's un abogado matrimonialista que a veces me comenta espeluznantes detalles de su profesión:

—Las esposas se dividen en primeras y segundas, y puedo asegurarte que los problemas son bien distintos. Las primeras acuden a mí para que desplume al ex que las abandonó (y a menudo, al que ellas abandonaron). Las segundas, a ver qué puedo

4. «La venganza, por desgracia, existe... Utilizan a los hijos, empiezan a llevarse bien con sus ex suegras», apunta Beatriz Pérez Aranda, autora de *La ex siempre llama dos veces*. «El casado tiene una hermosa esposa en una hermosa cama, a quien no va a dejar JAMÁS porque si la deja, le tiene que dejar su hermosa casa y la mitad de su hermoso sueldo y su hermoso coche...», apunta (y dispara) Ana von Rebeur, 2004, p. 68.

hacer legalmente para protegerlas de las primeras porque las colmilladas que ellos reciben de sus ex se comparten, dentro de los segundos matrimonios, como gananciales.

—Menuda papeleta —le comento.

—En este caso se produce una curiosa situación: el hombre en cuestión no es universalmente malo, sino malo a medias, porque para la ex es un demonio y una mala persona, y para la actual usufructuaria es un santo varón que bastante aguantó a la otra, pobrecito. Es una situación bastante comprometida, un auténtico jardín para la militancia feminista. ¿En qué quedamos: es bueno o es malo? En distintos países de Europa, España incluido, existen asociaciones que agrupan a las segundas esposas en defensa del pro común. Métete en Internet y verás.[5]

Eso hice. Regresé a casa. Abrí una lata de anchoas de Santoña, las rocié con leche condensada y me llevé la cena al estudio. Tras breve singladura en Internet, leí: «Las segundas parejas o segundas esposas lo pasamos bastante mal. Somos las culpables, las putas, las "otras", la "amiga".»[6]

«Nadie explica nuestra problemática, te sientes muy incomprendida —decía Nuria Sauné, administradora del foro español El Club de las Segundas Esposas, en Yahoo—. Ser una segunda esposa no significa ser una esposa de segunda. La Ley sobreprotege a las primeras, porque al favorecer a la mujer en los divorcios perjudica a la que viene después. Los hijos del primer matrimonio siempre van a colegios privados, estudian másteres, llevan mejores bambas, viven en casas más lujosas y sus madres no trabajan, van a la peluquería y "viven del cuento", mientras que las segundas se deben "apretar el cinturón".»[7]

5. www.britishsecondwivesclub.com, con más de casi cuatro mil afiliadas, que se quejan de que, a causa del acoso de sus antecesoras, las primeras esposas, sufren estrés, migrañas, insomnios y pérdida de peso. El equivalente español (lasegundasesposas@yahoogroups.com) cuenta con más de mil miembros (o miembras). Una segunda esposa española, Elena Porras Sánchez, ha escrito a este propósito una novela: *¡¡Paga y calla!!*

6. Foro EnFemenino.com. El texto lo firma sbathory, 12 de diciembre de 2005.

7. Gosálvez, 2010, p. 12.

En la página de Facebook encontré otras opiniones igualmente ponderadas de segundas esposas: «Hay ex que son como cánceres, no saben cómo reclamar atención y utilizan a sus hij@s», decía una. «Son perras que ni viven ni dejan vivir», decía otra aludiendo al conocido refrán del can del hortelano. «Son barbies divorciadas que se quedan con el piso de Ken, el coche de Ken, los hijos de Ken... y luego dormirán tranquilas», señalaba una tercera.[8]

Ruth C., de treinta y tres años, la creadora del grupo, «prefiere no dar su apellido por si la ex de su marido ve este reportaje y lo usa en su contra en los tribunales, "aunque no creo que lea nada, más allá del catálogo del IKEA".» Su marido se separó de su primera mujer, con la que tiene una hija, hace dieciséis años. «Llevo nueve años siendo "la otra", soportando malas caras, que malmeta con la niña, que monte un número cada vez que hay una boda o un bautizo al que no podemos ir las dos.» Lo peor llegó el año pasado cuando para casarse con Ruth su marido pidió el divorcio. «Ella montó en cólera, quiere más dinero...»[9]

Otra se expresaba de esta manera: «Sé lo que es ir a dormir y pensar que somos tres en la cama. Pero eso es lo que pretenden estas ex. Hacernos dudar hasta de nuestros sentimientos. A veces me vencen esas dudas y miro con desamor a mi pareja y le digo cosas sin razón que lo hieren más aún que todas las que le pueda decir y hacer su ex. Pero él aguanta, es comprensivo y encima cada día se disculpa de alguna manera por no haberme conocido antes y ahorrarme este infierno.»[10] Una tercera respondía a la anterior: «La relación de pareja también termina por resentirse; tú eres la persona que está más cerca y muchas veces tu pareja paga contigo las frustraciones y enojos que le produce la ex. Siempre hay una espada de Damocles sobre vuestra relación: ¿cómo se puede ser feliz cuando uno de los dos no puede ver o tener a sus hijos? Pero todo se supera, con la cabeza fría, aceptando toda la ayuda que te puedan brindar (eso no te hace más dé-

8. Gosálvez, 2010, p. 12.
9. Gosálvez, 2010, p. 12.
10. lasegundasesposas@yahoogroups.com, 16 de mayo de 2006.

bil, eso te da más fuerza), y teniendo en cuenta que es una guerra de desgaste, quien más aguante, gana.»[11]

Leí otras pocas, todas por el estilo, y me fui a la cama. Dormí regular. En la ventana la luna llena lucía hermosa como el pandero de Jennifer López.

—Las anchoas —le dije a la bella portorriqueña—. ¡Qué sed dan las *joías*!

11. Dos americanas casadas consecutivamente con el mismo hombre, Louise Oxhorn y Lynne Oxhorn-Ringwood, se llevaron a matar durante años, pero un buen día coincidieron en una fiesta con el mismo modelo de zapatos. Lejos de enfurecerlas, como hubiera sido lo normal, el detalle les hizo gracia, hicieron las paces y en adelante se llevaron bien e incluso escribieron el bestseller *Stepwives* («esposas políticas»). Hoy dirigen la asociación CoMamas, que enseña a primeras y segundas esposas a llevarse bien y colorín colorado este cuento se ha acabado. Véase Gosálvez, 2010, p. 12.

Libro segundo: Revolución

CAPÍTULO 44

La mujer cazadora

A mi consulta de terapeuta aficionado llegan cada vez más casos de hombres estresados por la liberación de la mujer.

—¡Las mujeres se nos han encimado! —se quejan.[1]

Estos casos, especialmente cuando se me presentan en sus fases terminales, que suelen venir acompañadas de temblores espasmódicos, afasia, prefasia y babeo, no resultan fáciles de tratar por un terapeuta aficionado. ¿Cómo rescatar a estos semejantes del hondo pozo de miseria en el que sus circunstancias psicoeconómico-sociales los han sumido?

—¡Ansiolíticos, ansiolíticos! —demandan en su desesperación, cuando lo que realmente necesitan son dos hostias bien dadas.

—¡A la vida hay que echarle un par, como enseña la epistemología en su doble vertiente constructivista y objetivista! —les explico—. Tonterías, las precisas, y las esquizofrenias paranoides, para los consultorios caros. Yo no he montado esta consulta de terapeuta aficionado en un barrio de clase media-baja (pero honrada a carta cabal) para que me vengáis a acrecentar vuestros problemas al verbalizarlos, sino para partear soluciones, el acreditado método socrático, la mayéutica, conocimiento no conceptualizado, vacunas contra la vida. Eso es lo que vendo.

1. El encimamiento equivale al *empowerment* de las feministas americanas, esas benditas mujeres que tanto equilibrio han aportado a las relaciones entre los dos sexos.

¿Te sientes atrapado por el santo matrimonio? ¿Problemas con la parienta? ¿Y quién no los tiene? ¿Te equivocaste de mujer? ¿Y quién no se equivocó? Practícate una gayola y déjala que siga su curso (a tu mujer, digo, no a la gayola). Quizá no seas el hombre adecuado para ella o quizá ella no sea la mujer adecuada para ti. Mejor que cada uno discurra por su lado.

—¡Es que voy a perder a mis hijos!

—Natural: como que no son tuyos. Los hijos son de la madre, no del padre. Consuélate pensando que también te libras del coñazo de criarlos.

—¡Es que se me lo lleva todo, que me deja con una mano delante y otra detrás!

—Recuerda el consejo de Woody Allen: «He llegado a un acuerdo con mi mujer: ella se queda con todo.» Y si eres mujer, recuerda el consejo de Ivana Trump: «No te cojas una depresión, cógelo todo.»

—O sea, que tengo que aguantar que me desplume de lo que he reunido con mil fatigas a costa de matarme a trabajar toda la vida.

—No dramatices. Ella también ha trabajado de lo lindo.

—Tenía asistenta y vivía de puta madre, llevaba los niños al cole y se estaba por ahí toda la mañana tomando café con las amigas.

—No insistas, que te harás mal cuerpo. Cede. Recuerda el consejo del brahmán Imapahim: la caña se inclina en la dirección del viento, el agua se amolda a la forma de la vasija, fluye, suavízate, adáptate a las condiciones de la vida. ¿No lees la prensa? El millonario Sumner Redstone tuvo que indemnizar a su mujer Phyllis con tres mil millones de dólares, la mitad de su fortuna.[2] En Estados Unidos, que nos da la pauta en tantas cosas,

2. Una vez más la sabia Naturaleza nos suministra esclarecedores ejemplos que ratifican lo que digo: el llamado grillo de la artemisa permite que la hembra se le suba encima y al curvar su abdomen para copular la retiene firmemente con las espinas del dorso. Inmovilizada, la hembra no tiene más remedio que copular con el macho, pero, al propio tiempo, lo muerde y succiona la sangre que mana de su herida y le deja

«las separaciones han entrado en el mundo de los negocios [...] los cónyuges podrán incluso aspirar a los ingresos futuros de sus antiguas parejas si demuestran que los años en común contribuyeron al mejor desempeño profesional de ambos».[3]

Los hombres del siglo XXI debemos admitir que la vida ya nunca será lo que fue. El que aspire a una esposa sometida y esclava, más vale que emigre fuera de Europa, instale un tenducho en un zoco y se convierta a una de esas religiones diseñadas para someter a la mujer.

Estamos como estamos, querido paciente mío y tuyo, por culpa de nuestra naturaleza, no de las mujeres. Y mientras decidimos si eran galgos o podencos con estas masturbaciones mentales que no conducen a nada, nuestro querido cromosoma Y se va a la mierda, abandonado a su progresiva degeneración.

Los hombres vamos en caída libre al sumidero de la aniquilación mientras las mujeres suben como un cohete. Acéptalo y no te tortures. Déjate arrastrar por el río de la vida, microbio humano, a tu propia extinción.

Para aceptar que las cosas están como están y no van a cambiar (si acaso, cambiarán a peor), vamos a examinar el proceso de liberación de la mujer.

Durante cientos de miles de años, la hembra del *homo salidus* ofreció al macho sexo, servicios y crianza de la prole a cambio de alimentos y protección. Las teníamos trincadas por el alimento: si no te sometes, no comes, así de claro. Aparte de las palizas, claro está.[4]

Nuestras bisabuelas nacían con los grilletes puestos, en una casa reglada en la que un macho más o menos alfa imponía su autoridad de *pater familias*, casi con derecho a la vida, como en

---

las alas llenas de cicatrices que ahuyentarán a otras hembras (Judson, 2004, p. 123).

3. Parrado, 1999, p. 8.

4. Ciudadanos de segunda, las han llamado algunos sociólogos. ¡Qué va, hombre, ni de segunda eran! Una coplilla popular enumeraba las preferencias del hombre de pelo en pecho: «Lo primero es la borrica, / lo segundo es el tabaco, / la bebida, lo tercero, / y la parienta, lo cuarto.»

tiempos de Roma. Desde pequeñitas, la madre las preparaba para un único futuro: casarse, ser amas de casa y conquistar el mando con artimañas maquiavélicas, sin que el macho lo advierta. Primero servían al padre y a los hermanos; tras la boda, al marido y a los hijos. De mocitas, en los ratos libres, cosían el ajuar o trabajaban en el campo o en el taller por un sueldo miserable con el que entibaban la economía familiar. La peor parte la llevaban las mujeres de clase media, que debían soportar la clausura de una vida hogareña durante años sin más salida que las propias de la devoción (tenían que ser buenas cristianas).

El matrimonio, único objetivo de la mujer, debía ser «de buena proporción», es decir, con un hombre de ciertos recursos, cuando no de un estatus social más elevado que el propio. Durante siglos, fueron las propias familias las que concertaron los matrimonios, a veces sobornando a un hombre mediante la dote.[5] Cuando, a partir del siglo XIX, se dejó a la mujer la facultad de elegir entre sus pretendientes, se dio la circunstancia de que muchas erraban en el cálculo y se quedaban solteras de por vida.[6]

Así funcionaba la sociedad cuando, de pronto, en el siglo XX, las hembras se desprenden del corsé de ballenas que no las dejaba respirar, abandonan la cueva, se incorporan a la partida de los machos y cazan por ellas mismas. A menudo, avergüenza admitirlo, mejor que nosotros.

5. Interesante inversión de la alimentación de cortejo provocada por diversos factores, entre ellos la abundancia de mujeres casaderas y la escasez de hombres. Renuncio a exponer las razones históricas de este fenómeno que nos alejarían del tema que traemos entre manos.

6. Para vestir santos, se decía, aludiendo a la tradicional vinculación de la soltera a la parroquia, único pretexto que permitía a una mujer decente escaparse de vez en cuando del gineceo-prisión del hogar. De las que se quedaban solteras se decía, con metáfora cruel, «la infantería no llega y la caballería se pasa» (o sea, los pretendientes que solicitan su mano le parecen poco y los que quisiera tener, de un nivel social superior, no la pretenden porque ella les parece poco). Otra expresión era aún más brutal: «Aguardando al caballero, las tetas le llegan al braguero.» Los cinéfilos que vieron *Calle Mayor* de Bardem saben de qué hablo.

CAPÍTULO 45

La plurimujer

Desde el velador de La Inmaculada Concepción de María's, como está en un semisótano, sólo alcanzo a ver a los transeúntes de cintura para abajo. Mientras desayuno mi café con leche, acompañado con una tostada con aceite y ajo, practico sociología de salón: los que acuden al trabajo a esta hora temprana de la mañana son, más o menos, hombres y mujeres al cincuenta por ciento, algunas, por cierto, con unas piernas y unos culos estupendos. De tetas no sé cómo andarán porque no las alcanzo a ver.

—¡Machista!

Machista no; simplemente, un observador que os adora aunque no os dejéis adorar, un guerrero cansado, vencido, que ha depuesto las armas y os abre las puertas para que ocupéis este terreno con la menor violencia posible, seamos civilizados, no perdamos las formas. Por otra parte, machista es el que está convencido de la inferioridad de las mujeres; cuando uno, como es mi caso, defiende precisamente lo contrario, que sois superiores a los hombres, sólo se le puede acusar de misógino, «un hombre inteligente que —cito al filósofo y viva-la-Virgen francés Alain Paucard—, sabiendo de dicha superioridad, atiende al placer de las mujeres, respeta sus añagazas, comprende su tortuoso sistema de valores y es su mejor amigo».[1]

¿Superioridad de la mujer? Incluso nuestras abuelas medio analfabetas, las que pasaban la vida encerradas en el gineceo del

1. Paucard, 1991, p. 121.

hogar, eran superiores a sus maridos. En los años cincuenta del pasado siglo, un escritor norteamericano que viajaba por España para estudiarnos escribió: «Las mujeres españolas son sin duda las que poseen la más eléctrica belleza de entre todas las mujeres del mundo. Una mujer española es toda ella mujer y nada más. Sólidas, soportan la carga de su pobre nación, y apenas se quejan. Curan las heridas de sus hombres, atienden día y noche a sus pasiones y sus necesidades infantiles. Afrontando dificultades imposibles, administran la rutina de millones de familias desposeídas, hambrientas e ignorantes; más aún, sólo por la abnegada presencia de las mujeres españolas los sórdidos lugares que alojan a estas familias pueden ser llamados "hogares". En suma, las mujeres de España hacen de ese país una nación.

»Si la sociedad española posee un mínimo de estructura, lo debe a los esfuerzos y los sufrimientos cotidianos de las mujeres españolas, que entretejen en una red de cuidados y de amor lo que en caso contrario sería un paisaje de insensata anarquía. Son mujeres orgullosas, mujeres dulces, mujeres que perdonan y compadecen, mujeres de risa fácil y de llanto fácil. El poderoso instinto maternal de las españolas es el ancla de responsabilidad que estabiliza la nave de la vida española, mientras los hombres balbucean tonterías abstractas en las tertulias de innumerables tabernas y cafeterías llenas de humo [...]. Los españoles han construido un Estado, pero nunca crearon una sociedad, y la única sociedad que existe en España está en el corazón, la mente, los hábitos, el amor y la devoción de sus mujeres...»[2]

En mi consulta, machos alfa desesperados y perplejos me preguntan a veces, los ojos arrasados de lágrimas:

—¿Por qué han asumido las mujeres los dos roles: criar a los hijos y cazar, lo que nos relega a los hombres, automáticamente, al papel de simples fecundadores, como los zánganos de la colmena?

—Bueno —les digo—, la causa remota de este fenómeno debe buscarse en la sociedad industrial del siglo XIX. Debido a la coyuntura económica, nuestros tatarabuelos, los explotadores de

2. Wright, 1970, pp. 201-202.

nuestros tatarabuelos más bien, necesitaron de pronto abundante mano de obra y recurrieron a nuestras mujeres y a sus niños. Al propio tiempo, la producción en serie abarató los productos manufacturados. La súbita aparición en el mercado de muchas mercancías, especialmente cuando llegaron los cachivaches eléctricos que aliviaban las tareas del hogar, provocó una conmoción entre las mujeres de los sectores más bajos de la sociedad, nuestras bisabuelas, que gustosamente se emplearon en trabajos extrahogareños para reforzar el sueldo del marido y acceder a esos bienes.

Te preguntarás: «¿Qué repentina ceguera se apoderó de ellas para que se dejaran embaucar de esa manera?»

Probablemente, el noble afán de embellecer la cueva o de embellecerse ellas mismas (cortinas, muebles, vestidos, perfumes, etc.). Ya sabes cómo son: se pirran por un nido agradable en el que reine la armonía, la belleza, el amor.

A la mujer de pierna quebrada y en casa, la persuadieron para que se liberara de la opresión del cazador. Las condiciones naturales habían cambiado. Debido a la mecanización, la inmensa mayoría de las tareas no precisaban fuerza física ni agresividad masculina: «Tú también puedes cazar —le dijeron—. No tienes por qué someterte a la esclavitud del hombre.»

La incorporación de la mujer al mercado del trabajo se intensificó con las dos guerras mundiales que involucraron a los principales países de Occidente. Debido a las reclutas masivas, desconocidas en guerras anteriores, los hombres desampararon sus puestos civiles (la caza) para transformarse en guerreros. La producción industrial y agraria de los países implicados, todos de compleja economía, tenía que seguir rindiendo, y acaso más intensamente que nunca, para afrontar los gastos del conflicto. Los gobiernos, tradicionales reductos del patriarcado masculino, se vieron forzados a cubrir con mujeres los puestos que los hombres dejaban vacantes en las fábricas, en los campos y en las oficinas.

La mujer salió a cazar para mantener a los suyos y descubrió, sin mucha sorpresa, ésa es la verdad, que era tan buena como el hombre en aquellos trabajos, e incluso, en ocasiones, mejor que él. Al término de la guerra, una insumisa generación de chicas liberadas que se había acostumbrado a disponer de su propio dinero decidió resistirse a la presión social que intentaba devolverlas a las tareas del hogar: la reclamación de igualdad de derechos por un incipiente movimiento feminista, hasta entonces testimonial y hasta pintoresco, caló profundamente en la mujer. Ni siquiera los buenos oficios del papa de Roma bastaron para devolver al redil a la oveja rebelde.[3]

En el caso de España, las cosas fueron más despacio (ya se sabe que España, en su singularidad, siempre marcha con el paso cambiado y un cierto retraso respecto a Europa). En España, el factor principal que arrastró a la mujer al terreno de la caza fue el auge del consumo a partir de los años sesenta.

En ese decenio tan cambiante, en el que conviven formas *pop* y *retro*, se manifiesta un feminismo militante que parecía olvidado desde los tiempos de la Segunda República. Los notarios que

3. El papa Pío XI, hoy elevado a los altares, declaró: «Cuantos de palabra o por escrito empañan el brillo de la fidelidad y la castidad nupcial, ellos mismos, como maestros del error, fácilmente echan por tierra la confianza y honesta obediencia de la mujer al marido. Y más audazmente algunos de ellos sostienen que tal obediencia es una indigna esclavitud de un cónyuge respecto del otro; que todos los derechos son iguales entre los dos; y pues estos derechos se violan por la sujeción de uno de los dos, proclaman con toda soberbia que han logrado o que van a lograr quién sabe qué emancipación de la mujer. Tal emancipación, según ellos, debe ser triple: en el régimen de la sociedad doméstica, en la administración del patrimonio familiar y en la facultad de evitar o suprimir la vida de la prole. Y así la llaman social, económica y fisiológica: fisiológica porque quieren que las mujeres a su arbitrio estén libres o se libren de las cargas conyugales o maternales (emancipación esta, como ya dijimos de sobra, que no es sino un crimen horrendo); económica, por la que pretenden que la mujer, aun sin saberlo ni quererlo el marido, pueda libremente tener sus propios negocios, dirigirlos y administrarlos, sin tomar para nada en cuenta a los hijos, al marido y a toda la familia; y social, en fin, por cuanto aparta a la mujer de los cuidados domésticos, tanto de los hijos como de la familia, a fin de que sin preocuparse por ellos pueda entregarse a sus antojos y dedicarse a los negocios y a los cargos, incluso públicos» (encíclica *Casti connubii* [«Del matrimonio casto»], 31 de diciembre de 1930, p. 27).

levantaron acta de esa imparable liberación de la mujer fueron, por una parte, Lidia Falcón, la combativa autora del primer manifiesto feminista del franquismo,[4] y por otra, Manolo Escobar, que en su afamado pasodoble *Mujeres y vino* no sólo proclamó gallardamente, sin que le dolieran prendas, la excelencia de la mujer, sino que la compatibilizó con la exaltación de los caldos nacionales.[5]

¡Años sesenta, cochecillo Seiscientos y cubata! Espoleada por los bancos y por los comerciantes que concedían créditos y ventas a plazos, la familia española quería vivir con mayor desahogo y participar de todas las comodidades que ofrecía la técnica: electricidad, electrodomésticos, telefonía, diversiones, viajes. Todo el mundo se endeudó con las ventas a plazos. Nadie se resignaba a vivir con la sencillez y la austeridad de sus abuelos. Las mujeres se desprendieron de las tocas negras y vistieron vestidos estampados; del moño, del que estaban hasta el coño, se pasaron a la permanente y al pelo cardado, cambiaron los refajos por el sostén picudo, exigieron cocinas alicatadas hasta el techo con *fridge* y horno para guardar sartenes, y reivindicaron salita con tresillo y televisión.

Las fuerzas de las tinieblas, que hasta entonces las habían mantenido sujetas y entontecidas, se refugiaban en sus sacristías aturdidas y desconcertadas por los embates de la modernidad.

Para mantener el nivel que la vida moderna exigía era necesario aumentar la caza (o sea, los ingresos familiares). Solución: el hombre se pluriempleó y la mujer se buscó un trabajo remunerado, abandonó la cueva y salió a cazar.[6] En un principio se suponía que el esposo se bastaba para mantener el hogar y que

4. *Mujer y sociedad. Análisis de un fenómeno reaccionario* (Fontanella, Barcelona, 1969).

5. En efecto, en la inspirada copla de A. Cintas y R. Jaén proclama: «¡Viva el vino y las mujeres, / que por algo son regalo del Señor!» Se puede decir más alto, pero no más claro.

6. Esto coincidió con la modernización de la cueva: electricidad, agua corriente, lavadora, cocina eléctrica, calefacción central, televisión, ropa de confección..., que exigía desembolsos adicionales.

ella trabajaba, siempre subalterna, a fin de distraerse y para obtener un dinerito suplementario «para sus caprichos».[7]

Comenzaba la competencia de los sexos. Las nuevas mujeres batallaron con el padre, el marido y el jefe, desertaron de la prisión del gineceo, escalaron puestos en la fábrica, la tienda, la oficina y la universidad, ganaron sus puestos a pulso, a veces pagando vejatorios peajes, dejándose la piel en el intento más a menudo de lo que se piensa.

Las mujeres se equipararon al hombre incluso en el terreno sexual, probaron la píldora y el támpax y reivindicaron su placer, el hasta entonces minusvalorado orgasmo femenino. Muchos hombres, al principio remisos al cambio, descubrieron, no sin asombro, que podían practicar el sexo recreativo con su santa, en la intimidad del hogar, sin tener que recurrir a las putas.

En España, durante algún tiempo, la mujer desempeñó trabajos considerados tradicionalmente femeninos: enfermera, profesora, asistenta social, partera, pediatra, secretaria, dependienta de mercería, etc. Yo mismo tuve una medio novia empleada en la fábrica de galletas Cuétara que se ufanaba de ello ante las amigas (del empleo, no de mí) y de lo moderna y atractiva que estaba con su bata de trabajo entallada y su cofia. Mientras las amigas cosían el ajuar en casa y por la tarde se acicalaban para salir al paseo a ver si pescaban novio, ella se sentía superior y liberada porque a fin de mes le daban un salario que le permitía mantenerse. Para ella, casarse no era imprescindible.

Después, la mujer comenzó a emplearse en oficios masculinos, en los que a veces su mera presencia era un reclamo para la clientela. En los años cincuenta causaron sensación las cafeterías americanas atendidas por atractivas chicas. Todas lo parecían, embutidas en sus uniformes de corte moderno y sexy (dentro de un orden).

7. En términos reales resulta que el hombre también tiene caprichos, como cambiar de coche cada dos años, siempre de gama más alta que el anterior o de mayor cilindrada, en relación inversamente proporcional a la potencia de su virilidad decreciente. Es un hecho que a una potencia viril insatisfactoria le suele corresponder una moto potente o ruidosa.

—Mientras te servían el café, vueltas de espaldas, tú te dabas una ración de vista —me cuenta un paciente—; cuando te devolvían las dos pesetas del duro (un café costaba tres), con un poco de suerte, les tocabas la mano. Una cosa fugaz, el mero contacto de las yemas de los dedos en la palma, pero con eso nos aviábamos (se padecía mucha hambre de sexo).

El acceso masivo de la mujer a la universidad completó el ciclo. Tradicionalmente se había evitado que la mujer se instruyera, incluso se sospechaba que la mujer instruida o bachillera podía terminar puteando, o sea, desbocándose sexualmente. Pierna quebrada y en casa, significaba mantenerla en la ignorancia: «Mujer que sabe latín, no tiene buen fin»; «Mujer leída, mujer perdida» (o sea, puta).[8] Si era de clase humilde, era la criada de la casa; si de clase alta, con algunas nociones de francés, repostería, pintura y piano, ya iba bien servida. Naturalmente si se la educaba para ser burra, se convertía en burra. Era normal darles estudios a hijos menos inteligentes y negárselos a las hijas aunque destacaran más que sus hermanos.

Más tarde, en los años setenta, comenzaron a menudear las bancarias, abogadas, psicólogas, taxistas, guardias municipales (casi siempre emparejadas a un varón protector) y, ya en los noventa, hemos visto mujeres que desempeñan trabajos que parecían reservados al hombre: bomberas, albañilas, mineras, veterinarias, militaras,[9] ingenieras, arquitectas.[10]

La mujer fue ganando competencia en el trabajo y seguridad en ella misma (a menudo frente a la incompetencia del macho, al que, sólo por serlo, la competencia se le suponía). Dejó de someterse a un padre primero y a un marido después. Podía tra-

8. Ya lo dice san Agustín: «Las mujeres no deben ser iluminadas ni educadas en forma alguna. De hecho, deberían ser segregadas, ya que son causa de insidiosas e involuntarias erecciones en los santos varones.»

9. Hasta legionarias hay. Recuerden a Bea González, la legionaria que posó desnuda, excepto por el gorro lejía, en la revista *Interviú*.

10. Y eso que estas dos profesiones parecen más adecuadas para las habilidades del cerebro masculino (recordemos: la habilidad espacial del cazador), y en las que, lógicamente, les debería haber costado más destacar.

tar al hombre de igual a igual, como compañera. El tiempo de la esclavitud del hogar había pasado.

¿Cómo reaccionó el mono cazador ante aquella invasión de sus tradicionales predios?

Mal. Muy mal.

Cuando la igualdad de sexos empezaba a plantearse, Nietzsche, el genio alemán tan admirado por las filósofas españolas, escribió: «Signo infalible de superficialidad de espíritu es equivocarse en el problema fundamental, negar el abismo que separa al hombre de la mujer y la necesidad de un antagonismo irreductible, soñar que puedan tener derechos iguales, educación idéntica y las mismas pretensiones.»[11]

Los hombres se resistieron (nos resistimos), pero ellas pusieron constancia e inteligencia, y sacrificio, para vencer las resistencias. En los albores del siglo XXI, la mujer se ha equiparado al hombre después de alcanzar la doble capacidad de mantenerse por sí misma y de controlar sus embarazos.[12]

Hay que consignar, sin embargo, que persiste la resistencia de una parte de la población masculina a cambiar esquemas mentales heredados de la tradición patriarcal y machista. Esa resistencia (¿podríamos llamarla «insurgencia» como en Irak?) ha desencadenado una reacción feminista que a veces se radicaliza en el abusivamente denominado *«feminazismo»*.[13]

11. Nietzsche, *Así habló Zaratustra.*

12. Aunque seguía sometida a la discriminación de empleo y sueldo: por el mismo trabajo se le pagaba menos y se le exigía más que a un hombre.

13. Así denominamos al feminismo radical que mea fuera del tiesto y no favorece en nada la justísima lucha de la mujer por equipararse legalmente (y salarialmente) al hombre. Se incluyen en esta secta las damas que intentan abolir el masculino genérico ignorantes de que, en su uso con carácter neutro, engloba el masculino y el femenino. Un caso práctico: un industrial gallego publica este anuncio en la prensa local: «Se necesita auditor para empresa solvente.» Al día siguiente una inspectora de Trabajo y Asuntos Sociales se le presenta: «Hola, buenas. ¿Cómo es que solicitan ustedes un auditor, y no un auditor o una auditora?» El caso, que es verdadero, lo cuenta mi amigo (y académico de la Real Academia de la

Existe una corriente de opinión (errada, como casi toda iniciativa varonil tocante a la mujer) que denuncia abusos feministas. En los medios leemos y escuchamos declaraciones como éstas: «Los hombres han esclavizado a las mujeres durante quince milenios y ellas sienten la muy humana tentación de devolver la pelota a sus opresores.»[14] «Detrás de cada juez varón hay una comisaria política para velar porque sus sentencias sean feministamente correctas [...] se crea una situación muy favorable para los intereses femeninos, lo cual no es malo en sí mismo, si no fuese porque demasiadas veces se realiza en detrimento de legítimos intereses masculinos en particular, y de la justicia, si es que esta palabra significa algo, en general.»[15]

Son legítimos desahogos del varón destituido. Como le dijo Vlad *el Empalador* al prisionero búlgaro que le hacía objeciones al poste torcido: «Tontería que bregues.»

¿Quiere esto decir que la liberación de la mujer ha desencadenado una guerra de sexos? Esa guerra existe, pero sólo entre tontos y tontas que se hacen notar porque disponen de portavoces y de altavoces. La inmensa mayoría de los humanos somos sensatos y sabemos que hombres y mujeres tenemos que llevarnos bien, admitir que somos diferentes y aprovechar eso que tenemos de distinto para complementarnos y acoplarnos. La verdadera felicidad está en la pareja: búsquela y que Dios o el azar reparta suerte.

—Es que mi pareja es una bruja, oiga.

Lengua) Arturo Pérez-Reverte en su columna «Feminazis», del 18 de diciembre de 2009. Abundando en ello, la novelista Soledad Galán, en su deseo de ser políticamente correcta (y lingüísticamente correcta, ¿por qué no?), advierte en el prefacio de su novela *Adiós cigüeña* (Oberón, Madrid, 2009): «Para facilitar la comprensión y agilidad de la lectura, la obra recurre al masculino genérico. De este modo, aunque aparezca escrito "hijo" o "niño", se entiende que puede referirse a "hija" o "niña". Lo mismo sucede con las profesiones, con la excepción de la de matrona. En el libro, los términos "matrona", "partera" o "comadrona" se usan indistintamente para los dos sexos.»

14. Mediano, 2009, p. 364.

15. Mediano, 2009, pp. 346-348.

—Pues cámbiese a otra hasta que acierte, hombre, antes de que ella se cambie a otro.[16] Encuentre a una mujer que, además de amante, sea su amiga.

—Ya la encontré, pero me despidió porque no soportaba la existencia de otra. Antes de darme la patada me enseñó que, según Aristóteles, lo más importante del mundo es la *filia*, la amistad. Ella no se lo aplicó, pero debe de ser verdad.

Las mujeres cubrieron los puestos vacantes en las fábricas.

16. De hecho, los casos en que el hombre baja a comprar tabaco y desaparece para siempre son más frecuentes de lo que se cree. Un médico milanés, Umberto Gallini, creó en 1991 una agencia de fugas, la «Alianza nacional para la expatriación feliz», de cuya publicidad entresacamos: «Si un hombre está harto de su mujer, de sus hijos y de su suegra, para los que representa solamente un limón que exprimir, yo le ofrezco una nueva vida a miles de kilómetros de distancia [...] brindo ayuda a las personas que están hartas del sistema dominante en Italia y demás países occidentales, y que quieren huir para encontrarse a sí mismos en otros paraísos terrestres» [...] Existe gente que ignora que se puede vivir estupendamente por muy poco dinero en países paradisíacos (Gallofre, 1991, p. 182).

CAPÍTULO 46

Pelando aguacates minuciosamente

—Caballero, ¿usted colabora con su esposa en las tareas del hogar?

—Por supuesto. Levanto los pies sin protestar cuando pasa la aspiradora por debajo del sillón.

Eso fue al principio; unos años después, envenenadas por las viragos feministas, las esposas se rebelaron y nos exigieron una participación más activa.

Con toda la razón, debo reconocer. En términos de estricta justicia, si la hembra de la pareja humana se incorpora a las tareas del macho, él debería corresponder asumiendo su cuota en las tareas tradicionalmente femeninas, o sea, en el hogar.

De hecho, eso es lo que hacemos: después de la dura jornada de caza (trabajo), llegamos los dos al hogar, y nosotros, los tíos, en lugar de arrellanarnos en el sillón a leer el periódico o a ver la tele, como hacían nuestros padres (modelo antiguo, tradicional, de marido), nos ponemos el delantal y acometemos la tarea de pelar minuciosamente los aguacates de la ensalada. Mientras tanto, nuestras mujeres ponen una lavadora, hacen las camas, pasan la aspiradora, tienden la colada, cocinan, planchan y atienden a los niños.

O sea, colaboramos en las tareas del hogar, de eso no cabe duda, pero la mujer sigue cargando con la mayor parte del trabajo.[1]

1. Según el Instituto Nacional de Estadística, entre el 39 y el 41 por ciento de las parejas en las que la mujer trabaja fuera reparten las tareas

Algunos sociólogos se han preguntado: «¿Por qué se empeña la mujer en trabajar fuera del hogar después de comprobar que eso no la libera de su trabajo como ama de casa?»[2]

Porque comparada con la situación que soportaban su madre o su abuela se siente liberada. Ahora no depende del salario del marido. Ella aporta la mitad de la caza que entra en la cueva. Con el superávit de ingresos, puede comprarse un par de trapos más que cuando dependía enteramente del marido y él le tasaba los gastos.

Un mal negocio, el de la mujer liberada. En realidad, está haciendo el 50 por ciento de nuestro trabajo a cambio de que nosotros hagamos el 10 por ciento del suyo (cuando lo hacemos). En eso ha consistido su liberación. Bueno, también hay una parte de autoestima, que algo compensa: no dependen de nosotros. Se pueden ganar perfectamente la vida por sí solas. No tienen que aguantar a nadie.

Teóricamente.

En realidad, traicionadas por el instinto, que es más poderoso que la ideología liberadora, siguen dependiendo psicológicamente de nosotros porque la monilla necesita de un mono macho que la proteja y que defienda su cueva.

—La mía te da una hostia y te desarma. Parece un luchador de sumo —me advirtió un paciente.

—¡Generalizo, hombre! Doy por supuesto que algunos casos escaparán a la regla general.

La mujer enamorada, mientras le dura la fiebre del amor, no protesta.[3] Es suave como un guante, una geisha. Como si no advirtiera que escurres el bulto y la dejas cargar con el trabajo.

---

domésticas, pero ya se sabe cómo miente la gente en las encuestas. Véase *Tiempo*, 22 de mayo de 2010, p. 81.

2. En un 62 por ciento, las españolas no quieren depender de un hombre, prefieren tener un trabajo propio que les asegure independencia económica.

3. «La más feminista, en la intimidad es una geisha», escribe Francisco Umbral. «Es la que te pregunta cómo va lo de los palestinos mientras se baja las bragas», remacha Chumi Chúmez.

Compartiendo tareas

TIEMPO DEDICADO AL TRABAJO DOMÉSTICO POR TIPO DE ACTIVIDAD Y SEXO	MUJERES	HOMBRES
1993		
Trabajo de la casa	4h 46'	0h 28'
Mantenimiento	0h 29'	0h 43'
Cuidado de la familia	1h 42'	0h 43'
Compras	0h 47'	0h 21'
Servicios	0h 17'	0h 16'
TOTAL	**7h. 58'**	**2h. 30'**
1996		
Trabajo de la casa	4h 24'	0h 37'
Mantenimiento	0h 28'	0h 49'
Cuidado de la familia	1h 40'	0h 53'
Compras	0h 50'	0h 26'
Servicios	0h 14'	0h 20'
TOTAL	**7h. 35'**	**3h. 05'**

Revista *Tiempo*, 11 de enero de 1999.

Revista *Tiempo*, noviembre de 1994.

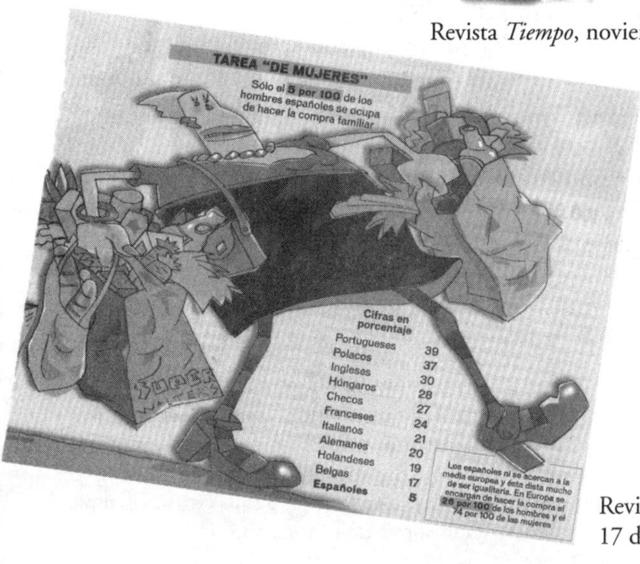

Revista *Tiempo*,
17 de mayo de 1999.

Hasta le complace verte tirado en el sofá, reposando, mientras ella se ocupa de todo (la transferencia del sentimiento maternal). Al fin y al cabo, como es sabido, nosotros nos cansamos más que ellas (al menos eso le ha explicado su madre: «¿No ves el poco fuelle que tienen los pobrecillos?»). Pero esa fase intensa y ciega del amor no dura eternamente. Cuando su explosión hormonal remite y se apacigua, un buen día (o quizá no tan bueno) la mujer advierte que la han estafado. Su pretendida liberación no la ha liberado del rol antiguo, sino que le ha endosado uno suplementario, el de compartir con el macho la tarea de la caza. Mientras él se resiste a adquirir una mínima maestría en las tareas del hogar (ésa es su coartada para no arrimar el hombro), ella se ve obligada a competir con los machos en la oficina o en la fábrica.[4] Cuando advierte la estafa social de que está siendo víctima, tiende a encabronarse, nada más natural, y por ahí comienzan las fisuras de muchas parejas.

El problema laboral no es el único. Cuando la mujer se enroló en las partidas de caza, inevitablemente adoptó algunos roles masculinos. Por ejemplo: antes soportaba los cuernos con paciencia, pero desde que se metió a cazadora reclama fidelidad al hombre en el mismo grado en el que él se la exige a ella.

—Es que nosotros somos promiscuos por naturaleza —se excusa el macho. Si tiras de biología, argumentos no te faltarán.

—Me parece muy bien: yo también me apunto a eso de la promiscuidad.

—Tú eres mujer. No es lo mismo.

No atienden a razones. Quieren que seamos o todos moros o todos cristianos.[5] O sea, no aceptan que el orden natural, de toda la vida, ha sido que les exijamos fidelidad sexual mientras nosotros dispersamos nuestros genes por todo el hembrerío, abarcando a cuantas más mejor.

4. Y, a menudo, ni eso: en el trabajo, ella tiene que demostrar mayor capacidad que el hombre para alcanzar un salario parecido, aunque la norma es que perciba un salario más bajo por un rendimiento similar.

5. Es un dicho que no tiene más alcances, pero si lo tomamos al pie de la letra va a ser que todos moros, por ese camino vamos.

El pretendido igualitarismo de los sexos ignora una diferencia fundamental entre hombres y mujeres: el hombre, incluso el que está enamorado de su mujer, disocia sexo de amor y no concede mayor importancia a echar una cana al aire. Que se acueste con otra no significa necesariamente que no quiera a su mujer ni que su matrimonio lo incomode. Es, simplemente, rehén de su instinto. Sin embargo, la mujer traicionada no lo entiende así: como ella no disocia el sexo del amor, debido a que su hipotálamo (el que despierta el deseo sexual) sólo se excita a través de su centro amoroso, cree que su marido se ha enamorado de otra.[6]

Este malentendido es una fuente constante de conflictos. No apruebo ni critico ninguna conducta, que para eso están los moralistas: me limito a explicar lo que hay.

La ministra Bibiana Aído en 2010.

6. Pease, 2000, p. 264.

CAPÍTULO 47

La mujer conquista el sexo

Aprovechando la visita papal a Barcelona, vino a verme anoche un paciente cuya profesión y estado no revelaré en observancia del secreto profesional. Lo traía a mi diván un grave problema «identitario»: era travesti a tiempo parcial, aunque, debido a la especial índole de su trabajo, no podía practicar su afición los domingos y fiestas de guardar dado que, a la hora en que la comunidad travesti de su ciudad celebraba sus saraos, él tenía que estar oficiando para los feligreses de su parroquia.

Ya en la despedida, hablamos de esas generalidades de la vida, los cambios, la crisis y el sexo, y él me dijo:

—¿Qué nos está pasando, doctor? ¿Qué ocurre con las mujeres? Las nietas de las abuelas que guardaban un rosario en el bolso y un devocionario en la mesita de noche tienen ahora una caja de preservativos y un consolador.[1] Las abuelas adoraban la casa de la pradera y las nietas se pirran por la impudicia de la casa de Guadalix de la Sierra («Gran Hermano»).

1. ¡Cuidado, no estoy diciendo que las abuelas no se consolaran! Antiguamente, las mujeres insatisfechas, a falta de artesanía especializada, recurrían a su imaginación y a los arbitrios domésticos. Un soneto anónimo del siglo XVI comienza: «Tú, rábano piadoso, en este día / risopija serás en mi trabajo, / serás lugarteniente de un carajo, / mi marido serás, legumbre mía.» Más antiguo aún, un documento fechado en 1351 se refiere a una mujer fallecida «por ocasión de un *rauano* [rábano] que le *auian* puesto por el *conyo*». (El que lo quiera leer por sus ojos puede comprobarlo en el Archivo General de Navarra, sección Comptos, 66, folio 296 vuelto.)

—Es la aceleración de la historia y la reducción del presente —respondí—. ¿Conoce las tesis de Mijail Malishev, las de Grompone, Lester Brown y Pacheco?

—No, yo, ya sabe, mi breviario...

—Pues no le dé vueltas que le harán la picha un lío.

—Entonces lo dejaré para cuando me opere. Gracias, doctor.

No es el único caso. Historias semejantes son mi alimento emocional cotidiano. El cambio ha sido importante, sí, y yo diría que para mejor. La abuela aquella beatona e hipócrita a la que aludía mi paciente anterior tenía más mala leche que un nublado; sin embargo, la nieta liberada, parece mentira que herede sus genes, ha resultado ser una chica sana que vive su vida sin fastidiar al prójimo, una ONG con tetas y muslos que comulga absolutamente con la piadosa idea de que «lo que se han de comer los gusanos dejad que lo disfruten los humanos».

Durante milenios, el sexo recreativo ha sido cosa de hombres, jamás de mujeres. La mujer decente ni siquiera sentía los orgasmos o si los sentía era mejor que los disimulara.[2] En el siglo XIX la clase media y parte de la aristocracia educaba a sus mujeres en la más completa ignorancia sexual. Solamente el día de la boda las madres le aclaraban a la hija: «Esta noche no tengas miedo, que no pasa nada, pero tu marido te hará lo que has visto que hacen los perritos con las perritas.» Y la novia virginal, cuando se encontraba a solas con el novio, le suplicaba: «Felipe, lo que tú quieras, pero cuando estemos pegados lo único que te pido es que no me arrastres por el pasillo, que me da mucha vergüenza.»

Con esa ignorancia, muchas mujeres somatizaban su frustra-

2. Baste decir que ni siquiera se conocía la función del clítoris. Aunque en la liberal antigüedad el médico griego Rufo de Éfeso (siglo I) descubrió su existencia, no fue redescubierto hasta que Renaldo Columbus (o Matteo Realdo Colombo), cirujano de la Universidad de Padua, lo describió en su libro *De re anatomica* (1559), en el que lo llama «la dulzura de Venus» y donde señala que es «la sede del placer femenino». En 1671 Jane Sharp, en el *Manual de la comadrona*, apunta que el clítoris «se empina como el pene, excita la lujuria de la mujer y las hace disfrutar en la cópula».

ción en forma de problemas físicos o mentales que los médicos, debido a las limitaciones de su ciencia, diagnosticaban como «histeria femenina». Ya los griegos creyeron que este estado de nerviosismo e hipersensibilidad que a veces advertían en la mujer se debía a que su útero (*hystera*, en griego) le causaba afecciones físicas. Galeno (siglo II) diagnosticó que esa extraña enfermedad era causada por la privación del sexo.[3] En la Inglaterra victoriana se aplacaba mediante masajes en el clítoris aplicados por un facultativo o su ayudante hasta que la paciente alcanzaba el «paroxismo histérico» (hoy lo llamaríamos orgasmo) que la dejaba desmadejada y satisfecha. O sea, que el médico curaba masturbando a la paciente.

Naturalmente, la mujer necesitada podía sucumbir a la tentación del placer y ponerle los cuernos al marido con alguien que la sirviera mejor.[4]

La mujer debía llegar virgen al matrimonio, con el precinto intacto como garantía de su decencia, de que todo su conocimiento y experiencia del sexo lo obtendría de su marido. Sin embargo, se apreciaba que él llegara con la lección aprendida y

3. Con agudo ojo clínico, Galeno había observado que muchas doncellitas nerviosas e histéricas se curaban en cuanto las daban en matrimonio, e igualmente, muchas mujeres irritables dulcificaban su carácter cuando el marido contrataba a un mozo de cuadras joven. Lo mismo ocurría en los conventos cuando la abadesa ajustaba a un robusto gañán para que ayudara a la comunidad en las tareas más penosas del huerto.

4. Ése es el último razonamiento que todavía hoy justifica la ablación del clítoris de cientos de miles de mujeres sometidas a culturas supuestamente respetables distintas de la occidental: suprimiéndole el placer, suprimimos la tentación. Para una mujer que no siente nada, el sexo es una operación molesta. Sólo lo practicará con el marido, como una penosa obligación. Sumemos a esto que en esas culturas procedentes de la pintoresca África los varones aprecian lo que podríamos denominar «polvo en seco»: antes de copular, el macho exige a su mujer que se seque con hierbas los flujos vaginales a fin de aumentar su placer (el de él, se entiende) en una vagina falta de lubricación. Naturalmente, le provoca a la mujer escoceduras y erosiones. Según eminentes sexólogos, este hábito está favoreciendo la extensión del sida en el continente negro.

ejercitada en prostíbulos o con chicas de menos categoría social (lo que en cierto modo rebajaba también sus niveles morales), o sea con personas humildes (era clásico iniciarse con criadas en las casas de alcurnia).

En los años cincuenta y sesenta, aquella mujer que tímidamente exploraba el mundo del trabajo en las ciudades mutó en el nuevo modelo de mujer, la *superwoman* (Pilar Cristóbal *dixit*) «irreprochable, eficiente y competitiva; perfecta madre y ardiente; creativa y "superdispuesta" en la cama».[5] Aquella mujer sensual y moderna que se contoneaba, calzaba zapatos de tacón y realzaba desafiantemente su busto con sujetadores de tela en pico (con rellenos, ¿eh?), se dejaba catequizar por el marido en las artes de Venus y dejó de rechazar, como hasta entonces, la felación y el sexo anal.

Damas victorianas

5. Lo que vino a actualizar el antiguo y sabio consejo de las madres: «Hija, dale a tu marido en casa lo que quiera y no tendrá que buscarlo fuera.» Mesquida, 1994, p. 17: «Mujer compuesta, quita al marido de otra puerta.»

CAPÍTULO 48

La toma de la pastilla

Si la Revolución francesa del siglo XVIII se inició con la toma de la Bastilla, la revolución sexual de nuestro tiempo comienza con la «toma de la pastilla (anticonceptiva)».

La verdadera liberación de la mujer llegó con la píldora anticonceptiva, que le permitió decidir si tenía hijos y cuándo los tenía.[1] El uso de la píldora *antibaby* (así se la llamó al principio) comenzó a divulgarse en España a mediados de los años sesenta, comenzando por las clases altas y urbanas.[2] Por aquel tiempo

1. «El acceso a los anticonceptivos comenzó cuando yo tenía 17 años, cuando despertábamos a la sexualidad», recuerda Elena Salgado, vicepresidenta y ministra de Hacienda en el memorable gobierno de Zapatero. «Ahí sí teníamos militancia, porque nos parecía una gran conquista. Era el dominio de la reproducción separada de la sexualidad. Fue una ruptura. Tengo una hermana ocho años mayor y en ese momento pasamos a ser dos generaciones distintas» (Sánchez-Mellado, 2009, p. 48). Con la perspectiva de hoy es difícil imaginar la angustia en la que han vivido las mujeres durante siglos por el temor a quedarse embarazadas indebidamente. La cortesana francesa Ninon de Lenclos tenía fama de descreída pero, a pesar de ello, antes de cada coito oraba a la Virgen: «*Vous qui avez conçu sans péché accordez-moi l'art de pécher sans concevoir.*»

2. La píldora anticonceptiva se legalizó en España en fecha tardía, el 21 de septiembre de 1978, tras intensos debates parlamentarios y muy contra el parecer de la Iglesia y de las personas de orden (colectivos que precisamente no la necesitaban, ¡qué egoísmo!). En Estados

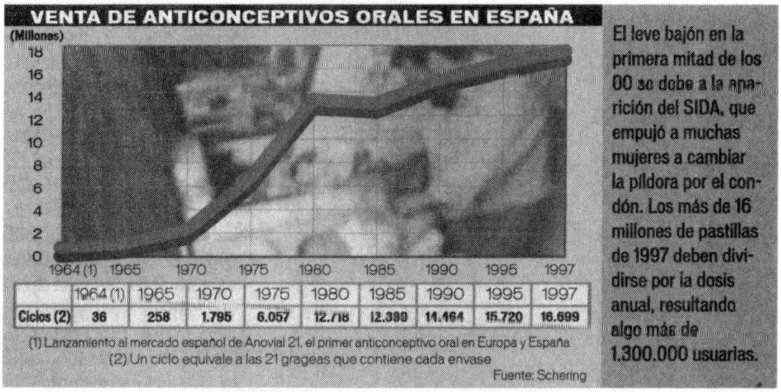

	1964 (1)	1965	1970	1975	1980	1985	1990	1995	1997
Ciclos (2)	36	258	1.795	6.057	12.718	12.380	14.464	15.720	16.699

Venta de píldoras anticonceptivas en España. Revista *Tiempo*, 17 de agosto de 1998.

llegó algún eco lejano, bastante desvaído, del *flower power* hippy de California («Haz el amor y no la guerra»). Este conato de revolución cultural se manifestó principalmente en que muchas chicas dejaron de usar sostén[3] y se acomodaron a las sandalias o zapato plano y ropa holgada y cómoda, cuando no hombruna (pantalones y trajes de chaqueta), abandonaron el maquillaje, se recortaron las melenas y dejaron de contonearse, arte que permanece hoy lamentablemente perdido.[4]

Lo mejor de aquella revolución sexual (aunque apenas la notaron en unas docenas de comunas repartidas por las grandes ciudades y las pequeñas islas) fue que igualó a los sexos bajo el estandarte del amor. Las conversas abandonaban los remilgos monjiles en los que se habían educado y copulaban en plan colega, sin necesidad de pretexto romántico, como mero acto de camaradería y protesta contra los prejuicios de una sociedad caduca y pequeñoburguesa.

Unidos se había legalizado en 1960, y en casi todos los países europeos, en 1961.

3. Incluso quemaron públicamente sus sostenes viejos, dados de sí, para mostrar su liberación y, de paso, *épater le bourgeois*.

4. Han abandonado el contoneo que tanto nos encandilaba y ahora andan como un camionero o un segador por medio del terronal.

Las voluptuosas *maggioretti*. En el centro Sofía Loren.

Oigámoslo en el testimonio de Laura Freixas, a la que tanto admiro: «Cuando una no mostraba demasiado entusiasmo ante la idea de meterse en la cama con el primero que pasaba, éste, por poco que estuviera al loro, adoptaba un aire paciente y pedagógico para preguntar: "Pero tía, ¿tú no has leído *La revolución sexual* de Wilhelm Reich?"»[5]

Florecieron las discotecas en cuya propicia penumbra tocabas unas tetas y no recibías a cambio una bofetada porque lo que antiguamente se llamaba meter mano se había sublimado como comunicación no verbal. Algo ayudaba a esta nueva carnalidad la desaparición de los refajos y el advenimiento de la minifalda, que dejaba al aire los estupendos muslos femeninos. El único problema fue que el modelo propuesto era la escuálida Twiggy, ojos y huesos, espeluznantes codos y rodillas, que parecía recién liberada de Auschwitz. Las voluptuosas *maggioretti* italianas tipo Silva-

5. Laura Freixas, *La Vanguardia*, 9 de febrero de 2004.

na Mangano o Sofía Loren se vieron obligadas a adelgazar y se impuso, hasta hoy, la delgadez extrema tipo Kate Moss.[6]

Resignados a esa moda horrenda, en los guateques bailábamos al son de una canción del Dúo Dinámico que decía: «Yo tengo una novia que se llama Popotito, / que tiene unas piernas que parecen palillitos...»[7]

En los años setenta un millón de españolas usaban la píldora, aunque fuera ilegal y, por lo tanto, complicada de conseguir.[8] El uso del anticonceptivo crecía de año en año a pesar del encono con el que la Iglesia y los medios católicos la calumniaban.[9]

6. De las que España también ofreció cumplida cosecha (Analía Gadé, Emma Penella, Sara Montiel, Carmen Sevilla y un breve etcétera hasta Eva León y otras chicas de revista). Algunas modelos más carnales, como Lizzie Miller, mantienen una lucha para que las mujeres que rebasan la talla 40 no se sientan gordas sino hermosas.

7. De aquel tipo evolucionamos, progresivamente inseguros, a la andrógina, tipo Bimba Bosé, y me temo que todavía no nos hemos librado. En la pasarela Cibeles de Madrid han tenido que prohibir la actuación de modelos cuyo índice de chicha sea inferior al mínimo recomendado por la Organización Mundial de la Salud (OMS). Escribo esto con pena porque a mí me gustan las mujeres más bien rellenitas, o rellenas del todo, qué coño, una mujer compacta a la que no le cierre el pareo.

8. El uso de anticonceptivos era ilegal (hasta penado con multa y cárcel). Las primeras usuarias fueron las progres catalanas que viajaban a Francia para abastecerse de quesos, libros prohibidos y píldoras. Desde 1964, médicos españoles más liberales (y otros no tan liberales que practicaban la medicina privada con clientas pudientes) les recetaron el Anovial 21, de los laboratorios Schering, un fármaco ideado para controlar desarreglos menstruales.

9. La prensa eclesiástica y los médicos conchabados con los confesores propalaban bulos sobre su peligrosidad o aseguraban que hacía crecer la barba. El diario católico *Ya* del 24 febrero de 1968 anunciaba en grandes titulares: «Otras dos inglesas mueren por tomar anticonceptivos.» Otra publicación jaleaba que 600.000 inglesas podrían padecer trombosis por los anticonceptivos ricos en estrógenos que consumían; otros comparaban la píldora con los pesticidas contaminantes. El diario conservador *ABC* informaba: «Mil mujeres se quedan calvas por tomar la píldora»... La contrapropaganda de la Iglesia y del gobierno tuvo un efecto contrario a lo que pretendía porque informó a amplios sectores de la

Como consecuencia de su liberación sexual, muchas mujeres recuperaron su propio cuerpo, se interesaron por el sexo y dejaron de drogarse con optalidones (el antidepresivo casero de entonces). Espoleadas por el ejemplo de otras europeas (conocidas a través del turismo o la emigración), muchas españolas afrontaron su sexualidad sin temor a que las tomaran por calentorras, estigma que, en el *ancien régime*, las condenaba a la soltería y a la soledad o a la prostitución.[10]

Muchas universitarias se sintieron fascinadas por las ideas de la filósofa francesa Simone de Beauvoir (1908-1986) después de leer su catecismo feminista *El segundo sexo*, que denunciaba la estafa del instinto maternal y del matrimonio como invenciones del macho opresor y reivindicaba la completa liberación de la mujer. La Beauvoir daba ejemplo con su propia vida: estaba unida sentimentalmente al también filósofo Jean Paul Sartre, pero habían pactado que su «amor necesario» o «esencial» no excluiría «amores contingentes» o aventuras. O sea, formaban lo que hoy se conoce como una pareja abierta. Simone y Jean Paul vivían incluso en pisos distintos y se hablaban de usted para subrayar su mutua independencia.[11] Como dice Rosa Montero: «Simone y

---

sociedad sobre la existencia de un remedio contra la preñez indeseada. A la postre, la campaña no pudo con el empeño de la mujer de disociar el sexo de la procreación.

10. Quedaron muchas cincuentonas que no se comieron una rosca cuando les correspondía generacionalmente, en los años setenta, y según indicios andan ahora tan desbocadas como sus colegas masculinos de entonces. «¡Van pegando *bocaos*!», me comentaba uno de mis pacientes, repartidor de profesión, aunque su verdadera vocación sea gigoló. No es sólo que estas mujeres hayan descubierto de pronto el placer: es que, en la decadencia física, con la aparición de las arrugas y el descuelgue paulatino y fatal de tetas y culo, necesitan autoafirmarse, aumentar su autoestima, demostrarse que todavía atraen a los hombres, comprobar ilusionadas que están en el mercado.

11. Puro engaño: hoy sabemos que la Beauvoir no practicaba nada de lo que predicaba. Pequeña burguesa en el fondo, nunca se atrevió a confesar que era bisexual, como revelan sus cartas. Enamorada del escritor americano Nelson Algren, su correspondencia muestra a una mujer conven-

Sartre alardeaban mucho de honestidad y transparencia, pero sólo usaban estas virtudes entre ellos mismos para comentarse el uno al otro cínicamente los más escabrosos detalles de sus amoríos.»[12]

La divulgación de otros anticonceptivos (preservativo, al principio asociado a la prostitución, DIU, etc.) sería la última frontera que le quedaba por explorar a la mujer, una vez liberada del cazador. Comenzaba la era del sexo recreativo, el sexo por el sexo, el sexo por el gustito que da.

Por desgracia, las florecillas del espíritu hippy y la camaradería comunal se marchitaron enseguida y su implantación en España fue muy tenue, verdura de las eras que se agosta con el primer solano, débil rocío matinal que enseguida se evapora. Fuera de aquellas pocas experiencias pioneras, la mujer mantenía sus consuetudinarias exigencias por hacerse merecer y el hombre se resignaba a humillarse para merecerla.[13]

---

cional, pasional y celosa: «Soy tu esposa sometida», «Me voy a portar bien, lavaré los platos, barreré, iré a comprar yo misma los huevos y haré un pastel de ron, no voy a tocar sus cabellos ni su espalda sin autorización».

12. Montero, 2007.

13. Sobre la buena disposición al fornicio, permítaseme nuevamente citar a Sara Montiel, que para esto es como la buena samaritana: «La mujer debe ser puta por bondad. A ver si me explico: darse a un hombre por bondad, nunca despreciar al que te quiere, porque es un daño que después no te perdonas. Lo normal es hacer sexo. Hacer el amor cuando se está enamorado es lo más natural y maravilloso» (Sara Montiel, *Memorias. Vivir es un placer*, Plaza & Janés, Barcelona, 2000). En otras culturas encontramos la misma buena voluntad o caridad. El cronista de Indias Fernández de Oviedo escribe: «Hay muchas [damas] que de grado se conceden a quien las quiere, en especial las que son principales, las cuales ellas mismas dicen que las mujeres nobles y señoras no han de negar ninguna cosa que se les pida, sino las villanas. Pero asimismo tienen respeto las tales a no se mezclar con gente común, excepto si es cristiano, porque como los conocen por muy hombres, a todos los tienen por nobles» (*Sumario*, X: 121). Por su parte, Pedro Hernández escribe: «Las indias de costumbre no son escasas de sus personas y tienen por gran afrenta negarlo a nadie que se lo pida y dicen que para qué se lo dieron sino para aquello.» ¡Conmueve esa generosidad contemplada desde esta cultura

Así desembocamos en la mujer liberada actual. Las nietas de aquellas abuelas desprovistas de libido (o fingidoras) que asumían resignadamente la obligación de satisfacer a sus esposos el débito marital se han dejado de remilgos y se entregan al disfrute del sexo con la misma pasión que ponen en el resto de los bienes de consumo.[14] En los años cincuenta, el 90 por ciento de las españolas, si no más, llegaba virgen al matrimonio; hoy, la chica que a los dieciséis o diecisiete años conserva el virgo intacto comienza a sentirse un bicho raro, anormal. Sólo un uno por ciento, quizá menos, se guarda hasta el matrimonio.[15]

«Las mujeres de hoy no necesitamos enamorarnos para que nos quiten el refajo —declara la abogada Pilar Llaneza—. En el terreno sexual hacemos y decimos lo que queremos.»[16]

En el caso de la mujer se trata de una conducta cultural, puesto que ningún instinto la arrastra a dispersar sus genes. La remuneración que obtiene es, principalmente, el placer sexual (ya dijimos que, metidas en harina, orgasmizan mejor que nosotros) y la emoción de la conquista (nuevas descargas hormonales, la fácil y barata droga que fabrican nuestros cerebros). Eso las

---

nuestra tan materialista, en la que todo se paga de un modo u otro, incluso el amor!

14. Antes las mujeres respetables se veían obligadas a fingir que carecían de libido. Un manual de la Sección Femenina (años cuarenta) sugería: «Una leve queja al final indicará tu placer». Con pasividad victoriana asumía que su deber patriótico consistía en perpetuar el linaje (o la especie): «Cuando tu marido te lleve al tálamo —aconsejaba la madre el día de la boda—, túmbate, ábrete de piernas, cierra los ojos y piensa en Inglaterra.» Los maridos apreciaban esa pasividad que les certificaba que una esposa que no sentía placer se mantendría fiel. A una dama veneciana se le escapó un gemido de placer durante la consumación del acto y el marido la increpó: «O procreamos honestamente o me apeo del tálamo.»

15. Una encuesta reciente indica que el 15,5 por ciento de las chicas aprueba la copulación en el primer encuentro si «hay química» (las suecas siguen ganando con un 23 por ciento, pero la diferencia se está acortando rápidamente). Véase la revista *Woman*, octubre de 2007, p. 234.

16. Alejandrina Gómez, 1999, p. 33.

Anuncio.

Portada de *Tiempo*.

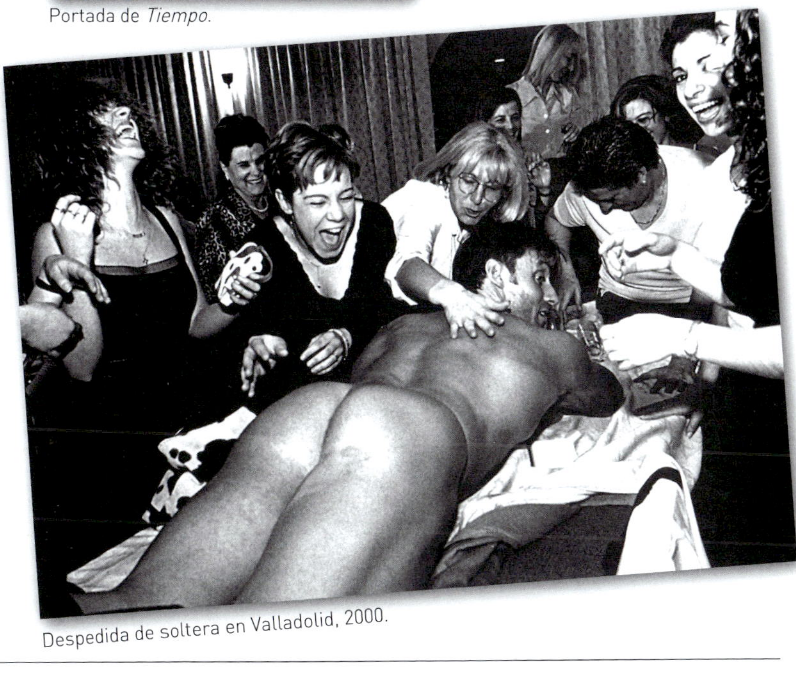

Despedida de soltera en Valladolid, 2000.

Pareja moderna, por Navas.

Persil.

Monja delante de una manifestación nudista.

Turismo sexual

Encuentro en Kenia.

Romance en el Caribe.

Revista *Tiempo*, 6 de noviembre de 2009.

La mujer florero

Española de tronío.

Mujer. Jacques Joseph Tissot.

Campaña contra la anorexia.

Labios siliconados.

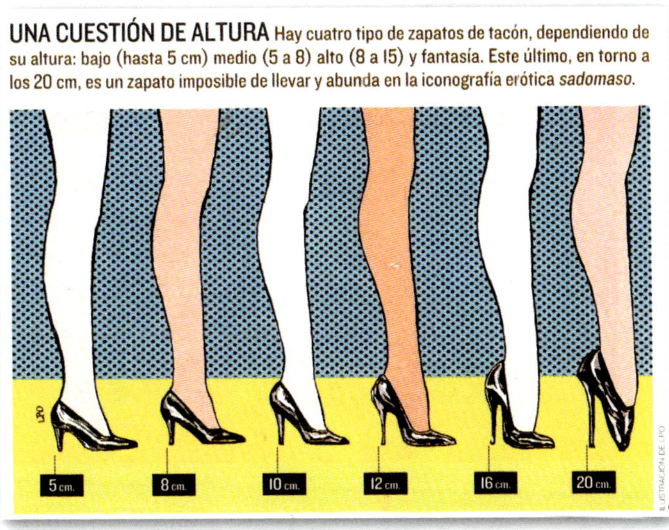

UNA CUESTIÓN DE ALTURA Hay cuatro tipo de zapatos de tacón, dependiendo de su altura: bajo (hasta 5 cm) medio (5 a 8) alto (8 a 15) y fantasía. Este último, en torno a los 20 cm, es un zapato imposible de llevar y abunda en la iconografía erótica *sadomaso*.

Tacones, en «Magazine» de *El Mundo*.

Postal: viuda con sorpresa, años cincuenta.

Aristóteles y su amante Phylis.

Ilustración de John Huehnergarth para el libro *Por la liberación del varón*, de Shephard Mead, 1973.

Postales antiguas.

Amor sin fronteras

Almería, 2010.

Parejas mixtas, Barcelona, 2010.

Morita con soldado.

Anuncio del cura de Noez.

Conociéndose por internet, revista *Muy Interesante*.

disfrutar de una agradable compañía.

del videotex en España ya supera la cifra de los 100.000.

co, una original y forma de entablar sentimental.

Esta romántica tenido su orige en Francia, unos años la lefónica gala promocionar e nados termina tex —e nitel- del nic su prc un termi rior a l

Amor por internet. «Magazine» de *El Mundo*, 6 de julio de 2008.

Vibrador de lujo.

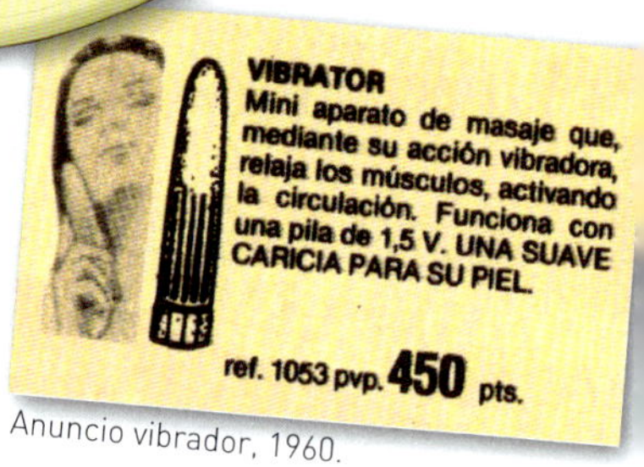

VIBRATOR
Mini aparato de masaje que, mediante su acción vibradora, relaja los músculos, activando la circulación. Funciona con una pila de 1,5 V. UNA SUAVE CARICIA PARA SU PIEL.

ref. 1053 pvp. 450 pts.

Anuncio vibrador, 1960.

SEX SHOP AMBULANTE. Ya no hace falta ir a la tienda erótica para comprar un vibrador; ahora, el *tapper-sex* te lo lleva a casa. Son demostraciones de juguetería erótica que se realizan en domicilios privados, acompañadas por charlas picantes para explicar esas cosas que, por vergüenza, muy pocos/as se atreven a preguntar: ¿Cómo funcionan las bolas chinas? ¿A qué saben unas bragas comestibles...?

Revista *Quo*, enero de 2006.

Ellas se aman

Matrimonio de lesbianas en 1901. *El País Semanal*.

intro HISTORIA

Marcela y *Elisa* CASADAS EN *1901*

Más de 2.000 mujeres lesbianas se han casado en España gracias a la ley de Zapatero de 2005. Pero este avance social tiene un sorprendente precedente: Marcela y Elisa se casaron en A Coruña en 1901. Por la Iglesia. Pero las descubrieron, la justicia las persiguió y la prensa se ensañó con ellas. Una valiente historia feminista recogida ahora en un libro. Por *Cristóbal Ramírez*.

Festival gay en Madrid, 2008.

Pareja de amigas, 1900.

Gays

Pareja de amigos.

(Reverso.)

El País Semanal, 4 de julio de 2010.

Medallón gay.

Ministra entre gays.

Aurora-Ramón con Carmen-Pepe.

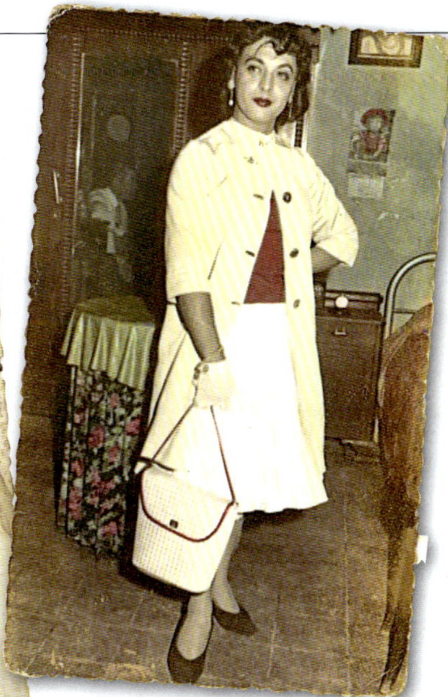

Aurora-Ramón, año 1960.

Carmen de Mairena.

Carmen-Pepe con un amigo, 1964.

Feminismo

Cartel.

Lazo feminista.

Revista *Tiempo*, 11 de enero de 1999.

El voto de la mujer.

Cartel contra la violencia de género.

Anuncio contra la violencia de género.

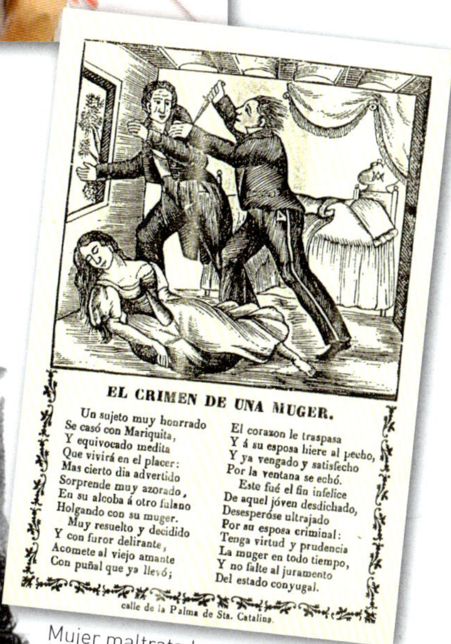

Mujer maltratada.

Maltrato, según Goya.

Mosca española.

Pastillas Viagra.

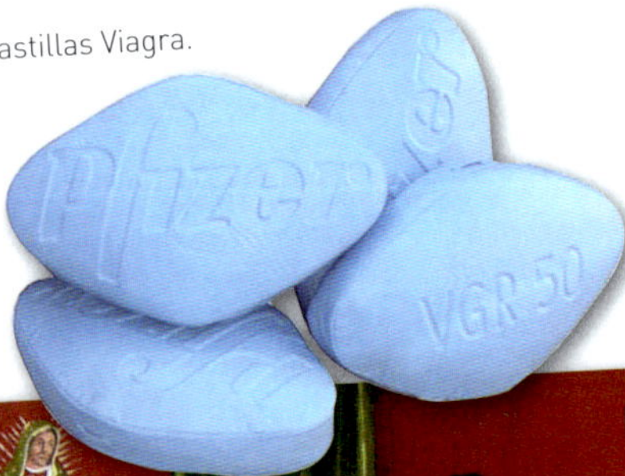

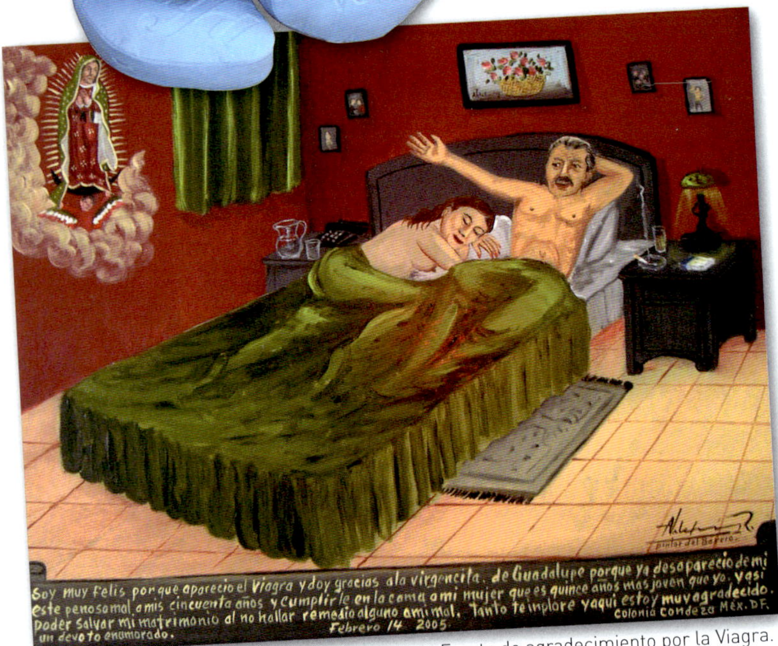

Exvoto de agradecimiento por la Viagra.

Compitiendo con ellos

Culturistas.

Competición de culturismo.

rejuvenece o, al menos, las hace sentirse jóvenes cuando ya empiezan a no serlo.[17] Sin embargo, subsiste en ellas un residuo importante de la antigua conducta de la hembra recolectora: antes de copular, muchas exigen a los aspirantes que las alimenten, o sea, que las inviten a cenar en un restaurante caro o que las agasajen antes y después de la cohabitación, con flores, regalos y atenciones.[18]

Muchas mujeres liberadas prefieren vivir solas sin cargas familiares, sin tener que planchar camisas ni lavar calcetines, pero no por ello renuncian al sexo y mantienen relaciones con algunos amantes fijos y otros esporádicos, preferentemente casados, que molestan y exigen menos que los solteros.[19]

Liberadas de la dependencia masculina, las cazadoras invaden los predios que antes nos estaban reservados. Inevitablemente, a falta de modelos propios, han imitado los nuestros y se han virilizado: beben, fuman y practican deportes inadecuados (si es que hay algún deporte adecuado para la especie) como el culturismo. Y, para colmo, no les basta con la satisfacción emocional: quieren un orgasmo como Dios manda, múltiple si fuera posible y con espasmos vaginales y pérdida transitoria del conocimiento.

Las chicas han asimilado el sexo lúdico y se puede decir que

17. Como dice la sin par Sara Montiel: «Hay que ver lo bien que sienta un polvo después de almorzar.»

18. En ello se llevan el santo y la limosna, una ventaja que antiguamente, en los tiempos de estricta moral represiva, se limitaba a las putas. Como dice Ibn Makram, poeta de Basora del siglo IX: «Nadie más inteligente que la puta: disfruta de los mejores manjares, bebe los más sabrosos néctares, consigue tanto o más placer que el hombre y además saca beneficios materiales por todo ello» (Al Tifase, 2003, p. 106).

19. Los amantes casados tienen la ventaja de brindar encuentros satisfactoriamente románticos con velitas, varitas de incienso, masaje tántrico aprendido en un libro de autoayuda, picoteo de exquisiteces, champán, etc., pero también tienen la desventaja de que no están disponibles en fines de semana, fiestas y vacaciones. Sobre ello, las interesadas pueden ilustrarse en el libro de Margarita Sánchez *La otra* (Ediciones B, Barcelona, 1992).

JAEN, domingo 17 de julio de 1994

Verano 94

Página 28

Algunas no podían creer lo que estaban viendo, otras no perdían detalle, pero eran incapaces de acercarse al escenario. Sin embargo, muchas, muchas de ellas, se volvían locas por tocarlos, acariciarlos, besarlos y... todo lo imaginable. Los chicos del espectáculo sexi masculino, Tini, Angelo, Eduardo y Aurelio, revolucionaron a las más de quinientas mujeres jiennenses que fueron a la discoteca La Luna de Jaén en la noche del pasado viernes. La entrada a los hombres les estaba totalmente prohibida hasta que no terminara el espectáculo. Hubo de todo y para todas, pero las indiscutibles protagonistas de la noche fueron las voluntarias que se lanzaron al escenario, o mejor dicho a los bailarines. Y es que no se "cortaron un pelo".

La loca historia de una noche de verano

Unas 500 mujeres asistieron a un espectáculo sexi masculino en "La Luna"

ANA PIQUERAS MONTESINOS

Había mujeres para todas los gustos: Muy jovencitas, jovencitas, de mediana edad y grupos de mujeres ya maduritas.

"¡No me lo puedo creer, deben ser contratadas!", gritaba una mujer que contemplaba con su boca y ojos muy abiertos cómo una voluntaria que salió al escenario intentaba quitar con la boca el tanga que tenía puesto uno de los bailarines mientras lo acariciaba.

Al principio sólo eran gritos, risas... La discoteca La Luna parecía un oasis exclusivo de mujeres en medio del olivar.

Todas, en grandes grupos de amigas. Algunas venían para hacer algo diferente por una noche, otras para pasar un rato agradable y reírse de la situación, la mayoría para ver los cuerpos fornidos de los bailarines del espectáculo y muchas, fueron para salir al escenario a bailar y de paso, "pillar", como afirmaba una de ellas, todo lo que pudieran.

Los bailarines realizaron tres números.

Un gran número de mujeres quería subir al escenario.

JOSÉ MANUEL PEDROSA

El espectáculo duró aproximadamente una hora.

Fiesta con *boys* en Jaén.

en esto dan sopas con honda a sus desconcertados pretendientes. No hay más que contemplar una despedida de soltera, el alegre tropel de mujeres blandiendo falos, coronadas de gorritos que son falos, soplando matasuegras terminados en falos, chupando falos de caramelo... Una exaltación del falo que no parece sino que asistimos a una bacanal en la Roma pagana. La alegre y etílica comitiva desfila por la ciudad ajena a posibles comentarios desaprobadores de algunos viandantes y acaba en una sala de fiestas o similar donde asiste, entre aullidos, a un espectáculo de *striptease* de *boys* musculados (y anabolizados) de gimnasio, pantalones ajustados de cuero, marcando paquete, y sujetos con velcro de modo que se saquen del tirón y dejen al aire un conciso tanga-taleguilla.

¿Qué ocurre?

Ocurre que se han invertido los roles: el hombre objeto, el hombre convertido en espectáculo mientras las chicas aúllan desinhibidas y alegres y le meten billetes de cinco euros por donde asoma el vello púbico y alguna más atrevida o etílica le echa

Anuncios eróticos

DOMINGO 4 DE JULIO DEL 2010 — elPeriódico 35

CATALANA 29 a. Relaciones de ensueño. Part. 24 h. 608 028 657

amigas ... 803 403 503 Audiotek Internacional, INC. Apdo ... CP 03540 Alicante. Mayores ... IVA incluido red fija ...

ENF...

CON... 90...

60 € S... Srtas. ... Llamand...

SALIDAS ... 24 h. Hote... solo 60 €

BAL... 180 — 93 21... 99 25 — 24h Salidas

MASAJISTAS M... h. Francés sin ...

24 H HOTEL Y ... 60 € Salidas ...

JOVENCITAS ... Apart. priv. ...

ROSE... 24h Salid... 93 4...

60€. SALID... Chicas mod...

SALIDAS C... salidas a H...

60€. 60€. ... todas las ...

Flor... Munt... DISFRU... DOMIN... 1 HORA ... MASAJE Y COPA ... Max. higiene. A.A. Disc. 24 h. Salidas Hotel y Dom. www.laflordelcaribe.com 93-453-99-72

¡¡CHICAS EXCLUSIVAS !! Las 24h. francés sin ... 620 855 800

PELIRROJAS, RUBIAS, MORENAS masajes + sexo 40€. 620855712

SAUNA NUMANCIA 12 — 20 Srtas/Barra-Bar — 93 321-97-01 — Servicios 60€ 24h Salidas

JOVENCITA 20A. Me gustaría mucho hacerte... Part. 93 330 75 66

CHICA Selena — 160 de pecho — Francés Completo — Griego Profundo — 628 853 345

VIUDA. 40 AÑOS. Sexo sin cobrar. 608 077 712

GEORGINA Morbosa, caliente 93 ... 56 www.valeriescorts.com

...19a Insaciable 93 451 66 44. ...valeriescorts.com

...SPAÑOLAS, MULATAS ... 40 € jacuzzi, besos len... ...sin. Nuevo. Privado, lujo. ... 650 960 300

...DAS 60 €. 24 h. Hot ... 93 455 10 37

...RBOSA ... 93 455 10 37

...A 18 y 20a. Cata... 93 458 95 38

...hago todo" 25€ ...357 13 91 Salidas

LUISA 42A CASADA Insatisfecha (Griego) 25€ 1/2 h. 673 93 64 74

ARGENTINA 20a. las 24 h 90-60-90 completo 25€ 609 724 776 salidas

RUBIA 45A. DIVORCIADA las 24 h completo 20€ 625 823 536 salidas

BLANCA 19A ESPAÑOLA las 24h. 1/2h ... sola 638 307 264 sal

MAITANE — Tel.626419.

MAITANE 19 años abertzale. Cuerpazo de la tierra. Tehago el beso de Oñati y la posturra del arratzale. En el orgasmo te suelto el irrintzi. Abstenerse constitucionalistas. Salidas o recibo en caserio. Acepto Visa.

...ndo aquí. ...16 ...sco sexo. ...ado 93 ...orts.com ...ISA ...es de 18-30 ...completos ...Hot. Dom. ...3 puerta 1 ...70 Busto y Ju... ...93 231 51 51

...ATICAS ... 634 138 877 — 634 047 463

CATALANA. 2 SERVEIS 70€ Besucona. 24 h. Part. 672 974 635

AZAFATA ARDIENTE 24A. CLASE Piso priv. Salidas 24h. 605 142 107

OXYZEN 24H Gran Via 532 — 93.452.34.17 — www.oxyzen.es

TRAVESTI GUAPISIMA activa y pasiva para principiantes 682 105 319

COSITAS CON MI BOQUITA ¿Te gusta? Pamela 20a. 93 330 75 66

AV. ROMA 122 934 519 118 Placer y discreción. Día y noche

CASA DE LUJO 40-60 € 24h Sal. Visa <M> L2 Monumental Aragón - Nápoles 657 183 498

LA CASA DE LAS YAYAS Solo vicio María, Loli y Montse 93 410 76 70

SALA SADO Y SALA TORTURA mazmorra 93 368 65 20

¡¡¡ SADO, SADO, SADO !!! sumisas amas 93 488 22 85

JAPONESAS — Z. PZA. ESPAÑA L3 - L5 — Z. CAMP NOU — Speak english — Hotel. Salidas — 691 592 230

TRAVESTIS TOP TRAVESTIS 24H. Selección de travestis. Apt. privado y salidas 93 454 11 59

CHICA CHINA Y COREANA <M> L1 Urgell (C/ Sepúlveda) 24 h. Salidas 628 652 283

JAPONESAS <M> L1-L3 Pl. España C/Creu Coberta, 63 30 € - 40 € Salidas 24h. 655 628 606

TRAVESTI NIÑATA filipina guapísima, cuerpazo, dotada 649 618 948

6 SRTAS. complacientes y morb. Copa Visa. Compl. 30€! 93 419 69 53 Av. Josep Tarradellas, 56, 1º 1ª

JAPONESAS Nueva Casa 40 € Sal. 24h. 645 09 33 66

CHICOSBCN.COM Jóvenes, alegres y divertidos, con ganas de mucho sexo. Novedad Domingos Día del Cliente. Tarifa reducida. De 2 tarde a 12 noche 93 317 00 47

MONTSE CATALANA 57a. Muy besucona 93 265 65 83/672 138 314

PZA. SANTS <L1> <L5> 4 amigas. Morbo a tope 93 339 60 69

CHINITAS 40 € - 60 € 24 h Salidas <M> Clot 651 178 752 664 091 757

TRAVESTI MULATA MADURITA 46a. dotadísima, delgada. Activa... pasiva... Domingos 636 834 407

TRAVESTI PAULA JOVENCITA, inmens. pechos franc rodilla Bcn Centro. 24h. Sal. 699 582 296 mano al paquete. En fin, una exhibición y una fiesta sin pasar a mayores.[20] Ahora las españolas se han puesto a la par con las francesas como las chicas más lanzadas de Europa.[21]

Con la equiparación de la mujer al mundo de los hombres ha surgido también la prostitución masculina, el amante más o menos fijo subvencionado o gigoló y el amante por horas que atiende por tarifa en apartamento propio, domicilio u hotel. También se anuncian en las páginas de contactos: «Miranda, exuberante, 110 pecho natural, francés profundo sin hasta final»;[22] «Soy una aceituna gordita y sin hueso. ¡Tráeme tu huesito!»; «Travesti tanguita»; «Inés. Recibo desnuda. Griego. Francés sin; beso negro»; «Laura. Estoy solita. Te recibo desnuda»; «Gabriela, belleza mexicana, delgadita, morenita, culito respingón, viciosa, juguetona, desplazamientos»; «Desirée, madurita impresionante, lluvia dorada, griego, francés»; «Orientales mimosas, todos los servicios, beso negro, lésbico, juguetes eróticos»; «Golosas gatitas: Irina, Elia, Bel, Mía, Daniela; el placer del sexo oral hasta el final y seguimos...».

20. Bueno, circula un bulo según el cual en una de estas fiestas contrataron a un *boy* subsahariano y a los nueve meses la novia parió un rorro morenazo hermosísimo y el partero que la atendió se negó a cortar el cordón umbilical si no era en presencia del marido. «¿Un niño negro? —preguntó el convocado—. ¿Esto no contraría las leyes de Mendel?» «A mí no me pregunte —respondió el facultativo—. El día que explicaron a Mendel yo falté a clase.»

21. Según una encuesta sobre sexualidad, «Amor y solteros/as en Europa», realizada por Meetic, un portal de búsqueda de parejas por Internet, entre cinco mil usuarios que debían señalar países distintos al suyo (Díaz, 2008, p. 40).

22. O sea, hablando en cristiano, felación hasta la garganta, sin condón y eyaculando en la boca.

CAPÍTULO 49

El de ellas se llama «turismo de romance»

La última frontera que les quedaba por conquistar a las mujeres, la del turismo sexual, hace tiempo que la han atravesado y cartografiado.[1] Incluso se editan guías de viaje[2] para las usuarias, generalmente maduras acomodadas, a las que los albañiles han comenzado a respetar cuando pasan ante ellos en una obra y hace tiempo que nadie les dice «que no me entere yo de que ese culito pasa hambre».

—Vamos a cenar en un *paladar*[3] donde tengan buen vino, con velitas y eso —propone ella al atractivo mulato cubano que se ha ofrecido gentilmente para enseñarle el famoso malecón de La Habana.

—¡Ay, *amol*, eso cuesta caro y no tengo qué ponerme, que

1. Cuando se trata de mujeres no hablamos de turismo sexual sino de «turismo de romance», porque, aunque el final buscado sea el despiporre que compense continencias pasadas, no se trata de una fría relación comercial, pagar por sexo, sino que entraña cierto toque romántico y el pago se disfraza en forma de regalos, invitaciones, atenciones, un ordenador, una moto... Lógicamente, sale más caro, pero eso es lo que hay cuando una quiere evitar que la tomen por una cualquiera.

2. Jeannette Belliveau en su libro autobiográfico *Romance in the road* («Romance en la carretera»), ofrece una guía de los destinos románticos para el turismo sexual femenino: islas del Caribe, Centroamérica, Brasil, Islas Vírgenes, Bahamas, Bali, Himalaya, África.

3. En Cuba: restaurante clandestino, el único enclave del paraíso socialista donde un capitalista puede comer decentemente.

toda la platita que gano se la lleva alimentar y cuidar a mi abuelita y a mis tres hermanitos!

—Por eso no te preocupes: te he comprado tres camisas y dos pantalones y un par de zapatos y aquí tienes dinero para las medicinas de la abuelita.

—¡Ay, *amol*, yo soy un caballero! No puedo aceptarte eso. ¿No ves que no puedo corresponder con nada, *amol*?[4]

—No seas tonto. ¿Qué importa el dinero? Lo importante es el amor. ¿Tú me quieres de verdad?

—¡Te quiero y te deseo, piba, tú lo sabes! —asevera el maromo acariciando convincentemente unos muslos flácidos y celulíticos y unos pechos colgones—. ¡Qué rica estás, qué cuerpo tan maravilloso tienes, cómo te deseo!

Beso de refilón en los labios arrugados; la joven lengua criolla explora, no sin cierta prevención, la oquedad de una boca llena de implantes.

—Pues entonces eso es lo único importante —murmura ella palpando el paquete del tronco, lo que nunca se atrevió a hacer con un indígena en su país porque ella es una señora, una mujer con clase.

—¡Te la *vi a meté* hasta los adentros, se te van a volver los ojos del gusto mi *amol*! —exclama él guardándose los billetes—. ¡Te *vi* a *resolvé*!

—¡A ver si es verdad, tesoro!

Muchas mujeres que no han encontrado en la vieja Europa un hombre que verdaderamente las merezca, viajan a Cuba, a Jamaica, a la República Dominicana y a Bali en busca de sexo. En Cuba ya hay jineteros o *pingueros* consagrados a las turistas, e incluso existen discotembas que antes eran sólo de jineteras. Los *pingueros* ganan en un buen día la mitad del sueldo medio mensual de un funcionario, pero a esa cifra hay que sumar los regalos que obtienen de sus novias europeas. Muchas repiten con el mismo cada pocos meses y suelen llevarle ordenadores, iPods y otros

4. Esto no es enteramente cierto. Gracias al turismo sexual, enfermedades que se consideraban erradicadas en Occidente, la sarna entre ellas, han regresado.

Los países con más clientas de gigolós

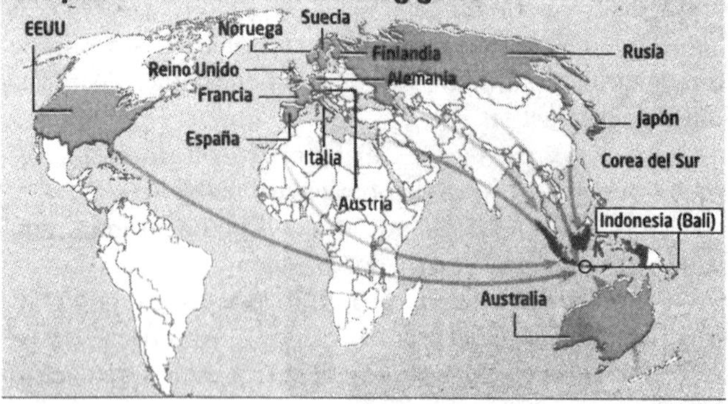

EL MUNDO

LA MECA DEL TURISMO SEXUAL

● La playa de Kuta es uno de los principales destinos de turismo sexual femenino. ● Este enclave turístico se encuentra en el extremo sur de Bali (Indonesia) ● Japón, Australia y los países nórdicos son los países con más turistas en la zona. ● Le siguen Alemania, Reino Unido, EEUU...

Destinos principales de turismo sexual femenino

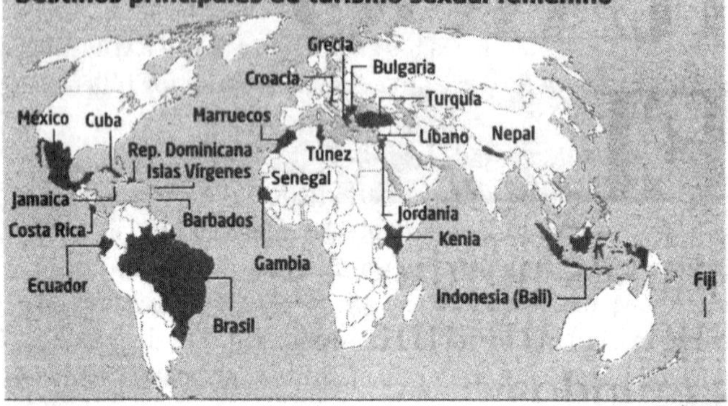

EL MUNDO

UN NEGOCIO AL ALZA

● 600.000 mujeres son clientas habituales del turismo sexual. ● Son cifras de Jeannette Belliveau, una escritora que los recorrió durante 12 años tras su divorcio ● Los principales destinos son Bali, Kenia, Senegal y Grecia ● También Jamaica, Gambia, Barbados, Brasil, México, Ecuador...

El turismo sexual. *El Mundo*, 13 de junio de 2010.

artilugios que en la isla alcanzan precios prohibitivos. El sueño de los jineteros es casarse con una de ellas y escapar de la isla.

En Jamaica, los gigolós locales o *Caribbean lovers*, suelen instalar sus nidos de amor en unas casitas de la playa. En la República Dominicana, las turistas sexuales suelen ser norteamericanas y la prestación media sale por cien dólares. En Petra (Jordania), uno de los destinos más populares de las españolas, jóvenes beduinos conocidos como *Marlboro Men* (por el modelo viril del anuncio de la marca de cigarrillos) se ofrecen como guías a las turistas.

—Es emocionante que te pongan mirando a la meca en un panteón nabateo decorado con frescos griegos.[5]

En Casablanca, una turista recién abandonada por su marido sucumbe a las atenciones del guía del grupo, que lleva varios días pendiente de su generoso escote: «Me lo hizo tres veces y tuve que echarlo de la habitación porque insistía en quedarse a pasar la noche conmigo. Era infatigable.»

En Bali, musculosos y morenos jóvenes nativos que dicen ser profesores de surf encandilan a turistas que, como mínimo, les doblan la edad. La playa de Kuta, una especie de Benidorm oriental, es el principal destino del turismo de romance del mundo. El *Kuta cowboy*, como se llama el gigoló local, ofrece una noche de intenso placer por cincuenta euros, aunque su ideal romántico es que la turista quede tan prendada de sus gentilezas que lo amadrine y, al regreso a su país, no olvide girarle una transferencia mensual para que él le guarde ausencias hasta el verano siguiente, cuando ella regrese para revalidar su intensa pasión.

—¿Las españolas? —dice Roy, uno de los *cowboys* del amor—. Son más abiertas que las italianas y menos tímidas que las nórdicas.[6]

La española, la mujer que cuando besa es que besa de verdad y a ninguna le interesa besar por frivolidad, ha descubierto por

5. Omite el detalle de un suelo salpicado de mierdas en distinto grado de momificación. En España, muy pijas y haciéndole ascos al hotel de tres estrellas, pero cuando practican el turismo romántico se adaptan admirablemente a las circunstancias.

6. Jiménez, 2010, p. 2.

fin, superados prejuicios de cerrado y sacristía, que el sexo «es una de las cosas más bonitas, naturales y gratificantes que pueden comprarse con dinero» (Tom Clancy).

«Miles de jóvenes campesinos han abandonado en los últimos años las zonas rurales —explica el periodista David Jiménez en un reportaje sobre Bali— para buscar dinero fácil con los turistas.»[7] ¿Qué le recuerda esa situación al lector español de cierta edad? ¡Exacto! Eso ocurría en España en los años cincuenta y sesenta, cuando muchos jóvenes del interior rompían con la novia decente y se trasladaban a las zonas costeras para trabajar en la hostelería y ligar con las turistas. Pasado el verano, regresaban a sus pueblos y se reconciliaban con las novias hasta el verano siguiente.

—En este tiempo, mientras te guardaba ausencias, lo he estado pensando, Pepiño, y te voy a demostrar que las extranjeras no tienen nada que no tenga yo.

—A ver si es verdad.

7. Jiménez, 2010, p. 3.

CAPÍTULO 50

Los tiempos confusos, Roma y los bárbaros

—Cuando la conocí insistía en que pagáramos el cine y los restaurantes a medias, pero el otro día me montó un pollo porque ya llevamos varios meses saliendo y yo insisto en que paguemos a medias los restaurantes y el cine. ¡Yo jamás he insistido en tal cosa! ¡La idea fue suya! ¿Tú lo entiendes?

Suspiré profundamente. No es el primer paciente que llega a mi diván con una queja semejante. De verdad que los tíos somos simples. Tenemos menos mecánica que un cántaro. No captamos la complejidad de la mujer.

—Vivimos tiempos confusos, turbios —le dije para relativizar su problema (un truco terapéutico que empleo a menudo)—. Somos una generación bisagra. Asistimos a la decadencia de Occidente, como cuando los bárbaros invadieron Roma. Vamos a ver: ¿a ti te gusta la ópera?

—¡Pche!

—*Rigoletto*, Verdi, ¿te suena?: «*La donna è mobile, qual piuma al vento, / muta d'accento, e di pensiero*»[1] —entoné con razonable acento—. La mujer es inestable —traduje—. Y no da puntada sin hilo —añadí.

En el tiempo de los valses de Viena, se justificaba que muchas mujeres vivieran como en un escaparate: tenían que parecer jóvenes y apetecibles para pescar a un hombre que las mantuviera.

1. «La mujer es voluble, cual pluma en el viento, / cambia de palabra y de pensamiento.»

«La carrera de la mujer es casarse», repetían las mamás. De ahí que cuidaran tanto la envoltura y el barniz. Al contrario que ellas, el hombre no necesitaba de artificios, era un cazador nato, o sea, generaba ingresos propios. Era autosuficiente. No dependía de nadie.

En los años sesenta, muchas mujeres liberadas e independientes se apearon de los tacones y adoptaron calzado y ropas tan cómodas como las masculinas.[2] «Contamos con nuestros propios recursos —decían—. No tenemos por qué sacrificarnos para atraer a un hombre.»[3]

Pareció que era un gran avance para la mujer, el último empujoncito que le faltaba para ponerse a la altura del hombre. Esa tendencia se acentuó tras la muerte de Franco, cuando, en plena transición a la democracia, las chicas progres pensaron que la emancipación femenina significaba imitar las borricadas de los machos alfa más borricos y aprendieron a sentarse con las piernas abiertas, mostrando las bragas al respetable público, e incorporaron en su discurso palabras como «follar», «coño», «cipote» y expresiones no por populares menos inelegantes como «me suda el coño» o «tengo el chocho *escocío*» y otras del mismo jaez.

Vistos desde la perspectiva de hoy, aquellos tiempos de la reacción feminista quedan muy lejos, remotos, como si hubieran pasado mil años.

El tiempo ha demostrado que las cosas no eran tan simples y que las tendencias genéticas son más fuertes que la voluntad de librarse de ellas. No se pueden suprimir de un plumazo impulsos biológicos generados a lo largo de cientos de miles de años. Las nietas de aquellas mujeres liberadas han advertido que ni piensan del mismo modo que los hombres ni aspiran a las mismas

2. Una obra de referencia que despertó a muchas mujeres a un mundo nuevo fue *Miedo a volar* de Erica Jong.

3. Nosotros, limitados como somos, confundimos el culo con las témporas (es la costumbre) y pensamos que aquel rechazo de los afeites ocultaba una pulsión lesbiana (y efectivamente, muchas lesbianas inmersas en el movimiento feminista despreciaban esos adobos calculados para atraer a los hombres y preferían la verdad de la mujer tal cual es, honrada y sincera).

metas. Han regresado a la humillante servidumbre de la moda, del carmín en los labios, de los tacones de aguja y de la depilación. Incluso las feministas más combativas han caído *fashion victims* bajo la tiranía de acicalarse y parecer jóvenes y deseables, de atraer al macho, en suma, especialmente cuando dejaron pasar sus mejores años en la más áspera militancia y ahora advierten, ya a las puertas de la madurez, que en el fondo les hubiera gustado encontrar un compañero.

Muchas mujeres que adoptaron el rol machista de coleccionar amantes, llegada una edad, parecen reconsiderar su postura y piensan en sentar cabeza y buscarse a un compañero estable, pero entonces descubren, horrorizadas, que su valor de mercado se ha disipado: ya no son jóvenes y los hombres de su edad están ocupados (viven en pareja) o son meros saldos tarados por un divorcio que los obliga a pasar pensión a la primera mujer o a los hijos. En cualquier caso, un mal negocio. Estas mujeres pueden irse entonces con un hombre más joven que todavía no se haya maleado, pero, aunque desde el punto de vista sexual eso funciona maravillosamente, a la larga la relación es inviable: él resulta enfadosamente inmaduro (hombre y además joven) y, pasado el periodo de excesos sexuales con el morbo de hacerlo con una mujer mayor y más experta, acabará marchándose con una chica de su edad.

—Fue muy bello lo nuestro, de veras. ¿Puedo llevarme el iPad y la cadena de música?

Con lo que regresamos a la gran debilidad de la mujer: su obligación de ser joven o, por lo menos, de parecerlo, si quiere captar la atención de un cazador.

Como ha observado agudamente Ana Obregón: «Fíjate que las más tontas tienen a los listos más maravillosos y las listas e independientes están solas.» En efecto, tú que te creías tan lista y que siempre has tenido hombres con los que «salir» descubres, de pronto, que has alcanzado cierta edad y no tienes un hombre con quien «entrar».

Las hijas de aquellas que quemaron los sujetadores y practicaron el amor libre bajo un póster del Che Guevara, en una buhardilla amueblada con cojines de lana, han caído en la cuenta de que nos estaban haciendo el juego a los tíos y han regresado, escarmentadas, a las mañas de sus abuelas, que no son tales mañas sino el eterno cambalache que nos impuso la Naturaleza: sexo a cambio de compromiso.

Valérie Tasso, francesa, prostituta fina a tiempo parcial, cartesiana, se inscribió en el curso de yoga tántrico que dirigía Simón Banqueri, un argentino sobrado de facundia, el cual, en la segunda lección, le echó una mano al culo y la otra a la teta derecha. «Es para abrir el tercer *chakra*», explicó.

—Aquí, de Texas para abajo, esto se llama meter mano —replicó Valérie—. Me está pareciendo que a ti lo que te interesa es sacarme la pasta y echarme un polvo: para lo primero te apañas solo, y para lo segundo, yo cobro.[4]

O sea, nada de sexo gratis, en plan *coleguis*, que estamos en un mundo en el que todo se paga de un modo u otro.

Bridget Jones, chica moderna, liberada, actual, lo tiene claro: para cazar al hombre de tus sueños «ser simplemente una reina de hielo, distante y profesional [...] para tener éxito con los hombres, ser terrible con ellos».

O sea, ponérselo difícil. Unas sociólogas o sociópatas americanas han escrito un libro de autoayuda para cazar maridos solventes,[5] lo que ha provocado las iras feministas, absolutamente razonables por otra parte, que «consideran estos consejos como una pura y castradora manipulación que choca contra todo lo que las mujeres han defendido durante decenios».[6] La táctica de las dos estrategas es vieja como la humanidad y básicamente consiste en ha-

4. Tasso, 2008, pp. 131-132.

5. Ellen Fein y Sherrie Schneider, *Cómo conquistar marido. The rules* (Martínez Roca, Madrid, 1997). Existen muchos otros libros de este tipo, pero, por razones de espacio, me limitaré a recomendar solamente cuatro. Los dos primeros, para mujeres poco sofisticadas, son el de Ana Clara, *Manual de caza para la mujer moderna* (El Arca de Papel, La Coruña, 2002) y el de C. Northcote Parkinson, *Al patrimonio por el matrimonio* (Deusto, Bilbao, 1963); el tercero y el cuarto, para mujeres sofisticadas y para el público en general, *El arte de la seducción*, de Robert Greene (Espasa, Madrid, 2001) y *1001 estrategias amorosas*, de Marie Papillon (Martínez Roca, Madrid, 1993).

6. Valverde, *Reglas*, 1996, p. 122.

cerse la estrecha. Los hombres vienen buscando sexo —razonan—, pongámoslo difícil y obliguémoslos al compromiso.

Los testimonios personales de las autoras son concluyentes: Sherrie racionó las salidas con su pretendiente, un craso ferretero, y de este modo se hizo valer y consiguió llevarlo al altar; Ellen, por su parte, se negó a vivir sin papeles con el suyo, un boticario montado en el dólar, y de este modo consiguió que adelantara la boda.[7]

«Lo más importante es que te vean única, distinta a las demás y misteriosa —aconsejan—. [...] es mejor no hablar mucho, no llamarlo nunca y devolver sólo una de cada cinco o seis llamadas, no conversar más de diez minutos por teléfono y ser siempre la que da por finalizada la conversación.» Ni siquiera debes bajar la guardia cuando accedes a entregarte después de meses de cortejo —aconsejan las dos comadres—, «muchas mujeres espantan a los hombres no sólo porque se acuestan con ellos demasiado pronto, sino porque hablan demasiado en la cama» y revelan sus secretas intenciones: casarse.

Tras la aparición de este manual, la reacción masculina no se hizo esperar: un contramanual dirigido a los machos,[8] en el que encontramos perlas como ésta: «Las mujeres sólo quieren una cosa de nosotros, y no precisamente la que tenemos entre las piernas», o sea, tu cartera, tu cuenta corriente, hablando en plata.

Según este manual, la estrategia del macho debe ser «hacerla sentirse única en las tres primeras citas y después decir siempre que estás reunido». Cuando llegue el momento del apareamiento, evita consumarlo en la cama, fuera romanticismos. Y, desde

7. Razón llevan un rato largo: así consiguió Eugenia de Montijo, hábilmente aconsejada por su madre, llegar a emperatriz de Francia. Cuando Napoleón III, deslumbrado por su belleza andaluza, la requebró en amores, ella le respondió: «*Sire,* el camino de mi alcoba pasa por la vicaría», y él, en su encalabrinamiento, suspiró y murmuró: «Si no hay más remedio...» Otro caso similar, también de alturas coronadas, se ha dado en la España más reciente.

8. Nate Penn y Lawrence LaRose, *The Code: Time Tested Secrets for Getting What You Want from Women Without Marrying Them!* (Mass Market Paperback, Nueva York, 1996).

luego, «impide que deje sus tampones en tu cuarto de baño: es una cabeza de puente para ocupar el resto de tu territorio». No dar nada a cambio de sexo a no ser que se trate de sexo oral.[9] No comprometerse a nada, ser siempre impreciso, ambiguo.[10]

Tan lamentable me parece una postura como la otra. ¿Adónde nos conduce la guerra de los sexos? ¿A destruirnos mutuamente? ¿A condenarnos a la soledad?

Sé bien que se está mejor solo que mal acompañado. Lo que debemos hacer —eso aconsejo a mis pacientes— es buscar otra pareja más idónea o menos maleada, y, cuando la encontremos, no incurrir en los errores del pasado, tolerar las diferencias, aceptar que somos así de distintos, limar las asperezas de la vida con la piedra pómez del amor, ser generosos. Amén.

Publicidad misógina.

9. Nótese que las americanas, en el fondo bastante puritanas, le hacen muchos ascos al sexo oral. En el país del perrito caliente, conseguir un francés es todo un triunfo.

10. Más sutileza encontramos en los manuales de Neil Strauss *El Método* (Planeta, Barcelona, 2007) y *Domina el método en 30 días* (Planeta, Barcelona, 2009), que pretenden exponer las estrategias de los «maestros de la seducción».

CAPÍTULO 51

Fashion victims

Regresemos a la reciente involución de la mujer. La competencia por atraer a un buen cazador se sigue manifestando en la moda tras aquel paréntesis de libertad y comodidad que se abrió en los años sesenta. Las chicas que entonces renunciaban a maquillarse y andaban con botas y una falda hippy y pulseras de cuero hoy gastan un pastón en cremas antiedad y lencería seductora.[1]

Las chicas liberadas de hoy torturan sus pies con tacones aún más vertiginosos que los que usaban sus abuelas, los de doce centímetros llamados «letizios».[2]

¿Quién impone esa monstruosidad?

La moda, naturalmente.[3]

1. Como las que anuncia una chica de cara lavada de entonces, la actriz y cantante Ana Belén. «Las mujeres de entre 50 y 65 años gastan una media de 220 euros al año en productos de belleza», según la consultora TNS, el triple de lo que gastan las chicas de entre 20 y 25 que suelen protagonizar las campañas publicitarias (Sánchez-Mellado, 2009, p. 41).

2. Así llaman a estos zapatos que combinan plataforma y tacón, en alusión a la princesa Letizia, que los usa a menudo para compensar su exigua talla (25 cm menos que su marido). El tacón elevado descarga el 75 por ciento del peso corporal en los metatarsianos, lo que unido a una horma estrecha provoca juanetes (*hallux valgus*), dedos en garra o en martillo, metatalsargias, desgaste de cartílagos y meniscos y osteoartritis.

3. En un desfile en beneficio de los damnificados de Haití, en febrero de 2010, la modelo Agyness Deyn se cayó dos veces debido a los tacones de ¡más de quince centímetros! de sus zapatos Burberry. Una portada

—Es que el zapato de tacón erotiza mucho a los hombres porque realza las piernas, las alarga y contribuye al contoneo —se justifican las usuarias—. Además, las españolas solemos ser paticortas. Ítem más, estos taconazos son una «exaltación de la femineidad para compensar un vestuario masculinizado».[4]

Los terapeutas sabemos que el zapato de tacón tiene un gran atractivo sexual ambivalente: lo hueco es vaginal; lo exterior, fálico, y el tacón de aguja es agresivo: de hecho, todas las amas sadomaso que aplican disciplina inglesa lo usan. Uno no se imagina a una estricta gobernanta que no use traje charolado y zapatos de tacón.

No son sólo los tacones letizios los que atormentan a la mujer supuestamente liberada. ¿Qué decir de los severísimos regímenes de adelgazamiento, de los depilados de bombilla, de los rellenos de silicona, de las inyecciones de Botox, de los *peelings* abrasivos que hieratizan los rostros, tensan la epidermis hasta asemejarla al parche de un tambor y la dejan brillante pero inerte, como una porcelana?

—Tiene usted un barrillo en el cuello, doña Cayetana.

—No, hijo, es el ombligo, que con tantos estiramientos me asoma ya por la garganta —responde la duquesa con una vocecita apenas inteligible a causa de los músculos faciales paralizados por el Botox.

Las nietas de las hippies que alzaban los brazos para recibir al sol en los festivales de la isla de Man y mostraban sus axilas intonsas se presentan ahora con el monte de Venus deforestado (exhibiendo claramente, lo apunto sin voluntad de ofender, la esencial fealdad del coño).

—¡Cómo se echan de menos —se queja mi amigo el gerente

---

de la glamourosa *Vogue* recoge la caída de la modelo Karlie Kloss en otro desfile.

4. María Corisco, «Por qué las mujeres del siglo XXI llevan tacones de doce centímetros», *Magazine, El Mundo*, 4 de abril de 2009, pp. 38-41. La absurda moda del taconazo se explica, según el sociólogo Pedro Mansilla, por la «correlación de unos años de crecimiento económico (finales del siglo XX y comienzos del XXI) y ese abandono a las máximas formas del narcisismo».

de la funeraria— aquellos felpudos de sus abuelas que cuando hundías la cara en ellos parecía que estabas hozando en una macetica de albahaca![5]

«La gente sensata diría que tengo que gustarle a Daniel tal y como soy —argumenta Bridget Jones—, pero yo soy hija de la cultura del *Cosmopolitan*, he sido traumatizada por las supermodelos y sé que ni mi personalidad ni mi cuerpo están a la altura [...] ser mujer es peor que ser agricultor: hay tanta recolección y fumigación de cultivos, depilar las piernas con cera, afeitar las axilas, depilar las cejas, frotar los pies con piedra pómez, exfoliar e hidratar la piel, limpiar las manchas, teñir las raíces, pintar las pestañas, limar las uñas, masajear la celulitis, ejercitar los músculos del estómago. Ese mantenimiento exige atención constante: lo olvidas unos días y todo se echa a perder.»

La íntima contradicción de la mujer moderna aparentemente liberada de la tiranía del varón es su sometimiento a la moda. La contradicción se ahonda cuando descubrimos que incluso prestigiosas militantes feministas son *fashion victims.*[6]

No exagero: Jane Fonda ha hecho una profesión de anunciar programas de gimnasia y cremas rejuvenecedoras, trucos, en suma, para retener una juventud que ya pasó.

La feminista Shere Hite, tan apasionada militante cuando tenía veintitantos años,[7] al cumplir los cincuenta ha extremado su cuidado físico, gimnasio, dieta, cabellera rubia, rostro maquillado de blanco, labios rojo sangre. O sea, se esfuerza en parecer

5. En las alemanas y nórdicas, que siempre van con el borreguillo puesto aprovechando que son rubicundas y se les nota menos, la ausencia de depilación es cuestión cultural. Hablo de la latina, de vello negro, lacio y abundante, especialmente aparente cuando lleva medias. Recientemente, algunas liberadas han decidido no depilarse las axilas, entre ellas Julia Roberts, Penélope Cruz y Drew Barrimore. A esos sobacos en flor tendríamos que sumarles las piernas peludas de la actriz Mo'Nique cuando recogió su Globo de Oro por su papel secundario en la película *Precious*.

6. Según la estilista Lola Gavarrón, el tacón alto se justifica porque «da poder a la mujer». ¡Las tonterías que se dicen para justificar el negocio!

7. Aunque, todo hay que decirlo, antes había posado desnuda del maquillaje, de los tacones y del sujetador para la revista *Playboy.*

joven y atractiva.[8] De hecho, jamás se deja fotografiar si no se ha maquillado debidamente. Sus declaraciones a Carmen Rigalt son terminantes: «Detesto la dictadura del cuerpo, pero en el feminismo no sólo hay lesbianas, muchas de nosotras somos feministas y también femeninas.»

Los modistos, debido a la tendencia sexual generalizada en la profesión, han impuesto como mujer ideal lo que a ellos les gusta, el efebo feminoide, esas chicas larguiruchas y escuálidas, lisas por delante y por detrás, que vemos en las pasarelas con cara de mala leche, gestos angulosos y esa forma de caminar como si aplastaran huevos, cruzando las piernas y sentando el pie con la firmeza de un caballo percherón.[9]

El correlato es que ninguna mujer cabe en su talla, lo que las obliga a dietas feroces que, a menudo, desembocan en anorexia.[10]

Son esclavas de una moda que, sin embargo, no gusta a los hombres normalmente constituidos (ajenos a la mafia mariquita de los modistos). A esa silenciosa mayoría nos sigue atrayendo la mujer con curvas de guitarra y una cintura cuyo contorno se aproxime al 70 por ciento del de la cadera, «indicios biológicos fiables de su potencial reproductivo».[11]

8. Y la verdad es que lo consigue. He consultado a una manada de adolescentes que podrían ser sus nietos y se manifiestan unánimes en que la vieja «tiene un puntazo», expresión equivalente, quiero suponer, al antiguo «es agraciada».

9. «Es odioso y bárbaro que una mujer sea desgraciada por no caber en la talla 42 —protesta Almudena Grandes en 1996—. Por cierto, tengo que escribir algo contra las dependientas. No soporto cómo me miran. El otro día buscaba un traje porque iba a presentar un libro y me fui a la sección juvenil de unos grandes almacenes. Entonces, un ser repugnante, una mujer feísima y mucho más vieja que yo, me miró con desprecio y me dijo: "Busque en la planta de señoras."»

10. Recordemos lo ocurrido hace años en la pasarela Cibeles Madrid Fashion Week cuando se exigió que las modelos alcanzasen el índice de masa corporal (IMC) mínimo exigido por la Organización Mundial de la Salud (el 18, que equivale a 50 kilos de peso para una altura de 180 centímetros).

11. Pease, 2009, pp. 96 y 211. Según la psicóloga Devendra Singh, que realizó múltiples pruebas consistentes en mostrar diferentes siluetas

Esto nos conduce a la mayor contradicción de la mujer moderna: por una parte debe conservarse delgada, pero al propio tiempo le exigen que tenga curvas, especialmente tetas y culo respingón.

—¿Cómo voy a darte tetas y culo —protesta la Naturaleza hecha un lío— si las tetas y el culo son acumulaciones de grasa y tú insistes en mantenerte esquelética?

Muchas mujeres han encontrado la solución en la cirugía estética. Padecen anorexia y pasan unas hambres espantosas, pero en lugar de generar sus propias grasas como sería lo natural se implantan rellenos de silicona.[12] De ahí la floración de clínicas de cirugía estética donde estiran facciones, rellenan arrugas, implantan pechos y glúteos, y recurren a todos esos remedios quirúrgicos que sirven para fingir juventud y belleza.[13] Nos hemos

---

femeninas a miles de hombres, es precisamente la proporción natural de una buena paridora. El factor crucial que determina el *sex appeal* femenino es el llamado *body-mass index* (índice de cuerpo-masa), la proporción entre el tamaño y el peso del cuerpo. Se halla dividiendo el peso en kilos de una persona por el cuadrado de su altura en metros. Las mujeres con un cuerpo-masa entre el 18 y el 21 son las más apetecibles para el hombre; por debajo del 15 son escuálidas y por encima del 30, obesas, según un estudio del doctor M. J. Tovée de la Universidad de Newcastle (Reino Unido) publicado en la revista *The Lancet.* Sin tantas tonterías científicas, los mulatos de Río de Janeiro han alcanzado las mismas conclusiones cuando definen a una mujer *gostosa.*

12. «En plena revolución femenina —observa Paco Umbral— ocurre que la mujer ha seguido rindiendo culto a los caprichos del macho y metiéndose de todo en el cuerpo para abultar más y gustar a los miopes. Tenemos ahora una nueva generación que cultiva la monjía, coincidente asimismo con una generación masculina esteticista y algo romántica que las prefiere delgadas y algo lacias» (*Tiempo*, 28 de agosto de 2000, p. 84).

13. Desde 2005 se ha disparado en Occidente el número de gluteoplastias (aumento del volumen de las nalgas) así como las ventas de bragas y calzoncillos con armazón para levantar el culo. La marca joven de Triumph organiza concursos de Top Culos para elegir a miss y mister Culo, al que en la última edición española han optado más de 200.000 jóvenes. Véase Corisco, 2010, p. 32.

acostumbrado a ver a las famosas progresivamente estiradas, las caras como parches de tambor, y los nombres de los virtuosos del bisturí figuran en las listas del famoseo.[14] En Sudamérica existen mujeres humildes que ahorran hasta el último céntimo, aceptando privaciones durante años, para implantarse el trasero de Jennifer López o las tetas de Monica Bellucci.

Esa pulsión por estar sexualmente deseables ha contaminado a la infancia y a la adolescencia tobillera que antes, en tiempos de las abuelas, quedaban al margen del mundo adulto.

—Hasta las niñas, oye —corrobora mi colega Bertoldo Valenzuela, que trabaja en el servicio de mantenimiento de un observatorio demoscópico—. Hasta las colegialas más inocentes se entrenan para ser lagartas. No les han salido las tetas y ya están cursando el noviciado del vicio. La niña mojigata de colegio de monjas puede parecer externamente la misma porque el uniforme sigue siendo igual de pacato (falda tableada por debajo de las rodillas, blusa con mangas hasta las muñecas), pero en cuanto sale del colegio se mete en el primer portal que encuentra y se sube la falda acortándola hasta medio muslo, que es lo que lucirá por la calle. Llega a casa y dentro del ascensor despliega nuevamente la falda antes de comparecer ante los papás conservadores. A menudo la falda corta se combina con barra de carmín, negro de ojos, mechero para los porros y unos prematuros zapatos de tacón que a veces esconde en el trastero y lleva en el bolso para cambiarse en la calle.

—Bueno, a las niñas les gusta jugar a ser mayores. No saben todavía andar y ya se miran al espejo con los tacones de la madre.

14. Entre los cirujanos más famosos se cuentan Ivo Pitanguy, de Río de Janeiro, Billy Spence, de Venezuela, que fabrica misses de encargo, o la argentina Cristina Zeaiter, que transformó sorprendentemente a la cantante Nacha Guevara, de 60 años, en una bella momia de veintitantos. Cristina modeló el culo de Bibiana Fernández en 2003 tras once horas de quirófano. A Bibiana le faltó tiempo para un posado en *Interviú* que sufragó con creces los honorarios de la cirujana, 22.000 euros. Véase María Eugenia Yagüe, «Operación antigravedad», *El Mundo, Crónica*, 6 de julio de 2003, p. 18.

—No es un juego: se saltan la adolescencia e irrumpen en el mundo adulto maleadas por lo que ven en Internet, en la tele y en la calle. Tienen prisa por incorporarse al botellón y apenas púberes ya sueñan con que los padres les paguen unas tetas de silicona si aprueban la ESO. Todo ello conlleva una carga sexual. Ninguna te dice «mira qué inteligente soy», sino «mira qué buena estoy».[15]

La misma dinámica que obliga a la mujer a parecer joven y sexualmente apetecible (o sea, sexy) justifica la existencia de toda una industria de lujos superfluos organizada en torno a los textiles con que la mona humana cubre su cuerpo o lo hace parecer más deseable. Se trata de una industria boyante (fabricantes españoles se cuentan entre las mayores fortunas del mundo) conchabada con los modistos para cambiar cada pocos meses la forma y los colores de las prendas femeninas, lo que obliga a muchas mujeres a efectuar grandes desembolsos en una ropa que apenas van a ponerse porque enseguida pasará de moda.

Incluso las feministas deberían comprender que una mujer obsesionada por su aspecto físico y sometida a esas modas absurdas está en inferioridad de condiciones para competir con el hombre que sólo tiene que ducharse, afeitarse y vestirse decentemente para sentirse aceptado.[16] Bien mirado, la moda masculina se orienta hacia la mayor comodidad del usuario: cabeza afeitada (cómodo y rápido) o barba de tres días (que disimula el

15. En efecto, la única que antepone su formación académica a las tetas y al culito respingón (esta vez naturales, como es notorio) es la mentada bióloga y *showoman* Ana Obregón.

16. Entre los desatinos de la moda femenina está el obligarlas a embutirse en prendas de tallas inferiores a las que necesitan, lo que además de incómodo las hace parecer gordas, eso que tanto temen. También los estampados que imitan las manchas del tigre o del leopardo, de la cebra o del cocodrilo. Y no digamos la camiseta demasiado corta y el pantalón demasiado bajo que dejan al aire la lorza de la cintura, de lo más antiestético. Y ¿qué me dicen de las faldas tubo que las obligan a desplazarse como los pingüinos? ¿Y los zaragüelles morunos, embolsados por abajo, con los que no parece sino que van cagadas?

afeitado negligente). O sea, el hombre avanza donde la mujer retrocede.[17] Gran injusticia.

—¿Y qué me dices de los que se hacen trasplantes capilares, tipo José Bono, o de los que se operan los párpados carnosos y las ojeras? ¿Y de los que se depilan? ¿Y de los que se tiñen las canas? —me pregunta Ambrosio Boreout Siles, tertuliano de los jueves y secretario de ayuntamiento en un pueblecito del Vallés.

—Siguen siendo una minoría y no está claro si lo hacen por atraer a las mujeres o porque deben dar una imagen dinámica, joven y descansada en el mundo empresarial en el que se mueven. Tu imagen es tu tarjeta de presentación. Es lo primero que vendes. Lo del hombre y el oso cuanto más feo, más hermoso, se acabó. Pero lo de ellas, esas servidumbres que arrostran por estar más bellas y por ir a la moda, no siempre se explica con estas mismas razones.

Resulta paradójico que el tiempo en que la mujer ha alcanzado sus máximas metas en la igualación de derechos y libertad traiga aparejada esa esclavitud del aspecto físico que sus abuelas nunca sufrieron.

—Es que en el fondo lo que quieren es encontrar a un hombre bueno, moderno, que acceda a pelar los aguacates y casarse —apunta nuevamente Ambrosio Boreout Siles.

Interviene Federico Morillo, el asentador.

—Desde luego, las reivindicativas que se resisten al coqueteo y van por la vida pisando fuerte, agresivas, los pelos pintados muchas veces de caoba, a menudo se encuentran que se les ha pasado el arroz sin encontrar la pareja que, en el fondo, necesitaban.

—Yo creo —tercia Mohamed— que al principio se visten para pescar a un tío, y cuando lo tienen asegurado, para competir entre ellas. Y para gustarse. Las tías son más narcisistas que los tíos. Por eso se van mirando en todos los escaparates.

17. Esto se manifiesta especialmente en los emigrantes procedentes de países islámicos: muchos de ellos visten a la europea, vaqueros, camisas, gorras de béisbol a veces, ropa cómoda y deportiva, mientras que sus mujeres y sus hijas los siguen con el incómodo atuendo nacional, vestidas como cebollas, la cabeza cubierta.

Cruzamos miradas en silencio asertivo. Mohamed suele pecar de machista, pero a veces dice cosas sensatas.

—Bueno, las revistas femeninas, no necesariamente feministas, aseguran que las mujeres ya no compiten por el hombre, que solamente compiten entre ellas por estar más guapas, más sexys, más jóvenes, más guays —concede Boreout Siles.

Y yo, Romualdo Holgado, no tengo motivos para pensar otra cosa.

Un obispo estupefacto ante la corrupción de las costumbres.

CAPÍTULO 52

Las nuevas familias

La tradicional familia patriarcal coincide hoy con otras fórmulas de convivencia: parejas heterosexuales que habitan en casas separadas (los LAT, *living apart together*), parejas de homosexuales (con o sin hijos), familias monoparentales con hijos adoptados o propios (concebidos personalmente o en vientre de alquiler).[1] La soltería que antes se contemplaba con recelo, especialmente la de la mujer, se ha convertido hoy en una opción más.[2]

En las sociedades más civilizadas se ha atenuado el instinto de perpetuar los genes y muchos hijos son adoptados. A veces incluso se prefiere que sean de otra raza, chinitos, sudamericani-

1. Especialmente, mujeres que difícilmente pueden compaginar vida laboral y familiar. Sólo una de cada cuatro nacidas entre 1975 y 1980 se ha casado antes de cumplir 30 años. Sus madres (las nacidas en los años cincuenta) se casaban antes de los 30 en un 80 por ciento. De las nacidas en los años cincuenta sólo un cinco por ciento se quedaron solteras y vivieron solas; en sus hijas, el porcentaje de las que viven solas se eleva al 15 por ciento y va en aumento con la creciente cantidad de divorciadas que prefieren no reincidir en el matrimonio.

2. Recuerden: «La carrera de la mujer es casarse», «Te vas a quedar para vestir santos». En la película *Cristina Guzmán* (1968) hay una escena romántica en la que el chico le dice a la chica (Rocío Dúrcal): «Tú te harás mujer y yo, arquitecto.» Hoy la mujer puede tener hijos que colmen su instinto materno por inseminación artificial o fecundación in vitro, sin recurrir al matrimonio ni someterse al procedimiento coital si ello le repugnare.

tos o subsaharianitos, lo que favorece la variedad genética.[3] Añadamos que las recientes oleadas migratorias han aportado posibles parejas sexuales o matrimoniales a los españoles poco agraciados que antes estaban condenados a la represión sexual o a la soledad.[4]

La presión legal y social que imponía matrimonios a perpetuidad se ha aligerado tras la aprobación de la Ley del Divorcio de 1981. Antes la inmensa mayoría de los españoles no se planteaba separarse de su pareja por mal que fueran las cosas.[5] Hoy uno de cada cuatro matrimonios españoles termina en divorcio.[6] Esto no significa que existan más matrimonios desgraciados que antes. Indica, más bien, que ahora somos menos conformistas o sufridos. La gente se divorcia porque ya nadie aguanta a nadie, especialmente la mujer, concienciada por el

3. En cualquier caso, la disolución de la familia tradicional conduce, en muchos casos, a pérdida de valores y a lo que Pease denomina «caos emocional» (Pease, 2009, p. 24).

4. Me refiero a los hombres y mujeres considerados por nuestra cultura hedonista desechos de tienta, los que a lo largo de su vida no encontraron con quien casarse y ahora se emparejan con alguien que les brinda juventud y servicios a cambio de papeles y amparo.

5. Prueba de ello es que en 1982, recién aprobada la Ley del divorcio, se produjeron 21.463 divorcios y 17.445 separaciones. Entre 1991 y 2004 se duplicó el número de separaciones, especialmente en el periodo comprendido entre 2001 y 2004, en que las rupturas se incrementaron en un 30,5 por ciento. En total, desde la legalización del divorcio, se han producido en España 1.757.077 rupturas (1.054.059 separaciones y 703.018 divorcios).

6. En 2008 se dictaron 150.000 sentencias de divorcio, de las que un 60 por ciento fueron por mutuo acuerdo, y se realizaron 210.000 matrimonios. Los divorcios no siempre son traumáticos. Va habiendo cultura suficiente para hacer posible que en muchas parejas quede una buena amistad, a menudo cimentada por los hijos. Para Anna María Bernardini de Pace, autora del libro de autoayuda *Separémonos juntos*, «separarse es un acto creativo. Ya se ha terminado la época en que se demonizaba el divorcio y la separación. El final de un amor, igual que el enamoramiento y el proyecto de vida en común, merece atención y esfuerzo».

feminismo para rechazar la dominación masculina (no digamos ya los malos tratos). Y el hombre, porque no soporta que lo obliguen a compartir las tareas domésticas o porque se resiste a ceder parcelas de libertad de las que ya disfrutaba de soltero.[7]

—Me voy a ver el partido con los amigos y se tira tres días sin hablarme, con el hocico como un zapato, y de tocarla ni hablar. ¡Anda y que le den!

En ese plan, cada vez más distanciados, algún día estallan.

—¡No sé cómo te aguanto! —dice el marido.

—¡Ni yo sé cómo estuve para casarme contigo! —replica la mujer—. Si ya me lo advertía mi pobre madre, que en gloria esté. «Ese muchacho no te conviene —me decía—. Mira que me lo tengo calado y que tiene los dones de la tía Bartola.»

—¿Qué dones tenía la tía Bartola? —pregunta él, escamado.

—¡Vaga y sucia!

—¡Vacaburra!

—¡Calvo, pichafloja!

Y en ese plan. Se pierden el respeto y el matrimonio se desliza rápidamente por el tobogán del fracaso. Discuten por naderías un día sí y otro también. A los conflictos cotidianos se suma la impaciencia de muchas parejas a las que, cuando se disipa el subidón hormonal del enamoramiento, les falta paciencia para aguardar a que se encienda la fase del amor maduro.[8]

Añadamos que el hedonismo imperante nos empuja a rechazar cualquier incomodidad, a buscar el placer inmediato, a consumir compulsivamente: nos cansamos de la pareja del mismo

7. Según un estudio realizado por el psicólogo Antoni Bolinches sobre 503 parejas, la mujer toma la iniciativa en la ruptura en un 55 por ciento de los casos. La Asociación de Abogados de Familia lo corrobora (Álava Reyes, 2006, p. 12).

8. «Cuando se acaba la fase inicial del enamoramiento se producen muchas rupturas. Antes, la gente se casaba para mantener una casa y criar a unos hijos, y no le daba tanta importancia al hecho del amor en sí. Pero ahora la gente se casa por amor y si la pareja se desenamora, llega la crisis», opina Blanca Armijo, del centro CBP Psicólogos (Álava Reyes, 2006, p. 12).

modo en que nos cansamos del coche. La tendencia natural es a cambiar de coche y de pareja cada pocos años.

El matrimonio tradicional se ha devaluado. El divorcio se presenta como una opción coherente para el que no quiere aguantar una convivencia problemática. Los más jóvenes han perdido el sentido del contrato que antes significaba aguantarse de por vida y quieren romanticismo perpetuo, lo que, desde el punto de vista natural, no es posible (o sea, es antinatural). A la menor discusión ya están repartiendo la cubertería, seis cucharas para cada uno y adiós que te den morcilla.

Se exigen demasiado: él tiene que ser atento, trabajador, atractivo, un tío estupendo; ella tiene que ser independiente (o sea, que cace por sí misma: un empleo remunerado) y, al mismo tiempo, eternamente joven, seductora, guapa, prudente, etc.

Se busca al hombre y a la mujer perfectos y la relación fracasa. Nadie es perfecto, nadie puede cubrir razonablemente bien tantas expectativas. Hay que conformarse con las limitaciones del otro, complementarlas, ayudarlo a superarlas.

Hoy muy pocos se resignan a soportar a su lado a una persona a la que odian a no ser que se sacrifiquen por los hijos o por razones económicas (más bien esto último).[9] Las parejas que se casan tienen en cuenta que el matrimonio podría acabar en divorcio, y cuando aportan patrimonio suelen acordar separación de bienes. No es que me parezca mal, así se evitan males mayores, pero, claro, el romanticismo pierde.

—¡Juani, que me separo de Pepe! —notifica alborozada a la amiga.

—¿Ya? ¿Tan pronto? Pero si no hace ni un año que os casasteis...

—¡Ya! El consejero de parejas del distrito cree que debemos darnos una segunda oportunidad, pero ¿sabes lo que te digo?

9. Por eso las peticiones de divorcio menudean al regreso de las vacaciones de verano: el resto del año el trabajo fuera de casa hace llevadera la pareja, pero en la forzosa convivencia de veinticuatro horas que imponen las vacaciones los cónyuges advierten que no se soportan.

¡Anda y que lo zurzan! Así aprovechamos tú y yo el verano para irnos por ahí de viaje y ligar.

—¡Eso hay que celebrarlo! ¿Tienes ya la lista de invitados para la fiesta del divorcio?

—Va a ser sólo para los íntimos, que si lo haces por todo lo alto te gastas una pasta y luego te regalan una mierda.

—Sí. Eso sí.

Otra causa favorecedora del divorcio ha sido el aumento de la esperanza de vida, que ha pasado de sesenta años de media a ochenta años. Hemos añadido una fase de ocio al final de nuestras vidas, cuando ya tenemos criados e independizados a los hijos. A esas alturas el hombre suele estar bastante gastado y se apoltrona, pero hay muchas mujeres sobradas de energías, abuelas pimpantes de canas teñidas de caoba o rubio que quieren vivir lo que no vivieron antes y que han renovado su interés por el sexo. Lo suyo es la viudez, el estado ideal de la mujer.[10] Lo malo es que, con los adelantos de la medicina, a veces el carcamal del marido aguanta diez o veinte años sin morirse y sin dejar vivir y consume la segunda juventud de la esposa sin beneficio alguno para ella.[11]

10. No bromeo: la vida en pareja le sienta mejor al hombre que a la mujer. Según las encuestas realizadas por el doctor K. J. Helsing de la Universidad Johns Hopkins de Baltimore, los solteros entre 55 y 65 años de edad tienen un índice de mortalidad un 60 por ciento mayor que los casados. Los viudos tienen un índice de mortalidad un 28 por ciento mayor que los casados; por el contrario, las mujeres solas tienen mayores expectativas de vida que las emparejadas y consumen un 60 por ciento menos de ansiolíticos.

11. Contaré un caso que conozco de primera mano: Dos hermanas casadas con dos hermanos; una de ellas, viuda, se apunta a todos los viajes del Imserso, la mar de feliz. Al regreso de una estancia en Benidorm, le cuenta a la hermana lo bien que se lo ha pasado. La otra mira al marido, un jubilado achacoso hundido en un sillón de orejas, batín, pantuflas, bufanda, piel cerúlea de enfermo, agüilla en la nariz, mirada ausente. «¡Ea! —exclama encolerizada—. Con lo bien que lo podríamos estar pasando las dos hermanas en esos viajes, pero como este hombre no se deja ir...»

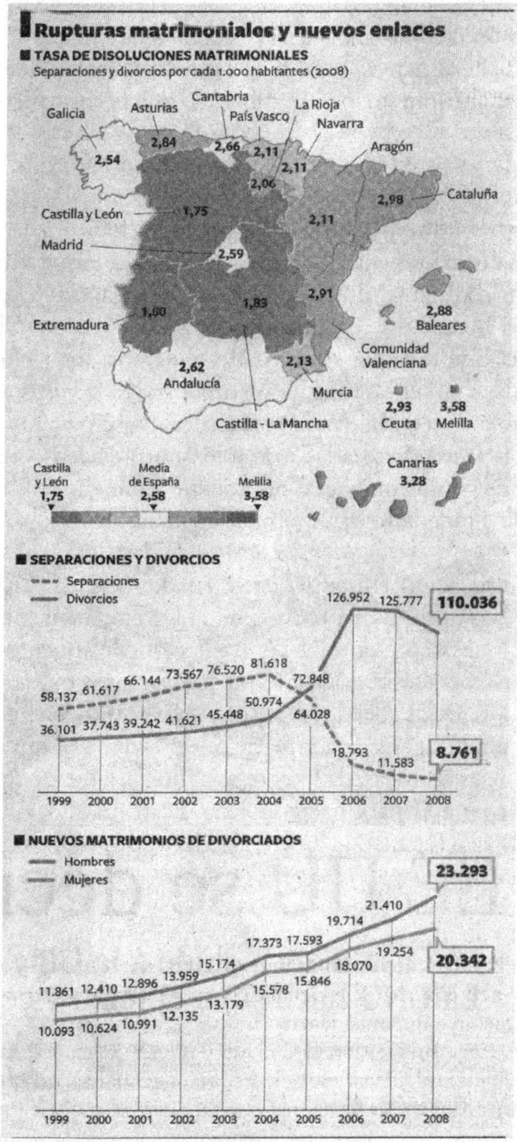

Matrimonios y divorcios.

La mujer liberada se ha vuelto más exigente y no contempla el matrimonio como una realización plena de su vida. A menudo explora diversas parejas antes de decidirse. Busca un hombre con recursos, por supuesto, pero también lo quiere simpático, delicado, culto.[12]

—¿Me va usted a decir que nada ha variado, que nosotros seguimos queriendo sexo y ellas compromiso?

—Por ahí anda la cosa. Nosotros tendemos a la promiscuidad o formamos parejas sucesivas; ellas, aunque puedan ser promiscuas durante unos años, cuando alcanzan cierta edad tienden a buscar un compromiso para toda la vida.[13] Ése es el problema que tenemos a partir de, digamos, los treinta años: ellas piensan en sentar cabeza con una pareja fija y nosotros pensamos en la variedad de parejas sexuales. Por eso cuando hablan entre ellas (me refiero a las más tolerantes) suelen coincidir en que somos como niños que no acaban de madurar y centrarse como Dios manda (o sea, aceptando el compromiso y sentando cabeza).

Esta oscilación femenina entre las dos tendencias, promiscuidad y compromiso, produce notables empanadas mentales. Bridget Jones representa la contradicción de muchas mujeres modernas liberadas: tan pronto piensa que estar soltera y sola es horrible («regresas sola de las fiestas, te atiborras de chocolate en la cama mientras ves una serie de televisión») como piensa que lo horrible es estar casada («regresas al hogar y tienes que ponerte a pelar patatas para hacer la cena de tu marido, que, mientras, ve la tele repanchigado en el sofá con los pies encima de la mesita»).

12. Ello no es obstáculo para que físicamente la atraigan los pollancones con abdominales de tableta de chocolate, esculpidos de gimnasio... Lástima que un alto porcentaje de ellos sea gay.

13. Lo dice Bridget Jones: «No estoy interesada en el sexo sin compromiso emocional [...] sé que acabaré sola, medio devorada por un pastor alemán.» Alude a las solteronas que mueren solas y muchos días después las encuentran sirviendo de alimento a los hambrientos animales de compañía.

Renée Zellweger, protagonista de *Bridget Jones*.

Por consiguiente, aumenta el número de mujeres relativamente jóvenes divorciadas que no vuelven a casarse porque aguantan bien como están. «No les compensa —opina la abogada de familia Carmen Pujol—. Al trabajo fuera del hogar tienen que añadir la organización de la casa, la crianza de los hijos y el cuidado del marido. Es demasiada carga y, como no van a renunciar al trabajo ni a los hijos, acaban por suprimir el elemento más prescindible: el marido.»[14]

—Una mujer sin hombre era una fresca o una pobrecita a la que compadecían —apunta una divorciada que vive sola, la ex ministra y feminista Carmen Alborch—. Algunas mujeres hemos roto con eso. Por no tener a un hombre al lado no se tiene menos valor.[15]

—Claro, ellas no se quedan solas. Están con sus hijos y reci-

14. *El País*, 20 de diciembre de 2009, p. 36.
15. Entrevista con Nieves Herrero para el *Magazine* de *El Mundo*.

ben una pensión para mantenerlos —se queja uno de mis pacientes—. Lo malo es cuando los hijos crecen y se largan: de pronto se encuentran el nido vacío y sin marido.

En cuanto a los separados, tienden a emparejarse de nuevo porque no saben vivir solos por debilidad emocional y por torpeza al manejar la intendencia doméstica.[16]

Tarta de divorcio.

16. Los chicos nos casamos en segundas nupcias un 23 por ciento más que las chicas.

CAPÍTULO 53

Metrosexuales, tecnosexuales y todo eso

Ulpiano Romo, el sexólogo, también colega en esto de las autoayudas, sacudió negativamente la cabeza.

—Las mujeres buscan a un buen cazador que se comprometa a protegerlas y, al propio tiempo, que sea alto, fuerte, guapo y con ojos azules, que les asegure una camada biológicamente fuerte. Al mismo tiempo lo quieren delicado y detalloso, o sea, muy macho y muy femenino, si ello fuera posible.

—¿Macho y femenino? —exclamó Paco Estero Escañuela—. Eso son mariconadas.

—No. Eso es un metrosexual.

He procurado informarme. Por lo visto, los tíos de toda la vida somos retrosexuales, o sea, descuidamos nuestra apariencia e incluso aparentamos ser más bastos de lo que en realidad somos porque lo consideramos signo de virilidad. Como John Wayne, más o menos. Por el contrario, el metrosexual es un hombre, por lo general entre los treinta y los cuarenta, aunque también los hay mayores (más jóvenes, escasean), que utiliza y fomenta su parte femenina, el sentimentalismo romántico, para atraer a las mujeres. El metrosexual debe integrar opuestos que no siempre armonizan (ahí está su mérito): «sensible, pero fuerte y protector; guapo, pero vulnerable; masculino, pero delicado», o sea, un cóctel de ambigüedad y virilidad que ya viene funcionando en Hollywood desde los tiempos de Rodolfo Valentino.[1]

1. Parra, 1995, p. 17.

El metrosexual cuida su atuendo, se interesa por la ropa de marca, lleva el cabello o la barba cortados a la moda y adopta actitudes entre caballerosas y lánguidas. En la intimidad no le importa mostrarse débil y femenino con tal de atraer a la hembra, pero sin excederse, no sea que lo tome por gay. El metrosexual no vacila en aplicarse cremas antiarrugas, bronceadores y otros afeites tradicionalmente femeninos. Es posible que juegue al pádel o quizá al golf y que beba vodka, o vinos con denominación de origen, de los que entiende, así como de gastronomías exóticas. También sabe comer con palillos la comida oriental, aunque nunca lo veremos en un restaurante chino barato.

El metrosexual se depila, especialmente esos antiestéticos pelos de la espalda, el pecho y los hombros que tanto asco le dan a la mujer moderna, sofisticada, tipo «Sexo en Nueva York».[2] El metrosexual tiene nociones de cocina (por lo menos debe bordar dos o tres platos para resultar adorable a la mujer objeto de su atención).

—O sea, cocinilla.

—Llámalo así, o, si lo prefieres, mandilón.

La aparición del metrosexual es consecuencia de la mayor exigencia de la mujer liberada, porque, como dice el filósofo José Antonio Marina, «los hombres hacemos muchas cosas para complacer a las mujeres y, en cierta medida, elegimos el modelo que ellas prefieren».[3]

2. El hombre depilado comenzó por los deportistas de élite y por los maricas. En los años sesenta, a las tías les encantaba la pelambre pectoral de 007 y ahora te obligan a depilarte, rasurado integral, recortes de fantasía con plantillas de diferentes figuras, decoloraciones, etc. Ha surgido toda una industria de peluquería intima. Cuando, entonces, la mujer sólo se recortaba los bigotes que excedían del bañador en vísperas del verano. Hoy hasta las monjas se hacen la ingle brasileña, o una plantilla en forma del escapulario del Carmen o el Corazón de Jesús, según comunidades. Los hombres nos depilamos el pubis para que el pene parezca mayor y hasta incurrimos en implantes de colágeno para engrosarlo. Y ¿qué me dicen del *lifting* de testículos (ya saben que el escroto cuelga con la edad): con una sencilla cirugía se acorta la bolsa escrotal y se recupera el aspecto cojonil de un adolescente. ¡No sé adónde vamos a llegar!

3. Prólogo al libro de Nativel Preciado *El sentir de las mujeres*.

A cierta distancia del retro y el metro se encuentra el tecnosexual, un hombre hedonista, urbano y pudiente que utiliza la tecnología como símbolo de estatus social.[4] Se parece al metrosexual en que cuida su aspecto físico y su atuendo y se parece al retrosexual en que piensa que las mujeres están para lo que están. O sea, tonterías, las precisas.

Imaginemos la jornada perfecta tal como se la imagina un tecnosexual.

A las seis en punto la radio despertador lo despabila con las noticias de lo mal que va el mundo. Bosteza elegantemente. A su lado se despereza una rubia impresionante que conoció ayer, en el cóctel de la embajada francesa.

—*Oh, la, la* —dice ella—. *Quel beau matin!*

—*Descendez au pilon* —le susurra, romántico.

Apaga la radio para que Carlos Herrera no lo desconcentre durante la felación. Sigue abundante y satisfactoria cagada mientras repasa la prensa por ordenador y constata que el mundo ha amanecido tan jodido como la víspera. Afortunadamente, a él los negocios le van bien. Se ducha. Se afeita. Desayuna pan con aceite picual, lonchas de jamón de Jabugo y café de Colombia servidos, en bandeja de plata, por la rubia despampanante que viste solamente delantal y cofia. A las ocho y media, limusina en la puerta. Camino del aeropuerto, saborea un whisky de malta mientras atiende al correo electrónico. Vuelo en jet privado. Black Jack a bordo servido por una rubia sucintamente vestida con sólo una pajarita. Conexión con el agente de bolsa: las acciones de la empresa han subido un ochenta por ciento. Aterrizan. Limusina con cristales tintados al pie del aparato. «A Las Delicias Golf Club», le ordena al chófer. La secretaria, un bellezón moreno de ojos verdes, le presenta la carpeta de firmas. Después le practica una felación en ruta.[5] Juego en el hoyo nueve. Dos

4. Algunos autores denominan ubersexual al tecnosexual; otros piensan que son especies distintas. No nos metamos en camisas de once varas o será el cuento de nunca acabar.

5. A este propósito no está de más comentar que la felación parece practicarse más entre gente de centro-izquierda, el presidente Clinton,

bajo par. Reunión de financieros: *foie* francés, salmón noruego, caviar iraní, Viña Tondonia del 64. Siesta en la terraza privada del club. Juego en el hoyo diez; cuatro bajo par. Limusina. Regreso al aeropuerto. Vuelo a Barbados. Órdenes telefónicas a agentes de bolsa. Informes positivos de las inversiones. Absolute Vodka en vaso helado. Tarde de pesca en yate *Alazán*, atendido por una joven tripulación femenina totalmente desnuda; él también desnudo, captando bronceado y saludable yodo marino, excepto la gorra de lobo de mar. Regreso a casa. Sauna, masaje y coito devastador con voluptuosa noruega, la que anuncia el salmón enlatado de una de las empresas de su *holding*. Partido de fútbol en televisión: gana su equipo por seis a cero; el líder del equipo rival (que desciende a segunda) impacta contra su propia portería y se fractura el peroné y el coxis (o rabadilla). Cena servida por morena complaciente que le presenta las moras del postre entre las tetas. Masaje múltiple y relajante a cargo de tres esculturales muchachas que, mientras reposa, le improvisan un espectáculo lésbico. Cena fría a base de *delicatessen* y champán mientras descansa en bañera jacuzzi. Fin de la jornada. Cama *king size* para él solo. Antes de dormirse, pedo de diecinueve segundos que cambia de melodía tres veces y obliga a abandonar la habitación al perro, un estupendo cocker negro de acreditado pedigrí. Un día perfecto.

El equivalente femenino del tecnosexual es la mujer independiente, femenina, capaz, de «Sexo en Nueva York». Imaginemos ahora la jornada perfecta de una tecnosexual.

El amante la despierta con un beso suave en la nuca: «El desayuno, amor», le susurra al oído. Emerge ella de una noche de sueño reparador, abrazada a su compañero, tras suaves caricias a la pálida luz de la luna, cobijada por aquel brazo protector, musculoso y moreno. En la bandeja, de diseño, además de un gran

---

por ejemplo, mientras que el cunnilingus parece más propio de las izquierdas absolutas. Véase Moreno, 1996, p. 60. «¿Y las derechas?», podría preguntar el lector. Amigo mío: las derechas, como Dios manda, no hacen cochinadas. El acto sexual para lo que está, para procrear, crecer y multiplicarse.

El metrosexual David Beckham.

vaso de zumo de naranja natural, nada de *tetrabrik*, una aromática taza de café, tostadas, *croissants*, mermeladas y todo eso, hay una rosa recién cortada que cobija un diminuto paquete. Rasga el envoltorio con impaciencia de colegiala: una pulsera de oro blanco con brillantes. Beso húmedo, agradecido. «¿Qué celebramos?» «No celebramos nada, sólo que te quiero.»

Relajante baño de agua caliente con sales del mar Muerto y agua de Loewe. Báscula: pesa medio kilo menos que ayer. Sonríe. ¡Se siente tan dichosa! A las diez se entrega a la tabla de gimnasia en el club, dirigida por su entrenador personal, guapo y atento. Termina con una sesión de tónico facial, manicura y rayos uva para un bronceado inocuo. Después, el masaje de los jueves. Se lo aplica Marco, un masajista musculoso y atractivo: «¡Qué pocas veces tiene uno ocasión de trabajar con un cuerpo tan perfecto, señora!» Ella sonríe halagada: «Llámeme Patricia, por favor.» Peluquería mientras repasa las revistas del corazón y se horroriza ante la chapuza de *lifting* que le han practicado a la Belén Esteban.

La una y media. Almuerzo en la terraza del restaurante Barbarella's (el más *in*) con un buen amigo gay, un artista que prepara *performances* en la obra cultural de un banco. Un petrolero pintado con los colores del arco iris al que le crece en cubierta un bosque vegetal. En la popa, el nombre del barco: *Planeta azul*. Ve pasar a la ex de su marido: pésimamente vestida y más gorda que la última vez. Una colgada.

Hogar. La asistenta acaba de marcharse. Siesta reparadora. Sábanas de diseño compradas en el Trapo's de la Quinta Avenida. Acaba de despertar cuando un atractivo mensajero llama a su puerta: una docena de rosas rojas con la tarjeta de un admirador secreto. Pone las rosas en agua y la tarjeta en la arqueta, bajo llave. Consulta la hora en el Cartier: tiempo de arreglarse. Ha quedado con dos amigas para ir de compras. Usa liberalmente el crédito ilimitado de la visa platino de su compañero. A las nueve, desfile de modelos en la *boutique* Tijeras's. Compra un conjunto de Armani. El chófer la espera a la salida para conducirla al Gourmand's garden: cena para dos a la luz de las velas. Baile en el que nota que atrae las miradas de los otros hombres. Regreso al hogar. Ducha caliente. Arrullada por el amado, se queda dormida en sus brazos. Orgasmo múltiple con turbo. Eso es lo que ella llama un día perfecto.

CAPÍTULO 54

En las garras de la mujer pantera

Una variante de la tecnosexual pudiente es la denominada «mujer pantera». Comencemos por las quejas:

—La vieja penca se me ha ido con un pollo de veintipocos años que seguro que va a por la pasta, porque ella está forrada —se me queja amargamente un paciente setentón—. ¡Después de una vida juntos!

—Pero ¿usted la tenía atendida? —inquiero desde mi posición de terapeuta aficionado.

—Hombre, atenderla, lo que se dice atenderla... no, pero por lo menos la molestaba.

—¿Y a ella le iba el sexo?

—¡Como a los chivos la leche, mire usted! Yo en mi vida he visto afición tan grande.

—La típica mujer pantera —suspiré—. No se desanime. En un cero coma cinco por ciento de los casos retornan al nido conyugal.

La modernidad ha producido esta curiosa ramificación en el tronco del *homo salidus* variedad hembra, la mujer pantera.

¿Recuerdan el idilio entre Mrs. Robinson y el estudiantillo Dustin Hoffman en la película *El graduado*? Aquello que en la película parecía un escándalo es hoy un tipo de emparejamiento de lo más normal, un chico joven y lo que en términos mundanos conocemos por mujer pantera (*cougar*, «puma» en inglés). Incluso son objeto de estudios sociológicos y hasta de libros de autoayuda.[1]

1. Valerie Gibson, *Cougar: a Guide for Older Women Dating Younger*

El acoplamiento de mujer mayor y hombre joven admite todas las variantes conocidas del tradicional emparejamiento de hombre con mujer: por amor, por sexo o por dinero.[2]

«¿Qué engancha a un hombre joven de una mujer mayor? —se pregunta la sexóloga Pilar Cristóbal—. Fundamentalmente, la comprensión. Si a eso le unimos que están mucho más dispuestas sexualmente, la complicidad está servida. La mujer madura es más activa en la cama y manifiesta claramente sus deseos, mientras que la jovencita teme hacer demandas por miedo a lo que pueda pensar su pareja [...]. A una mujer de cuarenta años, que la consideren virgen o puta le da igual.»[3]

La mujer profesional que ha triunfado en la vida no necesita que la mantengan ni que la protejan, y, ahondando en esas actitudes y aptitudes masculinas que ha desarrollado desde que se liberó del yugo patriarcal, se pone el mundo por montera y se empareja con la juventud (y la potencia) de un hombre más joven.

En muchos casos, las mujeres pantera representan la inversión de los roles tradicionales: la mujer aporta caza (dinero) y el hombre aporta juventud.

Men (Key Porter Books, Nueva York, 2008); o Felicia Brings, *Older Women, Younger Men: New Options for Love and Romance* (Barnes and Noble, 2000); Mark J. Penn, *Microtrends* (Twelve, Nueva York, 2007). *Be an Outrageous Older Woman*, de Ruth H. Jacobs, y *Cougar Club*, de Warren Kole, Faye Duneway y otros. En Londres existe una empresa, Speed Dater, que organiza fiestas a las que asisten hombres de entre 25 y 35 años y mujeres de 35 a 50 (Fernanda Tabarés, «Las mujeres puma se abren paso», *La Voz de Galicia*, 9 de mayo de 2006).

2. Los emparejamientos madura-joven están a la orden del día, pero son especialmente notorios cuando se trata de famosos: Ana Obregón con el *stripper* polaco Darek (y antes con el futbolista Davor Suker); Marujita Díaz con el palurdo cubano Dinio; Mercedes Milá (48) con el empresario Carlos Castillo (31). Otros notorios ejemplos internacionales son Demi Moore, Madonna y la sexóloga Shere Hite, quien, por cierto, en su juventud posó desnuda para revistas como *Playboy* (véase el cuadernillo en color). El mundo del cine abunda en mujeres pantera ficcionales (véanse las series «Mujeres desesperadas» o «Sexo en Nueva York», muy pronto imitadas por otras series españolas).

3. Font, 1999, p. 24.

La directora de cine Isabel Coixet, emparejada con el compositor César Sala (Chop Suey), diez años más joven que ella, expone con meridiana claridad, y quizá un punto de crudeza, el punto de vista femenino contemplado desde las gafitas de pasta rosa que le dan ese *look* intelectual:

—La vida con un hombre joven es guay. Muchas mujeres piensan que el hombre maduro es interesante, como de película, pero tiene la mochila llena de mierda y, al repartir, te toca mucha cantidad, mientras que un joven tiene menos mochila y por tanto está más limpio. La diferencia es la carga de su mochila.[4]

La combinación de mujer pantera y doncel es doblemente eficaz porque ella no sólo estimula su autoestima amenazada por la decadencia física (no hace falta que repita que las mujeres soportan mal los estragos de la edad), sino que, al mismo tiempo, se agencian un copulador eficaz en el momento en que han alcanzado el culmen de la sexualidad,[5] desinhibidas y propicias a experimentar lo que se tercie, sin dengues, como quien sabe que la temida decadencia física está a la vuelta de la esquina. Ahora o nunca.

El acoplamiento de mujeres pantera y hombres mucho más jóvenes es una consecuencia de la liberación de la mujer y de la inversión de roles que ésta acarrea. La mujer profesional gana sobradamente y no tiene que depender económicamente de un hombre. Liberada también de la esclavitud de los hijos (que no tuvo o ya se han emancipado), puede interesarse por el sexo recreativo y buscar en un joven la juventud y potencia que no le puede ofrecer un hombre de su edad.[6] De esa manera, y gracias a su dinero, consigue los servicios, como *chevalier servant* y amante, de un joven al que mantiene. El propio Mohamed, el

4. Font, 1999, p. 28.

5. Recordemos que el sexólogo Alfred Kinsey sitúa la plenitud sexual de la mujer después de los 35 años.

6. Estudios científicos demuestran que la mujer tiene más y mejores orgasmos con un hombre joven y atractivo que promete buenos genes que con un viejo o alfeñique que no parece prometer una buena herencia genética.

barman del María's, fue protegido de una mujer pantera, cuando era un «yogurín» recién desembarcado de la patera.

—Me hubiera casado con ella, porque sólo tengo tres *mujeras* y mi religión me permite una cuarta, pero cuando los Emiratos Árabes me becaron para el curso de corte de jamón en Jabugo ella no soportó mi ausencia y ocupó mi vacante con un nigeriano más joven que yo y rodillero. Decía que no podía perder su juventud esperando el regreso de Ulises. Eso dijo. No le guardo rencor, lo nuestro fue bello mientras duró.

La mujer pantera.

CAPÍTULO 55

La empanada mental del *homo asustadus*

—El sexo es bueno, así vienen los niños al mundo —ha declarado Angus Dolittle, portavoz de la ONG Stressed Husbands—. Lo malo es que se ha convertido en obligación más que en placer. Antes usábamos la vagina para masturbarnos, ahora, como las mujeres son tan malas, nos han devuelto la pelota y usan nuestro pene como consolador. En una urgencia no respetan ni siquiera a los que lo tenemos pequeñito y desvalido.

Como le dijo un sexólogo aficionado a su sobrino el día de su boda: «Pepito, ahora te vas a enterar de lo que es follar sin tener ganas.»

A mi gabinete de terapeuta aficionado acuden pocos metrosexuales o tecnosexuales, por no decir ninguno. Aquí suelen llegar penasexuales con el cartel de derribo en la fachada, gallos sin cresta, garañones capados, machos exhaustos, hombres derrotados por la vida que fracasaron al competir con la nueva mujer en el hogar o en el trabajo. Humillados y vencidos, llegan con la autoestima por los suelos.

¿Qué se hizo de aquella monilla débil siempre a merced del vendaval hormonal de su naturaleza femenina?

Pasó a la historia (al menos en Occidente).

Bridget Jones es de la misma opinión. Veamos por dónde respira: «Los hombres son tan primitivos que pronto sólo servirán como mascotas sexuales. Presumiblemente, no contarán en las familias. Estarán fuera en casetas, como el perro.»[1]

1. Estas palabras se le disculpan porque Bridget es una señorita y no-

El hombre ideal que buscan Bridget y sus colegas liberadas no debe ser «alcohólico, adicto al trabajo, fóbico al compromiso, comprometido (con novia o esposa), misógino, chovinista, sexista o gorrón emocional», o sea, más le vale ser un dechado de virtud. No extraña que no lo encuentre, aunque ella se consuela pensando que sola está mejor: «Existe toda una generación de chicas solteras como yo, con sus propios ingresos y hogares, que se divierten mucho y no necesitan lavar los calcetines de nadie.»

Las exigencias de las chicas modernas ahuyentan del matrimonio a bastantes clientes míos. No me quejo: es bueno para el negocio. Al diván de mi consultorio llegan pacientes emocionales que, educados en los valores del *ancien régime* sexual, el de la mujer subordinada y doméstica, no han sabido aceptar la revolución que encumbra a la nueva mujer y se sienten acobardados y excluidos del paraíso.

—Aceptación, comprensión y amor —recomiendo—. Y paciencia, mucha paciencia.

—¡Es que son muy malas! —me sollozó el otro día nada menos que un notario.

Que las mujeres son malas: el viejo argumento inconsistente. Cuando no las entiendes lo achacas a su maldad, no a tu cerrazón. En esto somos todos iguales: da igual que seas notario del Ilustre Colegio o el cobrador del recibo de la luz.

—Las hay malas y las hay buenas —predico a los que así piensan—, del mismo modo que hay hombres malos y buenos. Hay personas y punto. Estamos llamados a entendernos. Ha llegado el momento de la liberación de la mujer y debemos colaborar. Es por el bien de las dos especies.

—¡Ah! ¿Es que son especie aparte? —me pregunta el notario olvidando momentáneamente el llanto.

—No, no lo son —me disculpo—. Me he expresado mal. Me he dejado influir por algunos autores que, en efecto, las consideran especie aparte.

---

sotros somos caballeros. Manos blancas no ofenden. Además, la actriz que la llevó a la pantalla, Renée Zellweger, está francamente buena, aunque tenga la piel demasiado lechosa y aparente ser blandengue de carnes.

En ausencia del paciente, que se ha ido muy confortado y conforme, me enfrento con mi mismidad de hombre, dejando al lado mis profundos conocimientos como terapeuta aficionado.

—¿Qué piensas y qué sientes tú verdaderamente? —me apostrofo frente al espejo de la consulta—. ¿Venceréis, pero no convenceréis?

A mí me han convencido. Estoy con ellas, pero también sé entender a los hombres que de pronto se ven desposeídos de sus privilegios. Natural que nos sintamos desplazados o, incluso, acosados: nuestras mamás no nos enseñaron a vivir con mujeres liberadas, rebeldes, independientes, mujeres que trabajan fuera de casa y no dependen de nosotros, que incluso —¿por qué no admitirlo?— nos superan en trabajos tradicionalmente masculinos.[2]

—No estoy totalmente de acuerdo con eso.

Me vuelvo a mirar. El que ha hablado es un tipo enjuto, de mediana edad, no mal parecido, chaqueta de *tweed* con coderas de cuero.

—Perdone la intromisión —me dice sonriente—. Me llamo Gilles Lipovetsky. Soy sociólogo en...

—En la Universidad de Grenoble —completo yo tendiéndole mi mano entusiasmado—. Profesor Lipovetsky, usted no necesita presentación. Es sobradamente conocido. ¿Quién no conoce su ensayo *La tercera mujer*?[3] Romualdo Holgado Cariño, para servirlo —me presenté.

—No he podido evitar oírlo, monsieur Cariño —me dice—, y debo añadir que no estoy totalmente de acuerdo con usted. Espero que no se lo tome a mal.

—En modo alguno, *monsieur le professeur*. La verdad es que estaba a punto de exponer sus teorías. No es que yo hable solo.

2. La jodida estadística demuestra que «las empresas sin discriminación sexual ganan en promedio un 30 por ciento más que aquellas dirigidas sólo por varones». Por otra parte, «las estadísticas indican que el absentismo laboral femenino es menor que el masculino» (Mediano, 2009, pp. 306-307).

3. Lo dije por halagarlo cortésmente. La verdad es que no es tan conocido como *El tercer hombre*. Lo publicó Anagrama en 1999.

Es que estoy escribiendo un libro para orientación de los hombres. Iba a explicar su teoría que sostiene que, contra lo que comúnmente se cree, los dos sexos no caminan hacia una eventual confluencia porque, a pesar de todo, y debido a nuestra configuración mental, el hombre sigue asociado a una imagen pública e instrumental mientras que la mujer tiende a lo privado y a lo afectivo. Que superado el mundo sexista por la liberación de la mujer, tampoco lo vamos a sustituir por un mundo unisex, sino, más bien, por una sociedad concordada en la que ellas y nosotros seremos libres dentro de roles diferentes.[4]

Pareció complacido por lo que oía.

—¿Qué toma? —me dijo.

—Una cerveza.

Gilles se dirigió a Mohamed.

—Dos cervezas y algo para picar.

—¡Oído cocina! —socializó Mohamed—. ¡Dos rubias y un plato de jamón!

Mientras lo por venir confirma o refuta la teoría de Lipovetsky, la vida sigue haciendo el pan de los días con la harina del

4. Digámoslo con sus palabras: A la luz de las tendencias actuales, las tesis de la «derrota de los hombres» no pueden sino inspirar escepticismo. Preparados socialmente para afirmar su yo en la confrontación con los demás, los hombres no han perdido la posición privilegiada de que gozan para ganar en el juego del poder y de la gloria. Sólo los valores machistas, los signos más enfáticos de la virilidad, se ven devaluados. [...] El ansia de dominio, la necesidad de medirse con los demás, el gusto de ganar por ganar, siguen siendo principios más interiorizados en el hombre que en la mujer. Como apuntara Hegel en su momento, la subjetividad masculina se construye en el conflicto interhumano en pos de reconocimiento y de prestigio. Lejos de estar caduco, este modelo se perpetúa, siquiera sea desprovisto de su dimensión guerrera. Desde el «comienzo» de la historia hasta nuestros días, el hombre se afirma en los enfrentamientos y las competiciones clasificatorias. No tanto herida como reciclada, la identidad masculina sigue permitiendo a los hombres, en las sociedades abiertas, asegurar su predominio en las instancias del poder. La «crisis de la virilidad» no es tanto un fenómeno social de fondo como una imagen literaria: el hombre es el futuro del hombre, y el poder masculino, el horizonte insistente de los tiempos democráticos (Lipovetsky, 1999, pp. 282-283).

tiempo, y los que nacimos en la bisagra de la sociedad sexista asistimos, con cierto desconcierto, lo admito, al torbellino de los cambios sociales. Unos aceptamos y aplaudimos la liberación de la mujer y le cedemos el mando a distancia de la tele;[5] otros, por el contrario, educados en los valores tradicionales (por sus madres, que conste), se resisten a admitirla.

Las organizaciones feministas pueden incurrir en algún leve exceso de celo como el de confundir género gramatical y sexo e intentar imponer a la Academia de la Lengua normas que van contra la propia esencia de la lengua,[6] pero, por lo demás, están cargadas de razón: hay que conseguir que la ley dispense un trato rigurosamente igualitario a hombres y mujeres y que se acabe, de una vez por todas, con la discriminación. Conseguido eso, ya veremos.

En La Inmaculada Concepción de María's, cada vez hay más divorciados noctámbulos y bebámbulos. ¿Qué está pasando con la pareja, hoy?

Una parte del problema es que el hombre ha quedado descolocado tras la liberación de la mujer. En el mercado de la vida van quedando pocas mujeres tradicionales que no hayan evolucionado.

«Las mujeres nos solemos quejar de que ellos no nos entien-

5. Una encuesta del Pew Research Center sobre la sociedad americana establece que en 2008 sólo un 37 por ciento de los hombres creía controlar el mando de la tele en casa. Desde entonces, los ejecutivos de las grandes cadenas producen programas pensando en la audiencia femenina y a los tíos que nos den morcilla. Y conste que personalmente no tengo nada contra la morcilla: de hecho, aunque vivo en Barcelona y adoro la butifarra catalana, cada mes recibo puntualmente, por agencia de transporte, cuatro kilos de morcilla de Carchelejo (Jaén), la mejor de España, salvando gustos.

6. A mi juicio, deberían predicar con el ejemplo. No basta con que digan, al comienzo del mitin, «compañeras y compañeros, me dirijo de corazón a todos y a todas, hombres y mujeres tenaces y tenazas...». Eso es relativamente fácil: deberían mantener esa coherencia neogramatical a lo largo de todo el discurso si quieren convencer a los meramente indecisos de que esa manera de hablar es factible y deseable.

den o no nos miman como desearíamos, pero también los hombres se sienten muy presionados, porque la mujer ha pasado de tener una parte pasiva en la relación a mostrar sus exigencias de forma activa. Además, existen diferencias muy importantes entre los dos sexos de las que no somos conscientes y que constituyen en gran medida la principal causa de fracaso de la pareja. Las mujeres les estamos pidiendo a los hombres que sientan, piensen y actúen como nosotras, y en sentido contrario pasa lo mismo.»[7]

«El macho del anuncio de Marlboro se encuentra en vías de extinción. A las mujeres nos ha costado veinte años conseguir la igualdad y ahora no la vamos a desaprovechar. Hemos cambiado mucho y ellos están muy perdidos, no saben lo que queremos las mujeres, pero seguimos soñando con el Príncipe Azul, un hombre difícil, pero sensible a la vez.»[8]

O sea, o te haces metrosexual o tu pareja te da pasaporte. «*Good bye*, querido. Fue bello mientras duró.»

¿Qué hacer? ¿Afrontar la angustia de la soledad?

Pocos, muy pocos, tenemos el valor y la dignidad de mantener los viejos valores varoniles. Y, triste es reconocerlo, los pocos que somos cabemos en La Inmaculada Concepción de María's: media docena de habituales, una decena escasa los domingos, excepto si televisan un partido (Mohamed no cuenta, que mantiene a raya a sus tres esposas).

Casi todos los demás, los que viven en pareja, se fingen metrosexuales y hasta hay un vasco, Óscar Terol, que ha tirado la toalla y ha escrito un libro titulado *Técnicas de la mujer vasca para la doma y monta de maridos*.[9]

Claro que la metrosexualidad fingida de por vida cansa. Lo

7. Álava Reyes, 2006.

8. Nieves Fontana, directora adjunta de la revista femenina *Telva*. Véase Parra, 1995, p. 22.

9. Publicado en Aguilar, Madrid, 2009. Describe a las vascas como mujeres fuertes, matriarcales, de labio prieto y pelo cortado corto. Yo, la verdad, todas las que he conocido son un encanto, sugestivas, largos cabellos y exquisita femineidad, pero no descarto que pueda haberlas de pelo en pecho, como la serrana de la Vera.

Revista *Tiempo*, 6 de noviembre de 2009.

Publicidad sexista (decenio de 1960).

Bodas africanas (2009). Obsérvese la escasa disposición de los contrayentes.

veo todos los días en mi consulta. El retrosexual congénito puede fingirse otra cosa por un tiempo, pero a la larga da la cara y fatalmente vuelve la burra al trigo. No tenemos solución.

Lo que sí tenemos es escape. El otro día me lo comentaba, herido, Aldonzo Cortijo, *el Niño de la Púa*, banderillero.

—Se quejan las tías de que cada vez hay más gays. ¿Qué otra salida nos dejáis, desgraciadas? Habéis presionado tanto que a menudo os encontráis compuestas y sin novio y lamentando amargamente vuestra soledad.

La queja no se circunscribe al ambiente taurino, en el que podríamos sospechar cierto machismo. Oigamos a Iñaki Gabilondo, que es persona ponderada: «De momento, las mujeres sólo han abierto una ventanilla, la del deben; a ver qué día abren la del haber y se ocupan un poco de lo que nos pasa a nosotros y hacen algún esfuerzo de comprensión con respecto a las dificultades y a la descolocación del hombre.»[10] Y ahora oigamos a una feminista tan lúcida como Carmen Rico-Godoy: «¿Enemigas del hombre? Puede que haya habido excesos. Ha habido mujeres que querían cargarse al hombre y yo lo entiendo, porque se han producido tantos excesos por el otro lado... La lucha de la mujer ha sido como la lucha contra el colonialismo. Y en todas las luchas se cometen excesos. Los hombres están en un momento dramático y patético. No entienden nada.»[11]

La falta de entendimiento de los hombres y la necesidad del hombre intermedio sensible, afable, comunicador, atildado, elegante, el hombre que entiende y siente como las mujeres, ese hombre nuevo que llamamos metrosexual.

Pero ¿quién desmonta al retro para transformarlo en metro? ¿Puede eso hacerse como Barreiros hacía un motor diésel de otro de gasolina?

Me temo que no es fácil. Las piezas no ajustan y al final el motor recompuesto es fácil que pierda aceite.

¡Metrosexuales! Entre unos y otros (no culpo a nadie, pero he

10. «Los miedos inconfesables de dieciocho hombres», *Tiempo*, 5 de octubre de 1998, p. 14.

11. Declaraciones a Pablo Burgos, *Interviú*, agosto de 2008, p. 81.

estado tentado de escribir «entre unas y otras») estamos produciendo un nuevo tipo de hombre. De *homo salidus* ancestral que desciende velludo y eructador de la noche de los tiempos, de los albores mismos de la evolución, estamos virando en horas veinticuatro, como en los cursos de formación acelerada, al *homo asustadus*.

—¡Ahí nos duele!

El español ha perdido mucho fuelle desde aquellos tiempos míticos cuando, tras las vacaciones en nuestras costas de sol, sangría y paella, la grácil y rubia sueca subía a su avión, ocupaba su asiento, suspiraba y exclamaba: «¡Al fin juntas de nuevo!» y su vecina de asiento la miraba con extrañeza y preguntaba: «¿Nos conocemos?» «No. Hablaba con mis rodillas.»

Sí, querido lector. El vendaval de la historia ha aventado a aquel macho ibérico que, ante el estímulo de unas faldas, aunque fueran las de la mesa camilla, eyectaba un chorro de semen espeso como leche condensada. Era automático, como lo del perro de Pavlov.

Ese hombre macho que dejaba los calzoncillos como almidonados pasó y ahora lo sustituye este ser inseguro, zozobrante, balbuciente, que se tumba en el diván de mi consulta a verter sus frustraciones y sus carencias afectivas, ese desgraciado que ahoga su amargura acodado en la barra de La Inmaculada Concepción de María's y pide que le llenen el vaso de nuevo mientras Bogart nos mira desde el cartel de *Casablanca* con su media sonrisa sardónica y despectiva.

—*Play it again, Sam.*

Cada vez somos más los acodados que le pedimos a Mohamed un whisky doble con cacahuetes; si es posible, que no estén rancios.

—Y, sin embargo —señala Sinforoso Reinoso, el sociólogo—, mantenemos ciertas ventajas por razón del sexo: meamos aunque los lavabos estén sucios, no nos aprietan los zapatos, nos basta con una maleta, tres calzoncillos cuestan menos que unas bragas, el mismo peinado nos dura años, no tenemos que afeitarnos si no queremos...

—¡Gran consuelo! —apostilló el notario.

CAPÍTULO 56

Las esposas migrantes

Cada vez son más los ejemplares de *homo asustadus* español que, tras fracasar en su relación con una española liberada y reivindicativa, optan por buscar pareja en el extranjero.[1]

Internet se ha convertido en la gran plaza global donde la gente se cita para buscar pareja como en los paseos y tontódromos del tiempo de nuestros abuelos. El soltero agrario de una aldea perdida de la meseta castellana, donde no han quedado ya chicas libres de su edad (ellas son más emprendedoras y se largaron a las grandes ciudades), encuentra a una siberiana rubia, con ojos azules y curvas rotundas, que anda buscando a un señor solvente, no importa que sea un podrido capitalista, que la rescate de la miseria, la niebla carbonienta y el helor de su ciudad industrial.

Esa facilidad de comunicarnos con desconocidos del otro lado del planeta no la tuvieron nuestros abuelos, que tenían que escoger pareja entre las chicas casaderas del pueblo, o sea, las diez o doce, a lo sumo, de parecida edad y nivel social.

—Tantas no había, que la mitad eran primas y entonces había que pagar dispensa a la Iglesia.

1. El perfil predominante del cliente es un separado o divorciado de entre 40 y 50 años, y de profesión liberal captado por eslóganes como: «La mayoría de las mujeres rusas rechazan el modelo feminista occidental, prefieren conciliar el oficio de gustar y el de alcanzar objetivos propios en la vida.»

—Vale, abuelo.

Pep Concustell, catalán de cuarenta y un años, soltero, buscador de esposa extranjera por Internet, dice: «Lo ideal sería encontrar a una catalana que tenga trabajo, que no esté mal y que sea normal, sin críos. Pero es que de mi edad no las hay: las separadas tienen críos y las solteras de cuarenta hay que dejarlas estar porque [...] alguna tara tienen. Es un comentario machista, pero es la verdad. Una tía de treinta y cinco o cuarenta que no se ha casado y que no tiene críos es que algo no le funciona, alguna cosa rara tiene.»

Las agencias matrimoniales, cuyo número crece sin cesar desde los años noventa, ofrecen dos tipos de mujer: la rusa[2] rubia de ojos azules y la sudamericana morena y sensual.[3]

El hombre que busca pareja escoge por catálogo (vía Internet) a las que cree más idóneas y se comunica con ellas a través de e-mails, teléfono, webcams y otros recursos de la tecnología

2. Publicidad para las rusas: «Si usted quiere tener un hogar muy bien conducido, con hijos educados, tener una mujer experta en la cocina y muy ordenada, tiene que buscar una mujer de Rusia.» (www.datingfinder.net); «La devoción hacia los valores tradicionales familiares es quizá el factor más importante que empuja a muchos hombres occidentales a buscar una pareja rusa [...]. La mujer rusa se dedica en cuerpo y alma a su familia y a su esposo [...] ser "amas de casa" en España no es para ellas tan aborrecible como podría serlo para las españolas, puesto que en sus países de origen una ama de casa vive en unas condiciones mucho más duras. En Rusia se considera un signo de prosperidad cuando la mujer puede quedarse en casa y dejar de trabajar» (www.1000brides.com).

3. La publicidad ofrece: «Tenemos más novias latinas de calidad que ninguna otra agencia» (Cali's Best en www.singles.list.net); «¡¡¡Encuentre Su Corazón Esmeralda En Colombia!!! ¡Le estamos ofreciendo el último paquete para hombres!»; «Se considera que las mujeres latinas son las más hermosas del mundo, ellas han estado siempre en los concursos de belleza y son las que más veces han ganando en Miss Universo. Pero no solamente son hermosas físicamente, son mujeres Sinceras, Fieles, Honestas, Familiares, Hogareñas, Amorosas, Dulces; en fin, viaja con nosotros a Colombia y Perú y conoce a la mujer de tus sueños»; «Las mujeres de América Latina son las más hermosas del mundo, aparte de ser buenas esposas y madres» (www.latinloveinternational.com).

moderna. Después de algún tiempo de relación, va a visitar a la elegida a su país o le paga el viaje para que venga a España. Pasan unos días juntos, conociéndose mejor, y deciden si siguen con el proyecto de pareja o simplemente se despiden como buenos amigos.

Las mujeres procedentes de países del Este y de Sudamérica se casan con españoles en busca de una mejor calidad de vida que la que podrían esperar en sus países de origen y también porque el español les parece mejor marido que el que podrían encontrar en origen, donde todavía impera el machismo y los tíos están asilvestrados. El español, por su parte, a menudo acogotado por las reivindicaciones feministas de sus compatriotas, busca lejos de nuestras costas una mujer más sumisa y cariñosa y menos reivindicativa. Una de las informantes de la encuesta, rusa, de veinticinco años, declara: «Los españoles necesitan el cariño que les dan las mujeres de mi país, porque no recibieron tanto de mujeres de su país. Las españolas son un poquito más de trabajo, más de sus negocios, más de fuera que de casa. Nosotras somos más de casa que de fuera [...]. A los hombres de aquí les gustan mucho las mujeres de mi país, porque nosotras somos muy desacostumbradas de cariño, nos falta cariño, nos falta apoyo, nos falta... no sé, una seguridad. Lo mínimo que puede dar un hombre, un hombre español, ya tenemos bastante. En cambio vosotras, que sois españolas de toda la vida, a lo mejor con esto os sentís un poco mal, necesitáis más que nosotras. A lo mejor la mujer española, y con derecho, pide más que una mujer de mi país.»

Por su parte, Josep M.ª, español de cincuenta y seis años casado con una rusa de veintiséis años, afirma: «[Las rusas] tienen más clase. Las puedes llevar a todas partes. Son muy guapas. [...] Aún tienen una cultura antigua de una cierta devoción al macho [...]. Esto es bueno, ternura, que te cuiden bien.» [4]

Jordi Furnielles, español de cuarenta y un años casado con una venezolana de 37, declara: «Las mujeres de allí [Sudamérica] son cariñosas, sumisas. Y además suelen ser apasionadas, y me

4. Roca Girona, 2008, p. 206.

reitero en la cuestión, y... bueno, complacientes, mujeres muy al gusto de un hombre. Además, tienen interés en cuidar la casa, no les importa realizar las tareas del hogar en un momento determinado. De alguna forma, tienen una forma de ser... a mi gusto; encaja bien en mi circunstancia.» Al parecer, según el encuestado, esas cualidades están ausentes en la española: «La española es más reacia, es decir, es más independiente, ha desarrollado en los últimos años una seguridad en sí misma [...] suele tener más ambición profesional, por lo menos de tener su camino independiente del hombre, aparte de que tenga su relación de pareja.»[5]

Oigamos ahora a una española de cuarenta y un años, Leocadia Sants Dresser, que enjuicia, no sin cierto despecho, el fenómeno de las uniones entre españoles y rusas o sudamericanas: «¿Quién conecta con mujeres rusas y latinas? Los que tienen algún problema físico. Entonces, ¿qué buscan? Una persona necesitada que si fuera de aquí los rechazaría [...]. La mayoría tienen alguna tacha que les impide acceder [a la mujer] por una vía normal y por eso recurren a Internet o a las agencias. Y después, porque se ha mitificado que las mujeres rusas están muy buenas, y las cubanas que son ardientes [...]. Yo creo que es más por el sexo. Una mujer joven y guapa es el sueño de todo hombre entre los cuarenta y los cincuenta, una tía buena y joven que no tiene reparos de acostarse con él. El mito sexual. Yo no creo que busquen enamorarse. Y si además te hacen la comida, pues perfecto, pero el mito es decir: acostarse y dormir con una tía buena, porque se las cogen guapas... ¿Qué miran? ¿Las cualidades o el físico? Miran que esté buena. Y además son dos modelos: la guapa elegante y la exuberante y sensual, que sexualmente nunca tiene bastante, que están más liberadas, el modelo latinoamericano. Los hombres tienen siempre más presente el sexo que las mujeres.»[6]

5. Roca Girona, 2008, p. 210.
6. Roca Girona, 2008, p. 210.

CAPÍTULO 57

Cariño, me duele la cabeza

Una de las características que definen al *homo asustadus*, y muy especialmente a la variedad *hispanicus*, es su propensión a padecer migrañas.

Todavía no existe suficiente literatura científica sobre este tema que estoy tratando, pero sin duda la habrá. Veamos los hechos.

En las consultas radiofónicas o de Internet menudean las mujeres quejosas: «Mi marido rehúye el débito matrimonial», «Mi marido no cumple», «Mi marido no me hace caso», «Mi marido se ha reblandecido de una forma que parece mentira, con lo que él era», «Mi marido pretexta que le duele la cabeza».[1]

El problema es común en los países occidentales y parece ocasionado por factores tanto físicos (cansancio por el estrés acumulado, por exceso de trabajo) como psicológicos (inhibición ante la nueva mujer sexualmente exigente).[2]

—¿Exigente la mujer?

1. Según el informe Excuse, una encuesta realizada entre 1.050 españoles de más de 35 años de edad, de los que un 64 por ciento responde afirmativamente a la pregunta «¿Has puesto alguna vez excusas para evitar una relación sexual?». Un 52 por ciento de los hombres reconoce que las pone para evitar el sexo (Lorente, junio de 2010, p. 79).

2. Lo ha estudiado el sexólogo Weiner-David en el libro *Sex-Starved Wives* («Esposas necesitadas de sexo»). En una encuesta, seiscientas de mil mujeres declararon que «deseaban tanto o más que sus parejas» (María Corisco, 2010, p. 36).

—Sí, ahí está el problema. El catolicismo y sus curas reprimidos y obsesionados con el sexto han hecho mucho daño.[3] A la abuela la educaron para que fuera frígida porque si aparentaba el menor interés por el sexo o, una vez metida en harina, demostraba que lo estaba gozando, cabía sospechar que era una perdida (o sea, una puta).

La madre se mantuvo en la misma línea, agravada por la educación franquista y por la creencia, inculcada en su tierna edad por las monjas del colegio, de que podía quedarse embarazada mirando unos calzoncillos. También ella llegó virgen al matrimonio y creyó que el sexo era lo poco o mucho que le daba su marido. La nieta, no. La nieta se ha sacudido la tutela de la Iglesia que mantuvo a sus predecesoras en la ignorancia y está mucho más informada: lo ha visto en el cine (incluso en el pornográfico), lo ha leído en revistas, lo ha practicado desde jovencita con parejas sucesivas: sabe que unos lo hacen mejor que otros, sabe que hay penes de muchas formas y maneras, sabe, ¡ay!, que a pesar de lo que divulgan personas bien intencionadas, el tamaño sí importa.[4] La nieta dejó de jugar con muñe-

3. Por eso cuando conquistadores, exploradores o misioneros europeos entraban en contacto con mujeres de otras culturas les parecía que todas eran unas putas. «Las indias son lujuriosísimas», escribe Orellana; Fernández de Oviedo afea que entre ellas «no hay viudas ni religiosas que guarden castidad».

4. No quisiera yo, Dios me libre, que mis sinceras y crudas palabras te hundieran aún más en la depresión. Si estás acomplejado porque tu minina es corta, o sea, lo que antes se decía normalita, consuélate pensando que Napoleón también la tenía pequeñita y fíjate a dónde llegó, a Moscú. Eso no quita para que a las mujeres les gusten grandes y de buen calibre desde un punto de vista teórico. Después, cuando se encuentran con una descomunal se quejan de que al embestir le lastima los ovarios. ¿En qué quedamos? Como esa mala experiencia sólo la alcanzan unas pocas, el resto, que es mayoría, sigue admirando el tamaño. En ese particular, las hembras de otras especies animales coinciden con la del *homo salidus*. Por ejemplo, las promiscuas moscas de ojos pedunculados se aparean preferentemente con los machos que exhiben unos pedúnculos más grandes. En otras especies se fijan en la cola más larga; en otras, en el tocado más vistoso. Darwin señaló que los aditamentos extravagantes

cas para emplearse con vibradores y juguetes sexuales, es experta en bolas chinas Fun-Factory y Luna de Lelo, lo sabe todo de la pesa Energie, usa pesas Esferic para el fortalecimiento de la musculatura vaginal y lee habitualmente la revista *Sexologies*.[5] Liberada de la tutela del padre o del esposo, económicamente independiente y libre del miedo al embarazo, ha aprendido a disfrutar del sexo.[6] En fin, la nieta se ha vuelto exigente y no se conforma con un torpe alivio como su madre o su abuela: demanda sexo de calidad. Este convencimiento, o conocimiento, deprime al macho, que se siente presionado y teme no estar a la altura de las circunstancias y decepcionar a su pareja. El hombre de hoy vive cada encuentro como si se presentara a un examen en el que puede suspender.[7] Al cansancio y al estrés se unen el

---

atraen a las hembras. Cuando estás con tu pareja en una playa nudista y pasa a vuestro lado un tipo con un colgajo que le llega casi hasta las rodillas y ella te dice: «¡Ay, qué asco! ¿Has visto a ése?», congratúlate porque has dado con una chica excepcional que sólo aprecia las cualidades del alma y no la pierdas de vista porque ella se merece toda tu atención. Antes bien improvisa una conferencia sobre que el tipo de la playa padece una variedad de priapismo que le hincha el miembro como si fuera un globo, de un fluido acuoso bastante repugnante, similar a la pus, que le impide copular. Ella, que no es tonta, aceptará tu explicación y comentará: «¡Qué pena de chico, ¿verdad?» Y tú: «Sí que es una pena, sí» (Judson, 2004, p. 55).

5. El 43 por ciento de las mujeres utiliza juguetes sexuales. Tiendas como La Juguetería, primera *boutique* erótica española dedicada a «la mujer y sus amantes» cuenta con salas de exposición y venta, ventas *online* y organiza *tuppersex parties* (Rebollo, 2008, p. 76).

6. No tiene más limitaciones que las hormonales. Le apetece si sus niveles de testosterona son altos, lo que sólo ocurre en un 20 por ciento de las mujeres, o si está ovulando. Otro posible elemento favorable es que alcance el orgasmo con relativa facilidad. Las anorgásmicas se sienten menos inclinadas a copular, a no ser que su pareja les ofrezca una contrapartida apreciable. «Muchas fingen orgasmos devastadores para provocar el tuyo y que las dejes en paz», se me quejaba recientemente un paciente. Y es verdad, ellas son tan retorcidas que son capaces de fingir un orgasmo, del mismo modo que los tíos somos capaces de fingir toda una relación.

7. El peligro de que la mujer aprendiera demasiado y entendiera de

miedo a decepcionar cuando se sabe examinado por una mujer que lo ha practicado con otros hombres quizá más dotados y mejores amantes que él. El cine porno ha hecho mucho daño en este sentido: después de ver media docena de películas *hardcore*, y de contemplar el multiorgasmo cinematográfico que Nacho Vidal provoca a Celia Blanco en el film *Ducha de leche de plátano*, uno no se conforma con sus nueve centímetros (la longitud media de la picha española, que no mea sola) y anhela poseer un pepino de 24 centímetros capaz de complacer sucesivamente, y por todas sus variadas aberturas, a cinco mujeres estupendas, durante hora y media (lo que ve en las películas guarras). Ni siquiera se plantea que Nacho Vidal hizo diez o doce descansos entre toma y toma antes de completar una de esas antológicas prestaciones sexuales de hora y media.

Esto explica que cuando se redactó el informe Kinsey (años cuarenta) los hombres se sintieran satisfechos de prestaciones de dos minutos mientras que hoy muchos se creen eyaculadores precoces porque sólo aguantan diez minutos en el tajo.[8] El cansancio de la frenética vida moderna agrava esos males. «Ellos querrían ir rapidito, terminar pronto y quedarse tan contentos. Es de suponer que eso era bastante común en las relaciones de antaño, pero ahora el nivel de exigencia de la mujer es infinitamente mayor y desea las relaciones con un preámbulo y un envoltorio», declara la sexóloga María Jesús Álava.[9]

—Mujeres despendoladas y hombres apagados, ése es el problema.[10]

Por eso en un país como el nuestro, donde hay tantos albañi-

---

tamaños lo detectó, ya en los años cincuenta, el hoy olvidado periodista César González Ruano cuando el fotógrafo José Pastor llevó a la redacción de *Arriba* unas fotos de un individuo fieramente armado que causaron considerable revuelo entre los mirantes. César le regañó: «¡Guarde eso inmediatamente! No joda, Pastor, que luego las señoras comparan.»

8. Ibídem, p. 36.

9. Ibídem, p. 37.

10. Cito literalmente de los labios de una anónima señora que entrevistaron el 24 de mayo de 2010 en una discoteca de jubilados para el programa «El intermedio», del Gran Wyoming, en la Sexta.

les desempleados, muchas mujeres tienen que desplazarse miles de kilómetros para practicar el «turismo de romance» como vimos páginas atrás.

En 1998, el prestigioso Durex Global Survey británico, que analiza los hábitos sexuales en el mundo, constató que los españoles figuraban entre los peores amantes del planeta. La media mundial de coitos por varón estaba en 106 veces al año, mientras que la media española apenas llegaba a 82 anuales. En cuanto a la duración, tan apreciada por las mujeres, el español también quedaba por debajo de la media mundial (14,7 minutos frente a los 17,2 de media mundial).[11] Un decenio después, aquel español rijoso y hambriento de sexo que representaba Alfredo Landa en las películas de los años setenta, el que dejaba tan satisfecha a la sueca del avión («¡Al fin juntas!»), ha desaparecido de la cabaña nacional sustituido por el inapetente sexual: «En los últimos cinco años se han incrementado en un 23 por ciento las consul-

11. Los franceses copulaban una media de 141 veces al año; los americanos, 138; los polacos, 109; los italianos, 92. La encuesta de 2009 muestra que Grecia es el país más fogoso del mundo, puesto que el 87 por ciento de sus habitantes practican sexo al menos una vez por semana. Le siguen de cerca Rusia (80 por ciento) y China (78 por ciento). Los países con menor frecuencia sexual son Japón (sólo un 34 por ciento disfruta del sexo al menos una vez a la semana), Estados Unidos (53 por ciento) y Nigeria (53 por ciento). España ocupa un nada discreto décimo puesto: el 74 por ciento de la población intercambia fluidos con otras personas al menos una vez a la semana, de lo que el 49 por ciento está satisfecho. (Las cifras equivalentes de otros países son: franceses, un 72 por ciento y un 25 por ciento de satisfacción; ingleses, un 55 por ciento, lo que satisface a un 40 por ciento; italianos, un 76 por ciento, con una satisfacción del 36 por ciento; polacos, un 76 por ciento, con un 40 por ciento de satisfechos; suizos, un 72 por ciento y un 42 por ciento de satisfacción; griegos, un 87 por ciento con una satisfacción del 51 por ciento de ellos. O sea, los que más lo hacen son los griegos, y los que menos, los japoneses; pero los más satisfechos son los españoles. Cabe preguntarse si la economía del país se relaciona inversamente con la frecuencia orgásmica de sus habitantes. No sigamos por ahí no sea que al gobierno le dé por gravar los coitos con alguna carga impositiva a fin de levantar la balanza de pagos.)

tas masculinas por inapetencia sexual»;[12] «Cada vez vemos más hombres con problemas de apatía sexual».[13]

¿Apáticos sexuales? ¿Mujeres liberadas que rechazan al hombre? Las ancestrales tendencias del mercado sexual (mucha demanda masculina frente a poca oferta femenina) se están alterando con una rapidez que asusta.

—Chica, no sé qué pasa, pero los tíos están como flojos. Ya es que ni te miran. El otro día pasé al lado de una zanja en la que había cuatro obreros y ni me miraron.

—Tú no ves que cada vez hay más gays. Salen del armario como búfalos en estampida. Son unos acojonados.

La revolución sexual.

12. Según el doctor Carlos San Martín, director del Centro Interdisciplinar de Psicología y Salud (CIPSA). Cfr. María Corisco, «Cuando es él el que dice "Cariño, esta noche no"», *Magazine* de *El Mundo*, 550, 11 de abril de 2010, pp. 34-37.

13. Según el doctor Ignacio Moncada, coordinador del Grupo de Andrología de la Asociación Española de Urología (AEU). Ibídem.

CAPÍTULO 58

La era del sexo recreativo

El sexo recreativo se ha convertido en uno de los grandes pasatiempos del mundo moderno. Hoy, a pesar de todo lo expuesto en las páginas precedentes, se copula más que nunca, aunque tan mal como siempre, confundiendo cantidad con calidad, sin tener en cuenta que sexo es a erotismo lo que hambre a gastronomía.

España, en su calidad de centinela de Occidente, se precia de ser uno de los países más avanzados y tolerantes en materia sexual, con su Ley del Aborto, que protege incluso a jovencitas de dieciséis años, su matrimonio entre homosexuales (más de trece mil bodas en cuatro años), sus talleres de masturbación institucionales,[1] y el mantenimiento de la ancestral impunidad de los curas pederastas. Añadamos a ello que nuestra Ley de Re-

1. Me refiero al folleto escolar «El placer está en tus manos», editado por el gobierno de la Junta de Extremadura. Además del folleto, se organizaron talleres de masturbación para escolares a partir de los catorce años con materiales de la *boutique* erótica madrileña Los Placeres de Lola, cuyas propietarias se encargaron, también, de las charlas. Tan ineludible iniciativa pedagógica suscitó airadas protestas de elementos conservadores e incluso una campaña contraria denominada «Manos Limpias». Entre las personas más significadas que se alinearon a favor de la masturbación escolar figuraba la consejera de Igualdad y Bienestar de la Junta de Andalucía, Micaela Navarro, a quien la iniciativa le pareció «importante». Vargas Llosa le dedicó un artículo en *El País* el 21 de marzo de 2010, p. 41.

producción asistida, la más tolerante del mundo, ofrece a lesbianas extranjeras la posibilidad de combinar la preñez con el atractivo turístico.[2]

Los españoles hemos recorrido un largo camino desde el nacionalcatolicismo de nuestros abuelos. Hoy el sexo recreativo está en alza y lo impregna todo: la publicidad, los espectáculos, las relaciones laborales o sociales... incluso las manifestaciones religiosas.[3]

La prostitución constituye uno de los negocios más prósperos de nuestro tiempo y hasta se anuncia en los periódicos y en los paneles publicitarios: «La casita de las muñecas. Venga a descubrir lo que es el placer atendido por 20 bellísimas señoritas 20. Nueva gerencia. Material renovado.»

Una consecuencia de la mundialización es que los dos primeros placeres del hombre, la comida y el sexo, traen lo exótico a pie de calle. Del mismo modo que tenemos restaurantes chinos, vietnamitas, japoneses, parrillas argentinas y todo eso, contamos con ofertas eróticas de similar exotismo: «Japonesa Hong Kong. Todos los servicios. Masaje oriental»; «Alexia, rusa exuberante. Boca de fuego. Busco hombre ardiente para hacerle la perestroika»; «Silena, africana, hembra selvática. Si eres mi Tarzán, tráeme tu liana. 24 horas. Masaje tamtam».

El sexo, en suma, se ha convertido en un objeto de consumo.[4] Aumentan en cantidad y audiencia los telebasureros en los

2. Turismo reproductivo, llaman a esta modalidad. «Venga a la playa, pase una semana de ensueño en un hotel de lujo, aproveche para inseminarse y quedarse embarazada y, como guinda, cásese a bordo de un barco en la bahía» es la oferta lanzada por el *tour* operador español Rainbow Tourism. En muchas guías especializadas, España aparece como *gay friendly*, «amiga de los gays» (*El Mundo, Crónica*, 21 de junio de 2009, p. 4). De los dos mil tratamientos realizados en 2009, un 20 por ciento correspondieron a extranjeras.

3. Como es notorio, los jóvenes que acuden a las concentraciones papales copulan alegre y discretamente, y ésa es una de las motivaciones que los arrastran a concurrir a tales manifestaciones de fe.

4. «A los ginecólogos, andrólogos, sexólogos y urólogos, la casa se les ha llenado de gente con mucha esperanza, poca resignación y, quizá, con-

que pedorras trotacamas y pedorros musculados pregonan sus coitos, cuernos, rupturas y reconciliaciones transmitiendo la impresión de que no hay otra cosa en la vida.

Consoladores con la revista *Sexologies* en un quiosco de Barcelona (2010).

---

fianza ciega en la medicina. «Antes abundaba el conformismo, ahora tengo pacientes de más de ochenta años que quieren tener una vida sexual activa», cuenta Eduardo García, urólogo del Hospital Clínic de Barcelona. «Hubo un tiempo en que se aguantaban, pero ahora todo el mundo habla de sexo y de orgasmos, y la gente dice: "Yo también quiero eso"», razona Francisca Molero, presidenta de la Sociedad Catalana de Sexología. El problema surge cuando el hombre reverdece en sus deseos y aptitudes, gracias a la Viagra, pero la mujer hastiada no lo acompaña: «Es cierto, no tengo deseo, ni quiero... Para lo que tengo a la derecha de mi cama... antes me iría al cine» (Karelia Vázquez, 2010). Lo tratamos más extensamente en el «Apéndice 7».

CAPÍTULO 59

Nos vemos en la Red

La sociedad moderna favorece los contactos sexuales esporádicos. Desde la comodidad de su hogar, cualquier ciudadano puede aparearse con desconocidos en el lecho virtual de Internet que la mundialización ha convertido en una gigantesca cama redonda en la que retozan cinco mil millones de usuarios.

El cibersexo es, en realidad, un juego de rol en el que los participantes fingen relaciones sexuales y describen sus acciones y sensaciones en respuesta a los mensajes de otros internautas. En este sentido, cuando el cibersexo se limita a mensajes escritos, deberíamos considerarlo una rama de la literatura o, más concretamente, de la literatura pornógrafo-fantástica. Cuando los participantes se ven a través de cámaras web, entra ya en los dominios del cine erótico, quizá porno,[1] con una derivación evidente hacia el amor udrí o platónico, dado que se descarta la carnalidad (ver «Apéndice 7»). Ya lo dice la copla: «Por el Internet, / por el Internet, / miraba tus carnes / y no las toqué.»

El colectivo femenino, tradicionalmente más reprimido, aprovecha especialmente esta modalidad de sexo no presencial: «Algunas lo hacen para experimentar fantasías sexuales que podrían conllevar ciertos riesgos si se realizan de verdad, pero que excitan a muchas mujeres cuando las imaginan: tríos, forzamien-

1. El lector interesado encontrará una información completa en el libro de Elisabeth G. Iborra *Enredadas, cómo disfrutamos las chicas a través de Internet* (Somoslibros, Barcelona, 2009).

tos o pseudoviolaciones que se pueden recrear a través del teclado sin siquiera despeinarte. Fantasías que, de realizarse, podrían dar lugar a malentendidos o incluso ser peligrosas o acabar desastradamente.»[2]

Personas reprimidas mantienen ciberamantes y viven tórridos romances virtuales. «A muchas mujeres un ciberamante les sirve para llenar los vacíos que soportan con sus cónyuges apáticos ante sus emociones y esfuerzos por reflotar su vida sexual.»[3]

Internet suministra también un medio idóneo para buscar sexo físico, presencial. Basta con conectarse a las redes sociales como hace una variedad de españoles que va desde alumnos «logsetomizados» hasta amas de casa frustradas y aburridas, pasando por jubilados en expectativa de destino y curas párrocos.[4] Los anuncios de contactos y de establecimientos socializadores (discotecas, clubes, agencias de parejas, etc.) facilitan los encuentros.

Otra consecuencia de la mundialización es el turismo sexual. De las excursiones de parejas amigas a ver cine porno en Perpignan en los años sesenta y setenta, pasamos a los viajes a Tailandia, «el paraíso del sexo» con su famoso barrio de Phuket dedicado al turismo sexual. «Parece un pueblo de la costa española pero con toda la oferta sexual imaginable», dice Jonatan, un español entrevistado por Xavier Sardà que fue de viaje de novios y se quedó a vivir.[5]

2. Lorente, 2009, p. 77.

3. Lorente, 2009, p. 77.

4. No exagero. Ahí tenemos al reverendo padre Samuel Martín, párroco de Noez y Totanés (Toledo), un sacerdote que sus feligreses definían como «chapado a la antigua» hasta que se descubrió que, además de atender a la parroquia en el pastoreo de las almas, ofrecía sus servicios sexuales a través de Internet con foto en calzoncillos y todo (véanse ilustraciones): «Héctor, hombre hetero español al servicio de tu felicidad. Para mujeres y parejas. Bien dotado (15 cm). Estoy abierto a todo excepto al sado. No os arrepentiréis. Os haré gozar de felicidad como nunca. Cincuenta euros por 15 minutos de servicio; 120 por una hora.»

5. Destinos clásicos para el turismo sexual son, además de Tailandia y Cuba, Marruecos, Brasil (Sao Paulo, Río de Janeiro), Camboya, Costa Rica, China, Rusia, Hungría, Chequia y México (al norte de Tijuana).

A Internet se asoman muchas almas solitarias encerradas en un cuerpo del que abominan, sedientas de amor y de contacto emocional. No se trata sólo de sexo. Muchos/as solitarios/as navegantes de Internet buscan a alguien con quien compartir su vida, alguien a quien tomar de las manos y susurrar mirándolo a los ojos:

—¿Dónde estabas, amor, mientras yo vagaba por el mundo solo como un árbol, del que huían los pájaros y en el que la noche entraba su invasión poderosa?

—¡No jodas! —replica la otra alma solitaria—. Eso es de Neruda.

—Más a mi favor.

«Internet, después del entorno familiar y laboral, es ya la tercera vía para encontrar pareja, muy por encima de los lugares de ocio como discotecas y demás.»[6]

«Uno de cada dos españoles intenta contactar con el sexo opuesto a través de la Red, y cuatro de cada diez acuden a webs específicas para ligar. El 21 por ciento confiesa además que ésta es su primera opción a la hora de buscar pareja.»[7]

La gente recurre cada vez más a Internet, a pesar de los chascos que proporciona. Imagínate que eres esa urbanita desesperada por encontrar pareja con la que compartir ese venero emocional que mana de tu sensible corazón. Te metes en Internet, conciertas una cita a ciegas en el Retiro con el internauta que se anunciaba «Ramón, solitario y formal, abstenerse frívolas y suri-

6. El dato procede de José Ruano, directivo de la compañía Meetic en España y Portugal (Meetic es líder en Europa en búsqueda de pareja y amistad). En España cuenta con alrededor de 5,5 millones de perfiles. Se ha fusionado con la compañía más importante del mundo, la americana Match.com, que facturó en todo el mundo 222 millones de euros. Más de ochocientos mil internautas españoles han buscado pareja en ella. Existen portales para musulmanes, chinos, homosexuales, evangelistas, judíos, e incluso para católicos. Los que más confían en buscar pareja por Internet son los alemanes (Caballero, 2008).

7. Hay páginas gratuitas, pero también de pago, que pueden costar entre 180 y 400 euros al año, según categoría y tipo de suscripción (Lorente, 2010, pp. 77-78).

pantas». Tras el primer whisky con soda, el aspirante se empeña en llevarte a su casa para que escuchéis juntos lo último del grupo Mojinos Escozíos en un CD firmado por los componentes del grupo porque conoció a uno de ellos cuando trabajaba en una hamburguesería.

—Ah, pero ¿un músico tan famoso trabajaba en una hamburguesería? —preguntas inmersa en tu proceso evaluador (eres mujer).

—No, no. Lo atendí como cliente. Había pedido una *king size* doble con cebolla, kétchup, mostaza y salsa picante. Ración extra de patatas. Yo se la confeccioné. Era yo el que trabajaba allí.

—¿Para pagarte los estudios? —tanteas.

—No. Para un tubo de escape niquelado. Quería tunear la moto y mi vieja se negaba a soltar la pasta. Fue un trabajo eventual, veraniego.

—¡Ah! Y ahora ¿dónde trabajas? —te interesas.

—¿Trabajar? —Gesto de asco—. No trabajo. ¿No ves lo mal que está la cosa, con el paro que hay? Vivo con mi vieja, pero si vamos a mi casa le hago una perdida y ella se mete en su habitación y no molesta. Entre dos polvos, puedes ir en pelotas al frigorífico que no te la vas a encontrar. La tengo enseñada. Habiendo jais en la casa, no asoma la jeta.

Regresas a casa deprimida. La cosa está mal. No hay mucho donde escoger y lo que hay no quiere cortejos. Hola, cómo estás y a la cama.

La última propuesta para encontrar pareja en la aldea global procede de las empresas de *dating* (en inglés, «tener una cita»), o *e-dating*, amistad y matrimonio, que se anuncian en Internet y que vienen a ser la versión moderna de la celestina o apañadora.[8] Incluso, rizando el rizo, se ha inventado un *speed dating*, adecuado a las prisas de la «generación Nespresso», la gente joven que quiere resultados inmediatos incluso en el terreno del amor. «Las nuevas tecnologías nos han construido un mundo virtual con el

8. En España, dos millones y medio de solteros (de un total de 7,7 millones) acuden a Internet en busca de pareja. Las empresas de contactos facturan unos cincuenta millones de euros al año (Cfr. Caballero, 2008).

que nos relacionamos la mayor parte del tiempo [...] en el que cualquier cosa que se dilate demasiado nos molesta.»[9] En el *speed dating*, los participantes (o *singles*, solteros) disponen de siete minutos, o incluso, en las versiones más aceleradas, de sólo dos minutos, con cada persona del sexo opuesto convocada por los organizadores a la multicita. Cada participante va de mesa en mesa charlando con los otros aspirantes durante el tiempo estipulado y anotando en una tarjeta su puntuación. Al final, si dos se han aprobado mutuamente, tendrán una segunda cita, más reposada, casi siempre para convencerse de que el otro es muy distinto de lo que imaginaron o intuyeron en la primera. En contraste con esa manera atropellada de conocer a personas del sexo opuesto está la manera científica, más reposada, que empiezan a ofrecer algunas agencias de contactos.[10]

9. Según el psicólogo Miguel Ángel Manzano (Francesc Miralles, «La generación instantánea», *El País Semanal*, 24 de mayo de 2010, p. 26).

10. En Seattle (Washington), el psicólogo John Gottman ha ideado un «laboratorio del amor» que examina a la pareja y determina con un 91 por ciento de exactitud si es compatible a largo plazo: www.gottman.com.

CAPÍTULO 60

La ventana frustrante

La ventana frustrante no es otra que la pantalla del ordenador al servicio del *voyeur* que cada hijo de vecino llevamos dentro. Antes de Internet, el acceso a contenidos sexuales (material porno, contactos anónimos, ligoteo, etc.) se limitaba a un porcentaje reducidísimo de la población quizá inferior al cinco por ciento. Había postales, fotos e incluso películas pornográficas, pero el material era escaso y caro y prácticamente se mantenía fuera del alcance del gran público.[1] Muerto Franco, desapareció la censura y se abrieron algunas salas de cine X, de contenido pornográfico, que tuvieron una existencia efímera: enseguida se convirtieron en coto de pervertidos, prostitutas y chaperos en busca de clientela y eso ahuyentó a la afición. La llegada del vídeo mejoró algo las cosas: se podían alquilar películas pornográficas si uno no temía la mirada cínica de la chica que atendía el mostrador.

—¿*La isla de las pichas ardientes*? —repetía indiscretamente la taimada al tiempo que hacía estallar la pompa de chicle—. ¿No la alquiló ya la semana pasada, don Romualdo? ¡Ah, no! Ahora que me acuerdo, la que se llevó fue: *Coños calientes en Sodoma.*

Uno se sentía vigilado. Cambiabas de videoclub y, al hacerte la ficha, el empleado te comentaba:

1. Alfonso XIII era aficionadísimo al género hasta el punto de que se hizo filmar algunas películas porno para las que suministró las historias basadas en sus fantasías sexuales. Las actrices eran gordas y no muy jóvenes, y los actores, tipos entecos y bigotudos, como él mismo.

—Veo en el registro centralizado que es usted socio de otros tres videoclubs del barrio. Sale aquí en la pantalla. No se preocupe: la base de datos central saca siempre el listado de las películas que ha visto. Así evitará repetir. Por cierto, detecto que le va el sadomaso. Allí, en la sección Mazmorra y Grilletes, tiene usted lo último de Katy Succionatrix: *Rambonabo en la jungla de los conejos húmedos.*

No. En los videoclubs no había manera de mantener cierto discreto anonimato. Un empleado coincidía contigo en la farmacia:

—Hombre, don Romualdo. ¿Qué, comprando condones? Pásese por el videoclub que ya han devuelto *Caray con el mayordomo, qué largo tiene el maromo.* Se la he apartado.

Tuvo que llegar Internet con la tarifa plana para garantizar a la afición el perfecto anonimato.[2] Desde que existe Internet y hay ordenadores personales en un 90 por ciento de los hogares españoles (y oficinas, ministerios, despachos, seminarios, prisiones, oenegés, conventos, cuarteles y hospitales), todo el mundo tiene acceso a ese gigantesco mercado del sexo que abarca el mundo entero: el obispo que regresa agotado de una sesión de la Conferencia Episcopal se sirve un whisky, se arrellana en el sofá chester de cuero bajo el despellejamiento de san Bartolomé, escuela de Ribera, y navega un poco por el canal Zona Venus Verrionda (ZVV) para relajarse con una pajita antes de acometer la redacción del sermón del domingo.[3] El médico de guardia que, entre dos urgencias, intenta despabilarse asistiendo tras la pantalla a un encuentro amistoso entre Lucía Lapiedra y tres bomberos que han acudido a sofocarle el incendio. Escolares que se encierran a estudiar en su cuarto, celosísimos de su intimidad. Ejecutivos desvelados en una habitación de hotel. Amas de casa

2. Siempre que no te obsesiones con la existencia de un Gran Hermano que te controla también eso.

3. En el último número de la revista religiosa *Vida Nueva*, a la que estoy suscrito (n.º 2.714, del 3 al 9 de julio de 2010), p. 15, leo: «El 95 por ciento de los curas españoles accede cada día a Internet», un porcentaje superior a la media mundial (94,7 por ciento).

frustradas («Paco, hace ya tres meses que no hacemos el amor», «Porque te respeto, cariño. Ahora me doy cuenta de cuánta razón tenías cuando éramos novios y te quejabas porque no te respetaba»)...

Hoy se calcula que una de cada cuatro búsquedas de Internet es de material porno.[4]

¡Internet y sus contenidos porno! Como dijo Jesús: «El que esté libre de pecado que arroje la primera piedra.»[5] Entre 1998 y 2005 el número de páginas pornográficas creció de 14 a 428 millones.[6] Hoy el 12 por ciento de las páginas web son pornográficas (o sea, más de 24 millones y medio de sitios).[7] «El 95 por ciento de los españoles de las webs donde estamos son clientes de una compañía de sexo en Internet.»[8]

Los contenidos sexuales de Internet han contribuido a la divulgación de posturas y combinaciones sexuales que antes pertenecían a la mera fantasía o al circo del sexo y ahora son conocidas y hasta practicadas por los usuarios más creativos. Otro efecto es la normalización del uso de juguetes sexuales, sofisticados here-

4. Paul Martin, 2009, p. 216.

5. *Si quis sine peccato est, mitat in eam lapidem.*

6. Según el informe de Associated Press «Report says porn Web sites "exploding" as Internet goes unchecked».

7. En *El Mundo, Ariadna*, suplemento del mundo digital, 4 de julio de 2010, p. 1, leemos: «Cada segundo, los 28.258 internautas que están viendo porno en la web pagan 2.505,11 euros (3.991 millones de euros al año). Un cuarto de los consumidores de pornografía en Internet son mujeres. El 70 por ciento de los hombres de entre 18 y 24 años visitan una página porno al menos una vez al mes. El ocho por ciento de los correos electrónicos tiene un componente porno (2.500 millones), mientras que el 25 por ciento de las búsquedas están relacionadas con el tema: 68 millones cada día. ¿Entienden ahora el alcance del porno en Internet?»

8. Declaraciones de Enric Flix, director en España de la compañía multinacional de ventas por Internet VISL, en 2000. VISL cotiza en la bolsa de Hong Kong. Existen incluso páginas específicamente diseñadas para mirones y toda clase de combinaciones *peepshow* más o menos originales. Internet tiene también sus zonas oscuras en el tráfico de porno infantil, llamado *pre teen* (o sea, inferior a doce años) o juvenil (*teens, teenager*, entre trece y diecinueve, en inglés).

deros de aquellos toscos «aparatos de masaje facial» que se anunciaban en los periódicos y revistas de los años setenta.[9] Hoy poca gente, y en especial si es joven, ignora lo que es una sex-shop y la amplia oferta que puede encontrar en ella.[10] Durante muchos años se han anunciado en revistas de chicas o chicos, tipo *Interviú*. Hoy pueden comprarse en «Teletienda» o en sesiones *tuppersex*, que empezaron siendo para chicas (ellas siempre las más lanzadas) y ya se hacen también para chicos, e incluso reuniones mixtas.[11]

Antes de Internet, el puterío era un asunto serio. «En esta casa no se practica el francés», advertía un cartelito colocado en lugar bien visible de los prostíbulos más finos. Desde que Internet abrió las ventanas de su universidad sexual, la catequesis del porno ha relajado mucho los escrúpulos morales o simplemente estéticos del usuario. Las parejas liberales, que antes ignoraban que lo eran, han comenzado a practicar tríos o *ménage à trois* (de dos chicas o

9. Incluso existen juguetes sexuales tan sofisticados que pueden llegar a valer fortunas, como el exclusivo consolador de diamantes y platino que David Beckham regaló a su esposa, la ex *spice girl* Victoria. El vibrador de alto *standing* Inez Gold, bañado en oro de 18 quilates, vale 7.500 euros.

10. La primera sex-shop española fue la barcelonesa Kitsch, abierta en 1978 por Adeline Aránega, una española criada en Francia. Dos meses después se la cerraron gubernativamente invocando la Ley de Peligrosidad social, pero ella recurrió la sentencia y en 1982 el Tribunal Supremo le dio la razón. Ese mismo año se promulgó una ley para regular las sex-shops.

11. Las organiza el departamento comercial de las tiendas Amantis y el laboratorio Ojoloco. El maestro de ceremonias de algunas de estas reuniones, Óscar Ferrani, se esfuerza en «desgenitalizar» el sexo y en predicar al macho ibero que el sexo no consiste en cumplir como en las películas porno, donde el protagonista «llega, la mete y se va», que el «coito no es la única dinámica sexual, que tenemos otro órgano de placer: el ano, en cuyo interior existe un punto P equivalente al punto G de las mujeres. La pe viene de próstata y se refiere a una zona del tamaño de una moneda de euro que al masajearse produce un orgasmo muy intenso». García, 2009, pp. 78-79. Para una información completa sobre las reuniones *tuppersex*, véase Eva Moreno, 2010.

dos chicos con un espécimen del otro sexo), y *swing*, cuyo funcionamiento pudorosamente relegamos al «Apéndice 4».

Otras formas de experimentación son más peligrosas. Algunas personas que quieren ensayar nuevas sensaciones y no se conforman con el orgasmo de toda la vida[12] practican diversas parafilias, *bondage*, disciplina (inglesa), dominación y sadismo. Algún lector recordará el éxtasis berniniano que asaltaba a aquella monja de su parvulario cuando castigaba al alumno díscolo con uno de sus pellizquitos retorcidos.

Existe incluso una modalidad de juego sexual que consiste en unir placer y peligro jugando a la ruleta rusa con el sida: los participantes se citan por medio de Internet para una orgía de *bareback* (sexo anal sin condón) en la que uno de los participantes será un enfermo de sida.[13]

Una combinación sexual popularizada por Internet es la clásica orgía[14] o práctica del sexo por cuatro o más personas de la que hablamos en el «Apéndice 2».

¿No será responsable tanto sexo explícito del hastío sexual de muchas parejas españolas que apagan su libido más rápidamente que hace veinte o treinta años?

Nuestros abuelos podían estar satisfechos con el sexo debido

12. En la memoria de todos está el accidente sexual que costó la vida al actor David Carradine, que apareció muerto a los 72 años en un armario de su habitación de hotel en Bangkok. Al parecer, había practicado la autoasfixia erótica o asfixiofilia, que consiste en obstruir las vías respiratorias en el momento del orgasmo.

13. Esta modalidad de juego sexual surgió en Estados Unidos en la década de los noventa, «al tiempo que aparecía en el mercado el cóctel de antivirales que podía mantener la enfermedad a raya» (Lantigua, *La ruleta...*, 2010, p. 13). En España, comenzó a practicarse hace menos de un decenio. El enfermo de sida se denomina *gift giver* (el que regala). El que va buscando infectarse es el *bug chaser*. «¿Qué lleva a personas aparentemente normales a participar en un juego que puede ser mortal?», le preguntan a un psiquiatra. «Experimentan mucho más placer y se sienten emocionalmente más conectados con la pareja, sin barreras de ningún tipo.»

14. La palabra alude a las fiestas dionisíacas en Grecia (ωργια) y Roma.

a su propia ignorancia de modelos sexuales. Me explico: sólo se habían visto copular a ellos mismos y, por lo tanto, podían creer que el sexo consistía en lo que ellos hacían, que no había otra frontera. Ignoraban que pudiera mejorarse y, por lo tanto, se conformaban. En cuanto a las abuelas, como llegaban vírgenes al matrimonio y eran todavía más ignorantes en materia sexual que sus maridos, nunca se planteaban si ellos lo hacían bien o mal. Les parecía que el sexo consistía en aquello que recibían.

Nosotros, la generación que hoy puebla la tierra, no tenemos la suerte de nuestros abuelos. Nosotros estamos maleados por imágenes cinematográficas (cine normal o porno, en pantalla o a través de Internet) que nos muestran cuerpos jóvenes e inalcanzables, modelados en el gimnasio o en el quirófano, y nos enseñan las virguerías que pueden hacer con los aparatos reproductores parejas incombustibles, expertas, potentes...

Los anuncios de tema sexual nos asaltan continuamente en carteles, en la calle, en revistas... Mensajes publicitarios explícitos o subliminares nos convencen de que el sexo es fácil y de que proporciona felicidad... Sólo serás feliz si tienes una vida sexual intensa y completa.[15]

Ésta es la desgracia del hombre moderno: lo animan a intentar practicar esas gimnasias imposibles (ya dijimos que hay mucho truco en el porno, en lo referente a resistencia y copiosidad de las eyaculaciones) y se persuade en que el sexo feliz consiste en eso. El hombre moderno desprecia las relaciones afectivas y se frustra cuando no alcanza las metas propuestas en las meramente sexuales. Para colmo, el inexperto amante (o sea, casi todos nosotros) cree que es el único responsable del orgasmo femenino y padece mengua de autoestima cuando no es capaz de procurárse-

15. Últimamente incluso proliferan los libros de autoayuda para conseguir una vida sexual plena y variada, del tipo *360 maneras de ponerla a cien* (Ediciones B, Barcelona, 2010). Existe otra versión dirigida a la mujer: *360 maneras de ponerlo a cien*, con «cientos de sugerencias eróticas para alcanzar las más altas cotas de placer y hacer realidad nuestros sueños, de los más tiernos a los más salvajes». Un programa prometedor, lástima de hernia.

lo a la pareja. Menos mal que ellas son caritativas y han aprendido a fingirlo para que dejemos de molestar.[16]

«Puestos a copiar los modelos sexuales de otras culturas, podríamos haber escogido el sexo desinhibido de los países nórdicos, pero hemos puesto los ojos en la enfermiza filosofía anglosajona del "yo quiero llegar más lejos", "yo soy el mejor de todos", "sigo queriendo más" (la competitividad).»[17]

El sexólogo Juan José Borrás señala que «vivimos en una sociedad hedonista en la que no es difícil que se produzca una disonancia entre las expectativas y la realidad».[18] De ello se derivan trastornos y pérdida del deseo. El follador cree que lo hace peor que nadie y pierde interés, y ya sabemos que cuando se deja de practicar se deja de desear, se cae en la inapetencia, en la apatía, en la tristeza, en la disfunción eréctil (que afecta a un 20 por ciento de los hombres de entre veinticinco y setenta años de edad).

16. También es cierto que muchas están maleadas, otra vez el cine, y creen que el orgasmo tiene que ser una experiencia extenuante (la actriz pone los ojos en blanco, se agita como presa de un ataque de epilepsia y grita: «¡Sí, sí, más, más, no pares...!», etc.) y que el que sienten con su pareja no es suficiente.

17. Gómez Sancha, 2000, p. 23.

18. Gómez Sancha, 2000, p. 22.

CAPÍTULO 61

El amor oscuro sin sonetos

En los tiempos de entonces, en vida del Caudillo, a los gays se les llamaba maricones y debían llevar una vida discreta, de puertas adentro, porque cuando los sorprendían fuera del armario los apedreaban o los fichaban en comisaría. Solían tener lugares de reunión más o menos clandestinos (en Madrid, el cine Carretas; en Barcelona, ciertos locales del Barrio Chino) en los que la policía practicaba de vez en cuando una redada. Más de uno terminaba en la cárcel en aplicación de la Ley de Peligrosidad Social.[1]

Hoy las cosas han mejorado: los gays se sienten tan cómodos en España como en cualquier otro lugar de Europa, si no más, y tienen menos cortapisas que los heteros en la procura de sexo recreativo: como son hombres, están exentos de ese prolongado cortejo, atenciones, compromiso y romanticismo que todavía reclaman muchas mujeres. A menudo, entre la trabazón de conocimiento en el bar de ambiente y la consumación sólo media lo que se tarda en trasladarse al lugar escogido.[2] El rol adoptado en el rápido cortejo es típicamente macho aunque después, por necesidades del guión, se repartan los papeles.[3] Ello no significa

1. Esta ley, aprobada en 1970 y derogada en 1989, afectaba especialmente a los homosexuales.

2. «¿En tu casa o en la mía?», lo clásico, aunque cualquier lugar discreto sirve para evacuar urgencias, en esto no se diferencian de los heteros de toda la vida.

3. Félix Rodríguez, en su *Diccionario gay-lésbico*, explica las expre-

que no puedan formar parejas estables cuando ha pasado la fase de enamoramiento o del mero encalabrinamiento y queda la amistad, el cariño y la camaradería.

Los gays disponen de barrios propios que han colocado en el mapa de ambientes del mundo, como Chueca, en Madrid, que rescataron de la degradación, o Gayeixample en Barcelona.[4] Tienen también sus propias playas, hoteles, tiendas, agencias de viajes, gimnasios, cines, folletos y hasta locales de ligue divididos según estéticas y tribus urbanas (ositos, etc.).

Algo parecido cabe decir de las lesbianas, antes innoblemente denominadas «tortilleras». Durante siglos, las lesbianas han sido invisibles (a veces, por fortuna para ellas, porque escapaban de la hoguera, el castigo reservado a los homosexuales masculinos). Comenzaron a salir a la luz y reivindicar sus derechos en los años setenta.[5] La liberación de la mujer les ha permitido salir del armario y mostrar a la sociedad la rica complejidad de sus relaciones: las hay que prefieren la pareja estable, incluso con hijos (que pueden tener mediante inseminación artificial, jamás por coyunda con semental, ¡qué asco!), y las hay que prefieren la aventura y la multiplicidad de contactos; las hay convencionalmente masculinas (robustas de aspecto y modales, o sea, «leñadoras» o *caterpillars*, este último, por la marca de robustos tractores oruga) y las hay deliciosamente femeninas. También las hay de aspecto neutro, andróginas, generalmente sofisticadas.

---

siones de la jerga del ambiente: el que penetra es el soplanucas; el penetrado, tomante o comealmohadas; laderona es el gay aficionado al *leather* («cuero»).

4. El otro lugar de España donde los gays se sienten especialmente cómodos es en el pintoresco pueblo catalán de Sitges.

5. Un siglo antes de que la Ley española permitiera el matrimonio homosexual, dos maestras lesbianas, Marcela y Elisa, se casaron por la Iglesia en La Coruña en 1901 (con Elisa disfrazada de hombre y con la partida de bautismo a nombre de un tal Mario), pero cuando se descubrió su identidad sexual las metieron en la cárcel. El historiador Narciso de Gabriel recoge su peripecia en el libro *Elisa y Marcela. Más allá de los hombres*, Nigra Trea, Coruña, 2008.

En lo relativo a las relaciones sexuales, son igualmente variadas y sus gustos oscilan desde la penetración con consoladores (simples, con arnés, dobles...) a la estimulación mediante frotamiento o tribadismo.[6]

Hoy todo el mundo halaga a los gays y los políticos se hacen fotos publicitarias al frente de las manifestaciones el día del orgullo gay a fin de captar sus votos. La única que se mantiene firme en los antiguos esquemas homófobos es la roca de Pedro, o sea la Iglesia, a pesar de que, como es sabido, un significativo porcentaje de sus miembros pertenecen a este colectivo aunque no salgan del armario (del confesonario, en su caso).[7] La Iglesia sostiene que la homosexualidad es antinatural (además de pecado). Algunos psiquiatras creen que es una enfermedad que puede curarse.[8] Sin embargo, en la Naturaleza abundan los casos de homosexualidad.[9] En los últimos años se ha documentado la homosexualidad en más de cuatrocientas cincuenta especies.[10]

6. También denominado en español «juego de ventosas» o «la tijera» porque la trabazón corporal que facilita el contacto de las vulvas asemeja el encuentro de dos tijeras entreabiertas. Los ingleses la llaman *scissor-fighting* («pelea de tijeras») o *slamming clams* («golpearse las almejas»), o incluso *dry humping* («sexo en seco»). Los chinos lo llaman *mó jìng* («pulir espejos»). Más poético, dónde va a parar.

7. No debemos confundir homosexualidad con pederastia, como hace la Iglesia. Por cierto, muchos clérigos son significados practicantes de este pecado que, además, es delito penal.

8. En junio de 2010 se supo que la barcelonesa Policlínica Tibidabo ofrecía presuntamente a sus pacientes gays fármacos y tratamientos psiquiátricos para que abandonaran su opción sexual.

9. A las monas bonobo les encanta frotarse los genitales haciendo la tijera. El mismo comportamiento se observa en los diminutos pingüinos de Adelia y en los simpáticos delfines, en los bisontes, en los cisnes, en los felinos... (Judson, 2004, p. 150).

10. El número de especies que salen del armario crece incesantemente a medida que se revisan estudios antiguos que no detectaban esa homosexualidad natural porque los naturalistas se dejaban engañar por el «efecto Tootsie» (Mooallen, 2010, p. 64). Algunos naturalistas sólo aceptan a regañadientes la confirmación de la homosexualidad en el mundo animal y señalan, por ejemplo, la existencia de «escabrosos detalles de unos com-

Menos notorios, menos discriminados y, por lo tanto, menos militantes que gays y lesbianas son los bisexuales.[11] Algunos sexólogos y el propio Freud señalaron que la bisexualidad es inherente al ser humano.[12] Kinsey, el autor del célebre informe sobre sexualidad, remacha esta idea: «Los varones no representan dos poblaciones diferenciadas, heterosexuales y homosexuales. No hay que dividir el mundo en ovejas y cabras.»

La bisexualidad, como las otras opciones sexuales, ha existido siempre, e incluso fue de buen tono en los permisivos años treinta,[13] pero sólo comenzó a hacerse notoria en los años sesenta con los movimientos *glam rock* anglosajones (David Bowie, Lou Reed y toda su peña). En los noventa decayó oscurecida por el *glamour* del movimiento gay y ahora prosigue una existencia subterránea instalada en la ambigüedad de artistas como Bosé o Rafael Amargo. Lo cierto es que cada vez son más las personas que se descubren bisexuales.

«Tenía novio y nos iba bien —leemos en Internet—, aunque

---

portamientos morales cada vez más bajos» en las mariposas azules de Marruecos.

11. Un tres por ciento de los heterosexuales españoles (el 2,7 por ciento de las chicas y el 3,9 por ciento de los chicos) reconoce haberse encamado con personas de su mismo sexo alguna vez, según el último estudio «Salud y hábitos sexuales» realizado por el Instituto Nacional de Estadística (INE). El sexólogo de la Fundación Sexpol Roberto Sanz señala que la gente miente mucho en las encuestas y que por lo menos el 80 por ciento de la población ha tenido alguna vez «una relación genital con alguien del sexo contrario al que suele gustarle normalmente» (Grijalba, 2010, p. 27).

12. Pascual, 1999, pp. 19-20. Claudie Aron, profesor de la Facultad de Estrasburgo, señala que la bisexualidad se localiza en el hipotálamo del cerebro y en el sistema límbico. En el cerebro coexisten una estructura hipotalámica superior, que dirige la conducta sexual animal hacia conductas femeninas, y un centro ventromediano, que es el soporte de la conducta sexual propia de su sexo.

13. Cuando los Bowles, Paul y Jane, residían en Tánger por la simpatía de la población indígena y la libertad con que allí podían ejercer sus inclinaciones. Lawrence Durell residió por las mismas razones en El Cairo y otros lugares del Mediterráneo.

ya la relación se había convertido en algo rutinaria. Quería probar algo nuevo y me enrollé con una chica que me gustaba y le fui infiel a mi novio hasta que ya no pude con la situación. Dejé a mi novio y llevo dos años viviendo con mi chica y somos las reinas del mambo, je, je, je, je. Si soy bisexual o lesbiana, no me lo planteo. No me fijo en chicas y tampoco voy mucho a sitios de ambiente, con el que era mi novio tengo una relación excelente como amigos. Mi consejo es que sólo hay una vida para vivirla, haz lo que realmente quieras hacer pero también has de pensar en las consecuencias, tienes que estar preparada para todo. Yo elegí bien y soy feliz.»[14]

Parece que la bisexualidad aumenta en el mundo occidental al amparo de la mayor tolerancia. Según un informe científico, «en los últimos tres años, los casos de bisexualidad que hemos tratado en nuestras consultas han aumentado entre un 15 y un 20 por ciento; las edades de estas personas oscilan entre los veinte y los treinta años».[15] En Estados Unidos se ha observado una creciente feminización de la población masculina, paralela al incremento de la homosexualidad.[16]

Algún autor ha señalado que el consumo de tranquilizantes durante el embarazo potenciaría la bisexualidad del niño desde su estado fetal.[17] Menos alcance científico parecen tener las observaciones del mandatario boliviano Evo Morales cuando atribuye a la ingesta de pollo hormonado la creciente feminización que detecta en los hombres occidentales.[18]

Los bisexuales no forman un grupo tan militante como el de los gays o las lesbianas, pero, no obstante, reclaman su espacio

14. Texto tomado de la página «Mujer de Terra», en Internet, el 29 de agosto de 2008. Lo firma Lokita28.

15. Declaraciones del doctor Mariano Roselló, del centro de Urología, Andrología y Sexología de Palma de Mallorca, en 1999.

16. Pascual, 1999, p. 26.

17. Al parecer, los tranquilizantes inhiben la formación de metabolitos (sustancia producida por el metabolismo) masculinizantes.

18. Esta declaración del mandatario indígena provocó encendidas evocaciones de su madre entre las típicas vendedoras de pollos asados de Tiquipaya.

social. Para identificarse usan una bandera compuesta por dos franjas azul y rosa que se superponen en el centro, y celebran un Día del Orgullo Bisexual el 23 de septiembre (aniversario de la muerte de Freud). Si homofobia es el rechazo a los homosexuales, el rechazo a los bisexuales será bifobia.

Travestis en una fiesta privada (Sevilla, decenio de 1950).

CAPÍTULO 62

Adiós con el corazón

Vivimos en un mundo contradictorio en el que triunfan los opuestos. Por una parte, el sexo se practica más que nunca (o más abiertamente que nunca) y está presente en todas las facetas de la vida; por otra, el propio exceso de sexo produce apatía y hartazgo.

Después de los esplendores del Imperio romano, con sus bacanales, sus orgías y sus cultos a Venus y Príapo, llegaron los cristianos con su obsesión por el pecado. En estos tiempos confusos, de sensualidad exacerbada por una parte y de profilaxis, apatía y miedo al sexo por otra, ¿qué sucederá?, ¿cómo evolucionará el sexo en el futuro? ¿Estamos evolucionando más allá del sexo?

Hemos llegado al punto en que la humanidad puede controlar su propia evolución... no mediante el sexo, sino a través de la ingeniería genética. La fertilidad con hormonas, las fecundaciones in vitro (FIV), los óvulos de alquiler y otras técnicas han abierto el camino. Y, por si ello fuera poco, estamos cerca de fabricar vida artificial.

¿Vivimos la decadencia del sexo reproductivo? Probablemente. Ya mismo empezarán a fabricarnos en laboratorio, por encargo, y ni siquiera habrá un papa en Roma que proteste (las profecías de san Malaquías aseguran que tienen los días contados). Por lo pronto, el varón occidental produce sesenta millones menos de espermatozoides por mililitro de semen que hace un siglo.[1]

1. Este preocupante empobrecimiento no parece que amenace a la especie humana. Ya se ha creado esperma humano a partir de una célula

Lo que no está en peligro es el sexo recreativo, la lujuria. Mientras el sexo produzca orgasmos, y las caricias, bienestar y gustito, el mono y la mona salidos los buscarán con avidez.

A la igualdad de derechos y obligaciones que ha alcanzado (o aspira a alcanzar) la mujer moderna ninguna persona razonable puede oponerse. No obstante, como hemos visto, la relación hombre-mujer no se puede establecer sobre una base estrictamente igualitaria sencillamente porque no somos iguales, porque «los hombres y las mujeres de hoy son diferentes se diga lo que se diga. Sí, se han equiparado los derechos, el trabajo, la educación y, en general, las manifestaciones externas de la vida, pero sus comportamientos, actitudes y modo de ver la vida son diferentes».[2]

—¿Qué depara el futuro a las relaciones intersexuales, a esta sociedad de hombres y mujeres?

De que sepamos defender los mismos derechos dentro de nuestra diversidad depende nuestra felicidad como especie. Que ustedes lo vean y, si no, las generaciones venideras.

Anuncio, 2011.

---

madre embrionaria en el laboratorio de la Universidad de Newcastle (Reino Unido). El equipo del doctor Karim Nayernia usó células madre y las convirtió en esperma.

2. Dukovsky, 1998, p. 52.

—Un remate muy bonito —dijo Blas Burnout, el del videoclub—. Buenas palabras y razonables razones. Mi único consuelo es pensar que para cuando los chinos se adueñen de todo esto tendrán que lidiar con la multiculturalidad amorosa que les vamos a dejar en herencia. Allá se las apañen.

—Una visión más bien pesimista —le reproché. Iba a rebatírsela con buenas palabras y razonables razones, pero me lo pensé mejor y me dije: «¿Para qué?» Yo vengo a La Inmaculada Concepción de María's a relajarme tras ocho horas en mi consulta de terapeuta aficionado.

Me volví al moro y le dije:

—Mohamed, deja en paz el jamón y ponme un cóctel Isabelilla.[3] Ya sabes, agitado, no mezclado.

FIN

3. Un tercio de ginebra, dos de tónica, dos cucharadas de granadina y una de angostura.

Apéndice

1. La guerra de los sexos y la Ley de Violencia de género

Existe en Occidente una lamentable tradición misógina que se opone a la equiparación de hombre y mujer en derechos y deberes que hoy caracteriza a toda sociedad moderna.[1] El libelo antifeminista publicado por la Asociación de Padres de Familia Separados, *Atrévete si eres hombre* (1995), resume las tesis reduccionistas de estos colectivos que no representan más que al último reducto de un machismo que se resiste a morir. En su introducción leemos: «¿Qué es un parásito? Es un ser que vive de otro. Cada parásito se especializa en un animal determinado. ¿Sabe usted en qué animal se especializa el parásito feminista? En el animal varón. Usted es su víctima.»

Más adelante, después de arremeter contra el supuesto feminismo victimista y revanchista, señalan: «Las verdaderas mujeres liberadas son las que en su día cazaron a un varón y se han separado con su pisito y sus posesiones [...]. El matrimonio es una forma de explotación económica para los varones. Un varón de clase media, al separarse, pasa a ser ciudadano de segunda, cuan-

1. Recordemos la opinión de Rousseau: «La mujer debe reinar en casa como un ministro en la nación, procurando que le manden lo que quiere hacer. Pero cuando desatiende la voz de su dueño, cuando quiere usurpar sus derechos y mandar ella, sólo miseria, escándalo e indignidad resultan de su desorden» (*Emilio*, 1762).

do no un indigente [...] las mujeres utilizan el matrimonio para ascender socialmente. Las enfermeras enganchan a un médico; las secretarias, a su jefe; las azafatas, a un piloto; las trabajadoras, a un oficial... Lo contrario es raro. Incluso tener que casarse con un igual las fastidia, y lo evitan, salvo fuerza mayor.»[2]

(¿Por qué culpan a la mujer de una responsabilidad que compete sólo a la Naturaleza? Cientos de miles de años de evolución, de colaboración y de conflictos han depurado las potencias de cada uno: en el hombre, la superioridad física; en la mujer, el sexo.)[3]

En 2005 se repartió en la Feria del Libro de Madrid un folleto no venal *Ahora no, cariño, me duele la cabeza*, que, bajo la apariencia de divertido libro de autoayuda, encubría un libelo ferozmente misógino. Como botón de muestra reproduciré, no sin cierta íntima repugnancia, uno de sus capítulos, el titulado «¡*Ays*, no tengo tiempo de nada!»:

> Verás a tu mujer correteando sin cesar como si le fuera la vida en ello. Te recordará a los trabajadores de fábricas que corren de un lado a otro dando impresión de gran actividad pero que van con las manos vacías y no resuelven nada ni en la ida ni en la venida.
>
> Suda, corre y se apresura, pero lo único que hace es esconder que ha conseguido la Buena Vida. Sí, así con mayúsculas.
>
> Cuando los niños empiecen a ir a la escuela, o a la guardería, porque es mejor que se «sociabilicen» pronto, tu mujer descubrirá los desayunos con las amigas. De un tímido café con leche pasará a un megadesayuno en toda regla en el que invertirán diez minutos en comer y tres horas en hablar, cotillear y repasar a todo el vecindario incluidos los famosos de la tele.

2. Gómez, 1995, p. 36.

3. Por eso muchas mujeres utilizan los favores sexuales para premiar a su pareja o la denegación de favores sexuales para castigarla. «La evolución ha proporcionado a la hembra la capacidad de discriminar y de controlar sus impulsos sexuales, mucho más que al varón. Cuando se negocia y una de las partes siente una necesidad imperiosa, mientras que la otra puede aplazar la satisfacción de sus deseos, está claro quién tiene la sartén por el mango» (Mediano, 2009, p. 260).

El tiempo se les echará encima y entonces huirán despavoridas para hacer las labores del hogar. El resultado de las prisas será limpiar algunos puntos estratégicos de la casa, esos que dan la impresión de que han limpiado todo a fondo, y cocinar una comida improvisada consistente en unas patatas medio quemadas y un bistec crudo pero seco como la suela de un zapato y, si los hados les son favorables, una ensalada que nada en el agua de lavar la lechuga.

Eso con un poco de suerte, que las hay que no se molestan ni en disimular y te enchufan cualquier plato preparado de esos que ven en tarrinas de colorines y parecen latas para perros mientras se quejan de que no tienen tiempo para nada.

Por lo menos un café y un cruasán saldrán baratos, porque las hay que se han aficionado a ir a los bingos y se gastan el sueldo allí. [...]

Por la tarde, las mujeres descubrirán las excelencias del parque y del rajar y criticar y machacar con otras amigas mientras sus hijos, abandonados a su suerte, se tiran de los pelos o se caen por los barrancos [...].

Nos convencen de que es necesario que los niños hagan actividades extraescolares como artes marciales, ajedrez, natación, gimnasia, taller de expresión plástica, deportes de aventura y otras muchas cosas para evitar que se pasen la vida pegados al televisor y se muevan y hagan deporte.

Antes eran los padres los que pasaban tiempo con sus hijos y les enseñaban a hacer cosas como atarse los cordones de los zapatos. Actualmente, los niños no saben ni atarse los zapatos y, si no, que se lo pregunten a los desesperados maestros que se pasan la vida haciendo nudos.

Los hombres se creen a pies juntillas que es necesario que los niños hagan un centenar de actividades; los hombres parece a veces que se lo creen todo y venga a trabajar y a hacer horas extras para poder pagarlo todo. Mientras tanto, las mujeres, si no trabajan y se suman al loco afán productivo, se entretienen yendo de compras con sus amigas (otra nueva ocupación), o acudiendo a la esteticista o a la sauna o a un balneario para relajarse...

Llegas por la noche a casa y no encuentras a nadie. Los niños, cansados de tanta actividad, duermen. La mujer todavía no, pero tiene pinta de cansada y de pocos amigos y se camufla en el sofá.

Sólo queda cenar una cena ya fría y dura e irse a dormir pronto porque mañana hay que trabajar y hacer muchas horas.

Y poco a poco la familia se va convirtiendo en esa gran desconocida mientras tu sentimiento de culpabilidad va creciendo porque no estás con ellos. Pero bueno, te dices a ti mismo, alguien tiene que trabajar, ¿no? Tú estás haciendo tu parte, pero te sientes tan culpable que trabajas más y más y te gastas todo el dinero que puedes en que no les falte de nada.[4]

Otro libelo de similar jaez arremete contra la Ley Orgánica de Medidas de Protección Integral contra la Violencia de Género (28 de diciembre de 2004): «Todos los organismos judiciales consultados por el gobierno declararon unánimemente que la ley era inconstitucional, pero a pesar de todo el gobierno la hizo aprobar aprovechando su mayoría parlamentaria.»[5]

Algunos juristas, pocos, denuncian también esta ley como inconstitucional por el simple hecho de que un mismo acto pueda ser delito o no serlo dependiendo del sexo del ciudadano que lo ejecuta.[6] Aducen también que la ley violenta los principios constitucionales de derecho a la presunción de inocencia, de dignidad de la persona y de tutela judicial efectiva.

Lo cierto es que esta ley genuinamente española (sin parangón en el sistema legal de ninguna otra democracia occidental, incluidas las de los países nórdicos, que hasta ahora creíamos

4. *Ahora no...*, pp. 214-216.

5. El anónimo autor del libelo no advierte que en eso consiste la verdadera democracia, en la separación de los tres poderes: Ejecutivo, Legislativo y Judicial (Montesquieu).

6. En este sentido coinciden con las consideraciones de los órganos consultivos como el Consejo General del Poder Judicial, el Consejo de Estado y el Consejo Económico y Social, a los que el gobierno desoyó cuando aprobó la ley. Señalaban que esta ley es discriminatoria porque las amenazas y coacciones son delito cuando las comete un hombre, pero solamente falta cuando las comete una mujer, lo que vulneraría el artículo 14 de la Constitución: «Los españoles son iguales ante la Ley, sin que pueda prevalecer discriminación alguna por razón de nacimiento, raza, sexo, religión, opinión o cualquier otra condición o circunstancia personal o social.»

Postal del decenio de 1920.

Postal del decenio de 1940.

socialmente más avanzados) está resultando utilísima pues a su amparo se acogen las 140.000 denuncias de violencia de género que se producen en España cada año (datos de 2009) y una de cada tres separaciones matrimoniales se agiliza mediante denuncias por malos tratos. El protocolo policial es rápido y efectivo: la mujer denuncia malos tratos y el denunciado pasa ya la noche en un calabozo, y sólo podrá volver a su casa, acompañado por la policía, para recoger su ropa. En España, más del 12 por ciento de los reclusos sufren prisión en España en virtud de esta ley.[7] Algunos jueces, evidentemente influidos, aunque sea de manera subliminar, por la consuetudinaria injusticia machista, se quejan de la alarmante cantidad de denuncias falsas de mujeres que acusan falsamente sin otro objetivo que el de expoliar al marido (y que después no son perseguidas de oficio, como el resto de los denunciantes falsos).[8]

Uno de los jueces opuestos a esta ley, don Francisco Serrano, del Juzgado número 7 de Sevilla, declara: «Van cincuenta y dos mujeres muertas a manos de sus parejas en 2009. ¿Cuántos hombres han sido asesinados por sus parejas este año? Más de treinta, y de eso nadie se entera. ¿No es eso violencia de género? Hasta ahora, cuando una mujer era asesinada por su pareja se decía que "algo habría hecho ella". Ahora, cuando un hombre es asesinado por una mujer se dice que "seguro que se lo merecía" o que había obrado en legítima defensa.» Además, «hasta el año 2006 había una estadística de más de 630 hombres que se habían suicidado cuando estaban en una situación de crisis de pareja. El INE dejó de publicar esa estadística porque cantaba mucho la gallina».[9]

«Se presenta a las feministas como responsables de esa situación —apunta el forense Lorente— y se personifican los logros en su beneficio particular [...] idea que se refleja en el

7. De los Santos, 2009, pássim.

8. «Hace tiempo que venimos constatando la existencia de denuncias falsas que pretenden alterar la situación de paridad para el inicio del divorcio», reconoce Luis Zarraluqui, de la Asociación Española de Abogados de Familia. *El Correo de Andalucía*, 8 de junio de 2009, p. 15.

9. Entrevista en el diario *ABC* de Sevilla, 2 de junio de 2010.

libro *El varón castrado*, de José Díaz Herrera (2006), cuando se afirma: "Más de cien mil personas viven en España del 'negocio del maltrato'."»[10]

Las ideas son fundamentalmente dos: que se exagera la situación para provocar la alarma social que justifique las medidas y recursos que benefician a las que viven de ello. En segundo lugar, que ese colectivo profesionalmente feminista es, en última instancia, causante del problema que se denuncia, por favorecer las separaciones inducidas por las interferencias de esas feministas en las parejas.

Más adelante, Lorente señala que la Ley contra la Violencia de género pareció que acarreaba cierta disminución en el número de mujeres asesinadas (de 72 en 2004 a 57 en 2005) pero en años sucesivos el número de «femicidios» aumentó junto con el ensañamiento de los asesinos.[11]

Por su parte, la magistrada de la Audiencia de Barcelona María Sanahuja señala: «Hemos pasado de un extremo al otro. Del pasado, en que la palabra de una mujer no servía ni para comenzar una investigación, a la situación actual, en la que esa palabra, casi sin nada más, ya sirve para una condena [...]. La presión mediática ha llevado a muchos profesionales a una reacción defensiva y de autoprotección ante el miedo a las posibles consecuencias personales. Así, jueces que han concedido prácticamente todas las órdenes de protección que les han solicitado por temor a que se les pudiera acusar de no haber tomado medidas, colapsando así los servicios administrativos de protección a las víctimas que difícilmente las pueden atender; fiscales solicitando en prácticamente todos los casos que se adoptara una orden de protección, normalmente alejamiento, muchas veces sin demasiadas pruebas y sin valorar que ello podía comportar pérdida de empleo si ambos trabajaban en la misma empresa, o dificultades para permanecer en una ciudad pequeña con el estigma de maltratador; policías que han procedido a la detención de miles de hombres sin más indicios que la sola afirmación de la denun-

10. Lorente, 2009, p. 119.
11. Lorente, 2009, pp. 235 y 251.

ciante, sabiendo que en uno o dos días serían puestos en libertad por el juez, y sin considerar el trauma que para algunos ciudadanos puede suponer pasar esas horas detenido, esposado y trasladado junto a delincuentes, todo por miedo a exponerse a un expediente disciplinario si luego ocurría un hecho luctuoso, ya que «ellos también tenían familias»;[12] abogados que han recomendado la interposición de una denuncia por malos tratos porque se podía solventar en horas la atribución provisional del uso de la vivienda familiar, ya que la orden de alejamiento supone la expulsión inmediata de la misma, así como la fijación de una pensión de alimentos y la custodia de los hijos; periodistas que cuando se producía un hecho grave lo exponían de modo que culpabilizaban a todos los que, de un modo u otro, habían intervenido, y en ocasiones de manera sensacionalista (esto ahora ya no ocurre); y mujeres que, sin ningún escrúpulo ni respeto por las que están padeciendo situaciones terribles sin atreverse a denunciar, han abusado de lo que se les ofrecía, poniendo en marcha el aparato policial y judicial con fines espurios, en algunos casos inventándose directamente hechos que ni siquiera han ocurrido, pero con escaso riesgo de que ello pueda demostrarse y se les exijan responsabilidades.»[13]

12. Un testimonio: «Se presentó la Policía. Me dijeron que tenía que acompañarles y que, si necesitaba alguna medicina, que la cogiese, que aquello iba para largo. Yo veía visiones, no entendía nada. Ya en el coche, con las esposas puestas, me comunicaron que estaba detenido porque mi mujer me había denunciado por malos tratos psicológicos. Creí que se trataba de una broma pesada, pero no. Me llevaron al cuartelillo, me tomaron declaración y, por un problema en los calabozos, pasé esa noche en la prisión de Ocaña. [...] Me desnudaron, me obligaron a hacer flexiones, comprobaron que no llevaba nada oculto en el ano. Me dieron una pastilla de jabón y me llevaron a una celda indescriptible, con otros detenidos. Me tocó un catre asqueroso. No dormí en toda la noche. Y todo por una denuncia de mi mujer, que decía que se había sentido humillada. No puedes imaginarte cómo me sentí yo, que no había hecho absolutamente nada, como luego se demostró» (Algorri, 2010, p. 36).

13. «Denuncias falsas», *El País*, 22 de diciembre de 2008. ¿Cuántas denuncias resultan falsas de entre las 140.000 que se plantean al año (datos

En otro artículo,[14] la magistrada Sanahuja denuncia: «¿Por qué se está cometiendo la penúltima gran estafa a las mujeres en su nombre? Si la mayoría convenimos que la primera condición para avanzar hacia la igualdad de derechos es la independencia económica; si la gran conquista en los últimos treinta años en España ha sido acceder masivamente a la formación, que nos tenían vedada, y al mercado de trabajo; si las mujeres hemos realizado una gran revolución silenciosa, como ha sido retrasar la maternidad en diez años, y reducir drásticamente el número de hijos, como única posibilidad para ir ocupando espacios, por derecho propio, como ciudadanas de primera; si nos hemos ido alejando del modelo de la caverna, en que el reparto de funciones venía irremediablemente marcado por la dedicación de unos a la caza y la guerra, y otras a la reproducción, ¿por qué ese empeño en los últimos años en querer recluirnos nuevamente en el hogar, al cuidado en exclusiva de los hijos?, ¿por qué el feminismo mayoritario se muestra feroz con la custodia compartida de los hijos, si al tiempo asume que la única posibilidad de las mujeres, trabajadoras y madres, de tener espacios personales y profesionales es dejar de cargar en solitario con su cuidado y educación?

---

de 2009)? Es imposible saberlo. El abogado Antonio Morgado, con larga experiencia en el turno de violencia de género de los juzgados de Madrid, dice: «A mí me ha comentado un fiscal que la Fiscalía da instrucciones para que no se persigan de oficio las denuncias falsas. No he visto la instrucción y no puedo saber si es verdad. Pero mi experiencia, y hablo sólo de mi experiencia, es que hay muchas. La mayor parte de las denuncias por malos tratos las hacen mujeres inmigrantes, vete cualquier día por el turno y lo verás. Y las propias señoras te dicen que lo han hecho de común acuerdo con el denunciado, que jamás les han puesto la mano encima, para obtener los beneficios que prevé la ley en esos casos. El método, que no siempre funciona porque muchas veces hay deportación, es el de negarse a declarar contra el falso agresor en el último momento. Así que una norma creada con la sana intención de facilitar que las verdaderas maltratadas no dejen de denunciar a sus agresores sólo porque estén en situación irregular, se usa, en casos que yo he visto, para intentar un fraude.»

14. «Mujeres, trabajo y custodia compartida», *El País*, 16 de junio de 2010.

»Es una estafa pedir en nombre del feminismo que sólo las mujeres asuman el cuidado de los hijos.

»Somos una especie animal que, con los avances técnicos, ha podido modificar los roles que la naturaleza ha impuesto para la supervivencia y la reproducción, pues los riesgos de extinción nos vienen de otros peligros. Las encargadas en exclusiva de la reproducción, al tiempo que responsables de ancianos, enfermos y hombres, hemos ido adquiriendo otros roles y ocupando espacios de poder y decisión, al menos en los países mejor situados económicamente, pese a la brutal presión social y las tremendas discriminaciones. ¿Cómo vamos a permitir que tanto esfuerzo personal y colectivo se vea amenazado por corrientes de opinión que pretenden imponer nuevamente esta carga a las mujeres? ¿Cómo vamos a asumir en solitario la difícil y durísima tarea de cuidar de unos hijos en unas sociedades complejas que exigen unas generaciones con un elevado nivel de formación técnica y personal, al tiempo que trabajamos fuera?

»Lo que proponen esos grupos de presión es apoderar a las mujeres practicando una inicial expoliación al padre de sus hijos, pues apropiándose de éstos se consigue de inmediato todo el *pack* (hijos, vivienda, pensión). Pero ése es un regalo envenenado para nosotras por varias razones. Dedicarnos en solitario a la educación y cuidado de los hijos limita brutalmente nuestro desarrollo profesional, relegándonos a niveles que no exigen tanta dedicación, lo cual irremediablemente se traduce en salarios menores. Si ejercemos nuestra función como educadoras con responsabilidad, corremos el riesgo de ser las únicas malvadas que imponen hábitos y obligaciones, y si lo hacemos de modo irresponsable, nos encontramos en poco tiempo con unos hijos asilvestrados e intolerantes a la más mínima frustración, que no dudan en acudir a la violencia, física o psíquica, si no ven colmados sus crecientes deseos. Cuando los pequeños monstruos se emancipan, el propietario de la mitad de la vivienda de la que fue expulsado no duda en reclamarla, ya que en muchas ocasiones se vio obligado a regresar a su hogar materno, y en ese momento, cuando las mujeres tienen edades que rondan los sesenta años, con escasos ingresos, no pueden adquirir la mitad de la vivienda, con riesgo de ser expulsadas.

»El final del expolio inicial puede ser el que las mujeres se queden sin nada: sin profesión, porque no nos hemos dedicado a ella; sin espacios personales, al no disponer de tiempo, fuente de desequilibrios y frustraciones; sin casa, y sin unos hijos que, además, pueden formular serios reproches culpabilizando a las madres del alejamiento paterno, lo cual es fuente de conflicto y sufrimiento, al haberse quedado huérfanos con padres vivos, con un duelo que no se acaba.

»El modelo que se propone con la custodia compartida es que en aquellos supuestos, minoritarios pero crecientes, en los que el padre quiere participar en la corresponsabilidad tantas veces exigida a los hombres, no sólo no deben ponerse obstáculos, sino que se debe favorecer. Eso es lo mejor para los hijos, pues tienen unos progenitores que, cada uno según su criterio, hacen carreras de relevos en su agotador cuidado, y son educados en la pluralidad y en el respeto a las diferentes maneras de leer el mundo, completadas sin duda con la escuela, los amigos, las familias amplias, con Internet y la televisión. La custodia compartida no libera al progenitor con más ingresos de hacerse cargo de la mayor parte de los gastos. Por el contrario, potencia la voluntad de contribuir más porque se mantiene el contacto y afecto con los hijos, y aleja la tentación de aparentar inexistentes insolvencias, en un país con un importante nivel de economía sumergida y ahora en crisis.

»A los hijos no se les puede imponer un modelo monoparental que les perjudica, cuando tienen padre y madre que quieren y pueden responsabilizarse de ellos. Y es precisa una jurisdicción especializada en familia, tantas veces reclamada, que de un modo eficaz intervenga y haga difícil la utilización de los hijos como armas en unos conflictos de los que siempre deben ser alejados si queremos construir una sociedad en igualdad, paz y progreso.»

María Sanahuja, entre otros autores, ha criticado el artículo 153.1 del Código Penal[15] (tras la reforma operada por Ley Orgá-

15. La Sentencia del Tribunal Constitucional 59/2008 declara la constitucionalidad del art. 153.

nica 1/2004 de 28/12 de Medidas de Protección Integral contra la Violencia de Género) entendiendo que «si los ciudadanos fueran conscientes de que cuando se propina un bofetón a un hijo están cometiendo un ilícito penal tipificado como delito; o cuando una pareja discute llegando a empujarse, si son vistos por agentes de la autoridad, pueden ser conducidos al Juzgado de Guardia, porque su acción está tipificada como delito y, al ser condenados, la sentencia comportará necesariamente la prohibición de acercarse a la víctima y suspensión, respecto de los hijos, del régimen de visitas (art. 52.2 en relación con el 48 CP); que el Código Penal no permite reconciliaciones porque los dos miembros de la familia podrían ser condenados por quebrantamiento de condena, uno como autor y otro como cooperador necesario (art. 468 en relación con el 28 CP); que para las mujeres extranjeras, la denuncia y condena de sus parejas conlleva la expulsión automática del territorio nacional (art. 89 CP) probablemente la inmensa mayoría convendría en que la contundencia del CP ha invadido, hasta extremos nunca antes conocidos, el ámbito de las relaciones personales».

Estos artículos se comentan por sí solos.[16]

2. El *gang bang* y otras suertes

El *gang bang* es una modalidad de socialización en la que una mujer se deja penetrar por tres o más hombres. Su practicante más famosa fue la emperatriz romana Mesalina, tercera esposa del emperador Claudio y madre de Calígula.[17]

16. Para una visión histórica de la violencia de género y sus raíces es recomendable la lectura del libro de Antonio Gil Ambrona *Historia de la violencia contra las mujeres. Misoginia y conflicto matrimonial en España* (Cátedra, Madrid, 2008).

17. El nombre de Mesalina ha quedado como sinónimo de «prostituta» o, como dice el diccionario de la Academia, «mujer poderosa o aristócrata y de costumbres disolutas». Según Juvenal, Mesalina descendía, al caer la noche, a la Subura, el barrio chino de Roma, donde practicaba la prostitución bajo el nombre de Lycisca. En una ocasión retó a las

El historiador griego Heródoto (siglo v a. J.C.) observó que ciertos pueblos del Mediterráneo Oriental practicaban un *gang bang* nupcial: «Cuando un hombre nasamon (en Libia) se casa, es costumbre que la novia copule primero con todos los invitados, unos tras otro, durante la noche de bodas y cada uno le da un regalo [...]. Cada mujer gimcana lleva varias pulseritas de cuero atadas al tobillo, según cuentan, una por cada hombre con el que se ha acostado. La que lleva más pulseras es la más respetable porque la han amado más hombres.»

En la América precolombina parece que las bodas se celebraban también con un *gang bang*, como testimonia López de Gomara: «Si el novio es cacique, todos los caciques convidados prueban a la novia antes que él; si mercader, los mercaderes, y si labrador, el señor o algún sacerdote. Cuando todos la han catado antes de la boda, la novia queda por muy esforzada.»

El *gang bang* también se conoció en la cristiana Europa con el nombre de treintón (*trentuno*, en italiano), porque consistía en la ocupación sucesiva de una mujer por treinta hombres. Existía también el *trentuno reale*, cuando implicaba a un mínimo de setenta y cinco hombres.[18]

---

putas de Roma a un *gang bang* para demostrar que en lo tocante a resistencia les daba a todas sopas con honda. Las putas designaron a su campeona, una siciliana llamada Escila (por el famoso remolino que las aguas forman en el estrecho de Messina, entonces reputado peligroso y capaz de tragarse barcos enteros). Parece que Escila sólo se trajinó a veinticinco clientes, pero Mesalina siguió en solitario hasta atender a setenta según unos y a doscientos según otros. La derrotada Escila comentó: «Esta mujer tiene el chichi de acero.»

18. Parece que el treintón se consideraba castigo más que proeza sexual. Obviamente, todo depende de los modales de los participantes y de la voluntad de la mujer. En el mamotreto o capítulo XXIV de la novela de Francisco Delicado *La Lozana Andaluza*, uno de los personajes dice: «Ésta es la que dio la posta a los otros que tomasen al puente a la Bonica, y mira qué treintón le dieron porque no quiso abrir a quien se lo dio. Y fue que, cuando se lo dieron, el postrero fue negro, y dos ducados le dieron para que se medicase.» En el mamotreto XXXIX leemos: «¡Señor, maravíllome de vuestra merced, quererme igualar con el Zopín, que es

Levante EL MERCANTIL VALENCIANO ■ Miércoles, 15 de agosto de 2001

BENIDORM

Cinco jóvenes montan una orgía en la playa ante los vítores de 200 personas

Dos de los detenidos continuaron **con su «fiesta» dentro del furgón policial**

Jorge Fauró, Benidorm

Los hechos se produjeron días atrás, alrededor de las tres y media de la madrugada. Advertidos por un ciudadano de que un grupo de hombres estaba violando a una mujer en la Playa de Levante, cuatro agentes de la Policía Local se presentaron en el lugar donde presumiblemente ocurría el delito. Alertados de la posible violación, los policías desenfundaron sus armas. Hasta que descubrieron la realidad.

El parte policial, una joya literaria fruto, probablemente, del estupor de los agentes, narra que *«personados en el lugar (Playa de Levante a la altura de la calle Mallorca, zona inglesa) se comprueba la congregación de unas 200 personas que vitoreaban a otro grupo de cinco personas, una señorita y cuatro hombres, de los cuales tres penetraban a la señorita por diferentes lugares (anal, vaginal y bucal), mientras el otro joven se masturbaba a la espera de entrar en acción, a la vez que los filmaban y fotografiaban los allí congregados». «Que se pudo constatar que los gritos proferidos por la mujer no eran en demanda de auxilio o socorro, sino producto de su gran excitación.»*

Los actores de esta película de dos rombos resultaron ser C. S., británica, 31 años; S. C., británico, novio de la anterior, 40 años (*«penetración vaginal»*, concreta el parte policial); F. R., francés, 22 años (*«penetración anal»*); P. B., suizo, 32 años (*«penetración bucal»*), y F. S. Y., suizo, 26 años. Y sobre este último, la policía precisa: *«en espera y masturbándose»*.

Detenida provisionalmente la acción del *«filme»*, la Policía ofreció al público presente la posibilidad de presentar denuncia por delito de exhibicionismo, pero nadie pareció interesado.

Comprobado que no había menores y a la vista de que los protagonistas de la orgía carecían de documentación, los agentes deciden trasladarles a la Comisaría en el furgón policial.

Al mismo tiempo, tal como recoge el informe de los agentes, *«a los implicados se les indica la prohibición de realizar este tipo de acto en público, al objeto de no herir la sensibilidad de otras personas»*. Comoquiera que ninguno de las 200 congregados que vitoreaban la escena pareció dar muestras de una sensibilidad herida, la patrulla trasladó a los cinco a Comisaría.

Pero lo mejor estaba por llegar. El efectivo de la Policía Local, acostumbrado a ver escenas de menor tono en la playa, no pudo disimular su sorpresa cuando llegó a la central del Cuerpo Nacional de Policía.

Así lo narra el agente en su informe: *«Que al llegar a las dependencias policiales y abrir las puertas del furgón, pudo observarse cómo la joven reseñada se estaba calzando al último de los reseñados, dando así por finalizada su brillante actuación.»* Final feliz.

LEVANTE-EMV

PLAYA DE LEVANTE. La playa de Benidorm fue el escenario de la orgía.

Orgías.

En la *Carajicomedia*, una divertida obra anónima del siglo XVI, existe un testimonio de treintón infligido a una prostituta de nombre Mariflor en castigo por hacerse la decente con dos patanes que la requebraban. Los burlados descubrieron su oficio, la secuestraron y la sometieron al treintón en las cuadras episcopales de Osma: «Luego de presente se hallaron por cuenta veinte

---

fiscal de putas y barrachel de regantío y rufián magro, y el año pasado le dieron un treintón como a puta!»

y cinco hombres, bien apercibidos y prestamente destacados, comenzaron a desbarrigar con ella, hasta que la asolaron por tierra y le hicieron todo el coño lagunajo de esperma; pues el capitán de aquella gente, queriendo complacer la hueste y exército que allí había traído, proveyó en mandar llamar dos negros cavallerizos, de los cuales la triste muy amedrentada huyendo escapó, con gran risa de todo el exército.»[19]

Modernamente se han establecido competiciones de *gang bang* entre estrellas del porno que, de este modo, acrecientan su fama y elevan el caché.[20]

Al margen del *gang bang*, que es siempre espectáculo, existen otras modalidades de sexo grupal, las tradicionales orgías. Incluso existen sociedades que practican el «poliamor», o sea la poligamia.[21] Woody Allen se hace eco de estas modas de socialización colectiva cuando comenta: «El sexo entre dos personas es maravilloso, pero entre cinco es fantástico.»

Una de las exhibicionistas variantes practicadas en las orgías es la triple penetración: «Tres hombres introducen penes al mismo tiempo en la boca, vagina y ano de la mujer.»[22]

19. *Carajicomedia* (Aljibe, Archidona, 1995).

20. El 10 de febrero de 2002, la actriz porno polaca Klaudia Figura se proclamó vencedora en el Primer Campeonato Mundial de Gang Bang tras atender a 646 voluntarios en el tercer Festival Internacional Sólo Para Adultos «Eroticón», celebrado en Varsovia. En la siguiente edición del festival, otra actriz porno polaca, Marianna Rokita, elevó el récord a 759 prestaciones. En 2004 la estadounidense Lisa Sparxxx (con tres equis), de 28 años, se quedó a las puertas del *kilobang*, y dejó el récord en 919. Finalmente, el 17 de mayo de 2007, la actriz porno Erin Daye consiguió el récord mundial al acostarse con 1.001 hombres en 15 horas (mil prestaciones hacen un *kilobang*). Este festival se celebró en el Club Princenton de Columbus, Estados Unidos. Esta información procede de Wikipedia, pero la he contrastado con otras fuentes del ramo y todas coinciden. Años antes, el alcalde de Varsovia, el señor Kaczynski, había declarado a los periodistas: «No queremos ese tipo de promoción para nuestra ciudad.»

21. La Polyamory Society celebra un congreso anual en Nueva York.

22. Wikipedia. Artículo «Orgía».

Erin Daye, campeona del *kilobang*.

Otras suertes de la orgía son el *bukkake*,[23] la paja cubana, el candelabro italiano, el candado chino, la tortilla monegasca, el recauchutado holandés, pero prefiero no explicar en qué consisten porque ya he dicho bastante y es bueno dejar que el lector interesado indague por su cuenta, siempre con las debidas cautelas, ¿eh?, que luego las manos van al pan.

Como comentó el torero Rafael *el Gallo* cuando le presentaron a Ortega y Gasset como pensador, «*tié* que haber gente *pa to*».

3. La presa de Cleopatra

La llamada «presa de Cleopatra» es una técnica sexual consistente en comprimir y liberar alternativamente el pene con los músculos de la vagina en el transcurso del coito.[24] La experta

23. Del japonés *bukkakeru* (打っ掛ける), «arrojar agua» o «salpicar». Consiste en que una serie de hombres penetren sucesivamente a una mujer y eyaculen sobre su rostro.

24. Esta facultad no es innata sino que depende del desarrollo del

Valérie Tasso opina que esta acción equivale a masturbarlo o «vagiturbarlo».[25]

Hemos de suponer que, en su origen, este mecanismo permitía a la monilla retener al mono más atractivo (y genéticamente idóneo para padre de sus hijos) hasta extraerle todo el jugo.

La presa de Cleopatra es una habilidad bastante frecuente en las mujeres orientales (muchas de las cuales, especialmente las prostitutas, se ejercitan con bolas chinas),[26] pero al parecer escasea entre las mujeres occidentales, que suelen tener ese músculo inactivo o vago.

Cuando el rey Eduardo VIII abdicó de la corona inglesa en 1937 para unirse a la señora Simpson, los ingleses atribuyeron el

---

músculo pubococcígeo (un conjunto de músculos que rodea la parte inferior de la uretra, la vagina y el recto). Es un músculo la mar de útil porque, además de los juegos sexuales que permite, con él se controla la micción, se previene el prolapso de útero y vagina. Las bolas chinas permiten ejercitarlo.

25. Tasso, 2008, p. 157.

26. La presentan, de serie, las prostitutas tailandesas y sus colegas de Singapur. Estas damas dominan el músculo de la vagina con tal perfección que son capaces de virtuosismos tales como lanzar canicas a considerable distancia, con singular habilidad y tino. Las prostitutas tailandesas aprenden el oficio de niñas y ya se sabe que cuando uno empieza pronto y se entrena diligentemente puede regir a voluntad sus músculos vagos. El erotófilo Richard F. Burton (1821-1890), en sus merodeos por el mundo islámico, explica la presa de Cleopatra, muy divulgada en su tiempo en el este de África y en Egipto: «Entre algunas de estas razas [especialmente entre las mujeres gana], los músculos constrictores de la vagina se hallan anormalmente desarrollados. En Abisinia, por ejemplo, casi cualquier mujer puede contraerlos hasta el extremo de provocar dolor en el hombre; acuclilladas sobre los muslos del hombre, son capaces de inducir el orgasmo en él sin mover ninguna otra parte de sus cuerpos. A tales artistas se las denomina en árabe *kabbacah*, que literalmente significa "poseedora, agarrador o receptáculo". No es extraño que los mercaderes de esclavos estén dispuestos a pagar sumas exorbitantes por una mujer dotada de tal habilidad. Todas las mujeres tienen este poder en mayor o menor grado, pero lo cierto es que lo descuidan; ciertamente, en Europa hay abundantes razas que jamás han oído siquiera hablar de este poder.»

Prostituta abisinia (hacia 1920).

encalabrinamiento de su rey a la presa de Cleopatra o *Cleopatra's grip*[27] que le practicaba la americana. Parecía la única explicación plausible, ya que la dama en cuestión les parecía desasistida de encantos: mayor que él, huesuda, fea y divorciada.[28]

27. En inglés, *grip* es «asir con fuerza», «agarrar firmemente», «apretar», incluso «absorber». Véase Lucy Hugues Hallett, *Cleopatra, Histories, Dreams and Distortions*, Nueva York, 1990.

28. El nuevo rey, Jorge VI, les concedió el ducado de Windsor y ellos

Eduardo y la señora Simpson.

También se atribuyó a Evita Perón cierta maestría en la ejecución de la presa de Cleopatra. Aseguran que después de experimentar sus efectos, en las espesas siestas australes, el general no sabía negarle nada.

se dieron la gran vida mientras el otro pechaba con los problemas de gobierno agravados por la segunda guerra mundial.

4. El *swing*

Según graves autores, el *swing* se ha venido practicando discretamente desde que el mundo es mundo, pero como moda social se divulgó en la California de los años sesenta (paralelamente a las comunas hippies). Hoy se ha institucionalizado en los llamados clubes *«swingers»* de nuestras ciudades más populosas, a los que acuden las parejas liberales a intercambiar experiencias con desconocidos, a veces en presencia del cónyuge o de la pareja habitual.[29] Estos locales, que abren por la noche y los fines de semana, suelen estar equipados con bar, pista de baile, proyector de cine porno, cabinas con cama, mazmorra sadomaso, pasillo francés[30] y todos los demás elementos que contribuyen al bienestar de la parroquia. En lo único que ahorran es en electricidad, porque las luces son de escasos vatios, a fin de que la penumbra propicie la socialización.

El *swing* tiene sus trucos, tomen nota los pardillos. Muchos habituales acuden acompañados de una prostituta a la que hacen pasar por su santa con el designio de acostarse, a cambio, con

29. En el reportaje de Lucía Martín «La moda de intercambiar la pareja», *Tiempo*, 31 de marzo de 2010, se enumeran algunos clubes de intercambio en Madrid (Encuentros Vip, Fusión Vip, Momentos...), en Barcelona (6 y 9, Body's, Blau Nit) y en Andalucía (Fantasy, Sueños, Adán y Eva). Otros clubes se anuncian en Internet, como www.morbonet.com. «Internet ayuda mucho para esta transición de la sexualidad dentro de la pareja hacia sexualidad entre parejas», comenta Eva, *webmaster* de www.morbonet.com, portal que lleva funcionando unos dos años y cuenta con más de cien mil usuarios registrados y entre ochocientos y mil doscientos visitantes únicos al día. Ella y su compañero, ambos ingenieros, se definen como parte de las «nuevas parejas liberales, más curiosas que aficionadas».

30. El pasillo francés (*Glory Hole* en inglés, «agujero de la gloria») consiste en un pasillo en penumbra en el que hay agujeros por los que asoman los genitales de clientes que están en la habitación contigua. El usuario puede acoplarse con el que más le plazca. Es una especie de cita a ciegas o consumación a ciegas, que añade mucho morbo al acto. Incomodísimo por otra parte, me apuntó el coadjutor.

una esposa legítima, quizá una pazguatilla que acude medio a la fuerza porque todavía está poco enviciada en la galantería. Como estamos en un país de pícaros, puede darse el caso de que el que llegó acompañado por una puta acabe acostándose con otra del oficio y sea, él mismo, víctima del engaño.

Los principiantes suelen practicar el intercambio suave (*soft swing*), limitado a mirar o que te miren, antes de decidirse al intercambio completo (*full swing*), o sea, cópula con otro individuo o con varios. Los asiduos se citan allí en quedadas y hasta entablan amistad, a veces grupal, para orgías o variantes múltiples.

A los clubes de intercambio acuden hombres solos (una tarifa, alta), parejas (otra tarifa) o mujeres solas (generalmente, gratis).[31]

Una variante es el *dogging* (en español, «cancaneo»), que consiste en practicar sexo dentro de coches aparcados en zonas apartadas. Los participantes suelen citarse por Internet y tienen sus reglas: la ventanilla bajada significa que los *voyeurs* son bienvenidos e incluso que puedes tocar; la puerta entreabierta te invita a entrar y participar.

5. El amor udrí

Udrí alude a una mítica tribu árabe del siglo x, los Banu Udra, en la que se practicaba una mística del erotismo consistente en una «morbosa perpetuación del deseo» (en palabras del arabista García Gómez). El placer de estas criaturas consistía en aplazar el placer hasta extremos morbosos y del todo extraños a la sensualidad árabe dominante.[32] El equivalente cristiano fue el amor

31. Una vez más el machismo imperante discrimina a la mujer.

32. También en los años cuarenta, en pleno nacionalcatolicismo, muchos manuales de sexología admitían el amor coital dentro del matrimonio como desagradable pero necesario expediente para la perpetuación de la especie y «la sedación de la concupiscencia», y recomendaban a los casados las «noches de Tobías», consistentes en diferir durante tres noches la consumación del matrimonio. P. J. Proudon, aunque creyente, advierte que esta práctica tiene sus contraindicaciones: «Yo conocí a un joven casado que, por exhortaciones de su confesor, habiéndose determinado a

cortés, popularizado en las Cortes de Amor provenzales, en las que el trovador se enamoraba platónicamente de la señora y la llamaba *donna angelicata* y finezas semejantes. Se sospecha que el trovador estaba más pendiente de la tajada o subvención del marido que del corpiño de la bella.

El amor cortés admitía grados. En el tratado *De Amore* de Andrés el Capellán, siglo XIII, se distingue del amor puro, «que incluye el beso en la boca, el abrazo y el contacto físico, pero púdico, con la amante desnuda, con exclusión del placer último, pues éste está prohibido a los que quieren amar puramente».

O sea, que el magreo circunstancial se toleraba, otra aberración heredada del amor udrí, uno de cuyos practicantes declara: «Toda la noche yací a su lado recorriendo sus cerros y cañadas, pero me abstuve de ella, pues no soy asno que se revuelca en el sembrado.»

El último testimonio de la pervivencia del amor udrí en nuestros atormentados tiempos lo suministra el venerable líder indio Mahatma Gandhi, que en sus años de senectud practicaba la técnica mística *Brahmacharia* (el celibato de los brahmanes), lo que entrañaba dormir cada noche con una o dos adolescentes desnudas para probarse, decía, que podía vencer a la tentación.[33]

6. Los cuernos de Don Friolera[34]

Los sociólogos se preguntan por qué se vulnera hoy más que nunca la promesa de fidelidad que se supone debe presidir la vida en pareja. Algunos apuntan a los cambios sociales; otros, a la li-

---

pasar en blanco las tres primeras noches de bodas, fue en este intervalo engañado por su mujer» (Proudon, 1931, p. 126).

33. Lo cuenta Jad Adams en su libro *Gandhi, Naked Ambition* («Gandhi, la ambición desnuda»), Quercus publishing, Londres, 2010.

34. «*Los cuernos de Don Friolera* es una cabriola costumbrista que clausura, con una mueca, el estricto drama de honor calderoniano e incluso todo nuestro afectado y retórico teatro nacional», leemos en Ángel Facio, crítico de *ABC*.

beración de la mujer, e incluso a la divulgación de una tecnología que facilita los contactos discretos entre amantes (anonimato de la gran ciudad, teléfono móvil, facilidad de transporte, etc.).

Tradicionalmente, el hombre ha cometido adulterio con mayor asiduidad que la mujer porque, debido a su estructura cerebral más simple, disocia amor y sexo. La mujer, sin embargo, es menos propensa al adulterio, al menos como aventura ocasional, porque asocia el sexo al amor.[35]

Hoy las cosas han cambiado y no hay tanta diferencia entre hombres y mujeres. Ellos y ellas, después de unos cuantos años de relación de pareja más o menos monótona, advierten un buen día que están envejeciendo (la crisis de los cuarenta) y, de pronto, les urge comprobar si aún conservan la capacidad de seducir. Otros se plantean que la pareja no los satisface y que serían más felices con otra. «Vida no hay más que una —se planteaba el 13 de marzo de 2010 una mujer casada que había telefoneado a un programa nocturno de radio—. Yo me merezco ser feliz. Él no me da lo que me prometía. Un buen día te lo quedas mirando mientras duerme y lo encuentras vulgar, especialmente si ronca. Piensas: "No sé cómo estuve para casarme con él..."»

Los resultados de las encuestas, en las que, como es sabido, todo el mundo miente, son tan dispares que lo prudente es desconfiar de ellas: la de Sigma Dos revela que el 30,5 por ciento de los españoles encuestados ha sido infiel a su mujer, frente al 10,7 por

35. Muchas mujeres acceden también al sexo por el placer del orgasmo, o meramente por autoestima, por probarse que son atractivas y capaces de despertar sentimientos. Pease, 2009, p. 138: «Las mujeres comercian con el sexo a cambio de beneficios. Siempre están buscando una oferta mejor.» La experiencia muestra que, aunque nos disguste, es lo que ha ocurrido constantemente a lo largo de la historia. Y sigue ocurriendo. Cuando el lamentablemente extinto (o más bien degradado) Ministerio de Igualdad, con su mejor voluntad, dispuso que los funcionarios de prisiones se integraran en una escala única con independencia del sexo (Real Decreto 1836/2008, del 8 de noviembre), inmediatamente se inició el cambalache de sexo por favores, tabaco o alimentos entre reclusas y vigilantes en Alcalá-Meco (*La Razón*, 24 de abril de 2010, pp. 16-17).

ciento de las mujeres.[36] Otra encuesta eleva las cifras al 60 por ciento de los hombres y un 30 por ciento de las mujeres[37] y, sorprendentemente, la de Sexote señala que las mujeres infieles superan a los hombres: un 50 por ciento frente al 44 por ciento de ellos.[38] La encuesta de Nordic Mist señala que el 50 por ciento de los españoles y el 40 por ciento de las españolas serían infieles a su pareja si estuvieran seguros de que el desliz permanecería en secreto.[39] ¿Podemos sospechar que esas mujeres que albergan fantasías las han realizado alguna vez? ¿Es posible que la ventana al mundo social que supone Internet, dominada por la mayoría de nuestras amas de casa y a la que muchas dedican varias horas al día, esté actuando como puente entre la mera fantasía sexual y el contacto carnal efectivo?[40]

Existe poco acuerdo sobre el porcentaje de la infidelidad femenina, que, al parecer, varía mucho de un país a otro. Una reciente investigación del *Journal of Couple and Relationship Therapy* asegura que, mientras que la infidelidad masculina se mantiene

36. Flora Sáez, *Magazine* de *El Mundo*, 203, 17 de agosto de 2003, p. 29. Los hombres adulteran más debido a su mayor demanda, aunque las mujeres lo tengan más fácil.

37. Pease, 2009, p. 17. Entre nuestros vecinos occidentales, los porcentajes son ligeramente superiores y oscilan entre el 70 por ciento de los hombres y el 50 por ciento de las mujeres. En Francia, donde la población es más liberal, el 87 por ciento de las encuestadas reconocen haber cometido alguna infidelidad ocasional (Pease, 2009, p. 143).

38. Juan Scaliter, «Una excusa genial», *Quo*, 134, noviembre de 2006, p. 52, con datos del informe sobre conductas y preferencias sexuales de usuarios de Internet. Uno de los corresponsales apunta: «Por lo general, las mujeres son infieles cuando quieren salirse de la rutina y sentirse añoradas, amadas y deseadas; los hombres suelen ser infieles para demostrarse y demostrar a la sociedad que son muy machos, porque cuantas más mujeres consigan, más viriles serán.»

39. Polly Vernon, 2010, p. 42.

40. Diana Resnicoff, psicóloga y sexóloga (www.e-sexualidad.com), asegura que la tecnología influye en el aumento de la infidelidad «virtual». «A mi consultorio llegan muchas parejas preguntando sobre este tema, y es otra manera de ser infiel, porque el otro, detrás de la pantalla, adquiere las mismas características que una persona real.»

en una meseta del 50 por ciento, la femenina, desde hace unos veinte años, se ha «popularizado» hasta alcanzar —y quizá, gobernar— el hasta ahora feudo masculino del engaño con un número de casadas infieles que oscila entre el 45 y un 55 por ciento del total.[41]

En España, si creemos las encuestas, el crecimiento ha sido notable: en 1995, el 46 por ciento de los hombres reconocía haber sido infiel alguna vez frente al 17 por ciento de las mujeres.[42] Quince años después, las cifras andan bastante igualadas: 37 por ciento para los hombres y 35 por ciento para las mujeres.[43]

El aumento de la infidelidad femenina se debe a que las nuevas generaciones de españolas se han desprendido de la mojigatería de sus madres y abuelas, lo que se suma a la mayor facilidad que tienen para acceder al mercado del sexo cuando trabajan fuera de casa y son económicamente independientes.[44]

—Antes, las lanzadas eran las francesas y las italianas, y las españolas las miraban con envidia —me comentaba un colega de La Inmaculada Concepción de María's—. Ahora las españolas han recuperado el terreno perdido y a lanzadas no las gana nadie.

Es creíble que las españolas han dejado de ser distintas y andan inmersas en la media europea. Incluso es creíble que antes no fueran tan mojigatas como se lo hacían, pero ahora se sienten liberadas de añejos prejuicios y adoptan menos cautelas. Como señala la sexóloga Pilar Cristóbal, «al ir consiguiendo su propia identidad, han pasado de ser sólo objetos de deseo a ser objetos deseantes».[45]

41. Un estudio de CitaXcita (www.citaxcita.com) sobre «Hábitos para ligar y conocer gente en España» señala que las mujeres son las más ligonas: el 63 por ciento se declaran dispuestas a iniciar el coqueteo frente al 59 por ciento de los hombres. Véase Lorente, 2010, p. 77.

42. Encuesta sobre adulterio del Centro de Investigaciones Sociológicas (CIS).

43. Encuesta de Sondea por encargo de Nordic Mist en 2009.

44. Carlos Malo de Molina, 1990, opina que la infidelidad está creciendo porque «ahora es más fácil y hay una mayor libertad para hacerlo. Además, la sociedad es más tolerante y abierta que en otras épocas».

45. Ramírez, 1997, p. 102.

La infidelidad ocasional con un desconocido ha sido bastante frecuente en las mujeres sometidas al rígido código moral católico en cuanto escapaban del opresivo medio que las rodeaba. El sexo podía ser un aliciente, un pequeño oasis que alegraba la monotonía de una vida escasa de amor. Los grandes donjuanes coinciden en que sus mejores ligues los han conseguido en estaciones y trenes con mujeres que viajaban solas. La historia de la película *Los puentes de Madison* (la campesina que vive una tórrida historia con un fotógrafo ocasional y después continúa su anodina existencia familiar caldeada por el recuerdo de esos días) es más frecuente de lo que parece. La de la señora que acepta un revolcón con el butanero, también. El repartidor puede creer que ha sido un arrebato de deseo, pero en casi todos los casos el desliz estuvo planeado de antemano: «Este hombre [su pareja] no me satisface, en cuanto se me ponga a tiro un cachas me lo beneficio.» (Lo verbalizo para captar la idea; ellas ni siquiera lo ponen en palabras; lo dejan en la nebulosa de la intención, que compromete menos.)

Las causas de la infidelidad femenina han ido variando con el tiempo. De las tres que expresa el bolero («Tres veces te engañé: / la primera por venganza, / la segunda por malicia, / la tercera por placer») parece que en las nuevas generaciones va predominando la tercera.

Según la investigadora De Oliveira, autora de un fundamentado trabajo sobre encornaduras,[46] «existen diferentes causas que llevan a una mujer al adulterio. Está, por un lado, la "mujer desatendida", aquella que tiene un marido que no la escucha, no la mira y no se ocupa de ella: no la lleva a comer y no la invita a pasear. Está probado que si un hombre no le concede a su mujer al menos quince horas por semana —que es, en promedio, el tiempo que le dedica a su relación durante el noviazgo—, la pierde. Y el otro patrón que encontré es el de la "mujer sola", aquella que estuvo sola en su niñez y en su juventud o ha atravesado grandes desgracias (la muerte de un padre o una relación complicada con su padrastro, hermanos con discapacidades o que re-

46. Janick de Oliveira Cézar, *Infidelidad*, 2006, p. 224.

querían por alguna razón mayor atención de sus padres). Ellas, por lo general, no tienen la sensación de engaño cuando son infieles, porque "son solas" por naturaleza. Tienen marido, tienen hijos, tienen amigos, pero en el fondo del corazón están solas. Y otro gran factor que hace a la infidelidad es la falta de autoestima. La necesidad de ser valorado ante los ojos de otra persona, ser admirado y festejado, hace que se busque la felicidad afuera.»

«Abordé el tema partiendo del supuesto de que la principal víctima de la infidelidad era la mujer —señala De Oliveira—. Descubrí, con gran sorpresa, que las señoras hoy en día engañan a la par de sus maridos o, más exactamente, en un porcentaje que es un 10 por ciento inferior al de sus cónyuges. Descubrí también que, en el medio en el cual realicé esta investigación, la infidelidad es una epidemia.» Para De Oliveira, la razón de este incremento de la traición femenina es clara: «Ellas ahora tienen las mismas oportunidades que los varones. Muchas trabajan, y el lugar por excelencia para que se genere un engaño siempre ha sido el trabajo.» Cuando le preguntamos sobre la carga genética dentro de la infidelidad, De Oliveira respondió: «Muchos se sorprenden al enterarse de que las mujeres tienen un gen que las lleva a ser infieles. La antropóloga Helen Fisher lo describe fantásticamente en uno de sus libros: en muchas especies de animales (entre ellas, varias clases de simios), las hembras se escabullen por los matorrales con los más jóvenes.»[47]

«Parafraseando a Demóstenes, podríamos decir que las mujeres usan a un hombre para la alimentación de sus hijos, a otro para sus relaciones sexuales y quizá a otro para conversar.»[48]

«No todas las mujeres son infieles —señala el genetista Tim Spector—, pero, de acuerdo con nuestro estudio,[49] sí están genéticamente inclinadas a serlo. Éste es el factor más importante

47. Juan Scaliter, «Una excusa genial», *Quo*, n.º 134, noviembre de 2006, p. 52.

48. Gisela Runte, 2003, p. 151.

49. Tim Spector, «Influencia genética en la infidelidad femenina y el número de compañeros sexuales en humanos», *Twin Research*, vol. 7.

dentro de la infidelidad: un 40 por ciento (un porcentaje más determinante que el de los genes sobre el cáncer).»

La psiquiatra Esther Perel apunta el desfase de la monogamia tradicional, anticuada y reduccionista, frente a los beneficios de la diversidad sexual practicada por las parejas liberales: «Los líos fuera de la pareja son enormemente estimulantes, una recuperación del erotismo y aportan equilibrio al matrimonio [...]. Tengo una clienta que asegura que las aventuras amorosas son a la vez un tratamiento antiarrugas y un antidepresivo ¡y encima más barato!»[50]

Conclusión: aunque no podamos confiar en las encuestas, es evidente que la española se ha liberado de los viejos tabúes y se suma al entusiasmo general de nuestro tiempo por las prácticas sexuales, libre ya de periclitados escrúpulos morales.

Por mi experiencia como terapeuta aficionado tengo observado que los españoles hemos evolucionado en apertura sexual, pero no nos hemos desprendido de los celos, que siguen siendo el principal motivo de maltrato dentro de la pareja. Si comparamos las estadísticas de «femicidios» en España con las de hace medio siglo, concluiremos que aquel marido calderoniano que asesina a la esposa por celos, fundados o no, es una especie en franca regresión en dentro del solar patrio.[51] No obstante, me temo que este crimen horrendo jamás desaparecerá del todo porque los celos han arraigado en nuestros genes y no nos abandonarán aunque regresemos a la alegre promiscuidad de nuestros orígenes.

La sociedad actual es mucho más permisiva que la de antaño con la traición amorosa. A menudo el cónyuge traicionado perdona al culpable y la convivencia continúa, especialmente entre personas con cierta cultura. No obstante, el resquemor permanece, especialmente en las mujeres, de las que sólo un 57 por ciento perdonaría a su pareja una infidelidad, frente al 66 por ciento

50. Esther Perel, *Mating in captivity* (Aparearse en cautividad), Harper-Collins, 2002. Ver también http://www.estherperel.com/.

51. Aunque las pavorosas estadísticas de uxoricidios se mantengan invariables gracias a los aportes de muchos inmigrantes procedentes de países menos desarrollados en los que todavía los deslices sexuales se pagan con la muerte.

de los hombres que estarían dispuestos a perdonársela a la mujer.[52] «Racionalmente perdonaría una infidelidad de mi pareja —declara Concha García Campoy—, pero con las vísceras, no. Si mi pareja tiene algún desliz, que no me lo cuente.»[53] De la misma opinión es la mítica madame Claude, la celestina que dirigió un mítico prostíbulo de lujo en París: «Yo no aconsejaría confesar a la pareja las infidelidades. Es preferible cerrar los ojos frente a una aventura de él y guardar silencio sobre la nuestra si se desea seguir viviendo juntos.»[54]

7. Remedios y boticas

En una reciente audiencia privada, Benedicto XVI se dirigió a los representantes de la Asociación de Clubes de Alterne de España (ACADE) con estas palabras:

—El hombre moderno ha perdido el temor de Dios y sólo piensa en fornicar. ¿Es ésa la única manera que sabemos de amar al prójimo?[55]

La pregunta era retórica (el Santo Padre no tiene un pelo de tonto y es consciente de que, si se fornica, es porque da un gusto espantoso), pero tenía su meollo que poco después amplió en una alocución ante la comunidad cristiana de Sao Paulo, el 10 de mayo de 2007: «El amor es otra cosa que ceder a la compulsión de los sentidos. Dios os llama a los jóvenes a respetaros también en el romance y en el noviazgo [...] vuestra vida será fuente de felicidad y de paz en la medida en la que sepáis hacer de la castidad, dentro y fuera del matrimonio, un baluarte de vuestras es-

52. Encuesta de Sondea por encargo de Nordic Mist en 2009.

53. Encuesta en la revista *Tiempo*, 17 de julio de 1995, p. 15.

54. Mesquida, 1994, p. 17.

55. Las palabras son ciertas, pero no se las dijo a los empresarios del alterne. Hace dos años que le piden audiencia a ver si llegan a un acuerdo para que los predicadores se muestren algo más tolerantes con el sexto, pero el Santo Padre da la callada por respuesta. Para mí que se equivoca porque ellos también son hijos de Dios y a poco que se les apriete estarían dispuestos a ceder una participación en el negocio.

peranzas futuras [...] el eros quiere conducirnos más allá de nosotros mismos, hacia Dios, pero por eso mismo requiere un camino de ascesis, renuncias, purificaciones y saneamientos.»[56]

El Santo Padre, duele reconocerlo, predica en el desierto. Son sus convincentes palabras como el trigo evangélico que cayó sobre las piedras en la parábola del sembrador y descendieron las aves del cielo y lo comieron. O sea, gasta saliva para nada, como si hablara con la pared. La mayor afición de los jóvenes, según casi todas las encuestas, es el sexo, y los maduros desfallecientes que deberían guiarlos a la castidad con su ejemplo (sus padres y educadores) están igualmente ofuscados con la sensualidad que nos invade.[57]

En efecto, los jubilados, que antes se dedicaban a tomar el sol en los parques y jardines, alimentar a las palomas, observar cómo cavaban una zanja los obreros y jugar al bingo, descuidan esos menesteres y reemprenden la actividad venérea con redoblados ánimos. No hay más que ver cómo se arriman los unos a las otras en los viajes del Imserso y hasta se contagian de venéreas con mujeres malas.

«¿De dónde sacan los arrestos estos carcamales?», se preguntan sociólogos y neumólogos. La respuesta está en la Viagra de Pfizer, esa pildorita azul, romboidal, que les garantiza una erección veinteañera el tiempo que se tarda en un cumplimiento y, apurando los efectos, en dos (aunque algunos la cascaron de infarto y hablo en general sin especificar si eran presidentes de club de fútbol o presidentes de organización empresarial).[58]

56. Encíclica *Dios caritas est*, 25 de diciembre de 2005. N. 5.

57. Un dato esclarecedor del abandono de la Iglesia por la sociedad actual: «Hace veinte años, más del 85 por ciento de los enlaces eran por la Iglesia; en 2008 se han reducido al 50,25 por ciento» (*Tiempo*, 7 de mayo de 2010, p. 80).

58. La Viagra apareció en 1998. Después siguió la Cialis (Lilly) y finalmente, el Visarsin (genérico de Viagra, un 25 por ciento más barato que la marca). Para acabar de rematar la cosa salió Priligy (de Janssen Cilag), que garantiza un retardo de hasta cuatro minutos al eyaculador precoz. La presidenta argentina, doña Cristina Fernández de Kirchner ha invitado a los machos porteños a tomar magra de cerdo en lugar de Viagra

En nuestros confusos días muchas virilidades desfallecientes recurren a la farmacopea. Más de un paciente me consulta en el diván:

—No me empalmo, terapeuta. ¿Pruebo con la Viagra o será psicológico?

Han pasado de los sesenta, están más que amortizados, la naturaleza los ha desechado como reproductores y hete aquí que se empeñan en hacer sus cochinadas como si tuvieran quince, no por reproducirse sino por el gusto que da. ¿Qué les aconsejo, ante ese arduo problema ético? Yo siempre con la verdad por delante.

—Hombre, si no puedes sublimar el sexo y necesitas desesperadamente un polvo, recurre a la Viagra, porque, en palabras del apóstol san Pablo, más o menos, «si no pueden aguantar, que copulen y que no se vean como yo, reprimido, misógino y víctima de alucinaciones [la caída en el camino de Damasco]».[59] Ahora bien, no se te ocurra comprársela a Mohamed, el barman, porque lo que vende es tiza teñida. Prueba de ello es que, para el consumo personal, se trae cantáridas de su tierra, un tarro lleno, el muy truhán.[60]

---

porque asegura los mismos efectos y resulta más sano y sabroso. Aquí el que escribe lo sabía de antes porque tuvo un tío muy doñeador, Pedro de nombre, que solía decir: «El jamón me da la vida.» En cuanto a la Viagra femenina, hemos de advertir que se parte de un concepto erróneo: la masculina no garantiza el deseo sino la erección en presencia del deseo. A la mujer lo que le suele faltar es precisamente el deseo, y eso, por ahora, no se arregla con pastillas. La Viacrème comercializada por unos laboratorios belgas en 2002 no se probó enteramente eficaz y ahora andan fabricando un nuevo producto que resulte satisfactorio, pero se ve que la cosa está difícil porque la libido de la mujer es más compleja que la del hombre.

59. Epístola a los Corintios 7, 7-9; la he traducido un poco libremente para que se adaptara mejor al sentido de lo que traemos entre manos.

60. La cantárida o mosca española (*Lytta vesicatoria*) es un insecto coleóptero de la familia *Meloidae* usado en la medicina antigua como vesicante. Convenientemente desecado y triturado, se toma por vía oral y produce irritación y priapismo en las vías urinarias con erección involuntaria del pene, pero una dosis excesiva provoca hemorragias internas y disfunciones renales. Al marqués de Sade lo procesaron por suministrarles a unas amantes caramelos de anís con demasiada cantárida.

Bibliografía

Álava Reyes, M. J., *Amar sin sufrir. Ni los hombres son imposibles, ni las mujeres incomprensibles*, La Esfera de los Libros, Madrid, 2006.

Algorri, L., «Cuando las víctimas son ellos», *Tiempo*, 28 de mayo de 2010, pp. 36-39.

Al Tifasi, *Esparcimiento de corazones*, Gredos, Madrid, 2003.

Ariza, L. M., «Cerebros y cerebras», *El País semanal*, 30 de mayo de 2010, pp. 36-44.

Barash, D. P., y J. E. Lipton, *El mito de la monogamia*, Siglo XXI Editores, Madrid, 2003.

Barba, D., *100 españoles y el sexo*, Plaza y Janés, Barcelona, 2009.

Barbería, J. L., «El fracaso escolar, ¿cuestión de sexo?», *EL País*, 12 de abril de 2009, pp. 26-27.

Barraud, P., *Todo lo que le preguntaría a Shere Hite sobre el sexo*, Espasa, Madrid, 2003.

Baudrillard, J., *De la seducción*, Cátedra, Madrid, 2007.

Beltrán, B., *Mujeres, seis biotipos femeninos*, Temas de Hoy, Madrid, 1996.

Bermúdez de Castro, J. M., *La evolución del talento. Cómo nuestros orígenes determinan nuestro presente*, Debate, Barcelona, 2010.

Bertomeu, O., *Todo lo que hay que saber sobre el sexo*, Nuevas Ediciones de Bolsillo, Madrid, 2006.

—, *¿Has encontrado en el sexo lo que esperabas?*, Grijalbo Mondadori, Barcelona, 2003.

—, *Guía práctica de la sexualidad femenina*, Temas de Hoy, Madrid, 2001.

—, *La conquista de la felicidad*, Temas de Hoy, Madrid, 2009.

BORNAY, E., *Las hijas de Lilith*, Cátedra, Madrid, 1990.
BRIZENDINE, L., *El cerebro femenino*, RBA, Barcelona, 2006.
—, *El cerebro masculino*, RBA, Barcelona, 2010.
BURTON, R. F., *Personal Narrative of a Pilgrame to Al Madinah & Meccah.* (Edición en castellano: *Mi peregrinación a Medina y la Meca*, 3 vols., Laertes, Barcelona, 1983-1985).
CABALLÉ, A., *Una breve historia de la misoginia*, Lumen, Barcelona, 2006.
—, e I. ROLÓN, *Carmen Laforet, una mujer en fuga*, RBA, Barcelona, 2010.
CABALLERO, J., «Flechazos por Internet», *El Mundo Magazine*, 458, 6 de julio de 2008, pp. 22-25.
COOLSAET, B., *El pincel del amor, Vida y milagros del pene*, Círculo de Lectores, Barcelona, 1999.
CORISCO, M., «El culo reina en verano», *El Mundo Magazine*, 20 de junio de 2010, pp. 32-25.
DE BÉJAR, S., *Tu sexo es tuyo*, Plaza y Janés, Barcelona, 2001.
—, *Tu sexo es tuyo*, Planeta, Barcelona, 2011.
DE BOURDEILLE, P., *Casadas, viudas o solteras. ¿Quiénes son más ardientes en el amor?*, Arcopress, Córdoba, 2006.
DE LOS SANTOS, D., *Las mujeres que no amaban a los hombres*, Ed. Almuzara, Sevilla, 2009.
DE OLIVEIRA CÉZAR, J., *Infidelidad, ¿cómo, dónde, cuándo, por qué, con quién?*, Del Umbral, Jalisco, México, 2006.
DESCHNER, K., *Historia sexual del cristianismo*, Yalde, Zaragoza, 1993.
DIAMOND, J., *¿Por qué es divertido el sexo? La evolución de la sexualidad humana*, Debate, Barcelona, 2007.
—, *El tercer chimpancé. Origen y futuro del animal humano*, Debate, Barcelona, 2007.
DÍAZ, A., «Sexo a la europea», *Tiempo*, 25 de julio de 2008, pp. 40-42.
DÍAZ-PLAJA, F., *El casado imperfecto*, Círculo de Lectores, Barcelona, 1980.
DOMÍNGUEZ RODRIGO, M., *El origen de la atracción sexual humana*, Ed. Akal, Madrid, 2004.
DRÖSCHER, V. B., *La vida amorosa de los animales*, Círculo de Lectores, Barcelona, 1988.
DUBKOVSKY, B., «Diferencias insalvables. Así asumen los hombres el nuevo papel de la mujer», *Tiempo*, 7 de septiembre de 1998, pp. 52-54.

DURÁN, M. A. (ed.), *De puertas adentro (estudios sobre la mujer)*, Instituto de la Mujer, Madrid, 1988.
FERNÁNDEZ PORTA, E., *Eros. La superproducción de los efectos*, Anagrama, Barcelona, 2010.
FONT, C., «Cuando ellas los prefieren jóvenes», *Tiempo*, 23 de agosto de 1999, pp. 20-28.
FRIEDMAN, D., *An Unsolicited Gift. Why we do what we do?*, Telegraph books, Londres, 2010.
GABOR, Z. Z., *How to catch a man, How to Keep a Man, How to Get Rid of a Man*, Doubleday and Company, Nueva York, 1970.
GALLOFRÉ, E., «En España desaparecen cada año mil maridos», *Tiempo*, 14 de octubre de 1991, pp. 185-188.
GARCÍA, F., «*Tuppersex* para hombres», *Tiempo*, 26 de junio de 2009, pp. 79-81.
GARCÍA LEAL, A., *La conjura de los machos*, Ed. Tusquets, Barcelona, 2005.
GIL BURMANN, C., F. PELÁEZ, y S. SÁNCHEZ, «Elección de pareja estable a través de anuncios de periódico», *Psicothema*, 2002, vol. 14, pp. 268-273.
GÓMEZ, A., «Manual para padres divorciados», *Tiempo*, 27 de noviembre de 1995, pp. 36-37.
—, «La nueva mujer: el fenómeno de Ally McBeal», *Tiempo*, 21 de junio de 1999, pp. 27-40.
GÓMEZ SANCHA, A., «Sexo a medias», *El Mundo Magazine*, 53, 1 de octubre de 2000, pp. 20-26.
GÓMEZ ZAPIAIN, J., *Apego y sexualidad. Entre el vínculo afectivo y el deseo sexual*, Alianza Editorial, Madrid, 2009.
GOSÁLVEZ, P., «Las segundas esposas se alían. Mujeres de hombres divorciados arremeten en Internet contra las ex de sus maridos», *El País, Domingo*, 16 de mayo de 2010, p. 12.
GREENE, R., *El arte de la seducción*, Espasa, Madrid, 2001.
GRIJALBA, S., «Bisexualidad, una moda de toda la vida», *El Mundo Magazine*, 10 de enero de 2010, pp. 26-28.
HERNÁNDEZ, G., «Entrevista a Luis Racionero», *El Periódico*, 18 de febrero de 2009.
JIMÉNEZ, D., «El paraíso sexual de ellas...», *El Mundo Crónica*, 13 de junio de 2010, pp. 1-3.
JONG, E., *Miedo a los cincuenta*, Alfaguara, Madrid, 1995.
JUDSON, O., *Consultorio sexual para todas las especies*, Ares y Mares, Barcelona, 2004.

Lantigua, I. F., «La ruleta rusa del Sida», *El Mundo Eureka*, 7 de marzo de 2010, pp. 13-14.
—, «Un spray para tener coitos más largos», *El Mundo Eureka*, 6 de junio de 2010, p. 13.
Lipovetsky, G., *La tercera mujer*, Anagrama, Barcelona, 1999.
López García, Á., y R. Morant, *Gramática femenina*, Cátedra, Madrid, 1991.
López Sosa, *Sexo y sólo sexo*, Planeta, Barcelona, 2005.
Lorente, C., «El cibersexo que quieren las mujeres», *Tiempo*, 30 de abril de 2009, pp. 77-79.
—, «Los españoles, ligones incansables», *Tiempo*, 16 de abril de 2010, pp. 76-79.
—, «A los hombres también les duele la cabeza», *Tiempo*, 11 de junio de 2010, pp. 78-80.
Lorente Acosta, M., *Los nuevos hombres nuevos*, Destino, Barcelona, 2009.
Lucenay, M., *Causas sexuales del divorcio*, Nueva Era, Barcelona, 1979.
Machado, C., «¿Por qué el amor acaba en naufragio?», *El Mundo Magazine*, 333, 12 de febrero de 2010, pp. 12-16.
Malo de Molina, C., *¿Cómo ser infiel sin que te descubran?*, Temas de Hoy, Madrid, 1990.
—, *Los españoles y la sexualidad*, Temas de Hoy, Madrid, 1992.
Marañón, G., *Amor, conveniencia y eugenesia*, Historia Nueva, Madrid, 1929.
Marina, J. A., *El rompecabezas de la sexualidad*, Anagrama, Barcelona, 2002.
Martín, E., «Enamorarse de una cartera», *Tiempo*, 16 de octubre de 2009, pp. 78-81.
Martin, P., *Sexo, drogas y chocolate. La ciencia del placer*, Ediciones B, Barcelona, 2009.
Martín, S., «Ser virgen cuesta 2.000 euros», *El Mundo, Crónica*, 12 de agosto de 2007, p. 10.
Martín Díaz, Elena y Assumpta Sabuco, «Las mujeres en la globalización: el nuevo tráfico de alianzas y mercancías», colección *Monografías*, n.º 19, Programa Cultura, Comunicazión y Transformaciones Sociales, CIPOST, FaCES, Universidad Central de Venezuela, Caracas, 2006. Disponible en: <www.globalcult.org.ve/monografias.htm>.
Mediano, L., *El siglo de las mujeres*, Onagro Ediciones, Zaragoza, 2009.

Mesquida, E., «Guía erótica para mujeres decentes», *Tiempo*, 11 de julio de 1994, pp. 12-20.
—, «Adúlteras sin complejos», *Tiempo*, 14 de febrero de 2000, pp. 157-159.
Mieza, C., *La mujer del español*, Marte, Barcelona, 1977.
Moir, A., y D. Jessel, *El sexo en el cerebro*, Planeta, Barcelona, 1991.
Montero, R., *Historias de Mujeres*, Alfaguara, Madrid, 2007.
—, «Maldito San Valentín», *El País semanal*, 7 de marzo de 2010, p. 92.
Mooallen, J., «¿Hay animales gays?», *El País semanal*, 9 de mayo de 2010, pp. 56-64.
Moore, H. L., *Antropología y feminismo*, Cátedra, Madrid, 1996.
Moreno, E., *Mujeres, juguetes y confidencias*, Planeta, Barcelona, 2010.
Moreno, S., entrevista a Luis Rojas Marcos, *Tiempo*, 4 de abril de 1994, pp. 92-94.
—, «El año de la teta», *Tiempo*, 26 de septiembre de 1994, pp. 12-19.
—, «Sexo de derechas, sexo de izquierdas», *Tiempo*, 15 de julio de 1996, pp. 60-64.
Morgado, I., *Emociones e inteligencia social*, Ariel, Madrid, 2007.
Morgan, M., *La mujer total*, Plaza y Janés, Barcelona, 1976.
Morris, D., *El mono desnudo*, Círculo de Lectores, Barcelona, 1968.
—, *Masculino y femenino*, Plaza y Janés, Barcelona, 2000.
—, *La mujer desnuda*, Planeta, Barcelona, 2005.
—, *El hombre desnudo*, Planeta, Barcelona, 2009.
Ortega y Gasset, J., *Estudios sobre el amor*, Revista de Occidente, Madrid, 1951.
Paley, M., *El libro del pene*, Planeta, Barcelona, 2000.
Parra, P., «¿Vuelve el macho?», *Tiempo*, 11 de diciembre de 1995, pp. 17-22.
Parrado, J. A., «Trucos para divorciarse de un rico», *El Mundo Crónica*, 26 de septiembre de 1999, p. 8.
Pascual, A. M., «Malditos celos», *Tiempo*, 906, 13 de septiembre de 1999, pp. 18-22.
—, y S. Moreno, «Bisexuales. El último tabú», *Tiempo*, 908, 27 de septiembre de 1999, pp. 19-26.
Paucard, A., *De la misoginia considerada como una de las bellas artes*, Grijalbo, Barcelona, 1991.
Pease, A., y B. Pease, *¿Por qué los hombres no escuchan y las mujeres no entienden los mapas?*, Amat, Barcelona, 2000.

—, *¿Por qué los hombres quieren sexo y las mujeres necesitan amor?*, Amat, Barcelona, 2009.
PEDRIZA, P., *La bella, enigma y pesadilla*, Tusquets, Barcelona, 1991.
PÉREZ ARANDA, B., *La ex siempre llama dos veces*, Ediciones B, Barcelona, 1993.
PERROTTET, T., *2.500 años de historia al desnudo*, MR Ediciones, Madrid, 2010.
PRECIADO, N., *El sentir de las mujeres*, Temas de Hoy, Madrid, 1996.
PROUDHON, P. J., *El amor y el matrimonio*, Ed. Edita, Barcelona, 1931.
RACIONERO, Luis, *Sobrevivir a un gran amor seis veces: memorias*, RBA, Barcelona, 2009.
RAMÍREZ, F., «Matrimonio, un acto inmoral. Esther Vilar desata otra polémica», *Cambio16*, 20 de noviembre de 1985, pp. 86-93.
—, «Sepa si su pareja le engaña», *Tribuna*, 14 de julio de 1997, pp. 98-103.
REBOLLO, P., «No sólo placer... también negocio», *Tiempo*, 16 de mayo de 2008, pp. 74-77.
RIVERA, M. M., *El fraude de la igualdad*, Planeta, Barcelona, 1997.
ROCA GIRONA, J., y su equipo, *Amor importado, migrantes por amor: la constitución de parejas entre españoles y mujeres de América Latina y de Europa del Este en el marco de la transformación actual del sistema de género en España*, Universidad Rovira i Virgili, Tarragona, 2006-2008.
RODRÍGUEZ, F., *Diccionario gay-lésbico*, Gredos, Madrid, 2008.
RODRÍGUEZ, J. C., «La mañana siguiente a la primera noche de amor», *El Mundo Magazine*, 201, 3 de agosto de 2003, pp. 28-32.
ROJAS, E., *Adiós, depresión*, Temas de Hoy, Madrid, 2006.
RUNTE, G., *¿Por qué somos infieles las mujeres?*, Gedisa, Barcelona, 2003.
SÁEZ, F., «Hembra joven / macho poderoso», *El Mundo Crónica*, 365, 13 de octubre de 2002, p. 7.
SÁNCHEZ-MELLADO, L., «Felices 60», *El País semanal*, 31 de mayo de 2009, pp. 38-50.
SAVATER, F., *Los siete pecados capitales*, Debate, Barcelona, 2006.
SCALITER, Juan, «Una excusa genial», *Quo*, 134, noviembre de 2006, pp. 50-56.
SCHOPENHAUER, A., *El arte de tratar a las mujeres*, Villegas editores, Bogotá, 2005.
SYKES, B., *La maldición de Adán*, Ed. Debate, Barcelona, 2005.

TASSO, V., *Antimanual de sexo*, Temas de hoy, Madrid, 2008.

VALVERDE, G., «La venganza de la primera esposa», *Tiempo*, 18 de noviembre de 1996, pp. 132-133.

—, «Reglas de oro para cazar a un buen marido», *Tiempo*, 9 de diciembre de 1996, pp. 122-123.

VÁZQUEZ, K., «Viagra para ellas», *El País Semanal*, 11 de abril de 2010.

VÁZQUEZ MONTALBÁN, M., *Cancionero general del franquismo, 1939-1975*, Crítica, Barcelona, 2000.

VERNON, P., y A. B., «¡Cuidado! La infidelidad puede ser buena para su salud!», *El Mundo Magazine*, 11 de abril de 2010, pp. 40-43.

VIEJO, T., *Cómo ser mujer y trabajar con hombres*, MR Ediciones, Madrid, 2007.

VILALLONGA, José Luis de, *Gold-Gotha, La café-society de estos días*, Barral Editores, Barcelona, 1973.

VON REBEUR, A., *Los hombres andan flojos*, Robinbook, Barcelona, 2004.

WRIGHT, R., *España Pagana*, Pléyade, Buenos Aires, 1970.

ZARRALUQUI, L., *Batallas conyugales*, Temas de hoy, Madrid, 1988.

ZILBERGELD, B., *La nueva sexualidad masculina*, Bantam, Barcelona, 1999.

ZINCZENKO, D., *Hombres, amor y sexo*, Planeta, Barcelona, 2008.